한국사회의 정체성 탐색

한국사회의 정체성 탐색

서규환

다인아트

서문

정체성은 역사와 무관하게 미리 결정되어 있는 것이 아니라, 역사적으로 사회적으로 재구성된다. 개인의 경우, 자기정체성이 탄생 이전에 미리 결정되어 있는 것이 아니라 일생에 걸친 사회화 과정을 거쳐서 사회적으로 재구성되어 가듯이, 사회와 국가의 경우에도 정체성은 사회적 재구성의 과정에 있다. 개인의 자기정체성이 다원적 자아들의 대화적 조화이고, 그리고 또한, 사회와 국가 역시 하나의 경직된 정체성을 고집해서는 안된다. 다원적 자아들이 심각한 갈등에 분열하여 정신분열의 위기에 빠질 수 있듯이, 사회와 국가 역시 정체성의 왜곡, 빈곤, 상실을 경험할 수 있다.

한국사회의 정체성 위기는 정체성을 재구성할 때 준거할 전통(들)이 정립되어 있지 않다는 데 있다. 전통의 빈곤은 우리가 분석해야 할 자원으로서의 전통(들)이 빈곤하다는 것이 아니라, 미래의 규범적 가치를 주장하려 할 때 준거해야 할 실천규범적 가치로서의 전통에 관한 합의가 빈곤하다는 것을 말한다. 사회적 갈등들이 발생하여 합의를 이루지 못하고 마치 전쟁과도 같은 싸움으로 귀결되는 사례가 자주 발생하는 이유도 부분적으로는 이 맥락에 있다. 우리가 역사적 사유를 촉구해야 하는 맥락은 여기에도 있다.

한국의 학문세계에서는 흔히 논쟁다운 논쟁이 없다고들 한다. 유럽의 학문이 높은 수준을 유지하고 있고 발전하고 있는 까닭은 학문을 연구할 때 논쟁하고 토론하는 전통이 강하기 때문이기도 하다. 세계적 대사상가 하버마스(Jürgen Habermas)의 학문발전과정을 살펴 보면, "위대한 논쟁"들이 있었다. 포퍼 등 비판적 합리주의자들과의 실증주의 논쟁, 가다머와의 해석학 논쟁, 루만(Niklas Luhmann)과의 시스템이론 대비판이론 논쟁, 디터 헨리히(Dieter Henrich)와의 형이상학 논쟁 등등. 유럽의 논쟁사를 보면, 유럽의 지성계는 사유의 독창성을 무엇보다 존중하며, 타자의 주장들을 학문적 논거의 타당성을 중심으로 엄밀하게 검토하는 전통을 지켜가고 있음을 알 수 있다. 예컨대, 클라우스 오페(Claus Offe)는 1968년 독일 사회학 학술대회에서 당시 28세의 나이에 〈정치적 지배와 계급구조-후기자본주의 사회의 분석을 위하여〉라는 새로운 사유, 독창성 있는 논문을 발표하자, 학계는 비판적 논평을 전개하고, 그것은 이른바 독일 국가론 논쟁으로 전개되고, 마침내 독일 정치학 학술대회는 1970년대 중반, 오페의 이론을 학술대회의 중심주제로 세우며, 사회과학의 패러다임 전환을 이끌게 된다. 인물을 존중하는 유럽 학문 정체성은 기존의 이론들에 대한 독창성 있는 도전을 학문사에서 최고의 가치로 평가하고 존중하는 전통에도 있다.

물론 이 전통은 타자의 주장과 논거를 문헌학적으로 엄밀하게 읽되 사람의 인격을 비방하지 않는 윤리적 전통과 연관되어 있다.

독일 비판이론가 발터 벤야민(Walter Benjamin)은 자신의 최후의 난해한 단장 〈역사의 개념에 대하여〉에서 "모든 문화의 기록은 동시에 야만의 기록이다"라는 경구형 명제를 기록했는데, 이 명제는 야만을 변호하려는 것이 결코 아니다. 그것은 우리가 문화나 문명으로 간주하고 존중하는 그 전통에 대한 깊은 비판적 반성을 촉구하는 것에 다름 아니다. 우리 시대의 과제는 야만의 기록일 수 없는, 진정으로 문화의 기록들로 구성된 문화공간으로 만드는 것이다. "경제의 논리"를 앞세워 도시공간을 야만으로 기록하는 오류가 오늘의 한국사회에서는 넘쳐나고 있다. 지역사회의 차원에서는 더욱 심각하다.

야만의 기록일 수 없는 참된 문화의 기록을 보여주는 사례를 찾고 존중하는 문화적 사고가 행복하게 숨쉬게 해야 한다. 지용택이사장이 헌신해온 새얼문화재단의 사례는 이 맥락에서 그야말로 모범이고, 지용택이사장의 헌신적 리더십은 참된 리더십의 요건이 무엇인지를 잘 보여주고 있다.

현대성 논쟁은 유럽에서는 현대성과 탈현대성의 이론적 논쟁을 넘어, 역사적 성과들에 대한 구체적이고 엄정한 재평가 작업으로 전개되고 있다. 한국사회도 과대포장된 인물들의 허명을 걷어내고 과소평가한 인물들을 정당하게 평가하는 등의 역사적 재평가 작업을 본격적으로 수행해야 한다.

이 책의 출간에도 협력이 있었다. 참고문헌을 정리하는 일에는 곽민지의 도움이 있었고, 원고를 꼼꼼하게 읽고 오류를 짚어낸 박상희의 노고가 있었다. 또한 언제나 그렇듯이 다인아트의 윤미경사장 및 장윤미 실장을 비롯한 편집부 직원들에게도 감사의 뜻을 전하고 싶다.

2016년 2월

저자 서규환

* 이 저서는 인하대학교의 지원에 의하여 발간되었음을 밝힌다.

차 례

제1부

한국정치학사 논고

제1장
한국정치학의 자기정체성논의에 대한 비판적 논고

I. 문제제기

한국정치학의 자기정체성 문제는 내용과 형식의 차원에서 제기될 수 있다. 이 문제에 대한 지금까지의 논의는 주로 내용에 관한 것이었다. 내용 논의에 앞서 필자는 형식에 대해서 우선 얘기하고 싶다. 경구형 단상들의 나열, 영어 원문 인용 + 한글 논술, 오늘날 지배적인 형식(본문은 한글이고, 각주의 경우 외국어일 때 원문 그대로), 그리고 영어논문 등의 표현형식이 있다. 물론 다른 차원에서 한국정치학회는 각주 없는 논문을 논문으로 간주하지 않으려 하거나 논문의 길이에 대해서도 암묵적으로 압력을 행사하는 듯한 느낌이다. 해방 후 처음으로 『현대정치학개론』을 출간했던 강상운의 『신고정치학개론(개정판)』(1961)에서 우리는 영어원문을 번역하지 않은 채 인용하고 펼쳐 보임을 읽을 수 있다. 한국정치학의 자기정체성과 자주성 문제에 대해서 본격적으로 문제를 제기했던, 1970년에 출간된 문승익의 『주체이론』은 마르쿠제(Herbert Marcuse)의 One-Dimensional Man에서 영어원문을 그대로 인용하고 논술해 간다. 원문을 번역하지 않고 그대로 인용하는 그 자체를 내가 비난하려는 것이 결코 아니다. 한국정치학의 자기정체성 논의에서 "형식"에 대한 논의 역시 중요하다는 것을 일단 지적하고 싶을 따름이다. 최근 우리는 본문에서 영어원문을 번역하지 않고 그대로 인용하는 사례를 거의 찾아볼 수 없게 되었지만, 각주에서는 외래어 문헌제목을 번역하지 않고 그대로 인용하는 형식의 관행이 굳건하다. 형식의 관행에 대한 비판적 성찰 없이는 내용에 대한 비판적 반성을 통한 자기정체성이 성숙하지 않는다는 한에서, 그것에 대한 비판이 필요하다.[1)]

II. 한국정치학의 정체성 위기

한국정치학은 위기를 경험하고 있다. 그것은 무엇보다 학문사적 연속성의 심각한 부재 혹은 희박으로 요약될 수 있다. 이러한 가운데 한국정치학은 미국정치학에 의존하는 정도와 깊이가 더욱 성장하고, 반성적 사유는 성숙하고 있지 못하고 있다. 한국정치학의 자기정체성문제를 제기하는 까닭은 한국정치학의 자기 반성력을 성숙시키려는 데 있다. 내가 받은 인상을 말하자면, 한국정치학자들의 학문 활동 동향이 하버마스(J. Habermas)의 표현으로 말하면 전략과 정책을 탐색하는 기술관료제적 이성에 의해 강하게 지배되고 있지 않은가 하는 문제의식이 떠오른다. 물론 나는 이 경향을 넘어서야 한다는 규범적 요청을 제기한다. 한국정치학자들이 기술관료제적 정책제안과 전략모색에 에너지를 낭비하는 가운데, 한국정치학은 역사적 연구의 빈곤에 시달리고 있는 것이다. 이 빈곤은 다시 한국정치학 그 자체의 위기를 불러오고 있다. 학문발전의 가늠자가 되는 논쟁이 빈곤한 것도 학문사적 연속성을 잇지 못하고 있기 때문이다.

한국정치학의 자기정체성에 대한 문제제기는 한국정치학사 연구(한국정치학자들에 대한 연구를 포함하여)에 대한 촉구와 연결되어 있다. 한국정치학의 자기정체성 논의가 그동안 전혀 없었다고 주장하려는 것은 물론 아니다. 의미 있는 중요한 논의들이 있었지만, 본격적이지 못

---

1) 이 형식문제에 대한 보다 자세한 논의는 서규환, 〈"믿음과 사랑"에 대한 해석과 판단에 대하여〉, 2003년 한국정치학회연례학술대회발표문. 2003년 12월 3일 외교안보연구원을 참조하라.

했다. 여기에서 나는 한국정치학의 자기정체성 문제에 대한 일반적 논의를 전개한 다음, 구체적 사례로서 문승익의 정치학에 대해 논의하고자 하는데, 그것은 그의 정치학이 한국정치학의 자기정체성 문제를 독창적인 이론체계의 형식을 갖추어 본격적으로 제기하였기 때문이다. 또한 이 논의는 한국정치학의 자기정체성에 기여할 서사성의 회복에도 기여할 것으로 기대한다.

나는 우선 일단 한국정치학을 포함하여 한국사회과학 일반에 대해서 문제를 제기했던 사회학자 황성모의 한 논술에 주목하고자 한다.[2] 그것은, 한국정치학의 자기정체성 문제를 제기한 1979년 『한국정치학회보』 제13집에 발표된 문승익의 논문 「한국정치학의 정립문제: 정치이론의 경우」[3]와는 논증의 차원에서 다른 점이 있고, 예리한 분석과 통찰력이 살아있으며, 여전히 읽을 가치가 있는 것 같다. 황성모는 한국사회과학에 대한 반성 그 자체가 과학발전에 기여할 수 있다고 보았다. "사실상 과거 30년을 통해서 한국의 사회과학이 의식구성에 대해서 어떠한 의미를 가졌는가 하는 문제는 일종의 금기사상이었고 따라서 이 문제에 관해서는 표면적으로는 혼미상태를 계속해 왔다고 해도 과언이 아니다. 거기에는 세 가지 조건이 그 원인이 되었다. 첫째 해방과 국토분단이라는 특수사정, 둘째 한국사회의 정치, 경제적 전근대성, 셋째 세계적 규모의 냉전체제에 의한 일반적 영향."[4] 황성모는 한국사회과학이 자기정체성에 대해서 거의 비판적 반성을 거치지 않고 침묵으로 일관해 왔다는 사실을 지적하고, 그 원인을 해방과 국토분단의 특수사정, 한국사회의 정치, 경제적 전근대성, 세계적 규모의 냉전체제에 의한 일반적 영향으로 꼽고 있다. 황성모의 이 지적과 파악은 한편으로

---

2) 황성모, 「사회과학의 토착화에 대하여」, 한국사회과학연구소 편, 『현대사회과학 방법론』, 민음사, 1977, pp.238-248.

3) 이 논문은 문승익, 『자아준거적 정치학의 모색』, 오름, 1999, pp.83-98에 재수록되어 있다.

4) 황성모 1977: 239.

충분히 이해될 수 있지만, 학문의 본래적 속성이 비판과 성찰이라고 한다면 학문의 미숙을 말하는 것 이외에 다름 아니다. 그리고 황성모는 한국사회과학의 자기반성사에 대해서 엄밀한 학사적 논증을 가지고서 주장하고 있지는 못하다. 일종의 인상비평인 셈이었다.

충분하지는 않았지만 한국사회과학의 역사를 보면 개별 사회과학들이 자기반성을 보여주는 논술들도 있었다. 예컨대 정치학의 경우, 한태수, 윤근식의 경우가 그러했다. 한국사회과학의 자기반성을 주장하는 논술 스스로가 한국사회과학의 역사에 대해서 성실하게 접근하고 있지 못하는 것 또한 하나의 비극적 사실이다. "사회과학자가 현실에서 새로운 혼란과 곤란에 직면했을 때 **자유와 반성의 능력이 없으면** 곧 문제해결을 의타적으로 처리하려고 하는 나머지, 과학적 방법에서 해결할 것을 회피하게 된다. 과학적 방법 또는 과학 그 자체에 의해서 문제를 해결하겠다는 것보다는 현실적으로 더 결정적인 것, 따라서 **권위적 방법에 의존하려고 드는 것은 과학자가 주체성이 없기 때문이며** 그것은 동시에 과학은 권위에 의해서 쉽사리 대체된다는 것을 말해준다. 국제관계적 상황에서 이러한 일이 일어난다면 그것을 우리들은 과학의 사대주의라고 부르고자 하는 것이다."[5)]

진정한 과학(학문)활동은 "인간의 자유와 반성의 능력"을 전제로 하며, 그것은 현대성의 특성에 속하는 것이다. 황성모는 이를 "모든 인간이 가지는 자연법적 권리에 대한 성실성"으로 확인하고 "주체성"이라 말한다.[6)] 우리는 이 주체적 사유를 비판으로서의 사회과학의 구성요소로 판단한다. 물론, 황성모가 자연법적 권리라 말하는 그것에 대해서는 비판적 논의를 붙일 수는 있을 것이다. 주체적 사유로서의 학문(과학)활동, 비판은, 현대적인(modern) 과학 활동의 내재적, 본질적 속성이다. 그러므로 권위와 그 실체를 비판하는 것 역시 학문 활동에 내재적이고

---

5) 황성모 1977: 241. 강조는 인용자.

6) 황성모 1977: 245.

필수적이다. "학문에 있어서의 권위라는 것은 전근대적 현상이며 그것은 과학의 미발달 상태를 의미하는 것 이외는 아무 것도 아닌 것이다."[7)]

한국전쟁이 한국정치학 발전사에 미친 영향은 무엇인가. 황성모식으로 말한다면, 학문 활동의 미발달 상태에서 한국정치학자들은 미국정치학에서 권위를 찾았던 것이다. 한국정치학에서 미국정치학의 강력한 영향력 논의는 행태주의적 정치학의 수용을 그 정점으로 한다.[8)] 흥미로운 점은, 행태주의 방법론은 과학적 논증 과정에서 모든 권위를 배제하려는 것이었는데, 한국정치학자들이 바로 반(反)권위적인 행태주의 방법론에 권위를 부여했다는 아이러니였다. 행태주의는 반(反)역사적이다. 그렇지만 행태주의는 역사적으로 발전된 것이다. 그러므로 행태주의의 성립을 역사적으로 이해하지 않고서는 행태주의의 주체적 수용이 어렵다.

행태주의를 철저하게 이해하고 수용했다고 한다면, 한국사회 현실을 비판하는 과정은 어떠했을까? 권위를 행사했던 박정희와 그 정권의 진술들에 대해서 행태주의는 그 비(非)과학적인 것을 당연하게 비판했을 것이다. 오히려 절반의 행태주의에 기초한 한국정치학이 권위주의 정권의 권위적 진술들에 대해서 "비(非)결정"의 결단을 내렸던 것이다.

권위주의 정권의 권위를 변호하는 학문적 활동은 오히려 행태주의나 실증주의의 한계에 대한 비판이 일어난 다음 강화된다. 비과학적인 진술들과 주장들이 학문적(과학적)으로 비판되지 않을 가능성이 이전보다 넓어진 것이다.

그리고 이른바 "한국사상 연구들"이 활력을 얻어갔다. – 행태주의의 르네상스 이후에도, 여전히, 한국사상 연구들은 행태주의가 비판의 대

---

7) 황성모 1977: 240.

8) 물론 이러한 주류 밖에서 학문적 활동을 했던 이들이 있다. 주목할 가치가 있는 학자로는 한태수, 민병태, 윤근식 등을 꼽을 수 있겠는데, 다른 기회에 이에 대해 논하고자 한다.

상으로 삼은, 다시 말해서 “전통철학”에 주석적 해설을 붙이는 수준에서 반복하는 것에 불과하다. 그것들은 비판으로서의 사회과학 이전 단계에 여전히 머물고 있다. 텍스트를 비판의 대상으로 삼지 않고, 경전으로서 권위를 부여하는 주석을 가하고 있는 것이다.

한국사회과학의 “토착화”(황성모)나 한국정치학의 “정립”(문승익)은 한국적인 것이 탈역사적으로 미리 존재하는 양 전제한 다음 그것을 복원하고 “전통”으로 언표화하여 얻어질 수 있는 것이 아니다. 오직 비판을 통해서만 과정적으로 발전할 수 있는 성질의 것이다.

한국정치학의 자기정체성 논의에서 토착화 개념보다는 정립 개념이 자기정체성에 대한 반성 차원에서 더욱 적합한 것으로 보인다. 전자는 자기의 고유한 것을 미리 전제하는 탈역사적 존재론적 사유와 곧바로 연결되어 있기 때문이다. 우리가 뒤에서 논의하겠지만 에고(ego)가 있고 그 다음 알터(alter)가 있는 것으로 파악하는 관점은 타당하지 않다.[9)]

토착화란 생물학적인 비유의 언어로서, 자생 동식물과 외래종 동식물을 처음부터 구별하고, 외래종 동식물이 자국에서 적응하여 마침내 자생 동식물과 다를 바 없이 성장해 가는 것을 함의한다. “우리학문의 자생” 등의 언어도 그러한 예들이다. 그러나 학문적 사유는 처음부터 그와 같은 생물학적 세계 속에 있지 않다.

정립 개념 역시 그렇게 매력적이지는 않다. 이 개념은 학문 활동의 본질을 구성하는 과정성을 잘 살려내지 못하기 때문이다. 토착화가 외부세계에서 들어온 어떤 것의 “이질감이 완전히 사라진 다음”의 자기반성력에 대하여 말을 닫고 있듯이 정립 개념은 처음부터 기계론적 철학의 언어로 학문적 사유의 비판적 동학을 제한하고 있으며, 정립된 다음 학문의 자기정체성에 대해서 비판적 반성력을 열지 않고 있다.

---

9) 이에 대해서는 서규환의 논술들, 특히 『현대성의 정치적 상상력』, 민음사, 1993, 『비판적 현대성의 정치적 이론』, 다인아트, 2006, 『정치적 비판이론을 위하여』, 다인아트, 2006 등을 참고하라.

한국정치학의 "토착화"나 "정립화"는 한국정치학 활동의 "주체성"을 적극적으로 살리자는 의도를 담고 있다. 그것을 구현하는 방식은 어디까지나 학문적 합리성이다. 한국정치학의 토착화나 정립화가 토속성을 확인하는 차원에서 끝난다면, 그것은 권위에 스스로 굴복하는 반(反)학문적, 반(反)과학적 신비화에 다름 아니다. 권위의 실체를 언표화해서, 그것을 비판하는 과제가 핵심이다. 한국정치학의 "토착화"나 "정립화"는 주체적 사유로 가는 길에 있으나, 문제의식의 도착성을 표현한다. 토착화란 대체로 사실 한 문화의 주체가 자신의 문화를 타 문화권에 "이식"시킬 때 "이식의 과정"을 표현하는 것이기 때문에 주체적 사유와는 근본적으로 거리가 있다. 문화를 이식받으려 하는 쪽에서, 좀 더 적극적으로 말해서, 주체적으로 타문화들을 수용하려는 쪽에서는 처음부터 철저한 반성적 태도로 수용되어야 하는 그 문화를 비판적으로 파악할 것이기 때문이다. 이 맥락에서 의도와 능력의 차이가 있다는 점을 인식해야 한다. 비판적으로 수용하려는 의도와는 달리, 예컨대 미국 "정치과학"의 실체를 비판적으로 수용하지 못할 수가 있다. 그것은 수용하는 학자들의 능력 문제이다.

1960년대, 행태주의적 미국정치학을 수용하던 때의 한국정치학자들의 능력은 매우 제한된 것이었다. 한국정치학의 제도화 과정에 대해서 경험적으로 연구할 필요가 있다. 시대별로 한국대학에서 정치학을 어떠한 자격의 인물들이 담당하고 있었는지, 알아볼 필요가 있다.

학문의 연구에서 공간의 차이와 시간의 차이는 무엇이 다르며, 무엇이 같은가. 미국정치학의 수용과 관련된 문제틀에서 우리는 행태주의가 역사적으로 성립했다는 것을 이해해야 한다고 지적했다. 그것은 이전의 역사주의적 방법론의 시간과 행태주의적 방법론의 시간이 서로 다르다는 것을 지시하며, 이것은 곧 공간의 차이를 말한다. 실제의 차이가 시간적으로 일어나서, 같은 물리적 공간이지만, 인간들의 현실적인 공간이 달라진 것이다. 이론-실제-맥락을 이해하는 것은 이론의 이해에서 필수적이다.

정치학을 포함하여 학문의 역사를 말하는 글에서 우리는 흔히 서구중심주의적이냐 아니냐 여부를 묻는 글을 만나게 된다. 이는 학문연구 논의에서 기본적인 범주를 설정하는 과정에서 잘 나타난다. 예컨대, 유세희는 「비교정치연구의 현황과 문제점」[10]에서 한국정치학계에서 비교정치연구의 현황과 문제점을 논의하는 것이 아니라 미국정치학계에서 그러한 것을 주로 소개하고 있는데, 구미 혹은 서구를 중심으로 하되, 나머지는 비(非)구미 혹은 비(非)서구로 범주화하고 있다. 그렇지만 한국정치학이 예컨대 서구중심주의적이라고 지적하는 것은 오직 한국현실을 파악할 때 한국현실을 정당하게 파악하지 못했다는 것을 얘기하는 한에서 의미 있는 진술일뿐이다. 그것은 시간적으로 낡은 이론을 오늘의 현실에 그대로 적용했다는 것과 본질적으로 다른 말이 아니다.

그러므로 비판의 타당성 문제에 대한 일반적이고 보편적인 접근과 발상이 우선되어야 한다.

> "우리나라처럼 공개적 비판을 꺼려하는 곳도 없다는 것은 이미 공지의 사실이지만, 그것은 관용의 표시가 아니고 이데올로기적 왜곡과 저질의 연구가 도사리고 있을 수 있는 가능성만 증대시키는 결과가 될 것이라는 기우를 자아내게 한다. 이데올로기적으로 왜곡된 학문연구가 학문적으로 높이 평가될 수 없고, 또 개별학문의 실증적 방법론의 개발 문제를 학문발전의 기준으로 삼기 이전에, **잘못된 학문을 폭로하고 교정하는 것이 사회과학적 비판의 가장 중요한 과제인 것은 말할 필요도 없다.** 이 방법만이 사회과학의 방법론 논쟁 이전에 이데올로기적 왜곡을 방지하는 방법일 것이다."[11]

10) 유세희, 「비교정치연구의 현황과 문제점」, 한국사회과학연구소 편, 『현대사회과학방법론』, 민음사, 1977, pp.130-150.

11) 황성모, 「한국사회과학의 기본과제와 방향」, 성균관대학교사회과학연구소 편

여기에서 말하는 "잘못된 학문"이 구체적으로 무엇을 지시하는지 명백하게 알 수는 없으나, 우리는 여기에서 우선 표절하는 반(反)지성적 행위를 지적하고 싶다. 그 다음은 정당한 오독 이전 수준에서 일어나는 외국어 텍스트를 포함한 모든 텍스트를 문법적으로 잘못 읽는 학문능력 미달을 또한 지적하지 않을 수 없다. 잘못된 학문이 아니라, 잘못된 반(反)학문적 왜곡이라 불러야 하는 것이 이것만은 아니다. 한국정치학은 한국정치학의 발전사를 연구함으로써, 그 역사적 맥락에 작용하는 이데올로기를 비판함으로써, 발전할 수 있고 그 과정에서 한국정치학의 자기정체성은 성숙해간다.

Ⅲ. 한국정치학사의 과제

한국정치학의 자기정체성 논의는 궁극적으로 한국정치학사를 어떻게 서술해야 하는가 하는 논의로 논증될 수 있다. 우리는 사료들을 통해서 한국정치학사를 서술해야 한다. 그렇지만 사료들이 역사에 관한 모든 것을 말해주지는 않는다. 역사이론의 거장 라인하르트 코젤렉(Reinhart Koselleck)은 자신의 책 『지나간 미래』에서 이렇게 주장한다.

> "엄격하게 말해서 어떠한 사료도 우리가 말해야 하는 것을 말해줄 수 없다. 우리가 말해서는 안 되는 것을 말하려 한다면, 사료는 그것을 방해할 것이다. 사료는 거부권을 갖는다. 완전히 틀리거나 신빙성이 없는 해석을 감행하거나 받아들이는 것을 사료는 금한다. 잘못된 자료, 잘못된 숫자들, 잘못된 계기설명, 잘못된 의식분석, 이 모든 것들이 사료비판을 통해 발견된다. 사료는 우리가 오류에 빠지는 것을 막아주지만, 우리가 말해야

저, 『한국사회과학론』, 성균관대학교출판부, 1983, pp.275-297. 여기에서는 황성모 1983: 288-289. 강조는 인용자.

하는 것을 말해주지는 않는다. 하나의 역사를 역사로 만드는 것이 사료에서만 나오는 것은 아니다. 사료로 하여금 말하게 하려면 가능한 역사들의 이론(eine Theorie möglicher Geschichten)이 필요하다."[12]

역사서술은 사료들에 대한 비판적 해석과 반성적 이론을 통해서 이루어진다. 사료비평과 이론구성은 변증법적으로 발전한다. 그리고 객관성과 규범적 보편성요청은 사료비평과 이론구성의 긴장지평에서 상호적으로 소통한다.

우리는 여기에서 역사서술은 가능한가라는 근본적인 물음에 답해야 한다. 이 물음은 우선 탈현대주의의 도전과 확산을 염두에 둔 것이다. 탈현대주의는 근본적으로 역사서술에 대해서 급진적인 회의를 던지고 있기 때문이다.[13] 탈현대주의에 의하면, 더 이상 역사는 없고, 오직 개인적인 얘기만 있을 뿐이며, 역사서술은 타자들을 설득하기 위해 고안되는 수많은 수사법들 가운데 하나일 따름이다. 또한 그 물음은 역사서술이 자의적인 것을 넘어 역사학적 연구로서 인정받으려면 진실되게 진술해야 한다는 고전적인 요청, 그리고 문화상대주의적 주장, 진리의 문화적 상대성 명제를 의식한 것이다. 이 물음의 답은 "언어로의 전회"이다. 역사는 언어를 통하여 우리와 소통하는 한에서, 슐라이에르마허(F. Schleiermacher) 이래의 해석학적 발전이 보여주고 있듯이, 정신과학의 방법론적 차이는 이해(Verstehen)에 있고 이해의 매체인 언어는 번역될 수 있다.[14]

한국정치학사는 어떻게 서술되어야 하는가?[15] 정치학적 방법으로?,

12) Reinhart Koselleck, *Vergangene Zukunft. Zur Semantik geschichtlicher Zeiten*, Frankfurt am Main, 1979, p.206; 라인하르트 코젤렉, 『지나간 미래』, 한철 역, 문학동네, 1996, p.231.

13) Dominick LaCapra, *History & Criticism*, Cornell University Press, 1985.

14) 서규환, 『비판적 현대성의 정치적 이론』, 다인아트, 2006을 참조하라.

15) Reinhart Koselleck, Heinrich Lutz und Jörn Rüsen(ed.), *Formen der Geschichtsschreibung*,

혹은 역사적 방법으로? 이 물음은 역사서술의 방법론에 관한 또 하나의 중요한 의문이며, 정치학의 본질이 무엇인지를 묻고 있는 의문이기도 하다. 정치학이 본질적으로 역사적이라면 정치학사 서술은 정치학적이라고 말할 수 있다. 그렇지만 정치학이 탈역사적이라면, 정치학사 서술은 가능하기는 하지만 정치학의 영역이 아니라 "역사학자"의 몫이다. 우리는 다시금 이 맥락에서 해석학적 발전을 비판적으로 수용하여 언어적 존재인 우리가 역사적임을 주장한다. 이런 한에서, 정치학과 역사학은 분리되지 않는다. 정치학은 역사적이어야 하고, 역사학은 정치학적이어야 한다.

또 하나의 의문이 있을 수 있다. 한국정치학사 서술은 한국을 위한 정치학사여야 하는가 하는 의문이 그것이다. 한국을 위하여 역사서술을 해야 한다는 것은 당연한 요청일지 모르겠다. 하지만 그렇게 단순하지 않다. 역사서술 논의에서 되풀이되곤 했던 객관성과 당파성의 문제가 다시 이 맥락에서 등장하기 때문이다. 당파성의 종류는 다양하다. 계급적 당파성도 있고, 종교적, 인종적, 문화적, 지역적 등등의 당파성도 있다. 어떠한 당파성이든 그것이 분석에서 일차적인 공준이어서는 안 된다. 근본주의의 오류를 범할 수 있다. 마르크스주의에서 프롤레타리아트 계급독재가 계급적 당파성을 주장하면서도 적어도 한 때 이론적으로 정당할 수 있었던 까닭은 그것이 보편성의 능력을 가지고 있다고 주장할 수 있는 사회학적 논거를 제시하고 있었기 때문이었다. 따라서 그것은 계급적 당파성 그 자체를 정당화하고 있는 것은 아니었다.

우리는 또 하나의 중요한 당파성에 대해서 말하지 않을 수 없다. 그것은 국민국가("조국", "국익")의 당파성이라 부를 수 있는 것이다. 한국을 분석대상으로 삼는다는 사실이 곧 한국을 위한 것으로 귀결되지는 않는다. 역으로 한국이 아닌 국가(들)을 분석한다고 해서 곧바로 한

München: dtv, 1982 참조.

국을 위하지 않는 것으로 귀결되는 것도 아니다. "한국을 위한"이라는 조건은 "인류를 위한"이라는 조건을 위해하지 않는 한에서, 정당할 수 있다. 한국을 위한 것이면서도 동시에 인류를 위한 것일 때 우리는 "한국을 위한" 사유와 행동을 인정할 수 있다. 그렇지 않다면, 강대국의 "제국주의적" 사유와 행동을 비판할 수 있는 규범적 근거가 없을 것이기 때문이다.

모든 역사서술이 그렇듯이 시대구분의 문제가 있다. 한국정치학사에서도 시대를 구별해야 하는 과제가 있다. 시대구별에는 구별기준이 타당성을 가지고 있어야 한다. 한국정치학사는 한국사회사와 밀접한 관련을 가지고 있는 한에서, 한국사회사의 시대구분이 곧 한국정치학사의 그것일 수 있다. 그렇지만 한국정치학사서술에서 학사 내재적 흐름을 가질 수도 있다. 이 점은 사회 현실과 상대적으로 거리를 취하고 있는 학문 연구 분야에서 특히 그러하다. 이 차이가 모순으로 이해될 수는 없다. 학사는 사회사의 직접적인 반영은 아닌 것이다.

시대구분은 내재적으로 규범적 판단을 근거로 한다. 학사는 그 당시의 평가와 함께 과정적으로 전개되는 학문적 성과에 대해 내리는 오늘의 평가의 역사일 수밖에 없다. 그러므로 학사 연구는 학사적으로 한 시대를 대표하는 학자에 주목하여 그 내용을 분석해 역사적 위상을 논의해야 한다. 또한, 선정된 주제들의 동향을 분석하고 이해하는 과제 역시 학사 연구에서 짚어야만 하는 주제이다. 새로운 주제 선정 그 자체가 학문하는 방법론, 사유 구조의 변화를 이미 표현하고 있다. 물론 주제는 새롭지만 그것을 학문적 본격저술의 수준으로 발전시키지 못하는 경우도 있으며, 이렇게 제기된 주제를 본격적, 심층적으로 연구한 성과도 있다. 주제의 선택성은 역사적 갈등을 선택하는 규범적 판단과 관련되어 있다. 정치학에서 학문적 연구는 무엇을 역사적 갈등으로 판단하는가 하는 시대적 판단을 도외시해서는 안 된다.

학사 연구에서 우리는 개념사를 배제할 수 없다. 개념사 연구의 의의는 한국정치학사의 경우 예컨대 1945년 이전에 있었던 정치학적 저술들의 언어가 오늘의 그것과는 차이가 있다는 점에서 주목해야 한다. 특히 19세기 서구에서부터 본격적으로 발전되어온 정치학들을 수용하는 과정에서 유럽어를 한국어로 번역하는 문제가 있었다. 그것은 물론 단순한 기술적 문제가 아니라 이론적 판단이 개입된 번역일 가능성이 높다.

이른바 구조사 역시 학사 연구에서 본질적인 것이다. 시대를 구분하고, 그 시대의 구조의 의미론을 밝혀내는 과제가 필수적이다. 그렇지만 그렇게 밝혀낸 구조가 확정적인 것은 아니다. 학사를 서술하는 오늘의 판단구조가 역사적으로 변동할 수 있는 한에서 그 구조는 불확정적이다. 그러므로 항상 구조화가 있다. 그렇지만 그 구조화가 자의적이어서는 안 될 것이다.

한국정치학사 연구에서도 구조뿐만 아니라 사건을 서술하는 과제 또한 본질적이다. 사회사적 사건이 있듯이 학사적 사건사가 있는 것이다. 이를테면, 누가 최초로 현대(modern) 정치학 단행본을 발간했는지를 밝히고 규명하며 그 역사적 의미를 규정하는 과제를 배제할 수 없다.

연대기적 연표를 한국정치학사 연구에서도 기록해야 한다. 연대기를 밝힌다고 해서 마치 그것이 자연적 연대기를 따라 한국정치학사적 발전이 이루어진 것으로 이해하는 오해를 해서는 안 된다. 한국정치학사의 기본적 특징 중의 하나가 학문사적 연속성의 부재 혹은 빈곤인 만큼, 연대기의 세부적 나열 그 자체가 주는 의미는 매우 상대적이다. 그렇지만 동일한 구조사 내에서 변화를 읽을 수 있는 보족적 의미는 없지 않다.[16)]

한국정치학사연구에서 저술(논문, 단행본, 시평, 단평, 역서)의 생산

---

16) Reinhart Kosellsck, "Über die Theoriebedürftigheit der Geschichtswissenschaft", *Zeitschichten. Studien zur Historik*, Frankfurt am Main: Suhrkamp, 2000, pp.298-316 참조.

만이 중요한 것은 물론 아니다. 저술의 매개와 수용 역시 중요하다. 구체적으로 말하여, 저술을 매개하는 매체의 역할을 분석하는 과제 역시 학사에 필수적이다. 또한 생산되고 매개된 저술이 어떻게 수용되었는지를 연구하는 과제는 어렵지만 역시 중요한 학사연구의 맥락이다.

역사 연구에서 사료는 다양하다. 한국정치학사 연구에서도 공식적으로 발표된 텍스트만이 분석 대상인 것은 아니다. 비(非)공식적으로 표현된 다양한 언행들 역시 텍스트 사료를 해석하는 데 중요한 자원일 수 있다. 그러므로 살아있는 학자들과의 인터뷰 등 질적조사연구도 필요하다.[17)]

Ⅳ. 문승익

문승익의 이론은 한국정치학의 자기정체성을 밝히는 한국정치학사 연구에서 중요한 한 위상을 가진다. 그의 정치학은 그 당시 주류를 형성하고 있었던 이른바 근대화이론의 방법론과는 다른 방법론을 지향하고 있었으며, 근대화이론을 넘어서게 하는 결정적인 이론적 체계를 제시하려 했다.[18)]

---

17) Reinhart Koselleck, *Zeitschichten. Studien zur Historik*, Frankfurt am Main: Suhrkamp, 2000, p.117과 비교하라. 코젝렉은 역사학의 역사서술은 텍스트해석 이상이라 주장하고 있는데, 이는 텍스트를 어떻게 이해하는가와 관련이 있다. 가다머의 답이 그러하다. Gadamer, "Historik und Sprache. Eine Antwort von Hans-Georg Gadamer", Reinhart Koselleck, *Zeitschichten. Studien zur Historik*, Frankfurt am Main: Suhrkamp, 2000, pp.119-127 참고하라. 코젤렉과 가다머의 논쟁과 무관하게, 학사연구에서는 일차적으로 텍스트는 가장 중요한 사료이고, 이 사료로서의 텍스트를 해석하는 데 텍스트 밖의 사료들이 활용될 수 있다. 이 글의 Ⅱ-Ⅲ부분은 졸고, 「한국사회과학사연구서론 - 한국사회과학사연구의 과제」, 서규환 편, 『한국사회과학사연구I』, 인하대학교출판부, 2006, pp.13-27을 정치학의 맥락으로 가볍게 수정한 것임을 밝힌다.

18) 문승익, 「정치발전과 자주성의 문제」, 정희채 외 편, 『국가발전의 사회과학』,

한국정치학사적 논의에서 흔히 읽을 수 있는 맥락의 하나는 근대화론 대(對) 종속이론의 이론적 논쟁구도이다.[19]

우리는 이기홍의 논문 「신식민지적 지배체제와 사회과학연구」[20]에서 그러한 논쟁구도의 역사서술을 전형적으로 읽을 수 있다.

> "1970년대 중반에 소개된 종속이론의 '저발전의 발전' 명제는 선진-후진의 이분법을 간명하게 논박함으로써 인식전환의 계기가 되었다. 이 소개가 기존 사회과학이 아닌 대학생들의 학습모임에서 '비제도적'으로 이루어졌음은 말할 나위가 없다. 당연히 종속이론은 먼저 지배세력의 정치권력에 의해 '좌경-용공'이데올로기라고 통제되었고, 기존 사회과학은 '침묵'으로 그 존재를 무시하였다. 미국 사회과학이 제3세계적 특성을 탈색시킨 종속이론을 유행시키자 비로소 기존 사회과학은 그것을 '최신의 서구이론'으로 도입하였다. 그 이후 '지적 우회'라고 부를 수 있는 '인식의 전환과 심화가 이어져 한국사회의 여러 문제에 대한 보다 근원적인 파악이 자리잡아가고, 이제는 보다 직접적인 언어로 우리 문제를 얘기할 수 있게 되었다.' 그리고 1980년대 연구자의 수가 크게 증가 - 물론 이것도 그동안의 물질적 생산력의 발전에 의해 가능해진 것이다 - 함으로써, 민

박영사, 1987, pp.73-86. 문승익의 이 글은 10년전, 1977년 『한국정치학회보』, 제11집에 발표되었던 것이다. 여기에서는 문승익 1987(1977)로 표기한다. 아쉬운 것은 그가 그 이후 연구를 계속하지 않고, 중단했다는 것이다. 그 이유가 무엇인지 궁금하다.

19) 문승익의 정치학은 이 논쟁구도에서 매우 특별한 위상과 의의를 가져야 한다. 한국정치사상을 연구하는 한국정치학자들 가운데 소수의 예외자를 제외하면 그의 논술을 읽는 한국정치학자는 거의 없는 것 같다. 이런 현상은 비단 문승익 경우에만 해당하지 않는다. 문승익 스스로 「한국정치학의 정립문제」라는 논고에서 확인하고 있는 바와 같이 "남의 글을 읽지 않는 경향"이 강한 것이다. 문승익, 『자아준거적 정치학의 모색』, 오름, 1999, p.93.

20) 이기홍, 「신식민지적 지배체제와 사회과학연구」, 한국산업사회연구회 편, 『한국사회와 지배이데올로기』, 녹두, 1991, pp.325-357.

족적-민중적 지향의 연구자도 크게 늘었다."[21]

이기홍의 관찰은 엄밀하지 않다. 종속이론을 처음 소개한 것은 문승익이었다. 문승익은 그의 책 『주체이론』[22](1970)에서 종속이론을 단순하게 소개하는 수준을 넘어서고 있다.[23] 매우 독창적인 언어를 구사하면서 발전주체의 문제를 제기하고 있는 것이다.[24]

문승익의 정치학은 자아준거적 정치학이라는 그의 독창적인 언어로 표현될 수 있는데, 그의 몇 가지 중요한 명제를 읽어보자:

(a) "무슨 이유로건 간에 의지의 차원이나 의식의 차원에서 머무르는 정치적 자주성은 부분적인 자주성이라 할 수 있고, 행동의 차원에서의 정치적 자주성을 성취하였을 때에만 완전한 정치적 자주성을 향유한

---

21) 이기홍 1991: 348.

22) 문승익, 『주체이론』, 아인각, 1970.

23) 아마도 이런 까닭에 종속이론은 곧바로 학계에 전파되지 않았던 것이 아닌가 싶다. 종속이론에 대한 포괄적이고 체계적인 소개로는 김호진, 「종속이론의 유용성과 한계」, 정희채 외 편, 『국가발전의 사회과학』, 박영사, 1987, pp.131-156 을 들 수 있다. 쟁점과 논점이 잘 정리되어 있다.

24) 한국에서 1980년대 **민주화를 위한 비판운동학**이라 부를 수 있는 것이 종속이론의 도전과 함께 발전되기 시작했다고 말할 수 있다. 좀 더 정확하게 말하면, 종속이론에 대한 논의가 본격적으로 일어나기 시작한 1970년대 중반이후가 해당한다. 그렇지만 1990년대를 넘기면서 이 비판운동학은 급속하게 약화된다. 그 이유가 무엇인가? (a) 비판운동학 그 자체가 민주주의의 공고화 이후에는 거의 설득력을 얻기 어려운 교조적 좌파이론이었다는 점, (b) 1989년 동구대개혁이라는 국제적인 사건이 이 교조적 좌파이론의 실천적 타당성을 송두리째 허물어 버렸다는 점, (c) 부정적인 비판을 넘어 긍정적인 비판에 민주비판운동 일반이 매우 무관심했다는 점, (d) 전세계적으로 경험적 사례가 그렇게 많지 않았다는 점 등등이다. 이 맥락에서 한국산업사회연구회 편, 『한국사회와 지배이데올로기』, 녹두, 1991 을 읽어 볼 필요가 있다. 1980년대를 반성적으로 회고하고, 1990년대를 전망하는 이 편저의 논고들은 여전히 1980년대 논리와 거의 변함이 없다. 오히려 그것을 새삼 확인하고 있다.

다고 말할 수 있다."[25)]

(b) "요컨대 정치발전주체가 의식의 차원, 의지의 차원, 행동의 차원에서 점진적으로 정치적 자주성을 수립, 달성해 나아가는 과정을 '정치발전'이라 간주할 수 있다는 말이다."[26)]

(c) "일반적으로 의지의 차원에서의 자주성은 의식의 차원에서의 자주성을 그 전제조건으로 한다. 구체적으로 의지의 차원에서의 정치적 자주성은 의식의 차원에서의 정치적 자주성을 그 전제조건으로 한다."[27)]

(d) "의식의 차원에서 주어진 정치발전주체의 가장 주된 정치적–실존적 거점은 국가의식이라 생각된다. '국가의식은 가장 포괄적인 유형의 일체감으로, 그것은 구성원들 사이에서 상호인정되는 자기규정 – 집단적 자기에 관한 정의 – 이 공유될 것을 전제로 하는 개념이다. 요컨대 국가의식은 구성원들에 의해서 공유되는 정치적 단위체의식으로, 그것은 독립적인 의지와 행동의 능력을 갖는 정치적 단위체의식이라 할 수 있다."[28)]

이렇게 네 가지로 정리될 수 있는 문승익의 자아준거적 정치학 혹은 자주성이론에 대해서는 다음 두 차원에서 비판이 필요하다. 그 하나는 의식, 의지, 행동의 관계를 논의하는 일반적 차원이고, 다른 하나는 개인의식, 집단의식, 국가의식에서 무엇이 우선하는가 하는 것과 관련된 차원이다. 비판은 다음 차원에서 전개된다. 우선, 문승익은 의식에서 출발하는 의식철학에서 벗어나고 있지 못하다. 또한, 문승익은 국가주의를 넘어서고 있지 못하다. 포괄적으로 말하면, 그의 자주성이론은 헤

---

25) 문승익 1987(1977): 84.
26) 문승익 1987(1977): 86.
27) 문승익 1987(1977): 83.
28) 문승익 1987(1977): 83.

겔의 관념론적 국가철학에 기울어지고 있는 듯하다. 그리고, 문승익은 역사적이고 경험적인 논증을 심도있게 논의하고 있지 않다. 역사적 사회과학이 매우 약하다는 것이다.[29)]

문승익의 사유를 좀 더 파악해보면 다음과 같이 정리될 수 있다.

1) 문승익은 비판이론가 마르쿠제(Herbert Marcuse)의 "일차원적 인간"에 대한 비판을 깊게 수용하고 있다. 마르쿠제가 합리성을 비판하는 논리를 그는 비판없이 일단 따라가는 모습을 보인다.

> "'합리성' 개념의 변천은 고도로 공업화한 현대사회에서는 그 마지막 단계에 도달한다. 고도로 공업화한 현대사회에서는 **'합리성'이 전체화**한다."[30)]

우선, 물론, 이 마르쿠제식 진단은 비판되어야 한다. 마르쿠제는 선전산업화사회들에서 작동하는 합리성의 영향력을 과장했다. 너무 많은 합리성이 아니라 너무 협소한 합리성이 문제인 것이다.[31)] 그리고 무엇보다도, 그는 이 마르쿠제식 합리성 이해에 대한 대안을 제시하고 있지 않다. 주체성과 합리성은 어떠한 관계가 있는가?

문승익은 합리성이 전체화한다는 것은 다음과 같은 두 의미를 갖는다고 말한다.

---

29) 문승익, 「한국근대정치사상의 논리적 성격: 자주사상의 구조」, **『한국정치학회보』** 제10집, 1976, pp.159-167; 문승익, 「해방 직후 우리나라의 자주사상 구조: 1945-1948」, 『한국정치학회보』 제15집, 1981, pp.339-356 등의 논문들도 본질적으로 역사적 맥락을 철저하게 파악하는 사회사적 연구방법을 보여주지는 않는 것 같다.

30) 문승익 1970: 67.

31) 하버마스가 마르쿠제를 비판하는 이론적 맥락을 참고할 필요가 있다.

> “첫째, ‘합리성’은 전체적으로 제도화한다. 전체화한 그리고 제도화한 ‘합리성’은 하나의 전체적 ‘시스템’을 형성함으로써 그 ‘시스템’ 안에 존재하는 자체로 하여금 – 자체가 ‘시스템’ 안에서 어디에 위치하든지 간에 – 그 존재양식에 있어서 ‘시스템’ 내적 풍토에 순응하게끔 조종적 세력을 행사한다. (보수성명제로 부를 수 있다: 인용자)
>
> 둘째, 이와 같이 전체적으로 제도화한 ‘합리성’에 전체적 궁극성이 부여된다. 이것은 자체의 실존적 거점– 단위의식 –을 전체적으로 제도화시킨 합리성에 준거해서 규정함으로써, 자체로 하여금 그 의식구조에 있어서, 전체적으로 제도화한 ‘시스템’ 내적 ‘합리성’에 순응하게끔 조종함으로써 이루어진다. 전체적으로 제도화한 ‘합리성’에 전체적 궁극성마저 부여된 ‘시스템’은 하나의 밀폐된 ‘시스템’이다.”(폐쇄성명제로 부를 수 있다: 인용자)[32]

몇 가지 의문이 있다. 우선, 이 맥락에서 주체성 상실이 합리성의 전체화 때문인지, 타체(들)의 비(非)합리적인, 반(反)합리적인 폭력행사 때문인지, 묻지 않을 수 없다.[33] 또한, 마르쿠제가 문제시하는 합리성은 물론 도구주의적 합리성인데, 이 계몽주의적 합리성이 반(反)합리적 신화로 전락하는 “계몽의 변증법”을 바르게 이해해야 한다. 문승익은 통속적으로 비판이론의 합리성비판을 이해하고, 그것을 자신의 주체성이론에 활용하는 오류를 범하고 있다. 그리고, 선택성 구조의 다차원성(오페)에 주목해야 한다. 합리성이 행사되는 다차원적 차원에 작용하는 선택성이 논의되어야 한다. 합리성 행사는 일차원적이지 않다.

일차원적 명제를 문승익은 수용하면서도,[34] 그것과 자신의 주장은

---

32) 문승익 1970: 67–68.

33) 문승익 1970: 98. 각주 3에서 합리성의 전체화가 사실상의 전체화를 의미하지 않음을 밝히고 있기는 하다.

34) 문승익 1970: 98–100.

다름을 주장하고 있다.[35] 무엇이 다르다는 것인가? 아마도 문승익은 자신의 주체이론, 주체성을 강조하는 이론이 마르쿠제 등에서 나타나지 않음을 말하고 있는 듯하다.

2) 문승익은 『주체이론』의 끝말을 이기적인 '나'에 대한 진술로 맺고 있다.

> "우리는 이기적 '나'를 추구함으로써 – 우리가 좀 더 이기적이 됨으로써 – 지금보다는 향상된 전통–근대화–통일을 달성할 수 있을 것이다. **그러나 이렇게 얻은 소득은 일시적이고 그 한계가 미리 결정된 완전할 수 없는 소득이다. 우리가 서양으로부터 배울 것이 많지만, 그 중 하나는 이기적 '나'가 궁극적으로 도달한 – 돌아서든가 주저앉아 버리든가 해야만 되는 – 막다른 골목이다.** 전통을 찾고, 근대화를 계획하고, 통일을 추구함에 있어서 우리는 우리의 시점을 이기적 '나'에다가 모아야만 한다."[36]

이기적 나의 추구 그 자체를 문승익이 궁극적 대안으로 판단하고 있지는 않지만,[37] 현 단계의 전략적 대안으로 제시하고 있음이 분명하다. 문승익에 의하면, 나는 지금 추격당하고 있는 것이다. 이기적 너로부터. 돌아선다는 것은, 좀 더 정확하게 말해서, 돌아선 다음 반격해 나아간다는 것은, 추격해온 이기적 너와 정면으로 마주하고, 전쟁을 벌일 것을 예고하고 있다. 주저앉아버린다는 것은, 더 이상 도주해나갈 방도가 없음을 깨닫고 포기하는 것이다. 그것은 절망이요, 체념이다. 이 이기적 나의 추구가 실질적으로 무엇을 의미하고 있는가, 묻지 않을 수 없다. 경험적 사실로서 확인된 이기적인 것인지, 아니면, 나의 의식과 행위를 움직이는 궁극적인 것으로서의 이기적인 것인지, 문승익에게는

35) 문승익 1970: 101.

36) 문승익 1970: 160. 강조는 인용자.

37) 문승익 1970: 119. 각주 4를 참고하라.

불분명하기 때문이다. 만약 후자라면, 그의 이론적 한계는 분명하다. 만약 전자라면, 경험적 논증을 그는 제시해야 할 것이다.

3) 문승익은 전통의 이해에 대해서 개입하고 있다. 그가 전통이해의 시간성구조 같은 것을 말하고 있는 것은 그가 논리적으로 매우 예리하기 때문인 것 같다. 그는 이렇게 말하고 있다.

> "문제는 우리의 과거를 어떻게 우리의 현재와 연결시킬 것인가에 관한 것이다. 여기서 '우리의 현재'라 함은 우리가 현재 처해 있는 상황 및 그러한 상황 내에서 귀중하다고 여겨지는 가치의 **대상**을 의미한다.
>
> 그리고 – 필자의 관찰이 틀리지 않다면 – 그러한 가치의 대상은 주로 '현대적인 것' 그리고 '서구적인 것'을 의미한다."[38]

정말 대상인가? 문승익은 해석학적 전통에 대해서 전혀 언급이 없다. 해석의 이해에서는 이미 1970년 당시 해석학적 논의들을 중심으로 하는 논의들이 충분하게 전개되어 있었는데, 그의 정치학은 이 맥락에 어두운 것이다.

내가 『비판적 현대성의 정치적 이론』(2006)에서 논의하였듯이, 전통을 이해하는 양태는 하나가 아니고 다면적이다. 해석학적 순환 명제가 말하듯이, 과거는 현재의 이해로서 이해되는 것이다. 현재의 이해로서의 "우리의 현재"가 과거의 이해로서의 "우리의 과거"를 만들어간다. 그런데 여기에서 왜 "우리의 현재"인가? 왜 나의 현재는 아닌가? 혹은 나의 현재와 우리의 현재는 어떠한 관계에 있는가? 문승익은 이 맥락에 대해서 언급이 없이 곧바로 우리의 현재를 말하고 있다.

그렇지만 문승익은 1970년 당시 한국에서 논의되고 있었던 수준에서 보면, 전통개념에 대해서 본격적인 의문을 던지고 있다는 점에서 역사

---

38) 문승익 1970: 147. 강조는 인용자.

적 의의가 있다고 평가할 수는 있을 것이다. "요컨대 새로운 '전통' 개념 규정이 필요하다"는 주장이었다.[39]

문승익은 전통이라는 언어를 이해하는 차원들 중, 한 차원에서 주로 비판적으로 논의하고 있다. 그것은 전통을 "가치의 대상"이라는 맥락에서 이해하는 차원이다. 하지만 해석학적 논의 맥락에서, 그리고 정치이론적 맥락에서 전통은 계몽주의적 합리주의의 한계를 대신하는 인식론적 차원에서 이해되고 있기도 하다. 살아있는 전통이 살아있는 까닭은, 진리를 정초하는 데 작용하고 있다는 판단 때문이다.

4) 문승익은 근대화라는 언어에 대해서 논의할 때 그것의 애매성에 대해 지적한다. 그것은 다음 두 측면에서 일어난다. (1) 그 하나는 근대화라는 언어가 자유, 평등, 민주, 평화 등과 같은, 역사적인 투쟁 혹은 운동의 언어로서 가지는, 사실과 규범을 모두 지칭하는 맥락에서 오는 애매성이다. 물론, 이 같은 언어의 경우 이데올로기 비판적 접근은 필수적이다. (2) 다른 하나는 근대화라는 단어가 다면적으로 사용되고 있는 데에서 오는 애매성이다. 그것은 구체적으로 세 가지로 구별될 수 있다고 한다. (a) 결과물, (b) 과정, (c) 목적설정에 관한 작업. 문승익은 여기에서 (2)의 (c)를 가장 근본적인 것으로 이해한다. 그리하여 그에 의하면, " '근대화' 는 무엇보다도 우선 본체적 차원에서 존재하는 자체적 실존적 거점의 일면이다."[40] 문승익이 여기에서 (2)의 (c)를 이렇게 강조하는 까닭은 그의 판단에 의하면 근대화논의에서 바로 이 측면이 그 때까지 논의되지 않았기 때문일 것이다. 그의 목적은 주체성 없는 근대화론을 비판하고 주체성 있는 근대화론을 주장하는 것이다.[41]

5) 문승익의 자아준거성 개념은 준거해 주는 실체로서 자아는 이미 주체성을 가지고 있어야 한다. 그렇지 않다면 주체적이지 않은 자아가

39) 문승익 1970: 146.

40) 문승익 1970: 25.

41) 문승익 1970: 25. 각주 25.

준거해주는 것이므로 그 자아준거성은 주체적일 수가 없다. 자아준거적일 때 주체적이라면 그 자아가 이미 주체적이어야 한다. 그러므로 자아준거적인 자아가 왜 자아준거적이지 않을 수 있는가를 설명해야 한다. 문승익은 일종의 논리적 오류를 범하고 있다. 그의 이 오류는 단순한 것이 아니라 그가 자아를 이해하는 기본적 입장에서 결과된 것으로 보인다. 이른바 의식철학의 오류 같은 것이다.

문승익은 "'자기의식'을 자기를 남으로부터 구별하는 '나'의 의식이라 규정하였고, 또 이러한 '나' 의식의 대상이 '나' 의식의 주체에 준거하는 경우의 자기의식을 자아준거적 자기의식이라 규정하였다."[42] 여기에서, 남으로부터 구별하는 방식은 무엇인가? 나와 구별되는 남은 사실 하나가 아니다. 남들이 거의 무한하게 존재한다. 그렇다면, 어떻게 나를 남과 구별할 수 있는가? 더구나 심각한 것은 사실, 동일성과 차이성은 동일한 맥락에서 논의되어야 하는데도 불구하고, 문승익은 동일성 범주에 대해서는 전혀 논의하고 있지 않다. 그는 역사철학을 부정하면서도, 의식철학에는 갇혀 있는 이해할 수 없는 한계를 보이고 있다.

흥미로운 점은 그가 거울이라는 비유를 들면서 주체성에 대한 그의 논술을 전개하고 있다는 것이다. 자아정체성(self-identity) 문제틀에서 빈번하게 등장하는 그 거울 비유를 그가 활용하고 있는 것은 우연이 아닐 것이다.

> "'나'는 자기규정이라는 거울을 소유하고, 또 '나'는 자기규정이라는 거울을 들여다봄으로써 나의 영상을 보게 된다. 자기규정이라는 거울에 비친 '나'의 영상이 '나'로서 감지될 때의 '나'는 내가 갖는 '나' 의식이다. 따라서 '나' 의식이 '나'를 조합할 때의 '나' 의식은 – '나'와 '나' 의식 사이의 동일성이 이루어질 때의 '나' 의식은 – 자아준거적 자기의식이다. (중략) 요컨대, 내가 거울을 들여다보고 그 거울 속에서 '나에 관하여' 발

42) 문승익 1970: 50.

견하는 것은 무엇인가? 첫째, 나는 나의 거울을 들여다봄으로써 있는 그대로의 '나', 본연의 '나'를 본다. (중략) 둘째, 나는 나의 거울을 들여다봄으로써 있는 그대로의 '나', 본연의 '나'가 아니라 이상적인 '나'를 본다. 지금 있는 그대로의 '나'가 아니라, 그렇게 되어야 하는, 그렇게 되고 싶은 미래적 이상적 '나'를 본다. (중략) 셋째, 나는 나의 거울을 들여다봄으로써 현존적 '나'도 아니고 이상적 '나'도 아닌 나의 '이미지'를 볼 수 있다. 나의 '이미지'는 현존적 '나', 이상적 나에 상관없이 내가 보고자 소망하는 나의 영상이다. (하략)"[43]

문승익은 본연의 나를 전제하고 있다. 그것은 비역사적이고 비사회적이다. 문승익은 어쩌면 이러한 나의 확인을 거부할 지도 모르겠다. 나는 여기에서 그가 "본연의 나를 확인시키는" 것은 나의 거울이라 말하고 있는 것을 염두에 두고 있다. 그렇지만 본연의 나를 확인하는 것에 불과하다. 본연의 나를 역사적으로 사회적으로 헌정하는 것이 아니라는 점에 유의해야 한다. 거울 속의 나를 타아(Alter)가 아니라 자아(Ego)로서 인식하는 것은 자명한 것이 아니다.[44] 그렇지만 문승익은 발생론적으로 본연의 나를 전제로 하고, 더구나 그것을 확인하는 능력을 자명한 것으로 전제하는 오류를 보이고 있다.

문승익의 거울 비유가 보여주는 자기 반성력을 활용하려는 의도를 부정하려는 것이 아니라 거울 그 자체의 제한성을 나는 비판한다. "거울 없는 철학"(리처드 로티)은 오늘날 완전히 돌연히 등장한 것이 아니다.[45] 한국정치학은 철학적 전통이 허약하다. 또한 그가 동일 범주에서 들고 있는 둘째와 셋째의 것("자기이상"과 "자기이미지")은 일종의 범

43) 문승익 1970: 50-51.

44) 미드, 피아제 등의 인지발달이론을 참조하라.

45) 리처드 로티, 『철학 그리고 자연의 거울』, 까치, 1998을 참조하라. 물론 내가 로티의 철학에 완전히 동의하는 것은 아니다. 나의 논술들을 참고, 비교하라.

주적 오류이다. 현실과 이상 사이의 간극은 이미지의 것도 있고, 그렇지 않은 것도 있다. 오히려 문제는 현실 그 자체를 인식할 수 없다는 것을 받아들인다면, 문승익이 말하는 현실 그 자체가 사실은 현실이 아니라 하나의 가상, 곧 이미지(이를 일차적 이미지라 부르자)이며, 이 이미지가 이차적 이미지를 보는 것에서 발생한다. 문승익은 이미지 그 자체를 부정하려는 인상을 강하게 주고 있는 것이다.

"연극이 끝나면 – 아마도 화장대 거울 앞에서 분장을 지울 때쯤 – 이 여배우는 다시 본연의 '나'로 돌아온다"[46]고 그는 판단하고 있는데 이것은 존재론적 자기정체성을 전제로 하고 있음을 반영한다. (용어상으로도 좀 혼란스러운 점이 없지 않다. 문승익은 있는 그대로의 나를 지칭하는 것을 자기현실이라 부르지 않고, 자기규범이라 부르고 있다.) 물론 여기에서 거울은 정말 어떠한 굴절도 없는 가상적인 것이지 않으면 안 될 것이다. 그것은 부재한다. 굴절이 없는 거울은, 현실적으로 존재할 수 없다. 그러니까, 문승익은 없는 것을 있는 것으로 착각하고 있는 것이다.

자기정체성은 역사적이고 사회적으로 헌정되어간다. 그리고 그 과정에는 경험과 기대가 동시에 작용한다.

V. 자아준거성 주장에 대한 비판

나는 지금까지 한국정치학이 무엇인지를 밝히지 않은 채 한국정치학의 자기정체성 문제를 논의해 왔다. 한국정치학은 무엇인가? 문승익은 다음과 같이 주장한다.

"우리가 정치현상을 연구함에 있어 '우리적 가치정향'에 준거해서 우리적

46) 문승익 1970: 51.

으로 인식, 설정된 문제의 우리적 해결을 추구할 때 '한국정치학'은 존립하게 된다. '한국정치학'은 요컨대 자아준거적 정치학이다. '한국정치학'을 이를테면 '미국정치학'으로부터 구분 지을 수 있는 근거는 한국정치학자들의 국적도 아니고, 한국정치학자들의 연구대상이 되는 연구소재나 방법의 특수성도 아니며, 한국정치학자들이 생산해 놓은 학문적 소산의 양과 질도 아니며, 궁극적으로 한국정치학이 갖는 자아준거성이란 말이다."[47]

첫째, 문승익의 자기준거성주장은 "자기"의식철학적으로 전제되고 있고, 곧 에고와 알터의 존재론적 분리를 전제로 하고 있으나, 독일의 비판이론과 프랑스의 후기구조주의가 논증하고 있듯이, 에고와 알터의 분리를 존재론적으로 정당화하는 철학의 시대는 타당성을 잃었다. 자기준거성의 그 자기는 순수하게 존재하는 것인 양 전제되고 있으나, 현상학의 발전이 보여주듯이 그것은 오직 생활세계 속에 거주하는 "자기"일 뿐이다. 그것은 문제적이고 모순적일 수 있다.

둘째, 문승익의 자기준거적 정치학은 그 자체로 완전하므로 역사적으로 비판의 대상이 될 수 없으며, 오직 자기준거적이지 않은 정치학만을 비판의 대상으로 삼을 수 있는데, 비판의 딜레마에 빠질 수 있다. 알터의 에고는 자신의 에고에 준거하고 있다면, 그 순수한 "자기"(에고)를 어떠한 근거에서 비판할 수 있겠는가. 있다면, 이제 학문 외적인 것의 전쟁이 있을 뿐일 것이다.

셋째, 어떤 한국정치학자가 타아준거적 정치학을 연구한다고 할지라도 그 타아준거성 역시 자아준거적이지 않다고 단언할 수는 없다. 오히려 자아준거성을 구성하는 철학적 원리를 정당하게 파악하고, 현실적으로는 학문의 자기정체성을 제약하는 역사적, 사회적 조건들을 비판하는 과제를 설정하고 비판할 때 자기정체성은 성숙할 수 있다.

---

47) 문승익, 「한국정치학의 정립문제」, 『자아준거적 정치학의 모색』, 오름, 1999, p.88.

그렇다면, 한국정치학은 무엇인가? 그것은 한국정치학자들의 정치학이라 말할 수밖에 없다. 한국정치학은 역사적으로 이데올로기비판적으로 열린 자기정체성을 재구성해나가며, 가야 한다. 한국정치학의 자기정체성은 온전한 형식과 내용으로 처음부터 존재했던 것이 아니다.[48]

48) 본고는 한국정치학회가 주최한 한국학세계학술대회에서 발표한 논고(2007년 8월 25일, 부산)를 가볍게 교정한 것인데, 인하사회과학논총 vol.30, 2015 (인하대 사회과학연구소)에 게재된 바 있다.

제2장
한국정치학사연구의 쟁점
- 한국정치학의 정체성논의에 덧붙여

I. 문제제기: 윤근식의 경우

2007년 8월 25일 부산에서 열린 한국학세계학술대회에서 나는「한국정치학의 자기정체성논의에 대한 비판적 논고」를 통해 한국정치학의 정체성 문제에 대해서 논의한 바 있다. 나는 이 논고에서 한국정치학의 정체성 문제는 한국정치학사의 문제로 제기되어야 한다는 주장 아래, 한국정치학사 서술의 쟁점에 대해 개관하고, 문승익의 자아준거적 정치학 주장에 대해 비판적으로 논의했다. 특별하게 문승익의 이 주장에 주목했던 까닭은 그의 주장이 정체성 논의 핵심 문제의 한 주제와 관련되어 있었기 때문이었다. 문승익의 주장은 한국정치학의 자기정체성 논의에서 흔히 볼 수 있는, 정체성을 탈역사적으로 전제하는 철학적 입장에 빠져 있다는 것이다. 여기에서 이 논의를 반복하지는 않겠다.

또한 나는 부산학술대회 발표문에서 한국정치학에서 자기 반성력을 구체적으로 보여주는 예로 한태수와 윤근식을 들었다. 여기에서는 윤근식의 문제제기에 대해서 짧게 살펴보고, 해방 후 최초의 정치학을 출간했던 강상운, 그리고 행태주의 지향의 한국정치학의 대표적 학자 윤천주와 한배호에 대해서 논의한 다음, 주로 한태수의 정치학에 대해서 상론하고자 한다.[49] 그리고 학사연구과정에서 느낀 것들 가운데 몇 가

49) 나는 민병태, 이용희 등이 한국정치학사에서 어떠한 위상을 가지는 지에 대해서 아직 분명하게 판단을 내리지 못하고 있다. 아직 그들의 저술을 면밀하게 읽지 못했기 때문이다. 김은경,「민병태와 한국정치학발전」, 서규환 엮음,『한국

지를 명제의 형태로 표현한다.

우리는 일단 윤근식에 주목한다. 그는 「사회비판적인 정치분석과 한국정치학」[50]이라는 논문에서 자신의 입장을 분명하게 표명한다. "사회비판적인 정치분석으로서의 정치학"[51]을 그는 주장하고 있는 것이다. 그는 그 자신의 이 정치학이 해방의 관점을 이어가는 것임을 분명하게 밝히고 있다.

> 말하자면 오캄(Occam)으로부터 마르크스(Karl Marx)에 이르기까지의 유럽정치이론은 그 핵심에 있어 해방이론이었거나 해방이론으로 되었다. 이는 특히 17-18세기의 유럽정치이론에 해당한다. 농민해방, 그러나 무엇보다도 부르주아해방운동과 프로레타리아트해방운동이 그 이론의 배후에 있었다. 이와 결합된 것이 노예해방, 청년해방 및 부인해방의 물결이기도 했다. 오늘날에도 작용하고 있는 반식민화의 물결, 그와 결부된 자주성과 민족의식을 위한 투쟁이 그에 속한다. 이러한 현실사회학적 배경에 속해 있는 것이 유형적으로 저발전국가들에 있어서의 정치학 또는 정치이론이다. 그러므로 한국정치학도 크게 볼 때 이에 속해야 하고, 이를 분명히 표현해야 한다. 그러나 이제까지는 거의 그렇지가 못했다.[52]

윤근식은 여기에서 한국정치학사에서 새로운 발상을 제기하고 있음을 분명히 표현하고 있다. "이제까지는 그렇지가 못했다"는 표현 대신

사회과학사연구 I』, 인하대학교출판부, 2006, pp.121-170; 공삼민병태교수 30주기 추모 학술대회, 〈공삼민병태선생과 한국정치학〉, 서울대학교 정치학과와 한국정치연구소 주최, 2007년 11월 16일 참조.

50) 윤근식, 『제3세계의 이데올로기와 정치』, 중앙출판, 1981, pp.287-303에 포함되어 있다. 이 논문은 1979년 『한국정치학회보』 제13집에 실렸던 것이다. 이하 윤근식 1981(1979)로 약칭한다.

51) 윤근식 1981(1979): 295.

52) 윤근식 1981(1979): 288-289.

에 "이제까지는 거의 그렇지가 못했다"는 조심스러운 표현은, 그 이전에 이와 같은 발상을 이미 제시한 논술이 있었다는 것을 시사하는 것 같다. 이것은 1977년 『한국정치학회보』 제11집에 게재된 그의 논쟁적인 논문, 「한국정치학에서의 정치발전연구: 하나의 자체평가」[53]에서 이미 1970년에 출간된 문승익의 『주체이론』을 부각시키고, 이에 대해서 매우 긍정적으로 평가하고 있다는 점과 연관되어 있는 듯하다.[54]

"사회비판적인 정치분석으로서의 정치학", "사회비판적인 정치학"[55]이 어떠한 특성을 지니는지, 그는 밝히려 한다.[56] 그것은 비판적 사회이론(Gesellschaftstheorie)에 속하는 것으로서, 지배의 지양을 지향하는 사회이론으로 나타난다.[57] 이 맥락에서 윤근식은 그 당시 한국정치학의 지배적인 분위기와는 매우 다른 발상으로서 상당히 논쟁적인 진술을 개진하는 용기를 보여주고 있다. 그는 "지배유지"의 입장과 "지배지양"의 입장으로 논쟁의 구도를 잡는 과감한 모습을 보이고 있다.

> 사회비판적인 정치학은 기성지배의 분석에서 그 **지배지양의 객관적인 가능성**도 확인한다. 후자는 정치사회적 과정에서 맹목적인 필연성의 메카니즘을 비판함으로써 동시에 사회에 있어서의 개인적 자유의 의식적인 실현, 즉 인간역사의 의식적인 형성의 가능성을 시사한다.[58]

---

53) 윤근식 1981(1977): 304-325에 재수록되어 있다. 여기에서는 이 재수록 논고를 인용한다.

54) 문승익의 자아준거적 정치학에 대해서는 나는 부산학술회의발표문에서 비판한 바 있으므로 여기에서 반복하지 않는다. 종속이론의 수용은 한국정치학에서도 매우 중요한데, 다른 기회에 논의할 것이다.

55) 윤근식 1981(1979): 294, 297. 물론 이 표현은 윤근식 자신의 것이 아니다. 블랑케 등이 사용하고 있는 표현이다.

56) 윤근식 1981(1979): 294-299.

57) 윤근식 1981(1979): 297.

58) 윤근식 1981(1979): 297. 강조는 인용자.

윤근식의 정치학은 "미국정치학 지향적", 미국비교정치학적 근대화론적 한국정치학과는 다른 논리를 전개했고, 한국정치학의 정체성 문제에 대해 본격적인 문제제기를 하고 있으나, 독일정치학을 수용하여 한국정치학을 이데올로기비판적으로 이해할 때 그의 이데올로기비판이 한계를 충분하게 극복했다고 평가될 수는 없다.[59] 그것은 아마도 이데올로기비판적 한국정치학사서술의 맥락에서 한국정치학의 정체성 문제를 논의하지 않았기 때문인지 모르겠다. 그것은 윤근식이 한태수를 논의하지 못했던, 섬세하지 못했던 이유를 또한 시사하고 있다.

II. 강상운

강상운은 『정치학개론』을 해방 후 처음으로 출간했던 정치학자였다. 이 개론서의 출간은 어떠한 역사적, 학설사적 의의를 가지고 있는가?

1) 저자 강상운은 개정판 서문에서 "이 10유여년 동안 국민의 정치적 수준도 성숙되어 가거니와 정치학 연구도 일본어역 시대에서 미국어역 시대로 옮겨졌고 또 다시 독창적인 시대로 옮겨져 가고 있다. 이번에 새로 가필된 것은 이러한 새로운 시대에 부응하기 위해서 이루어진 것이다"[60]라고 쓴다. 하지만 강상운의 이 책에서 독창성을 발견할 수는 없다. 아마도 강상운은 역서가 아니라 저술이라는 점을 강조하는 듯하다.

2) 여전히 강상운은 국가론을 중심에 세우고 있다. (아마도 이 국가론은 일제하 일본제국주의학자들이 독일국가학을 왜곡하여 수용한 것을 여전히 반복하는 것이리라.) 그는 정치의 국가현상설과 단체현상설을

59) 다른 기회에 이에 대해 발표할 것이다.
60) 강상운 1961: 5.

대조하여 그 내용을 늘어놓고는 정치학을 다음과 같이 규정한다.

> "정치학은 인간이 그들의 자유와 복리를 보다 효과적으로 향유하기 위하여 어떻게 해서 집단생활을 하게 되었으며 또 인간의 집단이 어떻게 해서 그 집단의 질서를 형성유지하고 또 발전시켜 왔으며 어떠한 조직과 지배와 운영을 거쳐서 금일의 국가사회를 이루었으며 또 어떠한 조건과 개선을 조성하고 수행하여야 인간의 집단이 합리적으로 운영될 것인가 하는 이론과 방법을 과학적으로 연구하는 학문이다 라고 할 수 있을 것이다. 그러나 현재에 있어서 인류가 통일있는 단체를 조직하고 그 단체내부에 일정한 대립과 통일을 거쳐서 일정한 규범하에 공동생활을 해나가는 것이 국가라고 할 수 있음으로 결국에 가서는 정치학은 국가의 원리와 조직 및 그 작용과 제국가간의 상호관계의 현상 급(及) 방법을 과학적으로 연구하는 학문이라고 해도 좋을 것이다."[61]

강상운의 이 책은 오늘날의 관점에서 보면, 아니 그 당시 서구의 정치학적 글쓰기의 수준에서 보면, 부족한 면이 매우 많다. 각주가 성실하지 않으며 불친절하다. 또한, 참고문헌 역시 부정확하며 불친절하다. 그리고 무엇보다 문제인 것은 각주와 참고문헌을 읽어보면 저자가 읽지 않은 것을 읽은 것으로, 그리고 무엇을 주로 읽었는지 알 수 없게 하는, 말하자면 본격적인 학술적 저술의 품격에서 벗어나는 것으로 보인다. 같은 1961년에 출간된 김운태의 『정치학요론』과 비교해보면, 강상운의 이 책이 매우 비체계적인 것임을 알 수 있다. 게다가 특별한 점은, 영어를 번역하지 않고서 그대로 인용하고 있다는 점이다. 그리고 한국정치현실에 대해서는 전혀 언급하지 않고 있다. 이러한 모습이 해방 후 한 때의 한국정치학의 실상이었고, 그 이후에도 오랫동안 간헐적으로

61) 강상운 1961: 36.

이 같은 실상의 전통이 이어졌다.

Ⅲ. 미국정치학의 수용

1) 한국정치학사에서 윤천주의 『한국정치체계』(1963) 출간은 매우 중요한 학설사적 사건이었다. 1959년 『한국정치학회보』에서 윤천주는 한국정치학사에서 처음으로 미국의 행태주의 접근법을 소개하였다.[62)]

윤천주는 이승만 정권의 정치를 "왕조에 의한 절대주의적 전제정치로부터 입헌민주정치로 옮아가는 과도기에 출현하는 권위주의정치로서 시이저적 독재정치(caesaristic dictatorship)로 보아야 한다"[63)]고 주장하였다. 윤천주는 칼 뢰벤슈타인(Karl Loewenstein)[64)]에 따라 이승만의 정치를 Neopresidentialism이라 정의하고 권위주의적 정부라 부르는 것을 수용하였으며, 동시에 가브리엘 알몬드(Gabriel A. Almond)가 전체주의적 정치시스템과 권위주의적 정치시스템을 구별하여 설명하고 있

62) 윤천주의 주요 저술은 다음과 같다. 『한국정치체계 – 정치상황과 정치참여 –』, 고려대학교출판부, 1963. 9.1. 이 저서의 경우, 판권표시 쪽에는 1961년 9월 1일로 되어 있으나, 오식인 것 같다. 저자서문은 1963년을 밝히고 있기 때문이다. 그러니까 박정희정권이 이미 시작되었던 시점에 발표되었다; 『한국정치체계서설』, 1961. 6; 『증보 한국정치체계서설』, 1962. 5. 윤천주는 독일의 '일반국가론(allgemeine Staatslehre)'을 비판한다. 이것이 그 당시까지의 한국정치학을 지배하고 있다고 보았기 때문이었다. 윤천주의 이 같은 이해에 대해서는 다음과 같은 반론을 제기할 수 있다. (1) 독일국가학은 일반국가론이 대표하는 것이 아니다. (2) 독일국가학은 월러스틴이 제기한 바 있듯이 그 동안 오해되어왔다. 독일국가학은 전체사회를 문제시하는 학문경향으로서 프랑스의 아날학파, 독일의 마르크스주의와 함께 총체성의 문제틀이 그 핵심이었다. (3) 한국에서 그 당시 정치학자들이 독일의 일반국가론에 정통하고 있었는지에 대해서도 의심해보아야 한다. 이에 대한 본격적인 연구 역시 다음 기회에 발표할 것이다.

63) 윤천주 1961: 14.

64) Karl Loewenstein, *Political Power and the Governmental Process*, Univ. of Chicago, 1957, p.67.

는 것을 수용해 이승만의 정치를 권위주의적 정치로 규정한다.[65] 전체주의와 권위주의를 개념적으로 구별하면서, 윤천주는 이승만정권의 특징을 다음과 같이 정리한다.

"(1) 적어도 현 사회를 부인하고 그 세계정복의 의미를 띤 하나의 공시적 이념이 없었으며, (2) 야당도 엄연히 있어 단일정당제가 아니었고, (3) 야당지 및 야당적 색채를 띤 잡지 및 강연회가 도리어 여당적인 것보다 성행하였고, (4) 경제통제가 행해지지 않았다. (5) 그 뿐만 아니라 그의 정치에서는 권위주의정치에 반대되는 Mussolini의 협동주의(corporatism), Hitler의 민족공동체(folk community)론, 그리고 Stalin의 무계급사회주의 국가론과 같은 합리적 관심에서 나오는 단결(solidarity), 협동(cooperation)의 정신이념의 고양도 없었다. (6) 또 우리 사회는 이러한 독재정치를 출현시킬 정도로 기술적인 산업사회에 이르지 못하였다."[66]

윤천주는 이승만정권과 그 정치를 권위주의라 부르면서 동시에 시이저적 독재로 규정하였다. 윤천주에 의하면[67] 이 시이저적 독재(caesariastic dictatorship)는 나폴레옹이 1800, 1802, 1804년 세 차례에 걸쳐서 그의 헌법을 국민투표에 부쳐 자신의 지배에 대한 민주적 정당성, 즉 그의 체제에 대한 인민의 지지 또는 보증을 획득하려 한 것을 그 표본으로 한다.

윤천주는 박정희의 선(先)경제성장, 후(後)민주화라는 국가발전 비전을 이론적으로 변호하고 있다. 이 변호에는 한국인들의 교양수준을 높이는 것이 핵심을 이룬다.[68] 더욱 중요한 것은 윤천주가 미국의 근대화

65) 윤천주 1961: 275-276, 각주 5.

66) 윤천주 1961: 279. 인용자가 번호를 첨가했고, 쉼표를 몇 곳 붙였다.

67) 윤천주 1961: 280.

68) 윤천주 1961: 304-305.

론가들의 경험적 분석을 근거로 한국 유권자들의 정치참여가 민주화되려면 15년 또는 20년 이상의 시일이 필요하다는 주장을 펼치고 있다는 점이다. 1961년 기점, 그러니까 1976년 또는 1981년, 하지만 현실역사는 어떠한가?

정치참여가 참여자들의 학습능력을 배양시킨다는 논거에 근대화론자 윤천주는 전혀 주목하지 않고 있다. 한국의 민주화 과정은 참여정치의 동학을 배제하고서는 설명되기 어렵다.

미국의 근대화론에 근거하여 박정희 정권의 근대화 정책이 집행되었다고 말할 수는 없다. 박정희 정권의 통치모델은 단순하지 않았다. 복합적이었다. 그렇지만 근본적인 통치사상의 중심은 일본의 군부파시즘적 국가주의였고, 한국사회과학자들이 수용했던 미국의 근대화론이 그 보족적 기능을 행사했다.

이 점은 근대화론이 전통 대(對) 근대성(modernity)의 이분법에 근거하고 있는데, 박정희 정권은 처음부터 일본주의적 "전통"을 적극적으로 통치사상(이데올로기)으로써 활용하고 있었다. 이는 박정희의 저술들에서 분명하게 식별된다. 일본국가주의의 "국가개조운동"에서 "고유한 전통"담화는 중심에 있었다. 1930년대에 접어들면서 일본은 이른바 대정데모크라시를 비판하고 일본주의를 중심에 세우기 시작했다. 미국의 근대화론의 한국 예찬론자들은 이 맥락에 정통해 있지 못했던 것 같다. 정통근대화론에 근거해서 박정권의 독재를 비판할 수 있었는가 하는 의문도 중요하다. 물론 그렇지 못했다.[69]

2) 윤천주에 의해 시작된 미국정치학을 지향하는 한국정치학은, 한배호의 저술활동에 의해 더욱 본격화되었다. 미국에서 유학하고 귀국한 한배호의 『이론정치학』이 1965년, 일조각에서 출간되었다. 1965년, 그

69) 권오훈 외, 『한국사회의 구조와 변동』, 한나래, 1990에 있는 서규환의 논문을 참조하라.

러니까 한국에서 군부권위주의가 진행되고 있었던 시점에, 한배호는 이 책을 출간했으면서도, 그것에 대한 적극적인 비판이 약하다. 더욱 심각한 것은, 각국 정치학의 현황을 개관하면서도 정작 한국정치학의 현황에 대해서는 균형 있게 말하고 있지 않다는 것이다. 독일, 영국, 미국, 그리고 일본의 정치학사를 개관하는 것으로 그의 개관은 끝이 난다.

새로운 패러다임 같은 것을 한배호는 주장하려 한다. 물론 그것은 데이비드 이스튼(David Easton)의 시스템이론이다. 이스튼에 대한 그의 예찬은 곳곳에서 표현되어 있다. 예컨대,

> 정치학이 예술(시, 소설)이 아닌 이상 하나의 학문으로서 그것이 대상으로 삼고 있는 정치현상을 설명해 줄 수 있는 일반이론을 갖추어야 함에는 재론을 불허할 것이나, 정치학의 현황은 이러한 수준에 달하기에는 너무나 뒤떨어져 있는 것이며, 이러한 후진성에 대한 불만은 많은 정치학자에 의해 토로되어온 바 있다. 그 중에서도 가장 명료하게 오늘날의 정치학의 현황을 분석하고, 또 과학으로서의 정치학을 지향하려는 야심적인 학자들의 무드를 표현해 준 것은 David Easton이었다고 본다.[70]

나아가 한배호는 이스튼의 정치개념규정을 그대로 수용하여 정치현상을 "한 사회의 권위적 가치분배현상에 관련되는 행동자들의 상호작용체계로 파악한"[71]다.

한배호는 바로 이 이스튼의 시스템이론을 비판 없이 수용하면서 시스템이론 이전의 국가이론에 대한 시스템이론의 비판을 반복한다.[72] 그것은 크게 세 가지이다.

첫째, 국가 개념의 "편협성, 시간과 공간적인 제약성, 다시 말하면

---

70) 한배호 1965: 45.

71) 한배호 1965: 163.

72) 한배호 1965: 73-75.

보편성의 결여". 편협성이란, 국가라는 개념이 유럽사회에만 명료하게 적용될 수 있지 그 밖의 사회에서는 적합하지 않는다는 것이다. 즉 고정된 영토와 안정된 통치기구 그리고 안정된 국민, 이 세 가지 조건이 구비될 때 비로소 국가가 성립될 수 있기 때문이다.

둘째, 국가 개념은 역사적 기원으로 보아 분석적 도구로 발전한 것이 아니라, 국토 통일의 상징물로 대두했다는 점이다. 한배호는 "국가 개념은 16세기와 17세기에 자주 사용되었는데, 마키아벨리의 『군주』가 그 대표적인 것이었고, 19세기에 와서 그 신화적 요소가 충분하게 발휘되어 민족주의의 발달에 크게 기여했던 것"[73]이라고 적고 있다. 한배호는 국가 개념을 정치제도연구로 곧바로 연결시킨다. "국가 개념에 의한다면, 정치학은 국가라는 일종의 정치제도를 연구하는 데 끝나는 것이며, 정치 제도가 곧 정치 현상이라는 결론이 나오게 되는 것이다. 따라서 국가라는 정치 제도가 없는 곳에서 정치학이 연구할 만한 정치 현상도 있을 수 없다는 것인데, 사실은 이와 반대로 소위 국가 제도가 없는 문맹 사회에도 정치 생활이 영위되고 있다는 것이다."[74] 공식기구에 대한 분석 이외에도 비(非)공식적 집단들, 예컨대 이익집단들의 작용도 분석하기를 요청하는 것이다.

그리고, 셋째로, 국가라는 개념 속에는 혁명과 같이 주권 자체를 부정하고 정부를 바꿔버리는 현상을 포용할 여지가 없다는 점이다.[75] 그렇지만 한배호도 역시 국가 개념의 유용성을 완전히 부정하지는 않는 것 같다. "국제법에 있어서 한 주권국가의 정치적 독립성을 정당화[76] 하려는 경우" 국가 개념은 여전히 유효하다는 것이다.

요컨대, 한배호는 정치학에서 국가 개념은 복잡하고 다원적인, 그리

73) 한배호 1965: 74.
74) 한배호 1965: 75.
75) 한배호 1965: 75.
76) 한배호 1965: 75.

고 동적인 정치 현상을 설명해 주는 모델로는 부적합하기 때문에 정치학 문헌에서 차차로 그 자취를 감추어 가고 있으며 의미를 상실하고 있다고 판단한다. 한배호에 의하면, 국가 개념 대신에 등장한 대안적 개념이 권력이다. 한배호는 권력 개념에 대해서도 비판하고 있다. 어떻게 비판하고 있는가? 그런데, 우리가 이 맥락에서 던져야 할 질문은 정치학에서 혹은 사회과학에서 중심개념을 설정해야 하는가 하는 것이다. "국가라는 개념이 부적합하다면, 이에 대치되어야 할 새로운 중심개념 또는 모델은 무엇인가."[77]

한배호의 『이론정치학』(1965)에서 주목할 만한 내용 중의 하나는 그 당시 선량한 독재자, 강력한 지도자에 대한 요청이 계속 이어지고 있었다는 것이다.[78] 한배호는 다음과 같이 두 가지로 진단한다. 그 하나는 "오늘의 한국사회의 정치지도자나 심지어는 미래지도자까지를 포함한 지도층은 아직도 권위주의적 전망을 버리지 못하고 있다"는 것이며 다른 하나는 "수적으로 보아 다수의 국민이 아직도 전통적인 가치관과 행동양식을 고수하려 하고 있다"[79]는 것이다.

한배호는 1965년 당시 지난 10여년의 한국정치를 회고하여 다음과 같은 판단을 내리고 있다.

> 한국정치체계를 성격 지워준 특징은 단적으로 표현해서 많은 농민층이 위주가 되고, 산만하고 허약하게 분화된 사회계층에서 오는 협소한 정당기반, 개인화적 성향을 띤 정당지도층, 그리고 비공식적인 요인이 과중하게 작용하는 정책수립현상, 책임성을 무시한 소수집권집단의 관행의 배합으

77) 한배호 1965: 78. 그런데 한국정치학에서 국가개념의 폐기를 천명하고 있는 한배호의 이 책이 출간된 이후에도 한국정치학에서는 여전히 국가개념을 중심에 두고 있었다. 한태수 등이 그러하다. 우리는 이에 대해서 논의할 것이다.

78) 한배호 1965: 285. 그 당시 선량한 독재자나 강력한 지도자를 요청하는 구체적 사례들을 모을 필요가 있다.

79) 한배호 1965: 285.

로 이루어진 것이었다.[80)]

1960년대 한국정치학이 미국정치학을 수용하면서 전개된 실상은 이와 같은 한배호의 정치학연구들에서 잘 드러난다.

보론: 김홍우의 비판

김홍우의 「정치행태론 비판」[81)]이라는 논문은, 한국정치학의 행태주의에 대한 논의에서 이론적으로 가장 깊이 있는 논술의 하나가 아니었나 싶다. 그런데, 김홍우는 이 논술에서 한국 정치학자들을 구체적으로 거명하고 그들의 논술들을 구체적으로 비판하는 당사자 비판 대신에 외국의 학자들을 준거하면서 비판을 전개하고 있다. 논술은 기본적으로 논쟁적이었지만, 부분적으로는, 당사자 비판이 아니었기 때문에, 논쟁으로 이어지지 못했던 것이 아닌가 싶다.[82)] 물론 그의 논쟁적 논거들에 대해서 한국정치학자들이 논쟁할 수 있어야 했다. 논쟁을 전개하는 방식은 다양할 수 있다는 점을 원칙상 인정해야 한다.

김홍우는 우선 행태주의를 객관적으로 이해하려 하면서 행태주의의 방법론적 한계를 비판하고 있는 것이다. 그는 행태주의가 그가 말하는 경험주의(사실상 실증주의와 거의 차이가 나지 않는 것 같다)[83)]의 기본

80) 한배호 1965: 281.

81) 한국사회과학연구소 편, 『현대사회과학방법론』, 민음사, 1977, pp.217-237.

82) 한국정치학을 발전시키지 못하게 하는 또 하나의 요인은 당사자 비판이 빈약하다는 것이다. 한국정치학자들은 한국정치학자들의 글을 직접 비판하는 학문의 본래적 분위기를 아직 온전히 만들어내지 못하고 있는 것이다. 그러나 당사자 비판을 적극 개진하는 않는 까닭은 그렇게 간단하지 않다. 그것 자체가 사회심리학적 연구대상이다.

83) 김홍우 1977: 219.

가정을 바탕으로 전개된다는 점을 확인시킨다. 그 다음 정치학에서 행태주의를 다음과 같이 특징짓는다.

> 첫째로 정치행태론자들은 직관적이고 신비한 인사이트나 철학적 비전 대신에 공통적이며 누구나 반복할 수 있는 감각적 관찰(sense-observation)을 판단의 근거로 수락하였다. 이들은 데이비드 트루만(David Truman)이 지적하는 바와 같이 정부의 현상을 관찰된 그리고 관찰할 수 있는 인간행위라고 생각하였다. 따라서 감각적 관찰이 불가능한 가치판단이나 초감각적 경험은 과학의 영역에서 제외되었다. 둘째로 정치행태론자들은 정치적 지식이 질적이고, 기술적이고 개괄적(plausible)인 수준에서 계량적이고 증명가능하며, 정밀성을 요구하는 수준에로 이행되어야 한다고 보았다. 이들은 과학적 연구가 가설에 대한 정확한 진술과 명증성에 준한 엄격한 자료처리에서 출발하여야 하며 가능한 한 계량적이어야 한다고 주장한다. 데이비드 이스톤의 "행태주의 신경"(behavioral credo)이나 쏘미트와 타렌하우스(Somit and Taurenhaus)의 "행태주의 신조"는 바로 감각적 관찰과 계량적 지식이라는 두 개의 기본주장을 부연하는 말에 지나지 않는다.[84)]

김홍우는 전통적 정치학에 대한 행태주의자들의 비판은 "대부분이 이차적 문헌에 입각하고 있으며, 체계적 비판이기보다는 감정적 규탄에 가깝다는 것을 부인할 수 없다"[85)]고 지적한다. 그에 의하면, 칼 도이취(Karl Deutsch)는 예외였다.

김홍우는 **전통적 정치학(전통철학)에 대한 도이취의 비판**을 추적하면서 행태주의의 입장을 객관적으로 이해하려 한다.[86)] 도이취에 의하면, 우선, 고전철학자들은 "사회적 정치적 세계에 있어서 '이념', '목적'

84) 김홍우 1977: 219-220.

85) 김홍우 1977: 220.

86) 김홍우 1977: 220-223.

(Telos), '형상', '질서', '전체', '게쉬탈트', '맥락' 또는 '규범'이 무엇인지 묻고, 이러한 형이상학적, 비물리적 이미지에 대한 물음은 선택된 소수자의 '비분석적 전체적 심리과정' 다시 말하면 공유할 수 없는 직관적, 신비적 인사이트나 철학적 비전에 의존한다고 믿었다."[87] 또한 "고전철학은 '직접적, 질적 그리고 인간적'인 사유형태이며 '사변적, 규범적 성격'은 그 본질을 이룬다."[88]

전통철학에 대한 도이취의 비판에서 드러나는 것은, 도이취가 논리실증주의의 증명가능성의 원칙(verifiability principle)을 전통정치학과 다른 새로운 정치학의 기초로 받아들이고 있다는 점이다. 그리하여 김홍우는 루돌프 카르납(Rudorf Carnap)을 중심으로 논리실증주의에 대해서 논의한다. 카르납은 구문론상으로 진과 위를 판정할 수 없음을 주장한다. 언어 밖의 어떤 것과 관련해서 명제의 진과 위를 판단할 수 있다는 것이다. 카르납에 의하면[89] "명제에 이론적 의미를 부여하는 것은 그것에 수반하는 이미지나 생각에 있는 것이 아니라, 그 명제로부터 지각적 명제를 연역할 수 있다는 가능성, 바꾸어 말하면, 증명가능성에 있다." 결론적으로 말하면 카르납에 있어서 의미의 문제는 증명의 문제이며, 진과 위를 증명할 수 있다는 것은 증명할 수 있는 방법이 있다는 것이고, 의미는 증명의 방법이다. 이를 카르납은 증명가능성의 원칙이라 부른다. 철학의 과제는 논리적 분석이고, 그것은 과학의 논리, 즉 이 증명가능성의 원칙이었다. 물론 카르납은 후기에 이르러 이 같은 초기의 강한 논리실증주의의 입장을 증명가능성의 원칙에서 확증가능성(confirmability)의 원칙으로 수정한다.[90] 그렇지만 증명하는 방법 그 자

87) 김홍우 1977: 221.

88) 김홍우 1977: 223.

89) Rudorf Carnap, *Philosophy and logical Syntax*, London: Kegan Paul, Trench, Trunbner & Co., 1935, p.14; 김홍우 1977: 225에서 재인용.

90) Rudorf Carnap, "Truth and Confirmation," in: Herbert Feigl and Wilfred Sellars, eds., *Readings in Philosophical Analysis*, New York: Appleton-Century-Crofts, 1949, pp.119-

체의 근본적 수정은 아니었다. 증명가능성 원칙에 흐르는 과학의 논증 방법은 지속된다. "증명가능성의 원칙은 의미를 사실적 의미(cognitive or factual meaning)에 한정하였고, 비(非)사실적, 형이상학적 언어를 과학의 영역에서 일소하였다. 증명가능성의 원칙이 가지는 의의는 한마디로 언어의 의미를 대상에 결부시켰다는 데 있다."[91] 이처럼 카르납은 대상과 개념을 동일시하고, 하나의 개념에 하나의 대상이 속해 있다고 본다. "모든 개념에는 하나의 대상이 그리고 오직 하나의 대상이 속한다. 즉 그 개념이 지칭하는 대상이 속한다. --- 보편적 개념조차 대상을 갖는다."[92]

행태주의는 이 논리실증주의의 논증방법을 이어간 것이다. 사실과 가치를 구분하고, 과학은 사실의 분석에 한정한다. 전통철학에서 새로운 정치학으로, 구체적으로 말해, "질적사고"에서 "양적사고"로 패러다임의 전환이 완성되었던 것이다.[93]

시스템이론과 행태주의는 동일한가? 김홍우는 이 둘을 동일한 것으로 간주하고, 행태주의에 대한 비판을 시스템이론에 대한 비판으로 이어간다. 그리고 그것은 카르납의 논리실증주의에 대한 비판의 과녁 속에 들어오는 것으로 이해된다. "행태주의자들이 보는 과학적 설명은 첫째 현상에 대한 인과적 진술이며, 둘째 현실에 대한 물리적 진술이다. 조작적 개념은 추상적 언어의 조작화의 결과이며, 객관세계를 지시하는 물리적 언어이다."[94]

120; 김홍우 1977: 225–226에서 재인용.

91) 김홍우 1977: 226.

92) Rudorf Carnap, *The Logical Structure of the World*, trans. by R.A. George (Berkeley and Los Angeles: Univ. of Calif. Press, 1967, pp. 5,10,108, 120-121; 김홍우 1977: 226에서 재인용.

93) 행태주의는 "심리주의화"(훗설)를 기초로 하는데, 그것은 본질적으로 물질작용으로 환원되는 물리현상에 다름 아닌 것으로 이해된다. 김홍우 1977: 227–231 참조하라.

94) 김홍우 1977: 234.

시스템이론은 인과이론을 부정하고 기능적 연관관계를 주장하는 데 그 특징이 있다. 그러므로 김홍우의 오류는 시스템이론의 본질을 통찰하지 못한데 있다. 그는 시스템이론을 (본질적으로) 인과이론으로 이해하고 있기 때문이다.

Ⅳ. 한태수

그런데 우리는 1960년 이래로 한국정치학계에 미국정치학을 지향하는 학문적 흐름만 있었던 것은 아니라는 사실에 주목해야 한다. 독일정치학을 지향하고 있었던 윤근식은 1970년대 후반에 이르러서야 본격적으로 미국의 행태주의적, 시스템이론적 정치학방법론에 대한 비판을 전개하지만, 이에 앞서 다원주의비판, 시스템이론비판, 행태주의비판을 개진했던 정치학자가 있었다. 그는 한태수다. 한국정치학사에서 잊혀져 있었던 이 정치학자에 주목해야 한다 - 학사 연구에는 바로 이 같은 망각을 일깨우는 과제가 있다. 우리는 일단 한태수의 「변증법적 입장에서 본 정치학 - 한국의 정치학을 중심으로 -」[95]에 주목한다. 한태수의 이 1972년 논문은 한국정치학사에서 매우 중요한 위상을 차지한다. 1960년대 한국정치학에 대한 총괄적인 비판을 이 논문은 전개하고 있다.

1) 한국정치학에 대한 비판적 반성을 구체적으로 보여주고 있다는 점에서도 이 논문은 매우 의미있는 모범이 될 만하다. 윤근식의 1983년 논고 『한국사회과학론』보다 앞서서 이미 한태수는 한국정치학의 기본 연구발상에 대해서 비판하고 있다. 윤근식은 자신의 글에서 이 한태수

95) 한태수, 「변증법적 입장에서 본 정치학 - 한국의 정치학을 중심으로 -」, 한양대학교, 『논문집』 vol. 6, no.1, 1972(이하 한태수 1972a), pp.291-308.

의 논고를 반드시 고찰했어야 했다. 윤근식 역시 비판적 성찰을 검토하는 그 글에서 앞서 발표된 한국정치학자의 저술을 고려하는 학문적 덕목을 발휘하지 않고, 미국정치학을 비판하는 독일정치학자의 논술을 원용하여 한국정치학의 미국의존성을 비판한다. 윤근식의 정치학은 이 당시 한국정치학의 정체성 문제를 결정적으로 개진했지만, 그의 문제제기는 제도권 정치학의 학사적 발전에 연속되지 못했다(윤근식의 정치학 역시 한계가 없는 것은 아니다).

2) 한태수의 이 논문은 한국에서 국가론의 지속을 주장하는 통찰력을 보여주고 있다. 1970년대의 서구 국가론논쟁 같은 것이 이 논문을 중심으로 전개될 수 있었을 법하지만,[96] 그렇지 못했다. 한태수의 이 논문은 한국정치학계에서 주목받지 못했다. 그 이유는 무엇일까? 한 대학논문집에서 이 논문이 출간되었던 이유도 있을 것이지만 그것은 무엇보다도 한국정치학자들이 한국정치학 논술을 읽지 않고 무시한다는 전통적 태도에서 비롯된 것이 아닌가 싶다.

3) 한태수의 이 논문은, 1990년 후반에 이르러서야 한국사회과학계에서 논의되었던 범지구화 문제틀속에서 국가의 동공화 명제를 이미 논의하고 있다는 점에서, 시대의 추세를 예견하는 통찰력을 보여주고 있다.

한태수는 현존 국가의 전체사회성을 주장한다.[97] 그가 다원주의정치학을 비판하는 맥락은 바로 이 같은 주장에 있다.

> 다원론에서는 국가의 그 전체사회성을 거부하기 때문에, 그러면 국가는 하나의 제도상의 조직이냐 또는 하나의 결사냐 하는 문제가 대두하였다.

---

96) 물론 한태수는 이 국가론적 논고에서 자본주의적 사회에서 국가의 성격이 어떠한지에 대해서 논의하고 있지는 않다.

97) 한태수 1972a: 301.

그리하여 매키버는 이것을 결국 결사(association)라 단정하여 국가 개념의 혼란을 초래하였는데 이것이 바로 변증법적 개념의 한계를 몰각하는데서 오는 결과인 것이다. 전체사회로서의 근대국가개념이 어느 시기까지 지속하느냐 하는 변증법적인 단계문제를 주시했어야 할 것이다.[98]

한태수가 구체적으로 비판대상으로 삼고 있는 한국정치학자들은 다음과 같다.

변시민, 『사회학』(장왕사, 1963 〈개정초판〉); 정윤무·민병태 공저, 『현대정치학』(일신사, 1966); 이종항, 『정치학』(문성당, 1954); 강상운, 『신고정치학개론』(유문사, 1954); 민병태, 『정치학』(보문각, 1962 〈제2판〉); 한배호, 『이론정치학』(일조각, 1965); 이우현, 『정치학원론』(법문사, 1966).

민병태의 다원주의에 대해서 한태수는 정면으로 비판하고 있다. 한태수는 자신의 입장을 변증법적인 것으로 확인한다.

"우주의 일체는 변천한다. 따라서 국가도 변천하는 것이다. 그러므로 고대국가, 중세국가, 근세국가 및 근대국가가 각각 그 성격을 달리하고 있다. 이것을 우리는 분명히 파악해야 하는 것이다. 우리의 인식대상이 객관적으로 변천하고 있는 이상 그 대상의 성격을 항구불변적으로 파악하려고 하는 우리의 노력은 무의미한 것이다. 따라서 국가가 전체사회이냐 부분사회이냐 하는 문제는 항구적인 의미에서 논할 수는 없는 것이다. 현존국가가 그 어느 것에 해당하느냐 하는 것만이 오직 우리의 당면과제가 된다. 과거국가가 전체사회였다고 하여 오늘의 국가도 불변적으로 전체사회일 수 없다는 것과 마찬가지로 미래의 국가도 오늘의 국가와는 달라져 갈 것이라는 것이 충분히 예상되는 것이다. 요는 현존 국가의 파악이 문제가 되는 것인데, 이것은 근대국가 다음 단계로 넘어가는 과도기적인 양상으

98) 한태수 1972a: 297.

로서의 현대국가를 이룩하고 있어서 과거와 같은 전체사회적인 성격을 거부하는 새로운 요소가 노출되어가고 있기는 하지만 아직도 다원론자들이 논하는 그러한 국가형태를 충분히 이룩한 것은 아니라는 점에 현대국가의 특이성이 있다고 보아야 할 것이다. 그러하기 때문에 시대의 변천에 민감한 다원론자들이 새로운 각도로 국가를 고찰하려고 하지만 현존국가의 객관적 실태가 그들의 의도와는 잘 부합되지 않기 때문에 정치현상 설명과 국가의 사회적 성격에 관하여는 화려한 논리를 전개하면서 국가주권을 논할 때는 공허한 추상론이 되거나 그렇지 않으면 갑자기 입장을 바꾸는 논리적 모순을 범하고 마는 것이라고 생각된다. 이러한 예는 우리나라 학자들 간에서 더욱 많이 찾아볼 수 있다."[99]

한태수는 그 대표적 예를 민병태, 한배호에서 찾는다.[100]

한태수는 「서양정치사상의 발전방향」[101]라는 긴 논문에서 "고대에서 중세기까지의 정치사상은 전체주의적인 성격이었고 15세기 르네쌍스를 계기로 하여 개인주의적 성격으로 전환한 것인데, 이 개인주의사상이 이제는 몰락기에 봉착하였으니, 앞으로의 정치사상은 전체주의와 개인주의가 하나로 지양하는 단계라고 하는 것이다."[102] 한태수는 개인주의사상의 성립을 역사적으로 고찰한 다음, 이 개인주의에 대한 반동으로 공산주의사상과 파시즘 및 나치즘을 비판적으로 검토한다. 그리고 현 단계에서는 새로운 종합 같은 것을 그는 예견하고 있는 것이다.

---

99) 한태수 1972a: 304-305.

100) 한태수, 「사회과학연구의 변증법적 방법」, 한양대학교, 『논문집』 제5집, 1971(이하 한태수 1971a), pp. 219-242. 역시 이 같은 비판의 맥락에 집필된 논문인 것 같다.

101) 한태수, 「서양정치사상의 발전방향」, 『학술지』 vol 2, no.1, 1959, pp.109-149; 이 논문은 그 후 1973년, 1974년 한양대학교, 『논문집』, 「변증법적으로 본 정치사상사」라는 제목으로 나뉘어 재수록되었다.

102) 한태수 1959; 109.

한태수는 「실재의 변증법적 발전형태 – 정치철학구상의 서설 –」[103]에서 베르그송과 다윈의 진화론을 논의하면서, 유물론적 사고를 확인한다. 그의 결론은 "실재는 물질계로, 생물계로 그리고 인간계로 변증법적 형태전환을 하는 것이며, 인간의 다음 단계는 지성과 본능이 종합되는 발전형태라고 하는 것"[104]이다.

한태수는 이종항, 강상운, 민병태 등을 다원론적 국가론에 속하는 것으로 분류한다.[105] 강상운의 『정치학개론』은 그 초판이 1953년 9월 5일에 출간되었다. 강상운은, 『신고정치학개론 개정판』(조암출판사, 1961년 개정판) 서문에서 "저자는 8·15 해방 후 처음으로 『현대정치학개론』을 내놓았다.[106] 이것은 정치학 저술로서는 우리나라에서 해방 후 처음 간행된 것일 것이다. 그 뒤 6·25사변을 겪고 난 후 저자는 전기 『현대정치학개론』을 절판시키고 신고 『정치학개론』을 내 놓았다."고 말하고 있다. 김계수는 1945년 이후 정치학관련 저술 문헌서지를 정리하고 있는데 강상운의 이 최초의 정치학개론서 『현대정치학개론』은 그곳에 포함되어 있지 않다. 해방 50년의 명저에 강상운의 이 저서 역시 포함되어야 할 것이다.[107]

---

103) 한태수, 「실재의 변증법적 발전형태 – 정치철학구상의 서설 –」, 한양대학교, 『논문집』 vol 4, No.1, 1971(이하 한태수 1971b), pp.193–223.

104) 한태수 1971b: 221.

105) 한태수 1972a: 303ff.

106) 강상운 1961: 5.

107) 김계수, 『한국과 정치학』, 1987, p.174에 의하면, 1945–1955년에 있어서 지도적 학자로서 민병태, 이용희, 신도성, 한태수, 정인흥, 이선근 등이 정치학자들에 의해서 지명되고 있고 영향력 있는 외국학자로서는 이 시기에 Laski, MacIver, Lasswell, Merriam, Gettle, Carr, Morgenthau, Barker 등이 지명되고 있다. 1945–55년 사이에 대학교수의 저술활동에 대해서 김계수는 이렇게 말한다. "저서는 이 동안에 총 219권이 발행되었다. 이 중에서 직업적으로 대학교수의 저서는 83권으로서 총체적으로 약 3분의 1에 불과하다. 대학교수의 저서 중에도 2권 이상 발행한 다작가들이 많다. 이러한 사람들은 그 대다수가 헌법, 국제법, 행정법을 전공하는 공법학자이고 다음이 정치사 전공자이다. 예를 들면, 유진오는 7권, 이종극 6권, 윤세창, 한태연 5권, 신기석, 박일경, 박

한태수는 자신의 저서 『현대한국정치론-한국의 정치발전방향에 관한 연구』(1968)의 "서"에서 이 책을 1964년부터 66년 4월까지의 기간 동안 집필했다고 밝히고 있다.[108] 그의 박사학위논문 〈한국의 정치발전방향에 관한 연구〉를 토대로 하여 평이하게 보완한 것임을 밝히고 있는 것으로 보아 박사학위논문을 책으로 출간한 것이 분명한데, 한국정치학사에서 심도 있게 논의될 가치가 있는 비판적인 저술인 것 같다.

한태수는 현실진단과 처방을 제시하는 문제정향적 정치학을 매우 잘 보여주고 있다. 1968년 당시, 이 저서는 어떠한 평가를 받았는가? 한태수는 정당하게 평가받지 못했던 것이 아닌가 싶다. 탈역사적 행태주의가 팽배해가던 1968년 당시, 한태수는 역사적이며 경험적인 차원에 주목하고 있으며, 무엇보다 한국현실정치의 역사적 전개에 대한 비판적 문제의식을 매우 잘 보여주고 있다. 그리고 학제적 연구의 모범을 보여주고 있다. 한태수의 이 책은, 해방 50년의 명저에 속한다. 정치학의 명저 10권을 선정할 때 반드시 포함되어야 하는 책이다.

한국정치를 분석하면서 사회구조, 정치의식, 경제적 기반, 국제적 위치 이 네 가지 구성요인을 중심으로 그 논의를 전개한다.

한태수는 "근대화 이후 구미 선진사회의 생활의식은 일반적으로 공식성, 합리성, 업적성, 보편성, 평등성 등으로 인식되고 있는데, 이에 반대되는 개념으로서의 전근대성을 대조열거하면 정의성, 전통성, 분파성, 권위성으로 된다"고 주장한다.[109]

한국사회는 다음과 같이 전근대성으로 특징지어진다. (가) 공식성보

관숙은 4권, 정인흥 3권, 한태수, 강상운, 조효원, 황산덕, 최재희, 박재우 등은 2권이다."(김계수 1987: 173) 그렇지만 김계수는 한태수의 1952년 6월 1일 수문관에서 출간된 『정치사상사개설』을 구체적으로 거명하지 않는다(한태수는 이 저서에서 도의적 민주주의를 제창하고 있는데, 이것을 그는 민주사회주의와 동일시한다. 한태수 1968: 272. 각주 33 참조).

108) 한태수, 『현대한국정치론-한국의 정치발전방향에 관한 연구』, 휘문출판사, 1968.

109) 한태수 1968: 28.

다는 정의성이 지배적이다. (나) 전통성이 지배적이고 "합리성적"이 못된다. (다) 한국 사회는 아직도 본인에게 아무런 책임이 없는 귀속된 신분이나 지위에 따라 인간을 평가하려는 태도가 농후하다. 업적성이 약하고 귀속성이 강하다. (라) 분파성이 강하다. 각자가 소속된 집단을 유일한 준거기준으로 하여 사고하고 행동하는 습성이 강하다. 족벌주의, 연고주의, 지방주의는 이 분파성의 예들이다. (마) 공식적인 상하관계는 물론 비공식적인 부문, 예컨대 가정에서도 권위주의가 강하다.

특별하게 이 같은 분석에서 의미가 있는 것은 (마)에서와 같이 한국 정치학자들 가운데 한태수는 예외적으로, 가족(가정)의 권위주의를 민주주의의 관점에서 본격적으로 문제제기하고 있다는 점이다. 사회의 총체성을 그는 문제시하고 있는 것이다. 정치경제학적 발상과 정치사회학적 발상을 종합하는 모습을 그는 보여주고 있다. 가정에서 부모가 자녀에게 명령하고 순종을 강요하는 교육방식과 자신의 인격을 존중하고 협력을 설득하는 교육방식에는 큰 차이가 있으며, 전자가 권위주의를 낳고, 후자가 민주주의를 배양한다는 것이다.[110] 바로 이 맥락에서 한태수는 유교사상을 비판한다.

한태수는 사회구조를 경제적인 것으로 이해하지 않고 있다. 한태수는 사회구조를 오래 지속되어온 것으로 이해하려는 듯하다. 그것은 이 같은 사회의식을 사회구조아래 포함시키고 있는 맥락에서 나타난다. 이를테면 그것은 부르디외가 말하는 하비투스와 유사한 것이다. 한태수는 의식구조라 말한다.

한국사회는 사회체제면에서는 민주주의를 원리로 하는 제도적 정비가 되어 있지만 의식면에서는 여전히 전근대적인 생활관념이 아직도 지배적이라고 그는 진단한다.[111] 이 불일치와 균열을 극복하는 방안을 그는 탐색한다. 한태수는 이 맥락을 이중적 사회구조라 이름붙이고 그

110) 한태수 1968: 33.

111) 한태수 1968: 60.

것에 대해 비판적으로 논의한다. 한국사회는 민주주의원리와 유교원리가 서로 배타적이면서도 공존하고 있다는 것이다.

우리나라에 전근대적 신분의식은 아직도 농후하나 근대적 계급의식은 발달하고 있지 못하다.[112]

한태수는 그가 사회구조라 부르는 것의 근본적인 변화를 주장하고, 바로 이 관점에서 4월혁명과 5·16군사쿠데타를 평가한다.

"4·19의거가 비록 독재에 항거하고 민주주의를 수호하는 혁명이었다고 하지만 이 운동이 1789년의 불란서혁명과 같이 혁명을 담당할 수 있는 신흥계급의 성숙으로 이루어진 것이 아니고 시대감각에 예민한 학생층의 도의적 의분심에 의하여 폭발된 것에 불과하기 때문에, 그것은 사회혁신을 근본적으로 유진하는 지구력을 견지하지 못하고 일시에 정부를 타파하고 후퇴해 버리는 일종의 폭풍과 같은 것에 그치고 말았던 것이다. 따라서 정부는 바뀌었지만 사회구조는 여전하였고, 5·16혁명도 그 점에 있어서는 동일한 것이다. 즉 5·16혁명도 극도로 분란해진 사회질서를 좌시할 수 없는 데서 일어난 일부 군대세력의 비상수단이었고, 결코 계급적 혁명세력이거나 또는 투철한 민주혁명이념의 각성체로서 취해진 행동이 아니었던 것이다. 5·16혁명 후 계속 군부세력이 집권하고 있지만 그 정권하에서 사회구조가 근본적으로 혁신되는 방향을 찾고 있지는 못하는 현실이다."[113]

"사회구조의 근본적 혁신", 이것을 그는 한국정치의 새로운 방향으로 설정하고 있다.

---

112) 한태수 1968: 62.

113) 한태수 1968: 61-62.

한태수의 문제의식은 독재의 도래를, 요컨대 유신체제를, 예방하려는 것이었다. 참으로 시대의 흐름을 예리하게 판단하는 지혜라 하지 않을 수 없다. 그 당시 독재동정론이 적지 않게 있었던 것 같다. 한태수는 독재를 동정하는 지식인을 구체적으로 거명하지는 않지만 이 책 여기저기에서 이 독재동정론지식인이 있음을 지적하고 있다.[114] 한태수에게 독재의 도래를 예감하게 하는 것은 한국 사회구조의 저변을 이루고 있는 샤마니즘이었다. 한태수의 분석시점은 매우 장대하다. 바로 이 독재의 예방적 극복을 위해서 한국인의 심층에 자리잡고 있는 샤마니즘을 그는 정면에서 비판하고 있는 것이다. 신비적, 샤마니즘적인 비합리성이 지배적인 한에서는 "카리스마의 등장을 용이하게"[115] 한다. 그것은 정치적으로는 독재를 감행하게 하는 것이다.

이 같은 독재비판의 관점에서 한태수의 유교비판은 지금도 여전히 주목할 만하다.

> 여하튼 한국이나 일본이 모두 카리스마가 등장할 수 있는 사회적 기반이 되어 있어 독재정권이 수립될 수 있는 가능성은 항존하는 것이다. 특히 한국은 대중수준이 일본보다 낮고 카리스마가 항상 폭군으로 등장하고 있어 그 독재의 위험성은 가중된다.[116]

한태수는 독재를 비판하고 민주주의를 요청한다. 그런데 흥미로운 것은 한국에서 민주주의에의 요청을 그가 정당화하는 논거이다. 한태수는 그것을 다음과 같은 두 논거로 제시한다. 그 하나는 한국의 국제적 위치이며,[117] 다른 하나는 독재권력 그 자체가 선하지 않다는 판단

114) 한태수 1968: 218.
115) 한태수 1968: 100.
116) 한태수 1968: 106.
117) 한태수 1968: 220.

이다. "혹종의 독재정치를 운운하는 자는 모두 선의의 독재를 전제하고 있으나 그 선의의 독재를 담당할 자가 누구인가를 생각해보고 아울러 이승만 독재를 상기할 때 일찍 바쿠닌(M.Bakunin, 1814-76)이 지적한 바 있는 '권력의 소유는 자유에 대한 최대의 애착자까지도 전제로 전화시킬 것이다'라는 말을 무심히 들어버릴 수 없는 우리의 실정임을 명심해야 할 줄 안다. 권력자는 당초에 자기가 입각한 원칙의 합리적 가치를 신봉하고 있는 것처럼 보이지만 '권력의 미각'은 도취적이기 때문에 위대성과 중대성에 대한 환상이 자라서 그 결과 일단 장악한 권력을 될 수 있는 한 놓치지 않으려고 하는 성향을 생장케 한다. 이 점에 관하여 우리는 짜아의 전제주의 하에 생활한 도스토예프스키(Dostoevskii, 1821-81)의 다음과 같은 말을 주의할 필요가 있다. '어떤 인간이 그 동료의 혈육상에 무제한한 권력을 가지고 있을 때 또 어떤 인간이 남을 타락의 한계까지 떨어뜨릴 수 있는 지위에 있을 때 그는 악에 대한 유혹에 대항할 수가 없다. 전제는 하나의 습성이다. 결국 그것은 하나의 병이 된다. 최선의 인간도 야수와 구별할 수 없을 정도로 야성적으로 된다.'"[118] 선의의 독재는 존재할 수가 없다는 것이다.

한태수는 그 당시 매우 진보적인 정치이념을 주장하고 있었다. 그는 민주사회주의를 제창하고 있다.[119]

그렇지만 현 단계에서는 자유민주주의를 받아들인다. 그 이유는 주로 국제적 요인 때문이라고 한다.[120]

한태수는 민주사회주의를 현 단계에서 택하지 않는 이유를 현 국제

---

118) 한태수 1968: 220.

119) 한태수 1968: 272. 각주 32. 민주사회주의란 무엇인가?; 한태수 1968: 273. 각주 35를 참조하라. 이방석, 『민주사회주의사상』, 1961년 11월 30일 건국대학교 학술원 간행 학술지 제3집; 中村菊男, 『민주사회주의의 사상』, 소화 27년 12월 1일 청산서원간. Evan Durbin, *The Politics of Democratic Socialism*, London, fourth impression, 1954. 그의 다른 저술들을 읽을 필요가 있다.

120) 한태수 1968: 252-253를 참조하라.

적 정세 특히 한국의 안보문제 때문으로 보고 있다. "비동맹 중립국과의 접촉은 다소 원만해질지 모르나 그것으로써 한국의 안전을 보장할 수는 없을 것이니 한국이 공산화되어도 상관없지 않느냐 하는 전제가 붙지 않는 한 이러한 노선을 당장에 택하기는 곤란하다고 생각되는 것이다. 그러므로 **한국은 현 단계에서는 자유민주주의를 정치적 기본노선으로 하고 민주사회주의를 이상으로 바라보면서 현실에 적응하는 길을 걸을 수밖에 없는 것이다.** 자유민주주의 노선에서 사회주의적인 통제를 실천하는 것은 모순이라고 할지 모르나 자유민주주의노선을 원형태로 고수하는 나라는 세계에 하나도 없다. 미국마저도 현실적으로는 여러 면으로 수정되고 있으며 일본 자민당의 노선은 실질적으로 더욱 수정되고 있으나 자유민주주의를 표방하고 있는 것이 역시 일본의 국제적 위치를 고려한 까닭이라고 할 수 있다. 이러한 관점에서 고려할 때 **한국이 민주사회주의를 현실적인 정치노선으로 할 수 있을 때는 적어도 국토통일이 실현된 후라야 할 것으로 보아지는 것이다.**"[121] 적어도 한태수는 통일된 후, 민주사회주의를 현실적인 정치노선으로 상정하고 있는 진보적인 입장을 보이고 있다. 좀 더 정확하게 말하면, 현 단계에서 자유민주주의를 정치적 기본노선으로 하되, 점진적으로 민주사회주의로 나아갈 것을 함의하는 듯하다. 통일된 시점에서 돌연하게 자유민주주의에서 민주사회주의로 정치적 기본노선을 대체할 수는 없기 때문이다.

한태수는 "한국의 국제적 위치"[122]를 논거로 해서, 독재를 비판한다. 첫째 민주주의 제도가 "한국의 국민적 실정에 맞고 안 맞는 것이 새삼스럽게 문제시될 수 없고 공산주의와 싸워 이기는 방법으로서 민주주의를 육성하는 수밖에 없는 처지에 있는 것이다. 만일 우리가 국내실정 운운하여 독재를 합리화한다면 공산주의와 싸울 이유는 자연 소멸되

121) 한태수 1968: 253-254. 강조는 인용자.

122) 한태수 1968: 216.

고 마는 까닭이다."[123] 한국에서 민주주의는 선택의 문제가 아니라 주어진 것으로서 일종의 명령이었다는 것이다. 공산주의와의 투쟁이라는 맥락에서 민주주의를 옹호하는 것이다. 둘째 한태수는 "자유우방 특히 우리와 특수한 관계에 있는 미국이 한국의 독재정치를 환영하지 않는다"[124]는 논거를 제시한다. 그렇지만 한태수는 미국의 대한정책을 냉정하게 주시하고 있었다. 한태수에 의하면, "미국의 대한정책은 첫째 반공이요, 둘째 민주화이기 때문에 한국정부가 반공에 철저할 때는 독재성을 어느 정도 용인한다."[125]

한태수는 그 당시 한국국민들의 정치의식수준을 너무 저평가하는 것이 아닌가 싶다. "국민대중의 반(半)봉건적 정치의식, 개인의 출세를 위주로 하는 두목중심의 정당활동, 공허한 정강정책으로 국민을 기만하는 정치지도자, 정권쟁탈을 위한 끝없는 권모술수[126] 등 아직도 한국은 민주정치를 올바르게 추구할 만한 기초 작업이 되어 있지 않다고 그는 판단했다. 한태수는 한국 민주화에의 명령을 한국의 국제적 위치에서 찾고 그것을 실행할 주체를 위정자를 비롯한 지도층의 위대한 책임으로 돌리고 있다.[127]

"현실을 사회구조적 측면에서 분석한 결과 한국근대화의 역사적 임무를 담당할 자는 어떤 계급이 아니라 각성된 지도층이라는 것을 파악하고"[128] 있었다.

정치지도자를 민주화의 주체로 설정하고 있고, 따라서 이 정치지도자를 위한 정치이념에 대해서 한태수는 논의를 깊게 전개한다.[129] 한

123) 한태수 1968: 216.
124) 한태수 1968: 216
125) 한태수 1968: 217.
126) 한태수 1968: 215-216.
127) 한태수 1968: 217.
128) 한태수 1968: 234.
129) 한태수 1968: 234ff.

태수는 그 당시 대두되었던 민족적민주주의라는 정치이념에 대해서 비판한다. "민족주의가 정치이념으로 될 때는 항상 침략주의를 동반한다는 의미에서 후진국 민족주의도 그 민족적 발전의 기초가 되는 민족의식의 각성을 의미하는 외에 정치이념으로까지 등장한다면 이는 국제적 의혹을 불면한다고 할 것이다."[130] 그리하여 결론적으로 한태수는 한국에서 논의되어왔던 민족적민주주의는 민족주의와 민주주의가 통합될 수 없는 것이 확실하다고 판단한다.[131] 이 같은 맥락에서 그의 물음은 "민족적 전통과 민주주의가 통합될 수 있는가?"[132]라는 의문으로 나아가고 있었다. 이것은 그 당시 박정희대통령의 민족적민주주의, 곧 민족적 전통과 민주주의를 결부시키려는 경향을 염두에 둔 것이었다. 서구적 기원을 가진 민주주의를 한국적 전통에 맞도록 개조하자는 것이었다. 문제가 한국적 전통과 민주주의를 어떻게 융합시킬 것인가 라면, 논리적으로 당연히 한국적 전통이 무엇인지를 분명하게 밝히는 과제가 선결이다. 그의 핵심논지는 다음과 같다.

(a) 전통은 하나가 아니다. 전통들이 있다.
(b) 우리 민족의 시원적 전통사상은 샤마니즘이고 기타(불교, 유교)는 모두 외래사상이다.
(c) 유교사상가운데 민주주의와 조화될 수 있는 것은 인사상이다. 서양의 인권사상과 유교의 인사상이 "결부되면 동양정치이념인 인본주의는 용이하게 민주주의로 연결될 수 있고 또 그 덕치주의는 국민의 승복과 어울리어 고도의 민주주의로 승화될 수 있다"[133]고 그는 판단한다.
(d) 민족주의는 한국의 전통이 아니라 서구적 전통이다.

---

130) 한태수 1968: 244.
131) 한태수 1968: 245.
132) 한태수 1968: 245.
133) 한태수 1968: 248.

그리고 제도적 전통에 대해서 그는 논의를 전개하고 자신의 주장을 편다.[134)]

박정희의 이른바 민족적민주주의[135)]에 대해서 한태수는 박정희 대통령에 대한 직접적인 비판으로 진술하지 않고, 그것을 해석하는 학자들에 대한 비판으로 논의를 전개한다.

> 박대통령이 주장하는 '민족적민주주의'는 결코 혁명기의 행정적민주주의를 제3공화국에서 그대로 계승하려는 것이 아니고 이것을 바탕으로 한 민주주의의 발전을 기하여 한국적 전통에 맞는 민주제도를 창안구상하고 있는 것이라 할 것이다. 따라서 일부 학자들이 우리 민족의 민주적 전통을 밝혀서 이것과 서구민주주의와의 융합을 꾀하는 진지한 노력을 하지 않고 '민족적'이라는 용어를 개인본위에 대한 민족본위로만 해석하여 '민족적민주주의'를 민족본위의 전체주의로 수정된 민주주의로 생각한 나머지 일종의 독재적 강력정치를 합리화시키려는 노력을 하는 것은 박대통령과는 방향감각이 다른 시도라고 할 것이다.[136)]

한태수는 그 당시 박정희를 변호하려는 의도보다는 오히려 박정권의 경향적 추세를 예감하고 그것을 사전에 예방하려는 의도를 여기에서 보이고 있는 것이 아닌가 싶다. 한태수는 민족적민주주의를 독재수용론으로 논술하는 지식인들이 누구인지 구체적으로 밝히고 있지는 않다.[137)]

---

134) 제8장 정치형태의 방향 제1절 한민족의 역사가 지닌 민주적 요소를 전체적으로 참조할 것. 한태수 1968: 275ff. 한태수는 민주주의의 관점에서 전통을 적극 논의하고 있다. 한태수 1968: 248를 참조하라.

135) 이것이 한국적 민주주의로 어떻게 변용되었는가를 알아볼 필요가 있다.

136) 한태수 1968: 251.

137) 한국정치학사에서 이를 밝히는 일은 지금 중요하다. 1970년 후반 〈정경연구〉에서의 박정희예찬 역시 비판되어야 한다.

한태수는 여기에서 한민족의 제도적 전통에서 민주적 요소만을 긍정하고 있고, 그것은 결국 민주적민주주의를 주장하려는 이론적 전략을 반영한다. 곧 민족적민주주의는 민주적민주주의여야 한다는 규범적 요청을 그가 펼쳐 보이고 있는 것이다. “박대통령이 착안하는 우리 민족의 전통과 서구적 민주주의를 융합시켜보고자 하는 시도는 뜻있는 일로 생각된다. 그러나 어디까지나 한국의 현실에 맞는 민주주의를 모색하여 그 효율성을 높이자는 데 주목적이 있어야 하고 혹종의 독재를 합리화하기 위한 구실을 찾는 것이 되어서는 안 된다. 말하자면 한국의 전통을 찾는 데 있어서도 비민주적인 요소만을 강조하여 독재적인 강력정치체제의 타당성을 주장하는 것은 옳지 않을 것이다.”[138]

전통에서 무엇을 살려낼 것인가 하는 근본적인 비판적 사고를 한태수는 민주주의와 전통의 문제틀에서 모범적으로 보여주었다. 이 같은 비판정치학이 한국정치학사에서 계승되지 못하고 있는 것이 중대한 문제의 하나이다.

한태수는 『현대한국정치론』의 결론부분에서 한국인의 민족성에 대해서 논의한다. 그는 우리 민족성의 결함으로 지적되어온 것들을 정리한다.

> 한국인은 지나친 감수성을 가지고 있어 타협할 줄 모르고, 과거에 집착함으로써 진취성이 없으며, 권위주의에 사로잡혀 열등의식을 버리지 못하고, 체면을 존중하는 형식주의 때문에 과감한 실천으로써 혁신을 이룩하지 못하며, 현세적인 공리에 얽매여 높은 이상을 가지지 못한다는 것이다. 이 밖에도 사람에 따라서는 한국인의 성품으로서 사대주의와 이기주의를 말하며 또 게으르고 깨끗하지 못하고 단결력이 없다고 한다.[139]

138) 한태수 1968: 249.

139) 한태수 1968: 379. 한태수는 독일사회학자 Hans Freyer(1887-)를 자주 비판없이 인용한다. 아마도 한태수는 프라이어의 사회학에 대해서 정통하지 않은

요약하면, 지나친 감수성, 과거에의 집착, 권위주의(열등의식), 체면(형식주의), 공리(현세중심) 등이다.

한태수는 그 당시 매우 예외적으로 인권사상과 그 운동의 중요성에 대해서 각성시키고자 했다는 점에서도 매우 예외적 선구자 정치학자였다.[140)]

1958년 9월호 월간 〈사조〉에 실었던 "민주사회주의 사상" 원고는 특별히 한태수의 사고에서 의미있는 글이다. "민주사회주의는 사회주의사회를 건설하는 것이 목적이 아니고 민주주의사회를 완성하는 것이 그 목적이며 이 목적을 달성하는 방법으로서 사회주의적 사회에로의 개혁을 논하는 것이다."[141)] 그것은 1950년(1951년인데, 오류인 것

채 마음에 드는 구절만을 수용한 듯하다. 프라이어에 대한 비판을 위해서는 서규환, 『현대성의 정치적 상상력』, 민음사, 1993, p.56ff를 참조하라.

140) 김학준은 해방 후 한국정치학을 정립시키는데 기여한 인물들을 거론하는데 한태수는 거명하지 않는다. 민병태, 박용희, 이동화, 신도성, 김상협, 윤천주, 정인흥만을 구체적으로 언급한 다음, 민병태는 해방 이후 한국정치학의 태두로 꼽힌다고 평가한다. 김학준, 『한말의 서양정치학수용연구. 유길준, 안국선, 이승만을 중심으로』, 서울대학교출판부, 2000, p.212. 이것은 분명 공평하지 못한 평가이다. 1975년, 서울대학교 정치학과 편, 『신정치학개론』, 서울대학교출판부. 여기에서는 개정4판 1981에서 인용한다. 제1편을 집필한 이는 김영국이었다. 김영국은 "1900년부터 1945년까지 과학으로서의 정치학은 전적으로 미국의 학문이었다고 해도 과언은 아니었으며, 그런 까닭으로 미국에서는 타국의 추종을 불허할 정도의 연구기술의 발달을 보였"(김영국 1981(1975): 31)다고 평가한다. 이를테면, 김영국은 서독 정치학의 발전상태를 다음과 같이 폄하한다. "서독에서는 히틀러(Adolf Hitler) 통치기가 남긴 정치학의 부진성은 아직도 크다. 독일은 히틀러 치하에서 대부분의 유능한 정치학자를 미국, 영국으로 놓쳤다." 김영국 1981(1975): 32. 물론 이것은 김영국의 잘못된 관찰이다. 그의 거의 맹목적이다시피한 미국정치학예찬이 공정한 평가를 불가능케 했던 것 같다. 1975년을 기준으로 해도, 서독정치학은 미국정치학과 비교해서 독특한 발전을 보여주고 있다. 독일국가론논쟁이 그 한 예이고, 68년을 기점으로 마르크스를 고전으로 자리 잡게 하는 아카데믹한 발전을 거듭한다. 김영국은 한국 정치학의 발전과정에 대해 논의하면서 전전의 일본정치학이 전후 한국에서 그대로 계승되었다고 판단한다. 김영국 1981(1975): 34.

141) 한태수, 『한국정치평론10년. 1958-1968』, 금천 한태수 박사 회갑기념 사업

같다) 독일 프랑크푸르트 암 마인에서 결성된 신사회주의인터내셔널의 이념이며, 그 사상적 지주는 영국 노동당 이론이라 한다.[142] 이 민주사회주의는 공산주의와 사회민주주의와 다르다는 점을 한태수는 특히 강조, 확인하고 있다. 한태수는 이 민주사회주의에 매력을 느끼고 있었음이 분명하다. 그는 자본주의를 극복하려는 이 민주사회주의의 요강을 확인하는 것으로 이 글을 맺고 있다.[143]

1965년 1월 19일자 〈대한일보〉에 발표된 "용납 안 될 사회주의노선"이라는 글에서 한태수는 "한국 내에서 용납되고 성공할 수 있는 혁신정당은 사회주의적 성격의 것이 아닌 것이라야 한다"[144]고 주장한다. 한국에서의 혁신정당은 부정부패를 일소하고 일관된 정책을 강행할 수 있는 강력한 정치력을 가지는 점에서 혁신이어야 한다는 것이다. 한태수는 한국에서 혁신정당은 그러므로 근본적으로 사회주의적이지 않다는 것이다. 1965년 2월 2일자 〈대한일보〉 "한국의 정당과 현실적 제약 – 민주사회주의 혁신정당이 성공할 수 없는 이유–"라는 제목의 글에서 다시 "세계사적으로 보아 민주사회주의가 20세기정치사상의 새로운 방향이 되는 것은" 인정하지만 "한국은 이것이 정치적으로 성공할 수 없는 특수한 현실적 여건 하에 있다"는 점을 강조하고 있다.[145] 한태수가 민주사회주의를 이론적으로 인정하고 있음에도 불구하고, 그것의 실현가능성에 대해 강한 회의를 분명하게 표명하는 사례는 한국정치학사에서 매우 중대한 의미를 지니는 것이다. "반공"은 거의 절대적인 명령으로 작용하고 있었던 것이다. "민주사회주의 이론을 생각할 때 그것이 용공적이 아님은 확실하나 사회주의적 사회에로의 개혁을

위원회, 1972(이하 한태수 1972b), p.22.

142) 한태수 1972b: 22.

143) 한태수 1972b: 26.

144) 한태수 1972b(1965): 440.

145) 한태수 1972b(1965): 441.

요구하는 점에서 한국과 같은 특수사회에서는 실지로 공산주의에 동조적으로 되는 경우가 많은 것을 생각지 않을 수 없고 그렇게 되는 것을 국민과 자유우방들이 달갑게 여기지 않는다는 이유로 그 성공을 비관한 것이다."[146] "그러므로 한국의 정당이 당면한 과제는 대공투쟁과정에서 자유민주주의를 수호하기 위하여 총단결하는데 있고 혁신이란 의미는 부정부패와 무기력하고 퇴폐적인 봉건적 색채를 과감하게 타도하는 참신성에 한정되어야 한다"고 한태수는 주장하고 있었다. "민주사회주의적 혁신은 승공통일 후의 과제이며, 일체의 사회주의적인 혁신은 대공투쟁과정에서 이적적이 되는 한국의 특수현실을 강조하는 바이다."[147]

그런데, 5·16에 대해서 그 당시 한국정치학자들은 어떠한 평가를 내리고 있었는가? 이 물음은 중요하다. 한태수는 1963년 4월호 〈최고회의보〉에서 이렇게 쓰고 있었다.

> "한국의 현 단계를 민주주의육성 단계라고 규정하고 현 단계에 맞는 진정한 한국의 엘리트는 구정치인을 제외한 (일부 양심적인 정치인은 차한에 부재) 양심적인 민간인 중에서 찾을 수 있고 또 군부와 젊은 세대 중에서 찾을 수 있다는 것이다. 후진국에 있어서는 공통적으로 재건의식이 강한 군인과 양식을 가진 지식인이 현실에 대하여 올바른 비판을 하고 건전한 국가의 통로를 찾을 수 있는 유일한 계층이란 것을 이미 학자들은 지적하고 있다."[148]

실질적으로 5·16 군사쿠데타에 대해서 정당성을 부여하고 있는 진술이다.

---

146) 한태수 1972b(1965): 442.
147) 한태수 1972b(1965): 443.
148) 한태수 1972b(1963): 328-329.

그리고, 한태수는 『통일원리의 사회과학적 음미』(성화사, 1981)에서는 완전히 반사회과학적으로 특정종교교파의 통일원리에 대해서 찬미하는 언술을 전개한다. 이해하기 어려운 일탈적 글쓰기의 하나이다.

한태수는 『한국정당사』를 1961년 2월 15일 출간한다. 60년 4월혁명이 일어나고, 61년 5·16 군사쿠데타가 일어나기 이전에 발표된 이 저서에서 한태수는 결론에서 이렇게 말한다.

> "국가를 수호하는 자는 전 국민이고 일부 계층이 아닌 것을 생각할 때 한국을 영구히 구제하는 길은 한국민들의 대다수를 차지하고 있는 농민과 노동자의 생활을 급속히 향상시키고 인권을 존중하여 민주주의에 대한 신념을 굳게 하는 것 밖에 없다. 그런 의미에서 서독은 우리의 좋은 시범이라 할 것이다. 그러나 우리가 서독을 본받자면 낡은 사대주의 지배세력하에서는 도저히 불가능한 것을 느끼는 것이니, 새로운, 고도로 각성된 세력이 조성되어 나오지 않으면 안 될 것 같다. 그런데 이러한 신세력은 낡은 사고방식을 탈피하지 못하는 늙은 세대에서는 기대할 수는 없으니 우리의 관심은 젊은 청년들에게 경주되지 않을 수 없다고 보아진다."[149]

한태수는 『국민윤리(보증판)』(청파문화사, 1974〈1972년 초판〉)에서 "반공" 담화의 대열에 합류한다. 그의 국가이론은 매우 편협한 것이었다. 예컨대 "우리의 국가관"을 논하면서 마르크스의 국가론을 잘못된 것으로 단정하고, 국가를 근본적으로 긍정적으로 파악한다. "국가는 공법관계에서 질서가 유지되는 사회로서 통치를 위한 권력이 행사된다. 그러므로 그 권력행사 과정에서 사회의 일부층이 부당하게 희생을 당하는 현상이 야기되기는 하지만, 이는 인간적인 결함의 소치일 뿐, 결코 그것이 국가의 전부는 아니다. 어디까지나 국가는 공공복지의 향상

---

149) 한태수 1961: 273.

을 위하여 존재하는 것이므로 인간은 국가생활을 통하여 행복과 번영을 누리게 되는 것이 역사가 증명하는 사실이다."[150] "국가를 긍정적으로 보아야 한다"[151]는, 이 같은 국가의 긍정적 이해는 한태수가 다원주의적 국가론을 비판하는 맥락이 어디에서 연원하는지를 이해할 수 있게 한다.

한태수는 다른 곳에서 변증법적인 것을 주장하면서도, 이 『국민윤리』에서는 변증법을 매우 경박한 수준에서 비난하고 있는 기묘한 모습을 보인다. 이해하기 어렵다. "발명은 인간 두뇌의 창조물인 것을 부인할 수 없을 것이다. 그래서 딜타이는 일체의 문화적 소산을 '인간정신의 객관화'라고 하였다. 결국 역사는 필연적 과정이 아니고, 인간의 창조과정이라고 해야 하지 않겠는가?"[152] 이 진술은 반 변증법적이기까지 하다.

한태수의 결론은 결국 유신독재를 변호하는 것이었다. "요컨대 우리는 국가의식을 철저히 하고 민족국가로서 번영할 것을 다짐하면서 우리의 민족적 역량을 자각하여 자신과 용기를 가지고 국가건설에 돌진해야 할 것을 강조한다. 정치체제로서는 민주주의를 이념으로 해야 할 것이며 이의 충실한 성장을 위하여 우리의 전통적 가치관으로 그 토착화를 시도해야 할 것을 원칙으로 하지만, **당면한 국가적 시련기를 극복하기 위하여는 일시 정상적 민주주의를 부분적으로 제약하고 국민총화체제를 이룩해야 한다.**"[153] 우리는 여기에서 유신독재를 변호하는 한 논거를 확인한다. 원칙적으로는 민주주의를 주장하지만, 일시적으로는 그것을 부정하는 것을 정당화할 수 있다는 논거가 그것이다.

150) 한태수 1974: 222.
151) 한태수 1974: 221.
152) 한태수 1974: 209.
153) 한태수 1974: 238. 강조는 인용자.

V. 맺는 말

정체성은 개인, 사회, 국가, 전 지구 그 어느 차원에서든 역사적으로 구성되어간다. 오늘의 역사서술은 과거의 역사적 경험들을 (재)구성하는 형식으로 전개되지만 그 속에는 이미 미래에 대한 기대가 작용하고 있다. 이 기대와 함께 정치학이 정치에 대한 학인 한에서는 정치개념을 비판적으로 재구성하는 과제가 있다. 또한, 한국정치학사서술은 한국 "정치"사의 소박한 반영일 수는 없다. 학사와 그 서술은 현실사와 상대적으로 자율적이다.

그리고, 한국정치학사서술이라는 과제 앞에서 오늘 미완의 발표를 마감하는 말로서 다음과 같은 문제제기의 말을 덧붙이고 싶다.

첫째, 한국정치학사 서술에서 비본격저술들의 역사도 포함해야 하는가? 비판의 대상이 된다는 점에서 그것들은 비본격적이라 말할 수 있겠지만, 여기에서 비본격저술이란 학계의 일반적 논문구성요건 상식에 어긋나는 것들을 말한다. 기존 연구들을 파악하지 않았다는 점, 사용하는 개념어들에 정통하지 못했다는 점, 논리적 정합성이 부족하다는 점, 등등을 말한다. 논평의 가치가 없는 수준의 글들이 논문으로 발간되어 있을 때, 역사서술에서 어떻게 논평해야 하는가? 이를 중심으로 역사를 서술할 수는 없다. 그러나 한국정치학사서술에서는 이런 사태가 일어난 제도적 맥락에 대해서 언급해야 할 과제도 있다.

둘째, 나는 사회학적 사유가 출현한 이후의 정치학방법론사유에서 출발해야 한다고 주장한다. 왜 현대성연구로서의 정치학적 연구를 강조하고 그것에 주목해야 하는가? 오늘의 문제의식에서 역사적 사실들을 연구해야 하는 까닭이다. 학문연구에서 문제의식이 어디에 있는지를 깨닫는 과제는 중요하다. 전근대성이나 근대성, 현대성을 전근대적 사고 범주에서 논의하려 해서는 안 될 것이다. 그렇지만 이른바 한국사상사 연구사례들에서 이런 예들이 매우 많이 보인다. 총체성으로서의 현대성 파악에 근거하여 전근대 사상들을 연구해야 할 것이다. 쟁점은 현대성을 헌정하는 기본범주를 설정하는 실천적 태도이다.[154]

셋째, 오늘날 학문에 국적이 있는가? "외국이론의 무분별한 수용"을 비난하는 논변의 내용은 구체적으로 무엇인가? 자국을 망하게 하려는 의도에서 저술하는 학자도 있는가? 구체적으로 일제하 친일파 지식인들이 그러하다. 그러나 그들은 "분별 있는" 수용에 근거하여 식민주의적 "계몽"통치를 정당화했었다. 이 식민주의적 사이비계몽주의 학문에 대한 비판적 연구가 의미 있는 까닭은 무엇인가? 학자들도 (의식이나 무의식에 작용하는) 자신의 이익(경제)을 위해 양심을 팔 수 있다는 것이다. 경제적 소득을 위해서 자신의 지식을 파는 학자들이 있다. 그런데 여기에 한국의 경제적 발전을 위해서 지식을 판매하는 학자들도 있다. 이 경우 한국의 경제적 발전은 다른 나라의 경제적 파국을 의미한다면, 학문의 본래적 관점에서 이 학자들을 어떻게 평가해야 하는가? 특히 제국주의적 침탈의 논리를 습득하여 약소국들을 약탈할 수 있는 지식과 정보를 제공한다면 우리는 그것을 어떻게 평가해야 하는가? 학문의 국적은 무엇인가. 그것은 학자의 학문적 활동의 실천적 장이 우선적으로 어디에 있는지를 논의하는 문제이다.

"한국"이라는 국가(국민국가)를 학문연구 주체의 관점에서 설정할 수 있는 근거가 무엇인지를 성찰해야 한다. 내가 보기에는 그 근거는 성찰 없는 무의식적 설정에 불과하다. 각 지식인 개인은 전 세계를 소통의 대상으로 삼아야 한다. 만약 국민국가 내를 소통의 최종적 테두리로 호소하고 설정한다하더라도, 그 저자의 의도는 살아남지 못한다. 물론 국민국가를 단위로 하여 논술을 전개하는 전략적인 테크노크라트들이 현실적으로 있다는 것을 모르는 것이 아니다. 분석대상을 특정한 국민국

154) 이와 관련하여 서규환, 『현대성의 정치적 상상력』, 민음사, 1993; 『비판적 현대성의 정치적 이론』, 다인아트, 2006; 『정치적 비판이론을 위하여』, 다인아트, 2006을 참조하라.

가로 설정한다고 해서 그 "분석하는" 논술의 타당성이 그 국민국가 내에 국한되는 것은 결코 아니다. 논술의 언어 역시 해석학적 "자유"를 얻어 독자의 해석력을 넓힐 수 있기 때문이다.

넷째, 극소수의 학자를 예외로 한다면, 대부분의 한국의 정치학자들이 한국의 현실에 대해서 구체적으로, 비판적으로 발언하지 않았던 까닭은 무엇인가? 한마디로 지식인의 역사적 책임을 실천할 용기가 없기 때문이 아닌가 싶다. 이승만 이후의 독재정권들의 "검열"폭력, 국가의 정치권력이 있었던 사실을 우선 지적해야 한다. 이 정치권력은 노골적으로, 그리고 한국의 억압적인 현실을 비판하는 학문연구에 대해서 재정적인 지원을 하지 않았으며, 자신의 통제권 아래 있었던 자본에 대해서도 그러한 권력과 영향력을 행사했던 것이다.

이 맥락에서 비판적인 지식인들의 학문적 저항의 존재를 지적해야 하는 학사적 과제가 있으며, 지식인의 책임 문제 또한 제기되어야 한다.[155)]

155) 본 논고는 서강대학교 현대정치연구소주최 학술대회(2007년 11월 30일)의 대주제 "한국정치학의 정체성모색" 아래 발표했던 원고를 가볍게 교정한 것이다.

제3장
최초의 한국정치학자는 누구인가?
- 안국선의 정치사상과 한국정치학사적 위상

I. 문제제기

안국선(1878-1926)에 대한 관심은 크게 두 가지 쟁점 때문이다. 하나는 일제하 우리나라 지식인의 한 인물로서 안국선이 어떠한 사상을 피력했으며 그것은 어떻게 평가되어야 하는가 하는 쟁점이고, 다른 하나는 한국정치학사(History of korean modern politology)에서 안국선의 저술이 어떠한 역사적 위상을 차지하는가 하는 쟁점이다. 전자와 관련해서는 안국선의 문학적 저술을 중심으로 한국문학사를 연구하는 학자들에 의해서 적지 않은 연구 성과가 축적되어 있으나, 후자에 대해서는 상대적으로 매우 빈약한 상태에 있다. 우리는 후자에 대한 논의에서 시작하려고 한다.

한국정치학의 시작은 무엇(누구)인가? 김학준은 유길준에서 한국정치학이 시작한다고 판단하려는 듯하다.[156] 그것은 한국정치학사에서 선구적 업적을 내놓은 김계수에 대한 그의 비판적 지적에 잘 시사되어 있다.

> "'「한국에서의 정치학」이라는 논문(김계수의 논문을 말함: 인용자)에서 그는 한국에서 정치학연구는 1876년부터 1945년까지 약 70년 동안 미발달(배태) 상태 또는 동면상태에 있었다'고 썼을 뿐이다. 그리하여 그는

156) 김학준, 『한말의 서양정치학 수용 연구. 유길준, 안국선, 이승만을 중심으로』, 서울대학교출판부, 2000.

1945년 8월 15일 이후에, 곧 우리 겨레가 일제로부터 해방됨과 동시에 미국과 소련에 의해 남과 북으로 분단됨으로써 남한이 미국의 점령 아래 놓인 이후에 비로소 한국에서는 정치학이 '발족'했다고 보았다. 그리고 그 때부터 한국전쟁을 거쳐 한국휴전이 성립된 1953년 7월 27일을 앞뒤한 시점까지의 약 8년을 한국 정치학의 '초창기'라고 보았다. 김계수 교수의 이러한 주장은 일정한 범위 안에서 충분히 수용될 수 있다. 그러나 조선왕조 말기에, 특히 대한제국의 시기에 우리나라의 일본 유학생들이 일본에서 유행하던 유럽의 정치학을 국내에 소개했고 강의했던 사실을 무시했다는 지적을 받을 만하다."[157]

김학준의 이 비판적 언급은 일단 1945년 이전에 실재했던 한국정치학에 대한 관심을 고조시킨다는 점에서 긍정적 평가를 받을 만하다. 그렇지만 유길준을 최초의 한국정치학자로 판단하는 데에는 본격적인 학사적 논의와 논거가 제시되어야 할 것이다.

유길준의 『정치학』은 라트겐의 도쿄제국대학강연을 리노이에 류스케와 야마사키 데쓰조가 일역한 것을 다시 국한문혼용체로 중역한 것이었다. 그러므로 그것은 저서가 아니라 역서였다. 바로 이 점이 유길준을 최초의 본격적인 정치학자로 판단하는 데에 머뭇거리게 한다. 우리는 안국선을 중심으로 최초의 본격적인 정치학자를 결정하는 쟁점을 학사적으로 논의하고자 한다.

안국선의 생애를 구분해 볼 필요가 있다. 나는 다음과 같이 그의 시기를 구분하고자 한다.

제1기 일본유학시기의 사회평론:

-「일견과 백문의 우열」,『친목회회보』제2호, 1896.4.

---

157) 김학준 2000: 3.

–「정치의 득실」, 『친목회회보』 제3호, 1896.6.

–「북미합중국의 독립사를 열하다가 아대조선국독립을 논함이라」, 『대조선독립협회회보』 제4호, 1897.1.

–「정도론」, 『친목회회보』 제5호, 1897.6.[158)]

제2기 정치학자 시기:

– "부지런할 일", 〈가정잡지〉 제4호, 1906.10.

– "가정경제론", 〈가정잡지〉 제4호, 1906.10.

– "일본행위에 대한 국제법해석", 〈대한매일신보〉, 1906.11.1.

– "부인을 낫게 봄이 불가한 일", 〈가정잡지〉 제7호, 1907.1.

– "응용경제", 〈야뢰〉 제1권 제1호, 1907.2.[159)]

– "민원론", 〈야뢰〉 제1권 제2호, 1907.3.

– "국채와 경제", 〈야뢰〉 제1권 제3호, 1907.4.

– "풍년불여연흉론", 〈야뢰〉 제1권 제4호, 1907.5.

– "계연금주의", 〈야뢰〉 제1권 제4호, 1907.5.

– "조합의 필요", 〈야뢰〉 제1권 제5호, 1907.6.

–『정치원론』, 중앙서관, 1907.10.

---

158) 안국선은 1896년 9월 3년제 도쿄전문학교 정치과에 입학하고 1899년 7월에 졸업한다. 1902년 이 대학은 와세다대학으로 개명하여 오늘에 이른다. 김학준에 의하면 1896년 9월에 입학하고, 김영민에 의하면 1896년 8월에 입학한다. 어느 것이 정확한 것인가?

159) 1902년 6월(혹은 1901년 3월)에 서대문형무소 (혹은 종로감옥)에 투옥된다. 1904년 3월에 해배됐다. 그러나 안국선은 이보다 몇 달 전에 부인과 함께 진도를 탈출해 서울에 올라와 은신하고 있었다(김학준 2000: 117). 김영민이 정리한 작가연보에 의하면, "1899년 11월 귀국직후 정치 사건에 연루되어 체포/1904년 3월 종신형을 선고받고 전라남도 진도로 유배됨/1907년 3월 유배에서 풀려나 서울로 귀환. 보성관 번역원을 지냄"으로 되어 있다. 김학준의 해석이 설득력이 더 있어 보인다. 유배지 진도에서 글을 쓰고 아마도 서울에서 발행하는 잡지에 게재한다는 것은 그 당시의 실정에서 보면 개연성이 낮기 때문이다. 안국선은 1897년 6월의「정도론」발표 이후 오랜 절필 끝에 1906년 10월 "부지런할 일"이라는 평론을 발표하고 있는 것이다.

- 『연설법방』, 창신사, 1907.11.
- 『금수회의록』, 황성서적업조합, 1908.2.
- 「정당론」, 『대한협회회보』 제4호, 1908.7.
- 「회사의 종류」, 『대한협회회보』 제4호, 1908.7.
- 「민법과 사법」, 『대한협회회보』 제4호, 1908.7.
- 「정치가」, 『대한협회회보』 제5호, 1908.8.
- 「고대의 정치학과 근세의 정치학」, 『대한협회회보』 제6호, 1908.9.
- 「정치학연구의 필요」, 『기호흥학회월보』 제2호, 1908.9.
- "경제의 전도", 〈황성신문〉, 1908.10.10.
- "경제의 전도 속", 〈황성신문〉, 1908.10.11.
- 「정부의 성질」, 『대한협회회보』 제7호, 1908.10.
- 「고대의 정치학」, 『기호흥학회월보』 제4호, 1908.11.
- 「정부의 성질 속」, 『대한협회회보』 제8호, 1908.11.
- 「정부의 성질 속」, 『대한협회회보』 제11호, 1909.2.
- 「정부의 성질 속」, 『대한협회회보』 제12호, 1909.3.

제3기 공진회 시기:

- 단편소설집 『공진회』, 수문서관, 1915.8.

제4기 경제평론 시기:

- "세계경제의 조선 1~4", 〈동아일보〉, 1920.6.15~18.
- "경제상으로 見한 반도의 장래", 〈청년〉 창간호, 1921.3.
- "경제상으로 見한 반도의 장래 속", 〈청년〉 제1-2호, 1921.4.
- "경제상으로 見한 반도의 장래 속", 〈청년〉 제1-3호, 1921.5.
- "足의 속박을 해방하라", 〈계명〉 제2호, 1921.6.
- "조선인을 본위로 하라", 〈동아일보〉, 1921.6.13.

- "레닌주의는 합리한가", 〈청년〉 제1-5호, 1921.7.
- "신설할만한 유리사업", 〈계명〉 제3호, 1921.9.
- "신설할만한 유리사업 속", 〈계명〉 제3호, 1921.11.
- "화부회의 효과", 〈동아일보〉, 1922.1.1.
- "세계적 경제형편", 〈청년〉 제3-7호, 1923.7.

Ⅱ. 정치학과 그 교육

우리는 일단 안국선의 『정치원론』에 주목한다. 이 『정치원론』은 어떠한 책인가? 저서로 보는 입장이 있는가 하면, 번역서로 판단하는 입장이 있다. 전자는 윤명구, 이재선, 김영민, 후자는 김효전, 김학준[160]이 대표적이다. 어느 입장이 타당한 것인지에 대해서는 뒤에서 논의할 것이다.

1. 안국선은 왜 『정치원론』을 출간했을까?

교과목으로서의 정치학(국가학)이 최초로 등장한 다음에 안국선은 아마도 "정치원론"을 가르치는 교재로서 번역 발간할 필요에 직면했던 것 같다.[161]

1906년 설립된 사립 돈명의숙(敦明一塾)에서 안국선은 정치학을 가르쳤던 "교사"(교수)였다.[162] 그러니까 1906년 안국선은 돈명의숙으로부터 정치학 등을 가르칠 것을 약속받았고 1907년부터 돈명의숙에서 정치학을 강의하였는데 1907년 1학기에는 아마도 강의교재 없이 강의

160) 김학준은 김효전의 연구를 거의 그대로 수용하고 있음을 스스로 밝히고 있다.
161) 김효전, 「한국 개화기의 국가학 교육」, 『김철수교수정년기념논문집』, 1998, pp.78-123.
162) 김효전 1998: 100-101.

를 하였던 것 같다. 강의를 하면서 안국선은 교재용으로 정치학 텍스트를 찾던 중 이치지마 캥키치의 『정치원론』을 다시 기억하고 그것을 번역하였던 것이다. 돈명의숙에서는 학과로서 "정치과"를 1906년 설립하고 1907년부터 정치과를 운영하였다.

갑오개혁으로 과거제도가 폐지되고 새로운 시무의 학문이 자리를 잡게 되는데 정치학은 그 가운데 하나였다.

1906년 8월 궁내부에서 판임관을 시취하는 광고를 보자.[163] 광고를 보면, "정치"학이 국가시험과목으로서 정식으로 제도화되었다는 것을 알 수 있다. 1907년 한성부의 광고에 의하면 정치학이 새로운 학문으로 시험과목으로서 등장한 것을 알 수 있다.[164]

융희 원년(1907년) 10월 30일자로 학부령 제3호에 의해 성균관사업시험규정이 개정되었다. 이 개정규정에 의하면 초고시험과목은 경의학과 시무책으로 나뉘는데, 시무책에는 내외역사, 내외지지, 경제학, 법률학, 정치학이었다. 시험은 이들 5과목에서 각기 1문제씩 출제되었다.[165] 또한 회고시험 과목 역시 경의학과 시무책으로 나뉘는데 시무책에는 역사지지 중 일제, 정치법률 중 일제로 규정하고 있다.[166]

현대정치학, 즉 오늘날의 관점에서 연속성을 가지고 있는 현대정치학의 시원은 제도적인 관점에서도 광무 10년(1906년) 경의 정치학으로 잡는 것이 옳다.

안국선 편술, 『정치원론』은 이 당시 널리 교과서로서 사용되고 있었음이 분명하다. 아마도 가장 인기 있는 정치학교과서였던 것 같다. 이는 그 당시 신문에 안국선 편술, 『정치원론』이 자주 광고되었다는 사실

---

163) 김효전 1998: 117.

164) 김효전 1998: 118.

165) 김효전은 "내외 역사, 내외 地誌, 법률학, 정치학 중 一題이다"라고 잘못 기록하고 있다. 김효전 1998: 118-119를 참고하라.

166) 김효전 1998: 119.

이 입증한다. 〈황성신문〉 1907년 11월 2일자, 〈대한매일신보〉 1907년 11월 5일자 광고, 이후에도 안국선 편술의 『정치원론』은 자주 게재되었다.[167)]

안국선 이전에 "정치학"저술이 없었던 것은 아니었다. 안국선의 정치학사적 위상을 매김 하기 위해서는 안국선의 『정치원론』이전에 출간된 "정치학"적 저술이 어떠했는지를 알아볼 필요가 있다.

(a) 유길준 역, 『정치학』, 200자 413매 정도(Karl Rathgen의 도쿄제국대학강연을 일본어로 번역한 것을 중역한 것이다.)[168)]

(b) 1905년 7월 『헌정요의』

(c) 1905년과 1906년 사이 김우식(전북 금산군 군수), 『국민수지』

(d) 1906년, 나진·김상연 역, 『국가학』, 200자 450매 정도[169)]

(e) 1906년 9월 19일부터 11월 22일까지 일간지 〈만세보〉에 『국가학』(양계초의 역술을 번역; "아국제일학문가의 번역")연재[170)]

그리고, 안국선의 『정치원론』출간 그 즈음 그리고 그 후에도 "정치학"적 저술이 있었다.

(a) 1907년 블룬츨리의 국가학 일부를 『국가학강령』이라는 이름으로 번역(역자 안종화)하여, 광학서포에서 52쪽의 소책자로 출간.

(b) 1908년 블룬츨리의 국가학 일부를 『국가사상학』이라는 이름으로 우문관에서 46쪽의 소책자로 출간.

---

167) 김효전 1998: 118 및 각주 153 참조.

168) 집필 연도가 확실하지 않다.

169) 민족문화, 1986년 영인본으로 출간되었다. 김효전의 "해설"이 붙어있다.

170) 『동아법학』 제7호, 1988, pp.229-330에 김효전의 이 원고의 완전한 한국어 번역본이 실려 있다.

2. "정치학" 교육기관에 대하여

당시 정치학은 법률학, 경제학, 국가학, 수학, 물리학, 화학, 어학 등과 함께 신학문으로 분명하게 인식되어 있었다.[171] 다시 말해서 1906년 당시 정치학이란, 신식학문, 신학문으로서의 정치학이었다.

관립학교 육영공원에서 국제법, 정치학, 그리고 경제학을 가르쳤다고 한다. 그렇지만 정치학이 정식학과로서 인정되었는지, 또한 정치학이 정식 현대정치학으로서 독립된 학과목으로서 인정되었는지, 검토가 필요하다.

헐버트(H. B. Hulbert, 1863-1949)는 『士民必知』라는 책 속에서 세계의 역사와 지리를 가르치면서 당연히 각국의 정치제도와 법률 등에 관하여 강의하였을 것이다.[172]

– 법관양성소:

1908년에서야 국법학 과목이 신설된다. 이 강좌에서 정치학 혹은 관련 과목이 강의되었을 가능성이 있다.[173]

– 한성의숙(낙영의숙)(1898–):

1899년 3월 21일자 황성신문에 의하면, 교과목에 정치학이 포함되어 있다.

---

171) 〈황성신문〉 1907년 5월 11일자; 〈대한매일신보〉 1906년 8월 18일자를 참조하라; 김효전 1998: 113, 117.

172) H. B. Hulbert, *The Passing of Korea*, London, 1906(신복룡 역,『대한제국사 서설』, 탐구당, 1979) 참고; 이광린,『육영공원의 설치와 그 변천, 한국개화사연구(개정판)』, 일조각, 1985.

173) 김효전 1998: 90-91을 참조할 것.

– 시무학교(1899–)(1900년 11월에는 中橋의숙으로 개명):

1899년 5월 17일자 〈황성신문〉에 의하면, 교과목에 정치학이 있다. 아마도 윤방현이 정치학을 담당하였을 가능성이 높다.

– 배영의숙(1899.5–):

〈독립신문〉 1899년 5월 4일자 및 〈뎨국신문〉 1899년 5월 9일자에 의하면 교과목에 정치학이 있다. 교사는 윤방현이다.[174)]

– 영정의숙(1905.2–):

〈황성신문〉 1905.4.1일자에 의하면 국가학이 포함되어 있다. 담당자는 김상연이다.

돈명의숙은 1906년 11월경 문을 열었는데, 1907년 10월 이 『정치원론』이 출간되었다면, 1907년 한 학기 동안 안국선은 강의를 하였던 내용을 단행본으로 만들어 낸 것이다.[175)] 만약 1906년 11월을 전후하여 돈명의숙 측에서 안국선에게 정치원론 등을 가르쳐 달라는 청탁을 하였고 이에 따라 안국선은 앞으로 자신이 가르칠 과목을 미리 준비하였을 가능성이 있고 그러는 가운데 이 『정치원론』강의안을 만들었을 가능성은 있다.

돈명의숙(1906년)은 한국 최초의 "정치과"(정치학과)를 설립한 교육기관이 아닌가 싶다. 정치학과 정치학관련 학을 가르치는 곳은 돈명의

174) 윤방현에 대해서는 김효전 1998: 95-96.

175) 이기용은 자신의 "서"에서 "편술한 강의록"이었음을 밝히고 자신이 추천한 것을 시사한다. 이기용, "서", p.172. 그런데, 안국선은 자신의 『정치원론』을 자신의 독자적 저술로 표기하고 있지 않고, 編述이라 표기하고 있다는 점에서 저서로 간주한다고 할 경우에도 통상적 의미에서 표절로 간주될 수는 없겠다. 〈황성신문〉 1907년 11월 2일자, 〈대한매일신보〉 1907년 11월 5일자 광고 등에서 분명하게 "정치원론", "안국선 編述"이라 표기하고 있다. 안국선, 『정치원론』의 원본은 한국정신문화원에 소장되어 있다.

숙 이외에도 있었으나 학과의 이름이 정치과인 것은 돈명의숙이 처음인 것이다.[176] 돈명의숙은 오직 정치과만을 개설한 교육기관이었다. 김효전에 의하면, 돈명의숙은 정치학 한 과목만 전문으로 교수한 것 같고, 그 무렵 "정치학이 각종 국가시험과목에 들어갔기 때문에 일종의 시험준비 학원"[177]이었다.

안국선이 강의했던 돈명의숙 이전에 "정치학"(국가학)을 가르쳤던 교육기관이 없었던 것은 아니었다. 그렇지만 현대(modern)정치학을 본격적으로 전공한 정치학자가 정치학을 가르쳤는가 하는 것이 누가 최초의 현대정치학자인지를 잡는 중요한 기준이 된다. 이 기준에서 보면 안국선 이전에 정치학자로 분류될 수 있는 인물은, 안국선보다 3년 정도 뒤에 안국선이 유학했던 바로 그 도쿄전문학교 정치과를 졸업한 김상연인 것 같다.

3. 김상연

좁혀서 말하자면, 김상연과 안국선 중 누가 최초의 현대정치학자인가?

김효전은 김상연에 관하여 그가 알 수 있는 한에서 조사해 알려주고 있다.[178] 하지만 전체적으로 볼 때 김상연은 여전히 안개 속에 갇혀 있는 인물이다. 김효전은 김상연을 근본적으로 법학자로 간주한다. 김상연(1874-?)은 법학을 전공하면서 부수적으로 정치학을 강의하였을 가능성이 높다. 물론 국가학이라는 학문 그 자체가 학제적이어서 정치학을 포함하고 있다. 나진과 함께 편역한 『국가학』은 그 당시 정치학과

176) 김효전 1998: 100-102을 참조하라.

177) 김효전 1998: 102. 돈명의숙에 대해서 더 자세한 역사적 고증이 필요하다.

178) 김효전, "해설", 나진·김상연 역, 『국가학』(1906의 영인본), 1986, 민족문화, p.22.

동일한 의미로 사용되고 있었다. 김효전은 나진·김상연 역, 『국가학』 출간의 의의를 다음과 같이 규정한다.

> 이 책이 한국에서 가지는 의미와 가치는 학문적인 것과 실제적인 것의 두 가지 면에서 파악할 수 있다. **학문적인 면에서는 서구의 국가학을 한국에서 체계적으로 소개한 최초의 책이 아닌가 생각된다.** 개화기에는 이미 상당수의 법학과 정치학 관계 서적이 발간되었으나, 이와 같이 단행본의 형태로 국가학을 소개한 것은 드물다.
>
> 다른 한편 실제적인 면에서는 1905년의 이른바 을사보호조약으로 한국은 외교권과 재정권이 박탈되었기 때문에 **한국인의 국가의식이나 국가관념을 고양시키고 일본 제국주의에 대항하여 투쟁할 이론적인 무장이 필요하였다.** 당시의 지식인들은 한국인의 국가사상을 고취하기 위하여 신문에서 논설의 형식으로, 또는 이와 같은 번역서를 통하여 국민을 계몽하였던 것이다. 그러한 의미에서 이 책은 당시 많지 않던 국가에 관한 학술서적으로서 그 의미와 가치를 함께 지니고 있다.[179]

나진·김상연의 『국가학』이 국가학을 소개한 최초의 단행본이라는 판단은 타당한가? 김효전 자신이 밝히고 있는 바에 의하면, 『국가학』이 1906년 6월에 출간되었고, 『국민수지』는 〈황성신문〉 1906년 4월 25일자에 전직 군수 김우식에 의해 인간되었다고 한다면, 나진·김상연의 『국가학』보다 1개월 이전에 『국민수지』가 출간되었다면, 『국민수지』가 최초의 단행본이 아닌가. 물론 이 『국민수지』는 단행본으로 간주할 수 있을 정도의 충분한 분량으로 되어있지는 않다. 김효전에 의하면, "이 책의 내용은 「헌정요의」와 거의 같"다고 한다면, 김우식이 헌정연구회가 1905년 7월에 〈황성신문〉 1905년 7월 15, 18, 20, 22, 24, 27, 28

179) 김효전 1986: 2-3("해설"). 강조는 인용자.

일 및 8월 2, 3일에 연재했던 「헌정요의」를 신문스크랩하여 출간했을 가능성도 있다. 『국민수지』는 『국가학』과 다르다는 점에서 국가학을 소개한 최초의 단행본이라 부를 수 있을 것이다.

아마도 이 책은 김상연이 농상공학교 교관으로서(1904년 7월 –1906년 5월) 학생들을 가르치는 교재로 사용하려 했을 것이다. 그는 농상공학교 교관을 그만두는 즉시 법관양성소로 이직한다. 그러므로 김상연에게 이 책 『국가학』의 필요성은 여전히 사라지지 않았다. 농상공학교 교관직을 1906년 5월에 그만 두는데, 이 책은 동년 6월에 출간된 것이다. 이 책의 원서는 아마도 그가 관비유학생으로 일본 동경 와세다 대학 경제정치과에서 정치과를 공부하던 중 교재로 배웠던 텍스트의 하나였을 가능성이 있다. 물론 중역일 가능성이 높다.

김효전은 안국선 역술 『정치원론』을 "우리나라 최초의 체계적인 근대 정치학 교과서"로 판단한다.[180] 그러니까 김효전은 김상연의 『국가학』과 안국선의 『정치원론』을 국가학과 정치학이 서로 다르다는 것을 전제하는 한에서 다른 종류의 것으로 이해한 셈이다. 그렇지만 김상연의 『국가학』에서 국가학이란 넓은 의미에서 정치학과 동의어로 사용되었던 점을 기억해야 한다. 김상연 역, 『국가학』(1906.6)이 안국선 역, 『정치원론』(1907)보다 앞서는 한국 최초의 정치학·국가학 단행본이었다.

그리고 김상연 역시 강단에서 가르치는 "교관"이었다는 점에서 안국선의 경우와 다르지 않다.

그런데 의문은 있다. 왜 "김상연·나진"하지 않고 "나진·김상연"이라 이름을 붙였을까. 나진은 1881년 10년 17일생이고 김상연은 1874년 생이라면,[181] 김상연이 7세 연상이다. 일반적 상식에 비추어 볼 때 김상연·나진이라는 순서를 따라야 마땅하다. 그렇다면, 나진이 주된 번역자일 가능성이 높다. 가, 나, 다 순으로도 김상연이 먼저 나와야 마땅

180) 김효전, 『서양헌법이론의 초기수용』, 철학과현실사, 1996, p.449.

181) 김효전 1996: 432.

하다.

나진은 누구인가? 김효전에 의하면 "역자인 나진은 1881년 10월 17일 서울에서 태어나 1897년 9월 관립일어학교에서 수학한 후 1898년 4월 동경 大鳴학관 보통과를 수료하고 이듬해인 1899년 9월 명치대학 법률과에 입학하여 1903년 7월에 졸업하고 곧 귀국하였다. 1904년 사립 흥화학교 교사. 1905년 12월부터 법관양성소 교관. 1907년 평리원 검사 및 법관양성소 교관 겸임. 1908년 3월에 창립된 법학협회의 발기인. 1908년 12월 대구지방재판소 판사. 1909년 6월 검사 진임관 3등. 1918년 9월 23일에 사망하였다. 이 책 이외에 다른 저작이나 논설은 없는 것 같다."[182)183)] 나진·김상연 역술의 『국가학』이 역서라는 점은 분명하다.

Ⅲ. 『정치원론』과 『연설법방』

쟁점은 안국선 편술의 『정치원론』이 역서로 간주되어야 하는가, 독자적 저서로 간주되어야 하는가이다. 저서로 간주하는 입장은 윤명구, 이재선, 그리고 김영민·김형태가 있다.

윤명구나 이재선은 『정치원론』을 구체적으로 문헌학적 해석을 통해 타당성을 밝히지도 않은 채, 저서로 간주하고 있는 한편, 2004년에 『금수회의록 (외)』[184)]을 출간한 김영민·김형태는 그 이유를 밝히고 있다. 안국선의 저술을 번역한 김형태는 자신의 「번역작품해설」에서 안국

182) 김효전 1996: 432.

183) 해결책은 없지 않다. 김상연의 다른 번역과 이 『국가학』번역을 비교하여 김상연의 문체를 확인하고 『국가학』의 주 역자를 판별하는 길이 있다.

184) 안국선, 『금수회의록 (외)』, 김영민 편집, 범우사, 2004.

선의 『정치원론』은 "그의 유학시절 이찌시마 켄기찌의 『정치원론』[185] 에서 얼마간 영향을 받았을 뿐, 순수번역과 창작의 중간에 위치하는 안국선의 저작물이라고 할 수 있다"[186]고 판단한다. 김형태가 그렇게 판단하는 근거는 다음과 같다.

> 『정치원론』은 1907년 10월에 발행한 안국선의 단행본 저서이다. 간기(刊記)에 따르면, 편술자 및 발행자는 안국선, 인쇄소는 황성신문사, 발매소는 중아서관, 광학서관, 대동서시, 고금서해관, 회동서관이며, 제책소는 서서사동 이성춘(李聖春)이다. 안국선이 일본 유학 시절, 일본인 이찌시마 켄기찌(市島謙吉, 1860~1944)가 1889년에 와세다대학의 전신인 동경전문학교(東京專門學校)의 참고서로 저술했던 『정치원론』의 영향을 받아 귀국 후 지었던 것으로 보인다.[187]

김효전이나 김학준이 번역서라 판단하는 것과는 달리 김형태에 의하면, 안국선의 『정치원론』은 1907년 10월에 발행한 단행본 저서이다.[188]

우리는 어느 판단이 바른 것인지를 밝히기 위해서는 안국선 편술의 『정치원론』을 그의 다른 저작들과 함께 구체적으로 읽어보아야 한다.

1. 안국선의 『정치원론』은 어떠한 책인가?

안국선(1878-1926)은 1897년 6월 「정도론」이라는 글을 발표한다.

185) 市島謙吉, 政治原論, 富山房書店, 1889, 공주대 첨가. 이 자료를 보내준 공주대 일반사회과 정종호 교수에게 이 자리를 빌어 감사의 인사를 전한다. 인용자 첨가.

186) 김형태, 「번역작품해설」, 『금수회의록 (외)』, 2004, 범우사, p.482.

187) 김형태 2004: 481-482.

188) 김형태 2004: 481.

1896년 9월에 일본 "전문학교"에 입학하였으므로 이 글을 썼을 때는 겨우 입학한 다음 한 학기가 지나고 1년이 되지 못한 시점의 글이다. 나이에 비하여 지적으로는 매우 성숙해 있었던 것이 증명된다. 다시 말해서 1896년 9월에 안국선은 17세였는데 이렇게 이른 나이에 전문학교에 입학할 수 있었겠는가 하는 의심이 있으나 이 글은 이러한 의심을 잠들게 하는 것 같다.

「정도론」에서 안국선은 정도와 사도를 구별한 다음, 다음과 같이 진술한다.

> 정체를 구별하여 정-사를 말하면 일인정치와 개인정치와 다수정치는 정정체요, 또 이러한 세 가지 정치가 어지러워 사정체가 되는 것이니, 일인정치는 변하여 시라니가 되고, 개인정치는 변하여 오루가루기가 되고, 다수정치는 변하여 민주주의가 되는 것이다.(민주주의라 하는 것은 옛날에는 악정체를 말함이나, 오늘날에는 선정체를 가리켜 일컬음이다.) 일인정체를 행하다가 시라니 정치로 변하면 이것은 정치가가 정사를 사도로 행하는 것이요, 개인정치가 오루가루기 정치로 행하며, 다수정치를 민주주의 정치로 행하면 이것도 사도로 행하는 것이요, 정사를 공명정대하게 행하면 정도라 말할 것이니 정치가는 일에 당하여 먼저 정도의 정-사를 헤아려 살펴 사도는 버리고, 정도로 나아가[189]

우선 안국선이 사용하는 용어가 오늘날의 그것과 차이가 있는 것 같다. 일인정치, 개인정치, 다수정치는 일인정치, 소수정치, 다수정치에 해당하는 것 같다. 즉 안국선이 개인정치라 말하는 것은 일개인의 정치가 아니라 소수의 정치, 아마도 귀족정을 말하는 것 같다. 일인정치는 군주정, 다수정치는 민주정을 각기 의미하는 것 같다. 아리스토텔레스의 서양 고

189) 안국선 2004: 332-333.

대정치학에서 국가순환론을 말하고 있는 것 같은데, 정확하지 않다. 특히 민주주의(민주정)을 이해하는 맥락이 그러하다. 군주정, 귀족정, 민주정이 정도의 정체이고, 이들 세 정체의 타락 정체는 전제, 과두제, 중우정이다. 안국선은 민주정과 중우정을 구별하지 못하고 있다.

이보다 이른 시기 곧 1897년 1월에 쓴 「북미대합중국의 독립사를 열하다가 아대조선국독립을 논함이라」는 글에서 안국선은 조선의 독립에 대해 주장한다. 안국선은 미국과 비교하여 조선은 오히려 독립의 가능성이 높다고 평가하는 비약을 보인다.[190] 문제는 1897년 1월 일본의 입장을 변호하는 친일성을 보인다는 점이다. 안국선은 建陽이라는 연호(1896년 고종 33년)를 사용한 계기에 즈음하여 이 글을 썼던 것 같다. 안국선은 청을 비판하고 일본에 편들고 있다.

> 오직 우리 대조선국은 동양에 처하여 온 나라 신하와 백성이 역대 임금의 조정(朝廷)의 중희누흡한 다스림의 은덕을 입어 승평연월에 실컷 마시고 먹을 뿐이더니 문득 오늘날 운요정비한 세상을 당하여 오히려 청나라의 무례한 천대를 무기력하고 구차하게 내버려 두며, 청나라의 허문(虛文)과 쇠한 습속을 오로지 높이고, 커다란 임기응변의 책략에 신사상을 깨닫지 못하더니 나라를 연지 오백 년에 이르러 어느 정도 다행스럽게도 황천(皇天)이 우리나라를 사랑해 돌봐주셔서 다시 흥하고 창성할 기운을 내리셨으니 이에 있어서 유신정략(維新政略)을 개량하며, 독립 기본을 단단하게 굳게 하여 건양 연호를 처음 시작해 세웠으니 아! 성하구나. 동방 사천여 년 이래로 처음 있고 처음 본 크게 구원한 사업이자 큰일이라고 일컬을 만하구나. 대체로 보아 세계에 어느 나라를 막론하고 자주독립의 이름이 이미 있는, 곧 또 자주독립의 실제가 있는 그런 뒤에 완전한 독립국이 될 수 있으니 독립의 실제는 국민이 마음을 합하고, 몸을 모아 그 나라를 사랑하며, 그 나라를 지킴에 지나지 아니하나니, 아아! 저 북미합중국은 본

---

190) 안국선 2004(1897.1): 326.

래 다른 나라의 식민지로써 능히 자주독립을 완전히 할 때에 무한한 곤란과 수고로움이 있었거니와 우리 대조선은 위로 역대 임금의 조정에 쌓은 공적이 있으시고, 아래로 인민의 나라 향한 정성이 있으니 오늘날 문명을 점점 이루어 나갈 방법이 북미합중국에 비하건대, 아주 쉽기가 손바닥을 뒤집음과 같은 것이다.[191]

그렇지만 곧이어 청나라와 일본을 사귀어 벗하여야 한다고 주장한다.[192]

이 짧은 글에서 안국선은 논리를 비약하고 있으며, 단지 조선의 독립을 외치고 있다. 그의 주장은 교육 강화, 법전 제정, 외교 강화 및 확장, 군비 확장 등등이다.

안국선의 『정치원론』은 3권분립론에 대해서 비판한다. 입법, 사법, 행정 가운데 우선하는 것이 있다는 견해를 피력한다. 그 논거는 세발 달린 솥에 비유되는 3권분립론을 비유론적으로 비판한다. 정치체는 유기체적이고 생동하는 동력체라는 것이다.

나라의 성질이 솥과 같지 않아서 솥은 편안하게 내려두고 움직이지 않는 까닭에 그 발의 치우치게 길거나 짧음이 할 수 없거니와 나라는 활동하여 정치하는 때가 없으므로 편안하게 내려두는 물체와 같이 논할 바가 아니니, 정치를 운행코자 하면 곧, 삼권 가운데에 주로 따르는 분별이 스스로 있어서 주된 것은 어쩔 수 없이 따르는 것을 이끌 것이니, 이것이 삼권이 평등치 못한 까닭이다.[193]

안국선은 『정치원론』 끝부분에서 식민주의에 대하여 할애하고 있

191) 안국선 2004(1897.1): 326.
192) 안국선 2004(1897.1): 327.
193) 안국선 2004(1897.1): 272.

다. 특별하게 주목해야 할 맥락이다. 안국선의 『정치원론』은, 속국정치를 식민론과 정복국론으로 구별하여 논의한다.[194] 전자는 "인류가 살지 않은 지역과 야만 때문에 나라를 이루지 못한 땅에 이민하여 이것을 관리하는 문제"이며, 후자는 "한 사회를 이미 이룬 나라를 침략한 뒤에 이것을 관리하는 문제"라 한다. 그러므로 식민이라는 말을 오늘날의 의미와는 다르게 안국선의 『정치원론』은 사용하고 있다. 정복국론이 오늘날 식민(지)론이다. 안국선의 『정치원론』은 "식민"정책을 역사적으로 크게 세 단계로 구별한다. 제1기 신세계발명 때로부터 미국혁명전쟁 때까지, 제2기 미국전쟁 때로부터 1830년까지, 제3기 1830년으로부터 오늘날까지.[195]

안국선의 『정치원론』은 정복국론이라는 이름하에 식민주의의 실질을 논한다. 정복국은 두 종류가 있다고 한다.

> 하나는 제도 및 문물과 습관 및 풍속과 문명의 정도 등이 본국과 매우 두드러지게 다르지 않은 것이요, 하나는 이들이 본국과 서로 두드러지게 다름이 큰 것이니, 전자에는 방임주의로 자치를 허가함이 옳음은 말을 기다리지 않으려니와 후자에 대해서는 '본국 정부가 어떤 정책을 집행함이 옳은가? 중앙정부가 직접으로 직권으로써 맡아 다스림과 중앙정부의 대표자로 하여금 작은 정부를 정복국에 설치함의 두 가지 중에서 한 가지를 고를 것이다.[196]

안국선의 『정치원론』에서 문제제기는 이 두 가지안 중에서 어느 것이 더 좋은가를 선별하게 하는 것이었다. 안국선의 『정치원론』은 식민주의의 종식을 주장하는 것이 아니라 "효과적인" 식민주의정치의 방식에

194) 안국선 2004(1897.1): 310.
195) 안국선 2004(1897.1): 312.
196) 안국선 2004(1897.1): 314-315.

대해 논술하고 있다는 점에 주목해야 한다.

> 다른 나라를 관리함이 본래 매우 어려운 일이다. 첫 번째 곤란은 그 나라의 풍속과 백성의 감정을 자세히 알 수 없음에 있으니, 백성의 감정과 풍속을 알지 못하면 좋은 정치를 베풀기 어려운 까닭에 다른 나라를 다스리는 자는 그 나라 백성의 감정과 풍속을 살피기로 첫 번째 중요한 뜻을 만들 것이요, 두 번째의 곤란은 그 나라 사람이 시기하고 의심하는 생각을 품음에 있으니, 다스림을 받는 자가 시기하고 의심함의 생각으로 다스리는 자를 헤아리면 다스리는 자가 어떤 선량한 목적으로 정무를 행할지라도 믿지 않아서 정사를 베풂이 곤란할 것이다. 이러한 곤란을 없애고자 한다면 그 지역 백성 가운데에서 재주와 능력이 있는 자를 뽑아서 정무에 참여케 하고, 그 사상이 발달하고 사무가 익숙함을 가리려 높고 중요한 지위에 둠이 더할 나위 없이 가장 좋은 방책이니, 하나는 그 풍속과 백성의 감정을 다 자세히 해야 할 것이요, 하나는 백성의 의심을 없애 일거양득의 효과를 얻을 수 있을 것이다.[197)]

안국선의 『정치원론』은 지배국가와 피지배국가의 질적 상이를 논거로 삼아, 피지배국가에 "작은 정부"를 두고 통치하는 방식을 취하되, 통치자를 "그 지역 백성 가운데에서 재주와 능력이 있는 자를 뽑아서 정무에 참여케" 하자는 안을 제안하고 있다. 안국선의 『정치원론』은 식민주의 그 자체를 문제시하지 않은 가운데 행정적 효율성에 주목하는 정책적 수준을 넘어서지 않고 있다.

안국선의 『정치원론』(1907년 6월)은 제국주의 개념이 아직 세워져 있지 않았다. 『정치원론』의 마지막 장이 식민론인 바, 매우 중립적인 관점에서 서술되어 있다. 그러나 1920년 6월경에 쓴 "세계경제와 조

197) 안국선 2004(1897.1): 315-316.

선"이라는 글에서 분명하게 제국주의 개념을 사용하고 있다.

> (일一) 오늘날 우리 조선민족의 경제상 지위는 매우 낮은 자리에 있습니다. 세계경제의 대세와 이를 비교 관찰하면 명료하겠습니다. 20세기는 모두 말하기를, '데모크라시Democracy시대'라 하여 평등주의와 공화주의(共和主義)가 각 방면에 성행하지마는 홀로 경제 방면에는 제국주의가 세력을 차지하니 이를 이름하여 '자본적 제국주의'라 합니다.[198]

안국선은 이 글에서 분명하게 정치경제학적 발상을 표현하고 있다. 세계질서가 자본의 권력에 의해서 움직이고 있다는 것을 파악한 것이다. 그렇지만 그가 레닌주의식 제국주의론을 피력한 것은 분명 아니었다. 이 점은 그의 다른 단편 「레닌주의는 합리한가」(1921.7)라는 글에서 분명하게 밝히고 있다.

『정치원론』은 진화론을 찬성한다.[199]

> 사실에 참고하고, 도리에 미루어 보니 나라의 기원은 무리를 좋아하는 성품으로 하여금 그러함이 아니요, 실제로 생존경쟁에 어쩔 수 없는 경험으로 인하여 무리를 좋아하는 습관이 이루어짐이다. 전투는 무리를 좋아하는 성품을 생겨나게 하는 하나의 큰 원인이구나.[200]

『정치원론』은 제국주의 시대를 정당화하는 이념으로 작용했던 진화론을 주장하고 있다. 신명설, 계약설, 심리설 모두를 부정한다.[201]

안국선의 『정치원론』은 미국의 정치제도에 대해서 대체로 비판적이다.

---

198) 안국선 2004(1920.6): 401.

199) 안국선 2004(1897.1): 200-201.

200) 안국선 2004(1897.1): 201.

201) 안국선 2004(1897.1): 194-200.

영국과 미국의 내각제도를 비교하고[202] 미국의 대통령제를 비판한다.

첫째, 미국은 대통령의 재직기한을 정하여 주권이 백성에게 있는 주의를 이룰 수 없다.

둘째, "미국 대통령은 임기를 미리 정하여 그 재직 때에는 백성이 어떻게 공격할지라도 내각을 기울여 뒤집어엎어 자기의 소원하는 내각을 조직할 수 없는 까닭에 미국 정치 사회의 정치 의논은 다만 대통령을 선거하는 앞과 뒤에 있을 뿐이다."

셋째, 미국식 선거제도는 뛰어난 인물을 대통령으로 선별할 수 없다. 반대파의 비판을 피할 수 있는 이류의 인물을 뽑게 되는 경향이 있다.

넷째, 미국의 내각제도는 선거 때의 정세적 분위기가 대통령을 선택하게 하는 기준이 되지만 선거 이후 정세적 상황이 변경될 경우 그에 맞는 정치지도자를 선택할 수 없다.

안국선의 『정치원론』은 이렇게 영국의 내각제에 비하여 미국의 대통령제가 위와 같은 치명적인 결함을 지니고 있다는 점을 부각시키고 논의를 중단하고 있는데 아마도 영국의 내각제를 우월하다고 판단한 것으로 추론해도 큰 무리는 없을 것 같다.

『정치원론』은 영국식 입헌군주제 및 내각제를 기본 모델로서 인정하고 있다. 아마도 이것은 일본의 정치적 조건들을 염두에 둔 반영으로 보인다. 군주정이 역사적 시원이었음을 주장하는 맥락에 주목해야 한다.

> 몇 백 년 이래의 정치학자가 두루 생각하고 연구하여 이것을 말하기를, 자유 및 평등과 정반대되는 전제와 억압이 나라를 세우며 정체를 새로 만드는 원인이라 하니, 이것을 자세히 살펴보자면, 그 학설이 실제로 공허하고 잘못된 것이 아니구나. 대체로 보아서 원인은 독립의 성질이 있지만, 많은 사람들의 즐거운 생각이 없으므로 이것을 약속하여 그 이산(離

---

202) 안국선 2004(1897.1): 299이하.

散)을 막고자 한다면 어쩔 수 없이 하나로 통솔하는 자가 있을 것이요, 통일하는 자가 있을지라도 권력이 미약하면 그 이산을 제어할 수 없으니, 권력은 특별한 강대력(强大力)을 필요로 할 것이다. 그러나 권력이 또한 강대할지라도 주권이 한결같지 않으면 불화하고 다투어 부하를 통일시킬 수 없는 까닭에 주권이 어쩔 수 없이 한 사람에게 돌아갈 것이니, 이것이 아주 오랜 옛날 일을 시작한 사회에는 특별한 전제의, 다만 하나일 뿐 둘이 아닌 군주가 없을 수 없는 까닭이다. 오늘날의 이른바 '군주정체'도 또한 이때에 기원함이니, '전제군주정체'를 야만 사회에 베풂은 큰 효과가 있으려니와 사람의 지혜가 이미 열린 오늘날의 사회에서는 같은 효과를 얻기 어려움은 말을 기다리지 않을 것이니, 사회는 사람 지혜의 발달로 변천함이니, 곧 정체를 때때로 바꾸어 옮김이 또한 당연함인 것이다. 옛날부터 지금까지 각 나라 군주정체의 체제와 종류가 많으나, 종류를 구별하면, 아래의 다섯 종류가 있으니,

제일(第一) 도부군주정체(都府君主政體)
제이(第二) 동양전제군주정체(東洋專制君主政體)
제삼(第三) 극동전제군주정체(極東專制君主政體)
제사(第四) 종교군주정체(宗教君主政體)
제오(第五) 로마제정정체(帝政政體)[203)]

한편, 지방자치 혹은 지방정치에 대해서 그는 다음과 같이 쓰고 있다.

사회가 진보하므로 나라의 정무도 날로 점점 몹시 번거롭고 바빠서 정부가 각종 부(部)나 국(局)을 설치하여 정무를 나누어 맡게 하니, 일을 나누는 법을 이미 행하여 중앙정부의 베풀어 둠이 조리를 따라 어지럽지 않으나, 몹시 번거롭고 바쁘므로 중앙정부가 맡을 수 없는 것이 있음에 이르

203) 안국선 2004: 212.

니, 어쩔 수 없어 어떤 부의 정무를 여러 구획으로 나누어 지방자치에 위임하는 것이다. 어떤 사람은 말하기를, “입헌정체가 일어나지 않았다면 지방자치의 제도가 나오지 못했을 것이다”라 하였으나, 실제 일에 증거하면, 그렇지 않은 사실이 있으니, ‘옛날에 북인도(北印度)에서 순전하고 온전한 지방자치제를 섰었는데, 로힐라(Rohilla) 인종이 아주 오랜 옛날로부터 가족정치를 행하여 한 가장된 자가 주권을 장악하고 각 일을 관리하다가 다른 집과 종족에게 점차 미쳐서 권력이 점점 크므로 마침내 한 마을의 자치를 행함이니, 옛날에 이슬람교도(教徒)가 이 나라를 점령하여 소유하였을 때에도 이 제도가 전과 다름없이 존재하였으며, 근세에 이르러 영국이 점령하여 소유한 뒤에도 옛 제도와 옛 풍속을 심하게 변함이 없었는데, 그 장로(長老)의 권력이 영국 촌회(村會) 의장(議場)과 같고, 또 마을 백성들이 협동하는 힘이 영국이나 미국 자치 백성에 비하여 더욱 강하고 크다.’ 이러이러하다.

중앙정부가 정무를 나누어 쪼개 지방에 맡겨줌은 아주 오랜 옛날로부터 이 제도가 이미 행하여졌으니, 이것은 중앙정부가 지방을 모두 거느려서 관할하기에 편케 하기 위하여 설치함이 또한 있는 것이다. 지방정치를 살펴 연구하고자 한다면 아래에 펼친 문제에 나아가 하나하나 들어 말할 것이다.

첫째, 무엇을 지방정치라 말하는가?
둘째, 지방정치를 행함에 가장 중요한 조건이 무엇인가?
셋째, 중앙과 지방은 어떻게 정무를 나누어 맡는가?
넷째, 중앙과 지방이 나누어 맡는 정무에 어떠한 관계가 있는가?[204)]

중앙과 지방의 관계는 그 나라 문명 정도가 어떠한가와 그때 형세의 어떠한가를 봐서 정할 것이요, 일정하게 일상생활에서 지켜야 할 법도를 확립

204) 안국선 2004: 301-302.

하여 재제를 제멋대로 함이 옳지 않다.[205)]

2.『연설법방』과『정치원론』의 사상적 차이는 질적으로 심대한 것 같다

안국선의『연설법방』은 연설하는 기법을 정리한 매우 형식적인 교과서의 형태를 취하고 있으나 그 실체는 안국선 자신의 강한 논술이다. 안국선은 "정부의 정책을 공격하는 연설"에서 자신의 정치적 목표가 무엇인지를 분명하게 밝히고 있었다. 독립, 행복, 문명이 그것들이다.[206)] 당시 한국의 국가비전을 독립국가, 행복한 사회, 문명국가를 만들어가는 것임을 그는 제안하고 있는 것이다.

안국선은「낙심을 계하는 연설」에서 외세의 무력 앞에서 굴하지 않고 맞서는 용기의 미덕을 주장하였다. 일본의 물리적 군함에 대적할 "우리나라의 정신적 군함" 이천만 척이 존재하고 있음을 주장하면서, 한국민족의 저항의 역사를 회상하고 있다.

> 우리 대한민족은 극히 성질이 부드럽고 공손하지마는, 나라를 위하여 목숨을 바치는 마당에는 결코 죽음을 두려워하지 않고 삶을 바라지 않는 민족인 것으로 압니다.[207)]

안국선은 나아가 오히려 그 당시 지도층에서 한국의 미래를 비관하여 일제의 식민주의 지배에 굴복하여 들어가는 경향을 비판하고 있다. 최후의 한 사람이 살아남아 있다고 할지라도 끝까지 절망하지 않고 저항의 대열에 서는 것은 백성이며, 기회주의적으로 지배 권력에 부역하

205) 안국선 2004(1897.1): 310.
206) 안국선 2004(1907): 152.
207) 안국선 2004(1907): 144.

는 엘리트층이 있음을 지적하고 있었다.[208]

「학교의 학도를 권면하는 연설」에서 안국선은 다시 "우리나라의 독립을 완전히 회복할"[209]것을 기대하고 있다. 이와 같이 안국선은 『연설법방』 곳곳에 한국의 독립을 호소하고 있었다. 학문하는 사회, 학문하는 인물을 배양해야 한다는 것을 주장하면서 이를 실행하는 덕목으로 그는 세 가지를 제시한다: (1) 끈기 (2) 용기 (3) 게으름과 느림을 극복.[210]

안국선은 페미니즘의 선각자였다. 「부인회에서 하는 연설」[211]에서 "사회의 기초는 부인사회에서 비롯한다"고 선언하고 있다. 남녀 내외법을 청산하고, 남녀 평등하게 노동하는 인간으로서 문명사회를 형성할 것을 주장한다.

안국선은 상업, 공업, 농업의 발전보다 교육을 우선시하였다. 이는 한국사회가 그 당시 개화되지 못했다는 것을 염두에 두는 것 같다.

「운동에 대한 연설」에서 안국선은 당연하게 몸의 건강을 주장하고 있는데, 그는 이 주장의 논거로써 "큰일을 이루고자 하는" 역사적 과제를 제시하고 있다. 큰일이란 무엇보다 한국의 독립이었을 것이 분명하다. 이 점은 「단연 연설」에서도 뚜렷하다. 몸을 건강하게 하는 하나의 방편으로 담배끊기를 주장하는 것을 넘어 단연을 별도의 주제로 정한 것은 단연운동을 1907년부터 시작된 국권회복운동의 하나로서, 일본에서 들여온 국채를 국민들의 모금으로 갚자는 운동의 일환으로 안국선이 분명하게 의식하고 있었기 때문으로 보인다. "단연 연설"은 단연만을 주장하는 것이 아니라 담배, 술, "여자" 등 넓은 의미에서 퇴폐적 습속을 비판하는 논지를 전개하고 있다. 그러나 그것은 기독교적 신앙 때

208) 안국선 2004: 144.
209) 안국선 2004: 154.
210) 안국선 2004: 156-158.
211) 안국선 2004: 159-162.

문이기도 하겠지만 당시의 국권회복운동에 대한 그의 적극적 지지라는 측면에서 보다 잘 이해될 수 있는 성질의 것이다.[212)]

『연설법방』은 연설하는 기법을 소박하게 정리한 책이 아니라 그 당시 한국사회의 역사적 과제를 제안하고 그 해결책을 제시한 실천적, 정치적 선언서였다. 『연설법방』의 안국선은 결코 친일적이지 않았으며, 오히려 적극적 독립투쟁가였다.

『연설법방』과 『정치원론』은 거의 같은 시기에 출간된 책들인데, 그 차이는 사소하지 않고 거의 완전히 상이한 것 같다. 그렇다면, 『정치원론』은 안국선이 강의를 위해서 중요 주제를 선별하고 그것을 번역한 수준을 넘어서지 않는 것으로 이해되며, 따라서 역서로 간주되어야 할까. 그렇지 않다면, 안국선은 일종의 정신분열적 상태에 있었거나 이중적 태도를 가지고 있었다고 평가해야 할까. 안국선 스스로 "역" 혹은 "편역"이라 하지 않고 "편술"이라 한 까닭은, 이 책의 애매모호한 성격 때문이었을지 모르겠다. 그렇지만, 핵심적인 것은 안국선이 시도겸길의 『정치원론』을 "편술"하면서 시도겸길의 논리 그 자체에 대해서 적극적인 비판적 태도를 취하지 않는다는 점이다. 그것은 안국선의 사상 그 자체가 "문화계몽사상"(이도형)에 기초해 있었고, 따라서 『연설법방』의 사상과 『정치원론』의 그것 사이에서 실질적으로는 본질적 차이를 그가 의식하고 있지 않았던 것이다. 이런 점에서 『정치원론』 편술은 안국선의 저서로 간주되는 것으로 해석되어도 본질적 판단의 차이가 발생하는 것은 아니다.

---

212) 정준영은 1905년을 기점으로 우리나라 지식인들에게 체육사상의 변화가 일어난다는 점을 밝히고 있다. 그것은 "을사보호조약으로 국권이 위기에 처하자 구국사상이 강력하게 촉발되었던 것과 관련이 있다." 그리고 이 같은 체육사상의 강조는, 이미 1900년 이전부터 부분적으로 소개되고 있었던 양계초의 사회진화론에서 영향을 받았던 것이다. 정준영,「구한말 체육사상의 변화」, 『한국사회사상사연구』, 김경일·박명규 외, 나남, 2003, pp.241-260, 여기에서는 특히 pp.250-251을 참조하라.

그리고, 또 하나의 의문은, 『연설법방』이 본격적인 정치학적 텍스트로 간주될 수 있는가 하는 것이다. 『연설법방』은 일종의 수사법에 관한 독특한 단행본이다. 수사학은 현대정치학의 핵심과목은 아니었지만, 현대정치학의 교과목이 아니라고 할 수 없고, 그런 한에서 『연설법방』은 우리나라 현대정치학의 본격 저서라 평가될 수 있다.[213)]

Ⅳ. 『금수회의록』에 대하여

1908년 2월에 초판이 발행되었다. 『금수회의록』은 이 당시 안국선이 어떠한 사상을 가지고 있었는지 이해하는 데 결정적인 자료이다.

왜 안국선이 소설이라는 장르에 관심을 갖게 되었는가를 이해할 필요가 있다. 소설 그 자체에 대한 관심보다는 소설 장르가 발휘하는 국민 계몽적 효과 때문이었던 것 같다. 소설의 사회적 효과를 강조한 이는 다름 아니라 그 당시 강한 영향력을 발휘하고 있었던 양계초였다.[214)]

양계초에 의하면 "소설은 국민의 혼이다." 개화기의 시대적 요청이었던 자강과 국민적 자주각성이 전 국민에게 알려질 필요가 있었는데 소설은 이 필요에 조응하는 가장 효과적인 매체로 이해되었던 것이다.

---

213) 수사학이 주변으로 물러나게 되는 과정에는 정치를 합리적이라 판단하는 합리주의의 발전과 관련이 있다. 합리주의에 대한 후기구조주의적 도전이 확산되는 과정에서 수사학이 다시 부상하는 것은 이런 점에서 전혀 새로운 것은 아니다.

214) 성현자, 「양계초와 안국선의 관련양상 -『동물담』과 『금수회의록』을 중심으로-」, 『인문과학』(연세대학교 인문과학연구소) vol.48, 1982, pp.165-195. 여기에서는 p.171. 성현자의 섬세하고 치밀한 분석에 의하면, 안국선의 『금수회의록』은 양계초의 『동물담』과 표현양식 뿐만 아니라 서사구조에서도 일인칭 관찰자 시점으로 일관하는 폐쇄액자적 형식을 취하는 점에서 완전히 일치하고 있다(성현자 1982: 191).

안국선은 양계초로부터 많은 영향을 받았음이 충분하게 입증된다. 안국선이 『금수회의록』이라는 소설을 쓰게 된 동기는 정치학적 관심에 근거하는 것 같다.

『금수회의록』은 다음과 같은 비판들을 내용으로 하고 있다.[215)]

(1) 내정비판과 무력독점의 외세견제

외국의 세력을 빌어 의뢰하여 몸을 보전하고 벼슬을 얻어 하려하며, 타국 사람을 부동하여 제나라를 망하고, 제 동포로 압박하니. …… 또 나라로 말할지라도 대포와 총의 힘을 빌어서 남의 나라를 위협하여 속국도 만들고 보호국도 만드니, 불한당이 칼이나 육혈포를 가지고 남의 집에 들어가서 재물을 탈취하고 부녀를 겁탈하는 것이나 다를 것이 무엇 있소?

(2) 대내적 비판으로서 민기의 진작을 주장

외국 형편도 모르고 천하대세도 살피지 못하고 공연히 떠들며 무엇을 아는 체하고 나라는 다 망하여 가건마는 썩은 생각으로 갑갑한 말만 하는도다. 또 어떤 사람들은 제나라 안에 있어서 제 나랏일을 다 알지 못하면서도 보도 듣도 못한 다른 나라 일을 다 아노라고 추적대니 가증하고 우습도다.

(3) 대외적 약육강식을 비판하고 자강을 고취

조그만치, 남보다 먼저 알았다고 그 지식을 이용하여 남의 나라 빼앗기와 남의 백성 학대하기와 군함, 대포를 만들어서 악한 일에 종사하니.

(4) 대내적 허명개회를 풍자

어떤 사람을 제 나라 형편도 모르면서 타국 형편을 아노라고 외국사람을 부동하여, 임금을 속이고 나라를 해치며 백성을 위협하여 재물을 도둑질

215) 성현자 1982: 191-194.

하고 벼슬을 도둑하며 개화하였다 자칭하고, 양복입고, 단장짚고, 궐련 물고 시계차고, 살죽병 쓰고, 인력거나 자행거 타고, 제가 외국사람인 체하여 제 나라 동포를 압제하며, 혹은 외국사람을 상종함을 영광으로 알고 아첨하며, 제 나라 일을 변변히 알지도 못하는 것을 가르쳐 주며, 여간 월급냥이나 벼슬낱이나 얻어하노라고 남의 나라 정탐군이 되어 애매한 사람 모함하기, 어리석은 사람 위협하기로 능사를 삼으니.

(5) 대내적 내정을 비판

사람은 한 번만 벼슬자리에 오르면 붕당(朋黨)을 세워서 권리다툼하기와 권문세가에 아첨하러 다니기와, 백성을 잡아다가 주리 틀고, 돈 빼앗기와 무슨 일을 당하면 청촉 듣고 뇌물 받기와 나랏돈 도적질하기와 인민의 고혈을 빨아먹기로 종사하니 날더러 도적놈 잡으라 하면 벼슬하는 관인들은 거반 다 감옥서 감이오.

(6)(7) 대외적 강대국의 약탈을 폭로

오늘날 와서는 거죽은 사람의 형용이 그대로 있으나 실상은 豺狼과 마귀가 되어 서로 싸우고, 서로 죽이고 서로 잡아먹어서, 약한 자의 고기는 강한 자의 밥이 되고, 큰 것은 작은 것을 압제하여 남의 권리를 늑탈하여 남의 재산을 속여 빼앗으며 남의 토지를 앗아가며, 남의 나라를 위협하여 망케 하니, 그 흉칙하고 악독함을 무엇이라 이르겠소.

지금 어떤 나라 정무를 보면 깨끗한 창자라고는 아마 몇 개가 없으리라. ……만판 결론(結論)이 임금 속일 생각, 백성 잡아먹을 생각, 나라 팔아먹을 생각 밖에 아무 생각 없소.

(8) 대내적 민기의 부족을 비판

남의 압제를 받아 살 수 없는 지경에 이르되 분한 마음 없고, 남에게 그렇게 욕을 보아도 노여워 할 줄 모르고 종노릇하기만 좋게 여기고 달게 여기며 관리에게 무례한 압박을 당하여도 자유를 찾을 생각이 도무지 없으니.

(9) 대내적 애국민족의 정신이 부족함을 비판

외국 사람에게 당하는 것은 상관없는 줄 알아서 그러한지 겁이 나서 그러한지 결단코 남의 일이 아니라 저희 동포가 당하는 일이니 저희들이 당함이어늘 그것을 보고 분낼 줄 모르고 도리어 웃고 구경만 하니.

(10) 대내적 내정을 비판

지금 망하여가는 나라조정을 보면 온 정부가 다 조고같은 간신이오.

(11) 대내적 골육상쟁을 풍자

과연 저희 동포끼리 서로 사랑하는가? 저희들끼리 서로 빼앗고, 서로 싸우고, 서로 시기하고, 서로 흉보고, 서로 총을 놓아 죽이고, 서로 칼로 찔러죽이고. ……

(12) 내적 학정을 비판

사람들을 대낮에 사람을 죽이고, 재물을 빼앗으며, 죄 없는 백성을 감옥서에 몰아넣어서 돈 바치면 내어놓고 세 없으면 죽이는 것과……

(13) 대내적 외세영입태도를 비판

앞문으로 호랑이를 막고 뒷문으로 승냥이를 불러들이는 자도 있으니.

안국선은 『금수회의록』에서 "비판정치학적" 내용을 개진하고 있는데, 이것이 안국선이 관직에의 길이 막히게 되자 그에 대한 반발로써 "독립"을 주장하는 쪽으로 나아가는 것은 아니라는 점은 그가 일본유학시절에 쓴 글이 입증해 주고 있다. 안국선은 「북미합중국의 독립사를 열하다가 아대조선국독립을 논함이라」[216]는 평론에서 "조선"의 독립을 호소하는 말로 끝을 맺고 있다.

> 좋다! 거문고와 비파의 줄을 고쳐 매면 새로운 곡조를 들을 수 있나니, 우리 독립의 봄 우레 소리가 장차 온 세상에 진동하여 세계의 귀와 눈을 놀라게 할 것이다.[217]

안국선은 미합중국이 영국으로부터 독립한 역사적 경험에 빗대어 우리나라의 독립을 주장하고, 기대하고 있는 것이다. 안국선은 미국의 독립사를 다음과 같이 이해한다.

> (---)서기 1776년에 이르러 큰 용기와 큰 분노를 일으켜 군대를 들어 영국을 등질 때, 워싱턴을 선거하여 장군을 삼고, 같은 해 7월 4일에 독립하는 선고문을 영국에 보내고, 각 식민지 13국을 합하여 북아메리카합중국이라 일컫고, 이름 높은 프랭클린을 프랑스에 보내 구원을 청하니 프랑스가 응원하고 군대를 보내 합중국을 구조하니 이에 워싱턴이 군대를 이끌고 세력을 굳게 하여 영국 군대를 쳐서 깨뜨리고 독립을 오로지 할 수 있었으며, 헌법을 제정하여 하나의 커다란 공화국을 이루더니, 오늘날에 이르러 문명의 다스림이 유럽에 높이 뛰어난 것이다.[218]

안국선은 독립의 과제를 이렇게 미국의 독립사에 비유하고 있다. 미국이 "세계의 귀와 눈을 놀라게" 했던 것처럼 우리나라가 그렇게 독립하리라고 기대하고 요청하는 것이다. 그렇다면 미국독립사에서 영국

---

216) 『대조선독립협회회보』 제4호, 1897.1.

217) 안국선 2004: 327.

218) 안국선 2004: 325-326.

은, 우리나라의 독립사에서 무엇인가. 그것은 청나라라고 안국선은 판단하고 있었다.

그리고, 미국독립사에서 프랑스는, 우리나라의 독립사에서 일본으로 그는 판단하였다. 안국선은 이 당시 국제정치적 정세에 어두웠던 것이 분명하며, 일본의 제국주의적 지배의지를 파악하지 못했던 것 같다. 다시 말해서, 안국선은 일본의 제국주의 침략을 파악하고 있었지만 일본을 변호한 것이 아니다. 「정치의 득실」이라는 평론에서 안국선은 정체를 입헌정체(즉 대의정치)와 전제정체(즉 군주독재정치)를 구별한 다음, 입헌정체, 즉 대의정치를 주장하지만, 정치의 본질적 성격에 주목하길 요청한다. 그것은 다름 아니라 배를 운항하는 뱃사공과 물의 관계이다. 안국선에 의하면, "인민은 물과 같고, 국가는 배와 같다."[219] 그런데 국가의 본질이 배를 운조하게 하는 물에 있다는 점을 최종적으로 주장하고 있다.

> 물이 없으면 배를 운조하지 못하고, 백성이 없으면 정사를 행사하지 못하나니 물이란 것은 배의 근본이요, 백성이란 것은 나라의 근본이다.[220]

안국선의 이 배 비유는 입헌정체, 대의정치라는 자유민주주의의 원칙 아래에서 매우 의미 있는 말이다. 안국선은 이 당시에도 일본 그 자체가 아니라 인민에 근거하는 입헌정체, 대의정치를 주장하고 있다.[221]

안국선은 관비유학생이었지만 이 시절에 그가 발표한 평론들은 친일

219) 안국선 2004: 322.

220) 안국선 2004: 324.

221) 전체적으로 볼 때 안국선이 국가에 권력이 편중되어야 한다는 국권론파와 국민의 주권을 옹호하는 민권론파의 그 당시의 논쟁에서 후자 편에 기울어 있다는 해석은 정당하다. 현대일본연구회(편), 『국권론과 민권론』, 한길사, 1982; 김학준 2000: 114-115 참조. 안국선이 유학했던 게이오의숙이나 도쿄전문학교는 민권론에 기울어져 있었고, 안국선은 이 지적 분위기로부터 영향을 받았을 가능성이 높다. 그렇지만 그것은 오직 상대적으로만 그러했을 뿐이다.

적이라고 말하기 어렵다. 이 점은 매우 중요하다. 관비유학생이란 어떠한 내용의 것인가? 임종국의 『실록 친일파』[222]에 의하면 관비유학생제도 그 자체가 일제가 제국주의적 지배를 확고히 하기 위해 수립한 전략적 기획이었다.

> 이 계약서는 학부대신 이완용(李完用)과, 일본 게이오의숙 숙장 후쿠자와를 대리한 가마다의 협의로 된 것인데 전문이 15개조이다. 이에 의하면, (1) 조선국 학부는 매년 게이오의숙에서 일정한 유학생을 유학시키되, (2) 초년도 유학생 수는 300명이요 이후는 서로 협의 결정하며, (3) 유학생 경비는 1인당 매월 20엔을 게이오의숙에 미리 예치하고 이 돈의 사용 및 유학생의 지도 감독 등 일체의 권한은 후쿠자와에게 일임을 한다고 되어 있다.
>
> 즉, 그것은 조선국 관비유학생의 전원을 일본인 유학생 감독의 손아래 완전히 종속시킨다는 계약이었다. 이에 대해서 "조선인민을 위해서 그 나라의 멸망을 축하한다"는 사설을 썼던 후쿠자와가 유학생에 대한 전권을 행사하게 된 것이다. 이런 사람의 지도 감독 밑에서 학문을 배운 한말 유학생들이 조국의 운명을 바르게 짊어지고 나설 턱이 없었다. 사대와 친일의 기수로 식민지 관료의 중핵이 되고 말았던 것이다.[223]

일제의 관비유학생 기획의도와는 매우 다르게, 안국선은 일본 유학생시절에 독립의식을 분명하게 표명하고 있었다.

안국선은 도쿄전문학교를 졸업한 다음 곧바로 조선에 귀국하지 않았다. 김학준에 의하면, 1900년 즈음에 귀국했을 것으로 추정된다. 그러

222) 임종국, 『실록 친일파』, 돌베개, 1991, p.59. 안국선은 관비유학생으로 일본 유학을 할 수 있는 기회를 얻게 되는데, 이는 안국선의 백부 안경수의 도움이 있었기 때문에 가능했다.

223) 김학준 2000: 112-113 재인용.

니까 안국선은 1899년 7월에 졸업하고 1900년에 귀국하기까지는 일본에서 머물러 있었다. 진도에서 유배생활을 하면서 안국선이 무엇을 했는지, 우리는 아직 아는 것이 전혀 없다. 그곳에서 그는 한글도 모르는 토박이 섬처녀인 다섯 살 아래의 이숙당(李淑堂)과 '작열의 연'이 생겨 결혼했다는 것이 알려져 있을 뿐이다.[224)]

공식적으로 해배되기 전인, 1904년 3월 이전 안국선은 이미 서울에 있었고, 이 시기 동안에 어쩌면 정치학을 계속 공부하고 있었을 가능성이 없지 않다.

우리가 정치학자시기의 평론을 보면 그의 자기정체성을 확인할 수 있다. 「정치학 연구의 필요」[225)]라는 평론에서 정치학을 법률학과 경제학과 비교하여 우월한 지위를 부여하고 있다. 정치학은 특정한 어느 한 관점이나 문제만을 연구하지 않는다는 점에서, 총체성을 추구한다는 점에서 우월한 지위를 차지한다는 것이다.

> 복잡하여 빠른 변화가 끝이 없는 나라의 정치는 원래 일상생활에서 지켜야 할 법도로 단속하기 어려운 것이지만, 인류는 여러 해의 경험으로 나라의 성함과 쇠함의 법칙을 발견할 수 있으며, 빈 구석 없이 자세한 주의를 구해 국가정책의 원칙을 확실히 알 수 있는 것이니, 이들 법칙을 설명하며, 이 원칙을 강구함이 곧 정치학이나 바꾸어 말하면, '정치학'은 나라의 사실적 성질을 설명하며, 국가정책의 기초를 강구하는 학문이다. 그러므로 정치학은 다만 나라의 목적을 결정하며, 정치 형태의 우열을 비교하여 나라의 근본적 개견을 보급할 뿐만 아니라, 정권의 범위와 국민 세력의 영향도 또한 정치학의 영역이니[226)]

---

224) 김학준 2000: 117.

225) 『기호흥학회월보』2, 1908.9.

226) 안국선 2004: 382.

안국선은 국가를 “모든 방면으로 관찰하여 사실적 설명을 주는 것”이 정치학의 본래적 성질이라 규정한다. 안국선은 정치학을 이 당시 일본에서도 넓은 영향력을 행사하였던 블룬츨리(Bluntschli)의 국가학(Staatswissenschaft)으로 이해하였던 것 같다.[227)]

V. 『공진회』와 친일성

1915년 출간된 안국선의 『공진회』는 우리나라 최초의 단편소설집이다.[228)] 단편소설집인 『공진회』는 원래 5편의 단편이 실려 있었으나 경무총장의 명에 의하여 2편이 전문 삭제되었고, 오늘날 전하는 「기생」, 「시골노인 이야기」, 「인력거군」이 3편이 실려 있다. 또한 「발섭기」와 「됴염라전」도 전하지 않는다. 그러니까 안국선이 쓴 8편 중 오늘날 우리가 읽을 수 있는 문학작품은 4편이다. 『공진회』에 실려 있는 3편과 『금수회의록』.

『공진회』는 안국선의 이력에서 매우 특이한 내용을 가지고 있다. 황국신민으로서 총독정치의 은덕을 칭송하는 매우 적극적인 친일성이 표현되어 있는 것이다. 안국선은 단편소설집 『공진회』의 “서문”에서 공진회를 예찬하는 분위기를 만들어가고 있다.

> 총독부에서 새로운 정치를 시행한 지 다섯 해 된 기념으로 공진회를 개최하니, 공진회는 여러 가지 신기한 물건을 벌여놓고 모든 사람으로 하여

---

227) 안국선은 「고대의 정치학과 근세의 정치학」이라는 평론에서 대사상가의 대열에 블룬츨리(J. B. Bluntschli)를 명명하고 있다(안국선 2004: 380). 안국선은 국가에 대한 총체적 연구로서의 정치학을 연구하는 자로서 자신의 정체성을 확인하고 있으며, 이 점 오늘날에도 매우 중요하다.

228) 윤명구, 『개화기소설의 이해』, 인하대학교출판부, 1985; 이재선, 『한국개화기소설연구』, 일조각, 1972.

금 구경하게 하는 것이거니와, 이 책은 소설 공진회라. 여러 가지 기기묘묘한 사실을 책 속에 기록하여 모든 사람으로 하여금 보게 한 것이니 총독부에서는 물산 공진회를 광화문 안 경복궁 속에 개설하였고, 나는 소설 공진회를 언문으로 이 책 속에 진술하였도다. 물산 공진회는 돌아다니며 구경하는 것이오, 소설 공진회는 앉아서 드러누워 보는 것이라. 물산 공진회를 구경하고 돌아와서, 여관 한등 적적한 밤과 기차 타고 심심할 적과 집에 가서 한가할 때에 이 책을 펼쳐들고 한 대문 내려 보면 피곤 근심 간데없고, 재미가 진진하여 두 대문 세 대문을 책 놓을 수 없을 만치 아무쪼록 재미있게 성대한 공진회의 여흥을 돕고자 붓을 들어 기록하니, 이때는 대정 사년 초팔월이라.[229]

일제의 이데올로기각인정책은 1915년 물산 공진회 개최를 통하여 실행된다. 1920년대의 "문화정치"와 대조되게 그동안 1910년대를 "무단정치"로 규정했던 기존의 연구들과는 달리 이 물산 공진회는 1910년대의 제국주의적 문화정치를 보여주는 중요한 역사적 사례이다.[230] 공진회는 상품전시를 위주로 하는 단순한 박람회가 아니었고, 처음부터 일제가 식민통치의 이데올로기를 주입시키기 위해서 기획된 정치적 전략의 하나였다. 전시물품은 산업, 임시은장금사업, 교육, 교통, 경제, 위생, 자혜, 경무, 司獄, 미술, 고고자료 등등 일본 제국통치에 의한 문명진보상황을 보여주는 데 적합하다고 생각되는 거의 모든 분야가 망라되어 있었다. "生民의 敎化"를 위하여 일제는 대대적인 홍보와 동원정책을 단행했다. 단편소설집 『공진회』는 이러한 맥락에 있는 정치적 창작물이었다.

「기생」을 보면, 일제의 식민통치가 과거 대한제국시기보다 훨씬 발전

229) 안국선 2004: 49.

230) 김태웅, 「1915년 경성부 물산공진회와 일제의 정치선전」, 『서울학연구』 제18호, 2002, pp.139-168을 참조하라.

하여 매우 만족하고 있다는 점을 말하는 대목이 나온다.

> 문명이니 개화이니 발달진보이니 하는 여러 가지 말이 지금 세상에 행용덜 하는 의례건의 말이라. 조선도 여러 해 동안을 문명진보에 열심 주의하여 모든 사물의 발달되어 가는 품이 날마다 다르고 달마다 다르도다. 이번 공진회를 구경한 사람은 누구든지 조선의 문명진보가 오육전에 비교하면 대단히 발달되었다고 할 터이라……[231)]

또한, 「인력거군」에서는 일본 제국주의 통치가 문명을 베풀고 정의를 실천하는 은인으로 표현되어 있으며 대중들이 총독정치에 절실히 감사하며 참가하기를 종용하는 논술이 전개된다.

> 공진회를 개최한다는 소문이 있더니 서울서 공진회 협찬회가 조직이 되었는데 공진회는 총독정치를 시행한 지 다섯 해 된 기념으로 하는 것이라 하는 말을 김서방의 내외가 들었던지 경찰서에서 돈을 내어준 것을 항상 고마워하고 총독정치의 공명함을 평생 감사하게 여기던 터이라 공지회협찬회에 대하여 돈 이백원을 무명씨로 기부한 사람이 있는데 이 무명씨가 아마 김서방인 듯하더라.[232)]

이뿐만 아니라 「시골노인이야기」에서는 의병토벌을 하는 주인공 김용필을 그리고 있다.

> 용필의 위인이 똑똑하고 문필이 유려하고 매사에 영리하여 시골아이의 태도가 도무지 없는 고로 김부령이 매양 사랑하더니, 자기 아우 김참령이 강원도 의병 진멸차로 대대장으로 출주하게 되니, 그 아우 수하에 사람스

---

231) 안국선, 『공진회』; 김태웅 2002: 156에서 재인용.

232) 안국선, 「인력거군」; 김태웅 2002: 157에서 재인용.

러운 보좌원이 없음을 한탄하여 김용필이 병정에 넣어서 김참령의 수하병이 되게 하여 함께 강원도로 출진할 새, 의병과 수삼 차 접전하여 김용필이가 접전할 때마다 비상한 대공을 이루니 이 일이 자연 연대장에게 입문되어, 연대장이 대단히 김용필의 공로를 가상히 여기어 서울로 보고하였더니, 특별히 참위 벼슬에 임명하여 소대장이 되게 하매, 항상 김참령의 하관이 되어 병정 거느리기를 제제창창하게 하고 의병 진정하기를 귀신같이 하여 명예가 더욱 나타나더라.[233]

독립을 기대하고 주장하던 안국선과는 완전히 다른 모습의 안국선을 우리는 보게 된다. 그렇지만 의병 토벌은 다른 한편으로 안국선이 의병과 관련한 입장에 대한 비판을 의미하는 것으로 해석될 여지는 없지 않다.[234]

단편소설집 『공진회』는 이전의 안국선 사상과 급진적 단절인가 아니면 연속인가.[235] 『공진회』의 적극 친일성은 안국선의 생애과정에서 어떻게 이해될 수 있는가? 『공진회』에서만 적극적인 친일성을 보일뿐, 그 이전에도 그 이후에도 안국선은 자신의 글을 통하여 적극적으로 친일한 행적을 보이지는 않는다. 더구나 우리가 정치학자시기로 명명한 제3기 동안에 안국선은 1907년 11월 제실재산정리국 사무관에 임명되지만, 동년 12월에 사임하고, 1908년 7월에는 탁지부 서기관에 임명되어 관리로서 활동했으나 그는 본격 정치학적 평론을 다수 발표한다. 그렇지만 그 내용이 결코 적극적인 친일성은 아니다.

탁지부 서기관이 된 다음 달인 1908년 8월 『대한협회회보』에 발표된

233) 안국선 2004: 468-469에서 재인용.

234) 『기호흥학회월보』를 편집했던 편집인 이해조 역시 의병 입장을 비판했다. 대한협회 등 문명개화론자들은 의병운동에 반대하였다. 이도형, 『대한제국기의 정치사상연구』, 지식산업사, 1994. 참고하라. 이런 점에서도 안국선의 『공진회』가 의병을 비판한 것은 전혀 놀라운 새로운 변화가 아니다.

235) 공진회시기 이후 안국선은 주로 경제적 논제에만 글을 남기고 있다.

「정치가」라는 평론을 읽어보자. 그는 플라톤의 『정치가』[236]에 대해 논술하면서 오늘날 진정한 정치가의 상을 그려내려 한다.

> 정치가에 대한 플라톤 씨의 관념은 삼천 년에 가까운 지나간 옛날에 속함이나, 정치사상이 발달한 오늘날에도 그의 오른 편에 나올 자가 있지 않다. '정치가는 지혜가 깊고 사리에 밝은 사람과 일치함이니 정치가의 임무는 덕행의 이상적 표준에 적합한 국민을 길러냄에 있다'라 하였으며, '이상적으로는 정치가의 자유행동이 선량하고 완전한 정치의 보증이니, 법규에게 가슴이 막혀 답답하게 금지되고 단속될 것이 아니지만, 불완전한 인류 사이에 성립한 불완전한 조직에는 법률이 아니면 용납할 수 없음에 준거할 것이다'라 하였으며, '정치가는 그 주의를 잡고, 그 목적을 이루려 할 때에 제정의 권력을 두둔함도 옳지 않고, 민주의 자유를 거리낌없이 제멋대로 행동함에 흐르게 함도 옳지 않다'라 하였으며, '평등의 관념을 적당히 해석하여 국민은 그 국민의 가치와 비례하여 모두 정치가의 자리에 居할 권리가 있음이다'라 하였으니, 정치가는 이와 같이 해석함이 당연하고, 무단정치의 수단을 쓰며, 권모술수의 방도를 높임은 정치가에 대한 오해라 하겠다.[237]

안국선은 자신이 해석한 플라톤의 정치가상에 따라 진정한 정치가의 조건을 구체적으로 명시한다. 정치가는 지혜가 깊고 사리에 밝아야 한다는 점, 국민을 덕행의 이상적 표준에 적합하게 길러내야 한다는 점, 인간들이 현실적으로 불완전한 한에서는 현실적으로 법률에 의한 정치를 할 수 밖에 없다는 점, "제정(帝政)과 민주의 중용"을 실행해야 한다는 점,[238] 국민들의 질적 차이를 인정하고, 절대적 평등이 아니라 "관

236) 아마도 *Politeia*를 의미하는 것 같은데, 정확한 것은 더 연구해 보아야 한다.

237) 안국선 2004: 377.

238) "제정"이 무엇을 의미하는가? 번역자 김형태는 임금의 정치, 제국주의의 정치

계적 평등"을 추구해야 한다는 점 등이다. 안국선은 민주주의의 가치를 인정하되, 군주정적 요소를 결코 포기할 수 없다고 판단한 것이다. 안국선은 또한 법의 지배를 주장하고 있다. 군주의 자의적인 폭력행사를 법에 따라 제한해야 한다는 입헌주의정치를 주장한 것이다.

안국선은 처음부터 문화계몽사상을 주장하였으며, 『공진회』에서도 사실 이 같은 흔적이 강하게 나타나고 있다. 이 같은 관점에서 다시 『공진회』를 읽어 보자. 안국선은 소설 속에서 단순하지만은 않은 복선을 깔고 있다.

「인력거군」에서 김서방은 어느 날 갑자기 자신의 생활양식에 대해서 깊이 반성하고 완전히 다른 사람으로 변모한다. 술과 낭비의 삶에서 금주하고 근검절약하는 삶으로 혁신적으로 변모하는 것이다. – 물론 그렇게 변모하는 과정이 소설구조 속에서 자연스럽게 이해되도록 그려져 있지는 않다. 이는 안국선이 1915년 이전에 이미 강조했던 사상이 아닌가. 중요한 점은 김서방 내외 같은 인물이 그 당시 현실적으로 있을 수 있는 사실적 인물의 전형이었고, 안국선은 그것을 객관적으로 그렸을 가능성이 있다. 즉, 안국선은 김서방 내외를 규범적으로 이상적인 인물이라 판단하고 있는가?

김서방에게 "인력거"는 무엇인가. 그것은 자신의 삶을 변혁시킨 알레고리이다. 인력거, 그것은 인간의 노동력으로 움직이는 동체이다. 인력거군이 세속적 세계에서 차지하는 지위평가에 대해서 김서방은 새로운 입장을 취하고 있는 것이다. 어쩌면 프로테스탄티즘의 윤리를 김서방은 실천하고 있는 셈이다. 노동 그 자체의 숭고한 이미지를, 직업이 기독교적 소명임을 김서방이 믿고 있다는 것은 부자가 된 다음, 마지막에

라고 역주를 달았는데, 잘못인 것 같다. 군주정이 아닌가 싶다. 플라톤의 정치학에 대한 논의이기 때문이다. "제정과 민주의 중용"은 군주정과 민주정의 중용을 의미하며 이것은 안국선이 영국입헌군주정을 현실적으로 모델로 보았던 것과 조응한다.

가서도, 김서방이 인력거군이라는 직업을 그만두지 않고 계속할 것을 맹세하는 장면에서 강하게 시사되어 있다.

「시골노인 이야기」에서 김참령은 김용필이 속한 군대의 상관 대대장인데, 자신의 권세로 박명희를 첩으로 만들려 하는 인물이다. 안국선은 그 당시 폭력적 지배권력 중심의 하나인 군대에 대해서 김참령이라는 인물을 통해 부정적 이미지를 그리고 있다. 물론 박명희와 김용필에 의해 김참령은 처벌받고 관직에서 파면된다.

박명희와 김참령은 대조적인 세계관을 가지고 있다. 박명희는 일부일처제주의요, 김참령은 첩을 인정하는, 일부다처제주의를 주창하는 전통적 가치관을 벗어나지 못한 인물의 전형이다. 박명희가 조선의 전통적 가치관을 육화하여 김용필과의 약속을 지키려는 인물로 해석될 가능성이 있기는 하지만, 안국선의 세계 전체를 고려해보면, 박명희의 세계관은 김참령의 그것과 대조해 보았을 때, 더욱 선명하게 드러난다.

박명희와 김용필의 친밀성이 이 소설에서 중심을 이루며, 박명희가 김참령의 권세와 돈을 받아들이지 않고, 김용필과의 언약을 굳게 지키려는 가치관을 보여주는 맥락이 나타난다. 김참령은 일부일처제의 결혼윤리를 지키지 않고, 일부다처제라는 조선의 전통적 가치를 고수하려는 인물로서 이해되며, 이 소설에서 최종적으로는 악역으로 가혹한 처벌을 받는다. 안국선이 한국의 전통적 가치관을 보지하려는 것으로 이해하는 연구들이 적지 않다. 그렇지만, 이것은 안국선이 기독교적 세계관과 그 현실적 가치를 받아들인 결과를 의미하는 것으로 이해할 수 있다.[239)]

안국선은 『공진회』시기 이전에 대한협회와 기호흥학회 이 두 협회가 발행하는 저널, 『대한협회월보』와 『기호흥학회월보』(1908.5~1909.7)

239) 조신권, 「안국선 문학에 미친 기독교의 영향」, 계간 『현상과 인식』, 제1권 제3호, 1977, pp.151-161. 조신권은 안국선이 이광수보다 더 강한 기독교적 세계관을 가진 최초의 소설가라고 주장한다. 조신권 1977: 160.

에 글을 발표한다. 기호흥학회는 경기, 충청도 지방민의 학문증진을 위하여 창립된 단체로서 계몽, 교화, 학교설립에 힘썼다. 구한말의 국가위기를 당하여 직접적으로 정치활동을 전개하지는 않았다.[240)]

대한협회는 어떠한 단체였는가? 대한협회는 1907년 11월에 창립되었다. 최원식은 – 이해조의 친일성 문제를 말하는 맥락에서 – 대한협회의 친일성 문제와 관련하여 혐의점을 다음과 같이 정리한다. (a) 합방적극론자인 이또오 히로부미가 지원하는 일진회에 대항하기 위해 합방소극론자인 일본 군부가 비밀히 지원하여 설립되었다는 점, (b) 1908년 7월 초대 회장 남궁억이 사임하고, 김가진이 회장에 취임하면서 1909년 9월에는 일진회, 서북학회, 대한협회의 이른바 3파 제휴가 성사되지는 않았지만 추진되었다는 점, (c) 국치 당시 거액의 공로금을 받았던 점.[241)]

최원식은 이 세 가지 점에 대해서 정확하게 친일성 문제의 핵심을 지적하지 않고 흐려놓고 있다.[242)]

---

240) 더 자세하게는 이현종, 「기호흥학회의 조직과 활동」, 『1900년대의 애국계몽운동연구』, 조항래 편저, 아세아문화사, 1993, pp.397-421을 참조하라.

241) 최원식, 『한국근대소설사론』, 창비사, 1986, p.27; 이현종, 「대한협회의 조직과 활동에 관한 성격」, 조항래 편저, 『1900년대의 애국계몽운동연구』, 아세아문화사, 1993, pp.145-200. 최원식은 이러한 비판에도 불구하고 "저명한 민족주의자들이 다수 참가하고 있는 대한협회를 지도부의 일각만 보고 친일단체로 밀어버릴 수는 없을 것이다"라고 판단한다.

242) 최원식은 1994년 발표한 「한국문학의 근대성을 다시 생각한다」라는 논문에서 "최근 친일문학을 포함한 친일파 논의는 문제점이 없지 않다"고 진단한 다음, 사실을 규명하는 것과 판단하는 태도를 구별하고 후자에 대해서 몇 가지 자신의 견해를 피력한다. 그것은 세 가지이다. 첫째 "말년의 친일행적을 확대해석하여 그의 전인생과 문학을 매도하는 또 다른 마녀사냥 식은 곤란하다"는 주장이다(최원식, 『생산적 대화를 위하여』, 창작과비평사, 1997, p.29). 이 주장은 무엇을 함의하고 있는가는 이 말 뒤에 이어지는 그의 말을 보면 더 잘 알 수 있다. "우리는 흔히 프랑스의 엄격한 전후 부역자 처리를 한국과 비교하곤 하지만 이를 기계적으로 맞비교 하는 것은 무리가 없지 않다. 프랑스의 나찌 점령기간이 고작 4년(1940-1944)에 지나지 않는 데 반해 일제의 조선강점은 을사 이후만 치더라도 근 반세기에 걸치매, 한 인간에게 거의 전생애에 걸

더욱 구체적으로 말하여 쟁점 (b)에서 논의를 시작해보자. 3파 제휴 혹은 연합이 성사되지는 않았다고 말하는 것이 틀린 지적은 아니지만, 친일성 문제의 핵심을 밝히는 진술은 아니다. 3파 연합은 이루어지지는 않았지만 대한협회와 일진회의 두 정치조직은 합작되었으며, 대한협회의 친일성 쟁점은 이로써 분명해진다.[243] "이로써 대한협회는 개개회원의 위국충성심은 별도로 하고 협회의 공식적인 태도는 친일단체로서 일진회 다음가는 지위를 차지하게 되었다." 물론 이러한 단계를 거친 다음, 다시 와해된다. 그렇지만 대한협회가 단체로서 친일적이라는 판단을 내리는 데에는 이론이 있을 수 없을 것 같다.[244]

쳐 순결한 헌신을 요구하는 것 자체가, 어떠한 천재도 자기시대의 조건으로부터 완벽히 자유로울 수 없다는 원칙을 염두해 둘 때, 어쩌면 관념론일지도 모른다."(최원식 1997: 29-30) 우선 최원식은 엄격한 사실 규명을 요구하는 논리를 자신이 제시하는 그것에 곧바로 적용해야 한다. 누가 구체적으로 어떻게 말년의 친일행적을 확대해석하고 그의 전인생과 문학을 매도하는 마녀사냥을 하고 있다는 것인가를 구체적으로 밝혀야 한다. 프랑스는 억압적 지배기간의 상대적 장단기 문제가 부역문제를 판단하는 중요 기준이 될 수 있는지, 나로서는 실로 의문을 제기하지 않을 수 없다. 거의 반세기를 넘어 더 이상 길었다면, 그렇다면 누가 독립과 해방을 주장해야 하는가? 그리고 우리가 일제하 친일성 문제를 제기하는 인물은 평범한 한 인간이 아니다. 지도층 인사의 역사적 사회적 책임을 묻는 차원에서 친일성 문제는 제기된다. 둘째, 최원식은 운동의 중심을 해외가 아니라 국내에 둔다면 친일성 판단문제는 더욱 재검토되어야 마땅하다고 주장한다. 국내에 있다면 친일해도 된다는 논리인가. 참으로 이해하기 힘든 판단이라 아니할 수 없다. 참된 지적 책임을 하려는 지성인이라면 해외나 국내에서나 친일하지는 않는다. 적극적으로 독립하는가 여부가 쟁점이 아니라 친일하였는가, 이것이 쟁점이다. 그리고 "명백한 친일파라 하더라도 오직 단죄하는 수준으로 나아가서는 진정한 의미의 극복도 이루어지지 않는다"고 주장한다. "친일파의 내적 논리를 제대로 파악하는 일의 중요성"을 그는 지적한다. 물론 이 점은 정당하다. 친일파의 내적 논리를 파악하는 과제야말로 중요하다. 오직 단죄하는 사례를 들어야 될 것이다. 최원식의 논리는 애매하게 쟁점을 흐려놓을 수지가 없지 않다. 친일성이 분명하다면, 그것은 예컨대 참된 문학의 범주 속으로, 본격문학의 범주 속으로 포함될 것인가. 분명하게 말하지만, 친일파의 내적 논리는 오늘날 친일파를 변호하는 다양한 포스트친일파의 논술과 함께 살아간다(최원식 1997: 29-31).

243) 이현종 1993: 187.

244) 이현종 1993: 187 이하를 참조하라.

쟁점 (a)에 대해서도 좀 더 엄밀한 논증이 있어야 한다. 대한협회의 고문 大垣丈夫는 이등통감으로부터 내약을 받고서 前대한자강회의 간부들을 소집하고 또 천도교의 대표로서 권동진, 오세창 등을 추가시켜 대한협회의 조직에 착수하였다.[245] 또한 대한협회의 성격이 어떠한 것인지는 대한협회의 고문 大垣丈夫의 주장을 파악해보는 것이 도움이 된다. 일본의 군부가 반일운동을 격앙시킨다고 판단하였기 때문에 합방소극론을 폈던 대원장부를 내세웠으며,[246] 따라서 그것은 전술의 변화에 불과한 것이었지 본질적인 차이는 아니었다. 대원장부는 합령론을 반대하고 일본을 맹주로 하는 3국동맹성을 주장하였다. 그는 스스로 동양의 영원한 평화를 위해 조선에 왔다고 했으며, 동양의 영원한 평화를 위해 귀국의 문명부강을 기도하는 자라고 자처하였다. 『대한자강회월보』 1에 실린 "본회취지"에서 "어려운 외교는 일본에 맡기고 국내의 자강만 추진하여 부강의 실을 쌓고 독립의 기초를 이루는 것"이 자강회의 급선무라고 주장하였고 그 활동도 국가의 질서를 문란하게 하지 않고 치안을 방해하지 않는다는 국법 범위 안에서 행해야 한다고 피력하였다. 또한 일본의 한국 통치는 병탐주의와 무단주의를 배격한다는 점을 내세웠다. 물론 이런 주장은 제국주의의 식민 지배를 근본적으로 부정하는 것은 결코 아니었으며, 효과적인 식민 지배를 위한 전술적 책략에 불과했다.[247]

단체가 친일적인가 아닌가 여부를 판단하는 문제와 한 개인이 친일적인가 아닌가 여부를 판단하는 문제는 본질적으로 서로 다른 것이다. 대한협회는 조직체로서 친일적이라고 판단하는 기준이 제시되어야 한다. "저명한 민족주의자들이 다수 참가하고 있다"는 사실 그 자체만으

---

245) 이현종 1993: 151. 대한협회의 실질적인 이론가는 윤효정이었다. 윤효정에 대해서는 김도형, 『대한제국기의 정치사상연구』, 지식산업사, 1994, p.70을 참조하라.

246) 강동진, 『일본의 한국침략정책사』, 1980, pp.137-139.

247) 김도형 1994: 71-72.

로 대한협회라는 조직단체를 친일적이 아니라고 판단할 수는 없다. 대한협회는 위 세 가지 논거로 볼 때 친일적이지 않은 단체라고 판단하기는 어렵다. 물론 대한협회가 전략, 전술적으로 어떻게 변모해 갔는지를 연구하는 과제는 중요하다.

결정적인 계기는 회장단 개편이었다. 1908년 7월 11일 회장인 남궁억이 사임하자 후임회장으로 김가진이 당선되었다. 김가진체제는 대한협회를 친일조직체로 변모하게 한 것 같다.[248] 1909년 7월 1일 회장 명의로 이등통감에게 「시국에 관한 의견서」[249]를 제출하는데, 여기서 대한협회의 진면목을 알 수 있다.

> 당시 민족주의단체는 일제의 무단적인 언론 탄압 때문에 국부증진을 도모하면서 후일을 기약하는 일면이 있었다. 그러나 정치단체로 대표적인 항일투쟁을 목표한다고 자칭한 대한협회가 통감부의 침략정책을 정면으로 거부 못하고 겨우 점진적인 개선방안이나 건의한 것은 무기력한 일면이라고 보겠다. 특히 의병투쟁을 지방소요라고 규정하며 그 진압이 목하의 급선무라고 한 것은 창립 당시의 애국정신이 흐려진 것이다. 전에도 의병투쟁의 정신은 찬성하는 듯하면서도 방법에 대하여 비판적인 태도였다.[250]

이러한 점에서 볼 때 안국선의 『공진회』에서 의병투쟁을 비판한 것은 새로운 변화라기보다는 이미 대한협회회보시절에 내재되어 있었던 것이 겉으로 표명된 것에 불과하다.[251]

『공진회』 이전에 출간된 『금수회의록』은 매우 독특한 소설이다. 일반

248) 이현종 1993: 160.

249) 이현종 1993: 160을 참조하라.

250) 이현종 1993: 161.

251) 독립을 주장하는 것 이상으로 중요한 것은 독립을 어떻게 이루어내는가를 판단하는 시대정신과 실천이다.

적으로 이 소설은 이른바 신소설에 속한다.

신소설의 형성단계에서 작가들을 어떻게 유형화할 수 있는가. 유형화의 기준은 본격 문학이냐 통속문학이냐 하는 것이 그 하나고, 친일적이냐 그렇지 않느냐 하는 것이 다른 하나이다. 이 두 기준을 교차하면, 우리는 크게 네 이념유형을 식별할 수 있다.[252)]

(a) 본격문학을 추구하고 친일적인 문학유형: 중국이나 일본을 통해 수입된 사서류, 전기물 등을 번역하여 자주의식과 외세에 대한 저항의식을 고취시키려고 노력하면서 신소설을 창작하여 보다 적극적으로 그러한 시대정신을 표현하려, 민중을 계몽하려고 했던 주체적인 개화기의 지식인들. 신채호, 박은식, 장지연 등.

(b) 통속문학은 아니지만 친일적인 문학을 발표하는 유형: 문명개화를 주장하면서도 침략 세력인 일제에 호응하고 매국적인 권력층과 결탁했던 외세 의존적인 신소설 작가들. 이인직. 이해조 등등.

(c) 통속적이며 친일적인 문학유형: 1910년대에 들어서면서 비교적 소극적인 계몽의식과 함께 소설의 재미를 살려 대중적인 기반 위에서 독자층을 확보하려 했던 새로운 작가들. 이해조와 그 뒤를 이은 최찬식, 김교제 등. 최원식은 이인직 대신에 이해조를 중심에 세우려는 주장을 전개하면서 이해조의 변질을 짚는다.

신소설을 한 단계 높은 수준으로 끌어올렸던 이해조가 1913년 『장한몽』 이후 문단을 석권하게 되는 신파소설 시대를 이미 스스로 준비하였다는 점은 아이러니가 아닐 수 없다. 신소설의 신파화는 이인직의 『귀의성』(1906~7)과 『치악산』상편(1908)까지 소급된다. …… (중략) 이해조는

252) 권영민, 『한국근대문학과 시대정신』, 1983; 최원식, 『한국근대소설사론』, 창비사, 1986 참조.

이인직의 신파적 신소설에 대항하여 애국계몽운동 노선에 입각한 독자적인 신소설을 발전시켜 왔던 것인데, 『구의산』(1911)을 경계로 오히려 신소설의 신파화에 가세하고 말았던바, 이해조가 이인직의 아류로 전락하였다.[253)]

(d) 통속적이지만 친일적이지 않은 문학유형: 특별하게 알려져 있지 않다. 통속화는 비판적 역사의식의 빈곤을 동반하기 마련이다. 그러므로 일제하 통속적이면서 일제를 비판하는 구체적 사례를 발견하기란 내재적으로 매우 어렵다. 신문학의 통속화는 당대 문제의 핵심을 표현하는 지식인의 역사적 책임을 쉽게 내던진다.

이들 작가들의 출현은, 개화기의 선구적인 지식인으로서 정치적 경륜이나 사회적 포부를 소설을 통해 표현하려 했던 초기의 신소설 작가층이 점차 직업적인 소설가로 변화되고 있음을 보여주는 중요한 계기가 되었다. 그리고 이들에 의해서 창작된 신소설은 식민지라는 현실상황에 대한 정신적 극복보다는 오히려 통속주의를 지향함으로써 현실과의 타협적인 색채를 드러내고 있으며, 그 결과도 개화기의 생활양식이 소설 주인공의 생활 속에서 형상화되지 못한 채, 그 인물의 어떤 개인적인 국면으로 귀착되어 통속적인 가정소설류로 전락하고 말았다. 결국 신소설은 작가들의 주된 관심이 사회적 측면에서 개인적인 취향의 문제로 축소됨으로써, 소설문학의 대중화에 기여하였지만 그 성격은 통속소설로 변질되고 말았다.[254)]

안국선은 어떠했는가? 『금수회의록』에서 『공진회』로 변질해 간 과정은 불연속인가 연속적인가. 안국선의 이 변질을 어떻게 설명할 수 있는가? 권영민은 관직에의 길이 핵심이었다고 판단한다.

---

253) 최원식 1986: 147.

254) 권영민 1983: 227.

안국선은 그렇다면 자신의 외부의 조건에 따라 쉽게 변절하는 소신 없는 기능적인 지식인에 불과했다. 그렇다면, 공진회시기 이전에 그가 보이는 저항적이고 비판적인 시대정신은 어떻게 설명될 수 있는가? 『공진회』는 외부의 압박이나 강압에 의해서 출간된 것인가? 그렇다고 말할 수 있는 사료는 아직 발견되지 않고 있다. 안국선의 자발적 변절인가? 안국선이 관직에서 물러난 뒤에 발행한 이 소설집(1915년 8월)을 보면, "저작 겸 발행자 안국선, 발행소 안국선(자택)"으로 표시되어 있다. "공진회" 주최 측에서 안국선에게 공진회를 홍보하는 신소설을 써 달라고 공식적으로 주문하였다면, 아마도 소설집 『공진회』는 보다 공식적인 출판소와 인쇄소에서 출간되었을 가능성이 높을 것이다.

Ⅵ. 결론

안국선의 생애를 그의 저술을 중심으로 크게 네 시기로 구분해보았을 때 특기할만한 점은 안국선이 국치(1910)년 이후에는 한동안 글을 발표하지 않았다는 것이다. 제2기 정치학자시기의 글들은 국치의 해 1910년 이전에 발표된 것들이다.

안국선의 이 절필은 결코 민족적 양심에 따른 절필이 아니었다. 안국선이 출사하게 된 까닭이었다. 안국선의 관직생활은 비교적 순조로웠던 것 같다. 출사 후 2개월이 지나자, 1908년 9월에 탁지부 이재국 감독과장으로 승진했고, 1909년 12월에 이재국 국고과장으로 전임된 채 1910년 8월에 망국을 맞이하게 된다. 망국의 시점에서도 안국선은 사임하지 않았다. 1911년 2월에 고등관 7등의 자리인 경상북도 청도군 군수로 임명된다.[255)]

255) 김학준 2000: 154-155.

그렇지만 관직생활을 하는 동안에도 한동안은 안국선은 논평문을 발표한다. 『대한협회회보』, 『기호흥학회보』 등. 일제는 이 같은 발표 행위에 대해서 적극적인 개입을 하지 않았던 것일까? 더구나 『금수회의록』 같은 비판적 논술이 발표된 지 얼마 지나지 않았던 그 시점에 안국선이 관직으로 나갈 수 있었던 것은 어떠한 의미가 있을까. 박은경의 『일제하 조선인관료 연구』[256]에 의하면,

> 1910년 병합 직후 총 11,186명에 이르는 조선인이 조선총독부 관료로 충원되었다. 이는 전체 총독부 직원 중 60%에 이르는 비율이다. 그러나 식민정책의 핵심부서라고 할 수 있는 중앙부서나 경제기관에는 대부분 일본인 관료들이 임명되었으며, 주로 말단직에 조선인 관료가 몇몇 배치되었을 뿐이다. 특히 전략적으로 중요하다고 생각되는 철도국과 우편국에는 단 한 명의 조선인도 임용되지 않았다.〔…〕조선인 관료가 가장 많이 임용된 곳은 지방기관과 자문기관이었다.〔…〕부윤은 전원 일본인으로 임용되었으나, 병합 당시 군수는 전원 조선인이었다.[257]

대한협회 등에서는 관직으로 나간 안국선의 글을 실었다는 점에서 안국선의 "친일적" 행위를 용인하고 있었다고 말할 수 있다. 또한 그러한 글의 비판적 내용은 심층적 비판, 철저한 비판과는 거리가 있었다. 예컨대 안국선은 『대한협회월보』 3에서 「정당론」이라는 평론을 발표하는데, 이것 역시 그러한 차원 내에 있었던 것이다.

> 大抵 人民이 政治上에 對ᄒᆞ야 思想을 全然 斷絕ᄒᆞ면 已어니와 設使 外國保護政治 下에 立ᄒᆯ지라도 其 政治가 我에 痛癢(아프고 가려움; 인용자) 相關이 有ᄒᆫ 以上은 我가 此에 對ᄒᆞ야 容喙ᄒᆯ(말하고 간여할; 인용자) 權

256) 박은경, 『일제하 조선인관료 연구』, 학민사, 1999, p.71.

257) 김학준 2000: 155.

利가 有ᄒᆞ며 干與ᄒᆞᆯ 주의가 유ᄒᆞᆫ 것이니……政治上의 目的을 達ᄒᆞ기 爲ᄒᆞ야 組織ᄒᆞᆫ 政黨은 秩序를 紊亂ᄒᆞ기 前에ᄂᆞᆫ 統監府의 權力으로도 妨害치 못ᄒᆞ며 政府의 壓制로도 解散치못ᄒᆞᄂᆞ니[258]

당시 통감부의 통치를 인정하고, 그런 한에서 질서를 문란하게 하지 않는 행위, 즉 국법의 범위 안에서 치안을 방해하지 않는 정당정치만을 지향하였던 것이다.[259] 선실력양성론파들이 그 당시 가지고 있었던 애국계몽사상의 차원은 그러한 수위에 떠 있었다.[260] 게다가 대한협회의 경우 처음부터 일제의 치밀한 전략이 낳은 산물이었다는 점에서 애국계몽운동은 접시안의 파도에 불과했다. 『정치원론』, 『연설법방』, 『외교통의』, 『행정법』 등 안국선의 정치학시기의 정치학적 저술활동은 이 같은 문화계몽운동사상의 성과였고, 넓은 의미에서 『금수회의록』과 『공진회』 역시 그러한 정치사상의 결과물이었다.

물론 1910년 국치 이후, 대한제국의 멸망 이후, 일제는 "민족"인사들을 그냥 내버려 두지 않았으며, 이들의 언로 역시 막으려 했다. 일본 제국주의침략정책사에서 전략적 변화가 일어난 것이었고, 안국선의 1915년의 변절은 이미 예고되어 있었다.

우리나라 최초의 정치학자는 누구인가 하는 질문에 이제 답한다. 안국선이다. 그는 일본의 현대적 대학에서 정치학을 전공하였고, 우리나라에서 정치학을 가르친 교수활동을 했으며, 정치학 및 정치학 관련 저술활동을 했다는 점에서 최초의 본격적인 정치학자로 매김될 수 있다. 안국선 생애에서 정치학자 시기는 비교적 길지 않지만, 그 시기 동안 본격적인 정치학적 저술활동과 교육활동을 적극적으로 전개했다는 점

258) 김도형 1994: 112-113에서 재인용.

259) 김도형 1994: 112-113에서 재인용.

260) 박찬승, 『한국근대정치사상사연구 - 민족주의 우파의 실력양성운동론』, 역사비평사, 1992 참조. 또한 김도형, 1994참조.

에서 형식적 요건을 갖추고 있다. 그의 정치사상이 친일적이라면 규범적인 관점에서 그를 우리나라 최초의 정치학자로 간주하지 않을 수도 있을 것이지만, “문화계몽운동”에 합류한 안국선의 의도 그 자체가 친일적이었다고 단정할 수는 없을 것 같다.[261)]

261) 이 논고는 서규환 엮음, 『한국사회과학사연구 I』(인하대학교출판부, 2006)에 포함되어 있는 원고를 가볍게 교정한 것이다.

제2부

한국지역사회의 정체성 탐색

제4장
함세덕은 어떠한 인물인가?
- 함세덕의 작가세계에 대한 비판

Ⅰ. 시작에 앞서

우연한 계기에 나는 인천에서 함세덕을 기리자는 분위기를 감지하고 함세덕은 어떠한 인물인지를 구체적으로 알아보기로 했다.

(인천에서) 함세덕 예찬은 어떠한가? 중요해 보이는 몇 가지만 열거해 보면 다음과 같다.

우선 특기할 사례로, 2002년 2월 인천전문대 교수 이해봉[262]은 '함세덕 연구소'를 설립, 동년 6월 제1회 함세덕 연구소 심포지엄(주제: 함세덕 희곡의 재조명과 인천연극의 발전방향 모색)이 개최되었다.

다른 한편으로, 인하대 국어국문학과 교수 김만수[263]는 그의 책『함세덕』에서 이렇게 요청한다.[264]

> 함세덕은 인천에서 태어나고 인천에서 연극을 익힌 작가이다. 몇 년 전, 인천의 한 문화단체에서 함세덕의 문학과 연극을 기념하는 조형물을 건립하자는 논의가 있었고, 필자에게 여기에 담을 만한 작품의 한 구절에 대해 자문해 왔다. 필자는 위의 내레이션[265]을 추천했다.(인천에서 극작가

---

262) 이해봉은 1999년 중앙대 신문방송대학원에서 〈함세덕 희곡 산허구리의 이중구조〉라는 석사학위논문을 제출했다.

263) 김만수는 1995년 서울대에서 〈함세덕 희곡의 연극기호학적 연구〉라는 박사학위논문을 제출했다.

264) 김만수,『함세덕』, 건국대학교출판부, 2003, pp.14-15.

265) 김만수 2003: 14에 인용되어 있다. 재인용을 생략한다.

함세덕의 흔적을 찾기 어렵다는 점이 아쉽다. **그를 기리는 조형물이나 생가 복원 등을 통해 함세덕의 연극혼과 시대정신을 조만간 확인할 수 있게 되기를 간절히 소망한다.**)[266)]

그리고, 2005년 인천 남구청의 지원 아래, 함세덕연극제를 추진하고 그 상의 이름을 '함세덕연극상'이라 명하려 하는 움직임이 있다.

결론부터 먼저 말하자면, 함세덕의 경우, 단순한 친일행적을 넘어 그의 작품세계 그 자체가 매우 적극적인 친일적임이 분명하다면, 함세덕이라는 이름으로 어떠한 연극제도 '함세덕연극상제'도 공적 기관이 개최해서는 안 된다는 것이다. 더구나 조형물이나 생가복원 운운은 더 말할 나위도 없다.[267)]

그의 문학이 본격적인 문학에 속하는지도 진지하게 물어보아야 한다. 더구나 이른바 이름을 살려야 할 가치가 충분한 대가의 품격에 걸맞은 요건들을 그가 가지고 있는지도 엄격하게 조사되어야 한다: 1) 독창적인 새로운 작품세계 2) 다수의 걸작품 3) 건강한 역사의식 혹은 4) 지성인으로서의 인품 등등. '함세덕연극제' 나 '함세덕희곡상' 등의 이름으로 그를 기린다는 것은 지금 현 지성적인, 역사적인 상황에서뿐만 아니라 미래의 관점에서도 반지성적이며, 반역사적이며, 몰지각한 처사이다. 백번 양보해서 말해도 지금 해야 할 일은 함세덕이 어떠한 인물이었는지를 구체적으로 연구해서 알아야 한다는 것이다. 그런 다음에야 그를 기리는 정책결정을 단행해야 한다.

---

266) 강조는 인용자.

267) 본고에서는 친일개념이 일제의 식민지지배를 종합적으로 포착하는 데 한계가 있는 것이지만 친일개념을 그대로 사용한다. 윤해동, 「식민지 인식의 회색지대. 일제하 '공공성'과 규율권력」, 계간 『당대비평』, 2000 겨울호, pp.137–160, 윤해동은 친일이라는 개념 대신에 협력이라는 개념을 사용할 것을 주장한다.

II. 여전히 불명확한 함세덕 생애과정

함세덕은 인천에서 출생하였는가? 이 점에 대해서도 치밀한 고증이 필요하다. 1915년 5월 인천에서 출생하여 그 해 10월 목포로 이사했다는, 목포에서 1학년을 마치고 인천으로 다시 이사했다는 설은 역사적 논증을 가지고 있는가? 오애리의 연구 이래 상당히 유포되어 있는 이 설은 정당한가? 강화출생설과 인천출생설 모두 논증되어야 한다.

오애리[268]에 의하면, 함세덕은 '인천부 화평동 455'에서 태어났다. 일단 오애리의 진술을 들어보자.

> 함세덕의 본적은 '경기도 인천부 용리 177번지'이다. 조부 함선지는 정삼품 벼슬을 지냈고, 대원군 때 낙향하여 인천으로 내려왔다. 부친 함근욱은 인천일본어학교(인천상업학교의 전신, 현 인천고등학교)를 졸업(제2회), 그 후 '외국어학교'의 부교관으로 재직하였다. 함근욱은 나주 군천주사가 되어 '경기도 인천부 화평리 18통 1호 455번지'(조부의 원적지)의 가족과 임시 떨어져 살게 되었다. 1915년, 그가 목포부청으로 발령 나자 부인과 그의 동생 가족(함세덕의 숙부댁)이 목포로 이주하였다. 함세덕은 그 해 5월 23일, 부친 함근욱과 모친 송근신의 2남 3녀 중 장남으로 태어났다. 호적에는 '서자남'인 '함금성'이 있는데, 함금성은 함근욱이 나주에 근무하던 당시, 강판심과의 사이에서 태어난 함세덕의 이복형(3세 연상)이다. 함세덕이 '장남'으로 올라있기는 하지만, 목포로 이주한 이후 함금성이 가족의 일원으로 함께 살며 맏형으로 인정받았다. 인천상업학교 재학 당시의 학적부에 기록된 사항은 이를 뒷받침해준다.[269]

---

268) 오애리, 「새 자료로 본 함세덕」, 『한국극예술연구』 제1집, 태학사, 1991, pp.187-209. 오애리는 단국대 국어국문학과 대학원에서 1991년 〈함세덕 연구〉로 석사학위를 받았다.

269) 오애리 1991: 188-189.

김만수[270]는 엄밀한 각주붙이기 없이 오애리의 이 같은 진술을 그대로 받아들이고 있다. 인천상업학교 학적부에서 '원적'은 '인천부 용리 177', '현주소'는 '인천시 용리 237, 19호'로 기록되어 있다. 인천공립보통학교 학적부[271]를 보자. 인천공립보통학교에 대정 5월 1일자로 입학했으며, 입학 전 학적은 '목포공립학교 2학년 재학중'이었다. 함세덕은 2학년으로 진학하여 학기가 시작된 다음 5월 1일에 목포에서 인천으로 옮겨온 것이다. 목포공립보통학교(현 목포북교초등학교) 학적부를 읽어 보자. 함세덕의 부 함근욱은 이 학적부에 직업이 "商"으로 기록되어 있다. '목포 북교동 92번지'에 살고 있고, 함세덕이 목포공립보통학교에 입학하던 때에는 직업이 목포부청 공무원이 아니었고 "商"을 하고 있었다는 것을 말하고 있다. 그런데 오애리는 함성덕의 회고를 근거로 하여 다음과 같이 기술한다.

> 함성덕에 의하면 조부와 함께 경자화(가죽신)를 만드는, 일종의 제화점을 경영했다.[272]

그렇다면, 부친, 조부 모두 목포에서 경자화 제화점을 하며 살았다는 것이다. 언제 그리고 왜 함근욱은 목포부청 공무원직을 그만 두었을까?

함세덕의 인천출생설이 넓게 인정받게 된 것은 오애리의 실증적 연구 때문인 것 같다. 오애리는 함세덕의 조부의 재적을 찾아 그곳에서 함세덕이 1915년 5월 23일, '인천부 화평동 455번지'에서 출생한 것

270) 김만수 2003: 17이하.

271) 오애리 1991: 204. 자료 4, 5.

272) 오애리 1991: 189. 각주 8.

으로 되어 있음을 확인한 것이다.[273] 함세덕 조부의 원적지 '경기도 인천부 화평리 18통 1호 455번지'에서 함세덕이 태어났다는 것이다. 1915년 6월 5일 신고했다고 기록되어 있다. 출생한 후 제법 시간이 흐른 다음이다.

그런데 출생신고는 누가 언제 했을까? 오애리는 조부의 이 재적부를 근거로 함세덕의 인천출생설을 주장한다. 그러나 실제로 다른 곳에서, 예컨대 목포에서 태어났지만 신고할 때 인천에서 태어난 것으로 할 가능성은 열려 있다. 조부의 재적부를 보면, 함근욱과 강판심 사이에서 태어난 함세덕의 이복형 함금성이 장남으로 올라 있지 않다. 함세덕이 "장남"으로 당당히 기재되어 있지, 함근욱의 이름은 없다. 함근욱은 1915년 6월 5일 당시 인천에 있지 않았고 목포에 있었을 가능성이 높다. 따라서 신고자는 함세덕의 부보다는 조부였을 가능성이 높다.

함근욱의 목포 주소는 '목포부 북교동 91번지'이다.[274] 그런데 사촌동생 함성희의 출생지는 '목포부 북교동 92'로 신고 되어 있다고 한다.[275]

함세덕의 인천출생설이 확정적일 수 없는 이유 가운데 하나는 함세덕의 누나(당시 7세)와 동생(함세덕보다 6세 연하)이 함세덕이 목포에서 출생한 것으로 알고 있었다고 회고한 점이다.[276] 이 회고를 오애리는 믿지 않고, 조부의 재적부에 기록된 것을 믿었던 것이다. 하지만 근본적으로 이 기록 역시 그대로 믿을 수는 없다. 함세덕의 조부 함선지는 그의 장남 함근욱의 실질적 장남 함세덕의 출생에 대해서 강한 의미를 부여했을 것이다.

273) 오애리 1991: 부록자료 3 참조.
274) 김만수 2003: 17.
275) 오애리 1991: 189. 각주 7.
276) 오애리 1991: 189. 각주 7.

함세덕의 이복형 함금성이 집안에서 장남으로서 인정받고 살았다는 오애리의 해석 역시 그 타당성이 매우 낮다. 오애리는 그렇게 보는 논거로서 함세덕이 인천상업학교 재학 당시의 학적부에 기록된 것을 들고 있다.

> 가족 : 祖母-有, 祖父-無, 實母-有, 實父-有
> 兄-1, 姉 -2, 弟-1, 妹-1
> 보증인: 咸根彧
> 생도와의 관계: 父, 長男[277]

그런데 오애리는 학적부를 제대로 정확하게 읽지 못했다. "兄 一人" 밑에 "其他同居家族"이라고 특기되어 있는 것이다.[278] 함세덕의 이복형은 동거가족으로 특별하게 기록되어 있다는 점에서 이복형 함금성은 함세덕 집안에서 매우 특별한 존재로 간주되었을 가능성이 높다. 보증인은 함근욱, 즉 함세덕의 아버지였는데, 그가 가족관계를 이 같이 보고 있다면, 이복형 함금성은 집안에서 맏형으로서 인정받았다고 판단하기 어렵다. 함세덕은 함선지의 당당한 유일한 장손으로서 함금성과는 비교할 수 없는 대우를 받았을 가능성이 높다. 이 같은 판단을 뒷받침하는 것은 함세덕의 친구 이규문이 회고하는 내용이다. 이규문은 당시 함세덕의 아버지가 이복형 함금성을 "서자라 하여 공부시키지 않았다"고 회상했다.[279] 함금성은 목포공립보통학교(현 목포북교초등학교), 서울 사립 중동중학교를 마치고 그 후 독학으로 의사가 되었다고 하며, 당시 그의 생모는 고향인 진도에 살고 있었다고 한다.[280] 이규문의 회

277) 오애리 1991: 189. 각주 5.

278) 오애리 1991: 205. 자료6 인천상업학교 학적부를 보라.

279) 오애리 1991: 189.

280) 오애리 1991: 189.

고는 함금성이 공부하는 데 필요한 재정적인 지원을 실제로 함근욱이 하지 않았다는 것으로 읽히는데 – 구체적으로 말해서 함금성은 강판심의 재정적인 지원과 자립으로, 아버지 함근욱의 재정적인 도움 없이 학교를 마치고 마침내 독학으로 의사가 될 수 있었을 가능성이 있다 – 이규문의 회고 그 자체가 함세덕의 이복형 함금성이 함선지 집안에서 맏형으로 인정받았다고 단언할 수는 없다는 것을 논증해 준다.

"함세덕의 가장 오래된 사진."[281] 이 사진은 어디에서 찍었을까? 아마도 목포의 어느 사진관에서 찍었을 가능성이 높다. 함세덕의 나이가 4, 5세로 보이기 때문이다. 물론 조부는 인천에서 살고 있었고 함세덕 식구들은 목포에서 살고 있는 중에 인천 조부를 방문하였을 가능성이 없지는 않으나 이보다는 함근욱이 장남으로서 그의 부모 함선지와 김씨를 모시고 목포에서 그 당시 살았을 가능성이 더 높은 것 같다. 1920년쯤의 사진이다. 이 사진에서 함세덕 집안의 분위기를 어느 정도 가늠할 수 있겠다. 숙부에게도 함성희가 있었는데 함성희는 보이지 않는다. 집안의 여자들은 어느 누구도 보이지 않고 오직 남자들만 이렇게 옷을 단정하게 차려입고 찍었다. 더구나 이복형 함금성도 없다. 오애리는 "목포로 이주한 이후 함금성은 가족의 일원으로 함께 살며 맏형으로 인정받았다"고 기술하고 있으나 이 사진은 그렇지 않았음을 충분히 보여준다.[282] 사진을 보면, 집안 내에서 함세덕의 위상을 충분하게 가늠할 수 있다. 조부는 앉아있다. 함세덕은 조부의 무릎에 손을 얹고 서 있는데 손자 함세덕의 손을 조부 함선지가 잡고 있다. 집안을 이끌어갈 장손에 대한 할아버지의 따스한 체온이 느껴진다. 아마도 함세덕 바로 뒤에 서 있는 남자가 함근욱이고 그 옆에 서 있는 이가 함세덕의 숙부인

281) 오애리 1991: 203. 자료 2; 김만수 2003: 16.

282) 오애리 1991: 188. 김만수는 오애리의 진술을 거의 그대로 복제하고 있다. 김만수 2003: 18을 보라.

것 같다.[283] 사진이 귀하던 시절, 아마도 조부의 특별한 당부가 있었던 것이 아닐까 싶다.

분명한 것은 함세덕의 생애과정에 대해서도 불분명한 부분들이 여전히 적지 않다는 것이다.

Ⅲ. 이른바 〈동승〉에 대하여

『어밀레종』을 중심으로 박영정은 함세덕의 친일성을 문헌학적 엄밀성을 지키며 밝히고 있다.[284] 그의 비판력은 살아 있는 것 같다.

함세덕이 친일연극에 가담한 계기는 1939년 8월 공주의 "대화숙"에서 동료 이해랑 등과 함께 사상교육을 받으면서부터인 것으로 보인다고 한 노제운의 견해에 따라 박영정은 판단한다.[285]

그러므로 일단 여기에서 1938년 8월 이전의 작품들에 대해 먼저 알아보자. 미리 말하지만, 이미 이 시기에도 친일성과의 친화력이 의심된다.[286]

초기 작품 중에서 대표작을 이른바 〈동승〉이라고 보는 견해가 한국

283) 오애리는 "어린이가 함세덕, 왼쪽부터 조부, 부친, 숙부"라고 표현하고 있고, 이를 그대로 옮겨 오면서 김만수는 "어린이가 함세덕, 왼쪽부터 부친 함근욱, 조부 함선지, 숙부"라고 바로 잡으려는 모습을 보인다. 왼쪽이 보는 자의 관점에서 볼 때 왼쪽인지, 아니면 그 인물들의 관점에서 그러한지 정확하게 밝히고 있지 않는 애매한 표현이라는 점은 다르지 않다. 김만수 2003: 16.

284) 박영정, 「함세덕의 『어밀레종』에 관한 일 고찰」, 『한국극예술연구』 제2집, 한국극예술학회, 1995. 4, pp.105-129.

285) 박영정 1995: 108.

286) 이미 함세덕의 이른바 전성기 작품들이 적극적인 친일성을 표현하고 있다는 것은 박영정 등 여러 연구자들이 입증하고 있다. 그러므로 앞으로 함세덕 연구는 초기의 이른바 서정성을 담고 있는 작품이 어떠한지를 구체분석을 통하여 밝히는 것과 해방 이후 이른바 월북이후의 작품들이 어떤 수준의 것인지를 구체적으로 비판하는 과제가 상대적으로 더 의미 있다.

평단에서는 높은 것 같다. 그 논거는 무엇인가? 서정성을 담아내는 작품성이라 보는 듯하다.

일단 구체적으로 작품을 읽어보자. 〈동승〉에서 도념은 14세이다. 작품이미지에 맞는 "동승"을 넘어선 나이이거나 넘어서고 있는 나이이다. 철없는 순진무구한 아동이 아닌 것이다. 바로 이 때문에 함세덕은 아마 제목을 처음에 동승으로 하지 않았던 것은 아닐까.

도념은 어떠한 인물인가? 도념은 한편으로 어머니를 그리워하면서도, 심중산사의 삶을 싫어한다. 그 이유는 매우 세속적이다. 더구나 초부는 이 절과 매우 절친하게 지내는 인물이면서도 도념이 절에서 도주하는 것을 돕는다. 이 도주지원행위는 초부 역시 절 공간을 부정하는 것을 간접적으로 암시한다.

> 초부 : 그래라. (하늘을 쳐다보며) 어째 눈이 올라나부다.
>
> 도념 : 펔펔 쏟아져두 좋아요. 샘가에 빙판이 지면, 또 물을 어떻게 긷나 하구 걱정했지만, 인젠 괜찮어요. 서울 아씨댁엔 씨종들이 많으니까 제가 안 길어두 될꺼에요.[287)]

도념은 순진하지 않다. 노동의 고통을 계산하는 영악한 청소년이다. 그런데 도념의 이 같은 영악한 계산은 어디에서 얻어진 것일까. 도념은 오직 순수한, 죄에 물들지 않은 이 절 공간 속에서만 생활하지 않았는가.

도념은 절 공간을 지배하는 권력관계를 잘 알고 있다.

> 초부 : 참, 언젠가 스님두 그러시드라. 서울 안대갓집 아니면 이 절을 버티어 나갈 수가 없다구.

---

287) 노제운 엮음, 『함세덕문학전집1』, 지식산업사, 1996(이하 『함세덕전집1』), p.76.

도념 : 못 꾸려나가구 말구요. 우리 절은 본산(本山)처럼 추수하는 게 없구. 시주(施主) 받는 것두 적거든요. 그런데 그 대갓집에서는, 해마다 쌀을 열 가마씩 공양(供養)해주구, 한번 재를 올리는 날이면, 녹으매를 두 솟씩 세 솟씩 지어줘요. 그래서 재가 끝나면 그 밥을 말렸다가 다음 잿날까지, 두구두구 먹는걸요.[288)]

도념은 초부가 말하기 이전에 벌써 이 절과 주지를 넘어서는 실체권력이 있다는 것을 영악하게 알고 있는 것이다.

미망인 : 하지만 저애 앞길두 생각해주셔야 하지 않겠어요? 이대루 절에서 늙히실 작정이시라면 몰를까…….

주지 : 늙히지요. 이 더러운 속세에 털끝만치나마, 서방정토(西方淨土)의 모습을 갖춘 곳이 있다면, 그것은 이 절밖에 없으니까요.

미망인 : 세상에서 죄를 짓구 들어왔다면 몰를까, 아즉껏 동네구경두 못한 것을 일생 여기서 보내게 하신다는 건……. 뭐라구 했으면 좋을까 좀 가혹하시다구……?[289)]

함세덕이 그리는 이 절의 주지 역시 고승이 아니다. 주지가 세상을 바라보는 판단에 주목해야 한다. 주지는 속세를 부정하고 절 공간을 절대화하는 듯한 말을 하고 있지만, 그렇지 않다. 주지는 미망인의 청을 거부하지 못한다. 이는 미망인의 말에서 간접적으로 확인할 수 있다.

주지와 미망인은 도념을 두고 일종의 논전 혹은 투쟁을 벌인다. 주지는 함세덕의 세계에서 세상을 등지고, 외면하고 살아가는 전형이며, 미망인은 세상을 인정하고 그 속에서 안주하는 인물의 전형이다.

---

288) 『함세덕전집1』, p.63.

289) 『함세덕전집1』, p.77.

주지 : 속세구경 못 한 게 얼마나 다행합니까?

미망인 : 그렇지만 벌써 부모 생각을 하구 세상에 가서 살구 싶어 하지 않어요? 더군다나 나이 먹으면 여기 있는대두 세상 사람들이 갖는 번뇌는 자연히 갖게 될 꺼라구 생각해요.

주지 : 설혹 갖게 되드래두, 단지 그리워하구 보구 싶어할 따름이지, 술을 먹구, 계집을 탐내구, 부처님이 말리시는 육계(六戒)를 태연히 범할 염려는 없거든요.

미망인 : 그런 짓을 하게 제가 가만두나요?[290)]

주지와 미망인은 이와 같이 서로 대등하게 논전을 벌이고 있지, 주지의 말을 미망인은 받아들이지 않는다. 아니, 주지는 미망인의 청을 거절하지 못하는 기세가 분명하다.

주지 : 아무튼, 저에게 생각할 여유를 좀 주십쇼. 오늘루 꼭 데리구 가셔야만 할 것두 아니시니까, 좌우간 일간 댁으루 기별해드리지요.

미망인 : 그럼 전 승낙하신 걸루 믿구 있겠어요. 그리구 어머님께두 그렇게 여쭈겠어요.(하고 원내로 들어간다)[291)]

미망인의 이 당당한 태도는 안대갓집의 경제력이 이 절을 지배하고 있다는 것을 미망인 스스로 잘 알고 있기 때문이다.

물론 주지가 절 공간을 옹호하는 그것은 지켜지지 않는다. 도념은 육계를 범했던 것임이 밝혀진다.[292)] 절 공간도 이미 세속을 초월하는 공간이 아님을 보여주려 하는 작가의 의도를 내비치고 있다.

도념은 왜 절 공간을 부정하게 된 것일까, 주지의 말을 믿지 않게 된

290) 『함세덕전집1』, p.77-78.

291) 『함세덕전집1』, p.79.

292) 『함세덕전집1』, pp.80-81 참조.

까닭은 무엇일까. 주지의 말과 절을 찾아온 동네사람들의 말이 서로 대립하는 가운데, 도념은 왜 주지의 말을 믿지 않는 것일까. 작품 〈동승〉에서는 이 점이 충분히 설득력 있게 제시되고 있지 못하다. 도념이 어머니를 그리워한다는 것은 충분하게 이해할 수 있다. 하지만 그렇다고 해서 "이 절에 있기가 싫어"할 이유는 되지 못한다. 어머니를 그리워하는 것과 절 공간을 부정하는 것은 같은 것이 아니다. 도념이 절 공간을 부정하는 본질적인 이유는 다른 맥락에서 밝혀야 할 것이다.

도념생모는 5년 전에 도념이 있는 절을 다녀갔다.[293] 도념이 9세 때였을 무렵이다. 도념생모는 이 절에서 3년 동안이나 있었고 그 후 도념을 두고 도망했다. 도념이 4세 때에 도념생모가 떠난 것이다.[294]

미망인(安大家의 딸)은 어떠한 인물인가? 서울에서 400백리나 떨어진 심산고찰 그곳까지 온 까닭은 무엇일까, 이 역시 분명하게 설명되지 않고 있다. 이 절과 특별한 관계를 예상할 수 있을 뿐이다. 주지는 이 미망인을 특별하게 대한다. 미망인은 털목도리를 하고 도념이 있는 절을 방문하여 죽은 아들 인철을 위해 기도한다. 털목도리는 작품 〈동승〉에서 매우 중요한 미장센이다. 미망인의 털목도리는 절의 권위를 넘어서는 권력을 암시하고 있으며 도념은 그 털목도리를 만들어보려 한다. 권력은 이미 살생을 내재하고 있다.

그렇지만 도념은 마침내 절에서 도망한다. 궁극적으로 도념은 절을 부정하는 길을 택한다. 그것은 권력으로부터의 도주가 아니라 더 큰 권력으로 나아가는 도전이다.

김만수는 『함세덕』에서 〈동승〉을 "함세덕의 대표작으로 꼽을 만하다"[295]고 평가한다. 〈동승〉은 "분명 통속극적인 소재를 근간으로 하고 있다. 그러나 그것을 뛰어넘는 보다 근원적인 진리를 포함하고 있다"는

293) 『함세덕전집1』, p.69 참조.

294) 『함세덕전집1』, p.69 참조.

295) 김만수 2003: 60.

것이다.[296)]

> 〈동승〉은 한 아이의 부모와의 생이별이 비극의 원인이 된다. 그러나 단순히 부모와의 생이별만을 이 극의 기본주제로 삼았다면 이 극은 '엄마찾아 3만리' 격의 멜로드라마로 떨어졌을 것이다. 그러나 이 극은 소년의 어머니 찾기라는 기아모티브를 발단으로 삼으면서도 상당히 다른 차원으로 문제를 확대시켜 나간다. '생모(生母)찾기'에서 '더 큰 어머니로서의 진리 찾기'로 비약하고 있기 때문이다.[297)]

김만수는 이 "비약"을 친절하게 설명하지 않고 있다. 도념이 진리 찾기를 적극적으로 하고 있다는 이미지를 읽어낼 수 있다고 해석하는 것 역시 일종의 과잉해석인 것 같다. 도념은 절 공간과 주지를 부정하고 있기 때문이다.

이 절 공간에서 주지는 분명 도념의 생부의 대체로 읽혀질 수 있다. 그렇다면 도념의 생모의 대체는 부재하는가? 생모의 대체가 혹시 미망인인가? 그렇지 않다. 초부이다. 분명 이 작품에서 초부의 역할은 사소하지 않다.

김만수는 이렇게 정리한다.

> 초부의 사랑은 대단히 미온적이다. 절간에 가끔 들르는 나무꾼인 그는 도념에 대해 동정적이지만, 직접 도념을 도와주지는 못한다. 그는 가난한 나무꾼에 불과하고, 더구나 그에게는 부양해야 할 자기 자식이 있기 때문이다. 그는 다만 도념의 곁에 머물며 도념의 투정을 묵묵히 받아 주고 달래는 역할만 맡는다. 그러므로 초부는 방관자에 불과하다고 볼 수도 있다.[298)]

296) 김만수 2003: 60.
297) 김만수 2003: 61.
298) 김만수 2003: 63.

그렇지만 김만수는 이 초부가 "진정으로 도념을 사랑하는가"라고 스스로 제기한 물음에 스스로 정답이라 답한다. 사랑의 진정성을 그는 묻고 있다. 사랑이 진정성을 상실한다면 이미 그 사랑은 사랑이 아닐 것이다. 도념을 사랑하는 방식이 다르다는 점에 주목해야 할 것이다. 김만수는 초부가 진정으로 도념을 사랑하는 인물로 판단하고 그 근거로서 맥락과 무관하게 김현승의 시 〈눈물〉을 끌어들여 다음과 같이 주장하고 있는 것이다.

> 더러는
> 옥토(沃土)에 떨어지는 작은 생명이고저……
>
> 흠도 티도,
> 금가지 않은
> 나의 전체는 오직 이뿐!
>
> 더욱 값진 것으로
> 드리라 하올 제,
>
> 나의 가장 나아종 지닌 것도 오직 이뿐.
>
> 아름다운 나무의 꽃이 시듦을 보시고
> 열매를 맺게 하신 당신은
> 나의 웃음을 만드신 후에
> 새로이 나의 눈물을 지어 주시다.[299)]

우리가 〈동승〉 속의 초부에게서 발견할 수 있는 덕목은 바로 눈물의 감

---

299) 김만수 2003: 63-64.

정이다. 초부는 동승의 곁에서 아이를 위로하고 아이와 함께 눈물을 흘린다. 그는 비록 가난한 나무꾼에 불과하지만, 그가 눈물을 흘리고 있는 순간, 그는 가장 큰 부처가 된다.[300]

참으로 비약을 자랑으로 아는 비평이 아닐 수 없다. 김만수는 이 〈도념〉의 숨은 주제가 "자비의 세계"라 해석한다. 그것은 초부를 통하여 표현된다는 것이다.

초부라는 인물형상은 좀 더 다양한 의미소를 지니는 기호체계로서의 자질을 갖추고 있다. 나이 어린 도념을 동정하고, 산사의 고즈넉한 종소리에 감복하는 역할 밖에는 표면적으로 무대 위에서 보여주지 못하는 초부는 일차적인 사랑으로서의 모성이나 주어진 관념으로서의 불도의 원리를 넘어서서, 이 작품의 숨은 주제인 자비의 세계를 '침묵의 언어'로서 보여주는 역을 맡는다. 도념의 '협조자'로서 그가 맡는 역할은 이 작품의 주요 대립이 모성과 불성이 아니라, 불교의 깊은 진리, 즉 주지스님으로 상징되는 불도에의 정진과 그것과는 무관하게 보이는 인간에 대한 깊은 이해심과 동정심, 즉 자비의 대립이라는 관점을 통해 현현된다. 초부가 불도에 대해서는 전혀 무지하면서도 산사의 종소리에 깊게 감응하는 대목, 도념의 처지를 이해하고 돕고자 하는 심성 등은 주지스님이 강요하는 불도의 세계와 대립되면서 종교를 초월하여 존재하는 자비의 실체를 잘 표현해주고 있다. 작가는 도념이 산사를 떠나는 극의 마지막 장면을 초부와의 이별 장면으로 설정하고 있는데, 우리는 이를 통해 작가가 초부를 통해 모성과 불성을 넘어선 대승적 자비의 실체를 제시하고 있음을 깨닫게 된다.[301]

300) 김만수 2003: 64.
301) 김만수 2003: 155-156. 주해 32.

다시 물어야 한다. 초부는 누구인가? 그는 도념이 절 공간 밖으로 나아가는 통로이며, 도념의 안식처 같은 것이다. 주지의 "폭력"을 은밀하게 비난하는 말을 초부는 도념에게 하면서 도념의 지친 삶을 위로한다.[302] 주지의 권력에 대하여 초부가 자신의 방식으로 맞서며 도념을 옹호하는 모습은 토끼잡이 덫을 놓은 자는 도념이 아니라 초부 자신이라고 말하는 대목에서 그 절정을 이룬다.

도념은 물지게 지는 일을 하는데, 그 일이 매우 고되다는 것을 함세덕은 지문을 통하여 말한다.

> 도념, 물지게를 지고 일어선다. 서너 걸음 걷다가 기진하여 픽 쓰러진다.[303]

주지는 주인이며 도념은 노예라고 말하면 지나친 독해일까. 이 지문에서 도념이 절 공간을 부정하는 것이 도념의 엄살이 아님은 분명하다.

다시 한번 말하지만 오늘날 〈동승〉으로 알려진 이 작품의 원제는 〈도념(道念)〉이었다. 그 후 아동의 이미지를 담은 새로운 각색으로 재생산되어 왔다. 1939년 3월 〈도념〉(1막, 유치진 연출, 극연좌(劇硏座)공연)으로 동아일보사 주최 제2회 연극경연대회에 참가한 작품이었다. 이후 〈동승〉으로 개제(改題)되었다. 1946년 이화여전에서, 1947년 교육연예연구회 등에서 공연되었고, 1949년 〈마음의 고향〉(윤용규 감독, 이강수 각색, 최근희, 변기종 주연)으로 영화화되었다.[304] 그리고 최근 1990년대 초반 MBC에서 석가탄신일 기념특집극 드라마로 제작된 바

302) 『함세덕전집1』, p.62.

303) 『함세덕전집1』, p.62.

304) 노제운 엮음, 『함세덕문학전집2』, 지식산업사, 1996, p.579(이하 『함세덕전집2』).

있고, 2003년 주경중 감독에 의해 함세덕의 이 작품을 원작으로 다시 〈동승〉이라는 제목의 영화가 만들어진 바 있다. 왜 〈도념〉에서 〈동승〉으로 개제했을까? 이에 대한 연구가 필요하다.

함세덕은 자신의 희곡집 〈동승〉에 붙인 "후기"[305]에서 다음과 같이 말한다.

> 이 희곡집(戲曲集)은 작자(作者) 함세덕(咸世德)의 전시대(前時代)의 유물(遺物)로 보관(保管)되는 데만 간행(刊行)의 의의(意義)를 찾을 수 있을 줄로 안다. 나는 8·15를 계기(契機)로 완전(完全)히 이 작품(作品)들의 세계(世界)에서는 탈피(脫皮)하였다.[306]

함세덕은 1945년 해방일을 기준으로 그 이전의 세계와의 급진적 단절을 고백하고 있는 것이다. 물론 이 고백에 대해서 우리는 진지하게 물어보아야 한다. 이 단절은 무엇 때문인가?

그런데 이 "후기"에서 자기반성은 진정으로 반성인가? (a) 함세덕은 일본 제국주의의 강압을 강조하고 있다는 점, (b) "일제에 소극적이나마 반항하였고, 추장의 마로 뿌뿌랑(순사) 등을 극화하야 약소민족의 비탄을 노래했다"고 밝히고 있다는 점, (c) 그러나 자신의 의도와는 반대로, 혹은 자신의 의도와는 달리 "조선문화의 정한 발전에 역행적 역할을 한 것에 불과하게 되었다"고 고백하고 있다는 점, (d) 그리고 "이 소위 국민연극 속에서 한 가지 얻은 것은 기술이었다"고 판단하고 있다는 점.[307]

이 가운데 (a), (b), (c)는 다시 논평할 가치도 없는 변론에 불과하다.

305) 1947년 2월 탈고했던 글인 것 같다.

306) 『함세덕전집2』, p.526.

307) 『함세덕전집2』, pp.525-526.

[308] (d)에 대해서만 언급할 가치를 느낀다. 김만수가 이 후기에 대해서 예리하게 지적하고 있듯이, 그가 일제시대 친일행적을 통해서 얻었다고 하는 그 기술은 주제와 분리될 수 없는 성질의 것이다.

> 결론부터 서둘러 말하자면, 그가 이즈음 개발한 '기술'이란 초기의 서정 성과는 상당히 거리가 먼 것이었으며, 그런 부차적인 기술을 근본적으로 반성하지 못한 까닭에 해방 이후의 보다 자유로운 상황 하에서 제작된 그의 작품도 초기의 서정적 리얼리즘이 보여준 주제보다 결코 좀 더 진전된 극 세계의 발견을 이루지 못한 결과를 빚게 된다. '기술'이란 '주제'와 분리될 수 없지 않은가.[309]

김만수의 비평은 친절하게 논증하고 있지 않고 판단을 제시하는 수준에서 그치고 있다. 김만수는 오히려 (a)에 대해서 상세하게 설명하는 친절을 베풀고 있다.

독자의 역할을 기대하는 심층적인 의미론에서 일제에 저항하는 언어들을 함세덕은 보여주고 있지 않다. 표피와 심층의 의미론을 함세덕변론자들처럼 이해해서도 안 된다. 의미의 다의성은 그 자체로 모순되는 것이 아니라 다의성을 통하여 종합적으로 의미가 확장되는 것을 의미한다.

더구나 〈도념〉은 서정적인 극이 아니라는 점에 주목해야 한다. 김만수는 이 〈도념〉을, 순수한 서정성을 극화한 것으로 잘못 이해하고 있는 것을 다시 반복하고 있다. 그리고 이 같은 오해가 넓게 유포되어 있는 것 같다.

---

308) 박영정의 함세덕연구논고들을 참조하라.

309) 김만수 2003: 93.

Ⅳ. 〈추석〉 등에 대하여

함세덕의 친일성은 작품 〈추석〉(원제는 '서글픈 才能')에서도 뚜렷하게 나타난다. 무대의 장소는 "고도 경주 근교" "퇴락한 갈추봉의 집"이다. 씨름(조선)을 폄하하고 유도(일본)를 예찬하는 대사가 이 희곡의 중심축을 구성한다. 무대의 장소를 고도 경주로 택한 것 역시 우연은 아닐 것이다. 한국을 부정하고 일본을 예찬하는 그의 의도가 잘 드러나는 대목이다. 김만수는 이렇게 평가한다.

> 간단히 말해 〈서글픈 재능〉이 노동의 신성함을 강조하는 비교적 초기 단계의 우회적인 친일연극이라면, 〈낙화암〉은 '내선일체'를 강조한 친일연극이며, 〈추장 이사베라〉와 〈어밀레종〉은 국가를 위해서는 개인의 희생이 필요하다는 내용을 담은 좀 더 극렬한 부류의 친일연극으로 구분되어야 할 것이다.[310)]

이희환[311)]은 이 〈서글픈 재능〉을 다음과 같이 해석한다.

> 농사를 지으며 토박이로 살아가는 천석과 전문학교를 나오지만 무엇인가 할 일을 찾지 못하고 부유하는 뜨내기 만표의 갈등은 이와 같은 현실적 문제로 해서 당대 현실문제의 핵심에 다가가는 것이다.
>
> 결국 극의 결말은 재능 없는 지식인 만표가 그나마 씨름판에서 '서글픈 재능'을 발휘하여 장원을 하고, 상품으로 받은 소 값을 동생의 결혼 비용으로 남기고 떠나는 것으로 되어 있다. 일제하의 농촌에서 삶을 유지하기

---

310) 김만수 2003: 98. 김만수는 〈서글픈 재능〉을 섬세하게 독해하지 못하고 있으며 정당하게 비평하고 있지 못하다.

311) 이희환, 「닫힌 시대, 무대의 열림을 향하여-작가의식을 통해 본 咸世德의 희곡세계」, 『황해문화』, 1994. 3, pp.305-333.

가 얼마나 어려운 것인가를 보여주는 동시에 당대 지식인의 좌절과 방황을 희화하였고, 미래를 짊어져 나갈 두 젊은이의 형상을 대비시켜 그려보고자 한 작가의 의도가 잘 반영된 작품이다.[312]

서글픈 재능은 누구의 재능이며 왜 서글픈가? 이희환은 지식인 만표의 재능이며 만표가 발휘하는 재능이 서글프다고 해석한다. 잘못된 단순한 해석이다. 천석의 씨름 재능이 서글픈 것으로 해석될 가능성이 열려있다. 확고하게 닫혀 있는 것은 경쟁에서 조선을 부정하는 만표의 유도 재능이 승리를 한다는 것이다.

〈5월의 아침〉 역시 전통을 부정하는 관점에서 극을 구성해나간다. 동진아버지는 바로 이런 관점에서 조선의 전통적 아버지와는 다른 신시대의 새로운 아버지상을 표상하고 있다.

부 : (크게 웃으며) 하하하하……. 난 여간 큰 잘못을 저즐르기 전엔 절대루 때리거나 꾸짖지 않기루 했다오. 제멋대루 5월 아침 대나무 순처럼 무럭무럭 자라게 내버려둬야 커서 큰일을 한다오.

금붕어장수 : 옳은 말씀입니다. 부모 밑에서 기를 못 피구 자란 애들은 주눅이 들려서 조곰한 일에두 무서무서하구, 자라서두 큰일은 못 해욥쇼.[313]

〈심원의 삽화〉 역시 단순하고, 극적 갈등을 잘 살려내지 못하고 있다. 졸작들이다. 그렇지만 이들 극에서도 함세덕이 무엇을 표현하고 있는지를 파악하는 것은 의미 있다. 이 극에서 중심은 계모에 대한 편견에 대한 계몽으로 보인다. 계모와 시어머니의 대조는 바로 이것을 말하

312) 이희환 1994: 322.

313) 『함세덕전집1』, p.296.

기 위한 것이다.[314)]

> 이러한 동화극 자체가 작품으로서 수준이 높은 것은 아니며, 또한 함세덕이 이 시기에 동화극에 특별한 관심을 기울이고 있었다는 점을 감안한다면, 굳이 이들 동화극을 다른 작품들과 동일한 수준에서 평가를 하는 작업이 무의미할지도 모른다. 그러나 이들 동화극에 이르러서 극의 주인공인 소년의 모습이 점차 바뀌고 있는 점에 대해서는 각별히 언급해 둘 필요가 있다. 말하자면 초기작에 드러난 소년의 모습이 일반적으로 '현실의 희생자'로서의 강렬한 극적 기능을 담당하고 있는 반면에, 동화극이 제작되는 1941년 무렵에 이르면 소년의 극적 기능이 모두 상실되고, 소년은 단순한 '계몽의 대상'으로 축소되고 있기 때문이다.[315)]

동화극에 특별한 관심을 기울이고 있었다는 점이 왜 작품의 수준 저하로 이어져야 하는지 이해하기 어렵다. 동화극이든 일반극이든 극은 극으로서, 작품으로서 평가되어야 한다. 그리고 소녀 소년은 단순한 계몽의 대상으로 축소되고 있지 않다는 점에 주목해야 한다. 앞에서도 지적한 바와 같이, 함세덕은 이들 극을 통하여 일본식 계몽주의를 전파하고 있는 것이다.

양승국은 자신이 엮은 『월북작가 대표희곡선』에서 함세덕을 매우 높이 평가하는 "작품해제"를 썼다. 그런데 이 양승국의 비평은 구체성이 없는 그릇된 인상을 되풀이 하는 수준에 머물고 있는 것이었다. 그는 텍스트의 논증도 없이 이렇게 결론을 내린다.

> 작가가 학창 시절에 금강산에 놀러 갔다가 얻은 소재를 극화했다고 하는

---

314) 김만수 2003: 87-88을 참고하라. 김만수는 함세덕 아동극의 본질을 정확하게 파악하고 있지 못하다.

315) 김만수 2003: 88-89.

〈동승〉은 한 동승의 슬픈 이야기를 통해 인간적 욕망과 사랑을 낭만적으로 그리고 있다. 이러한 낭만성은 함세덕만이 지니고 있고 또한 일관되게 그의 작품에 나타나는 가장 중요한 특징이다. 이러한 점은 그에게 극작술을 지도하였다고 하는 유치진이 〈소〉의 사건(1935) 이후 낭만성과 역사에서 창작의 길을 찾고자 한 점에 일치하는 바라고 할 수 있는데, 유치진에게 있어서는 그의 낭만성이 통속성으로 쉽게 변질된 데 비해 함세덕은 그 낭만성이 서정성의 품위를 잃지 않고 있음에 더욱 그 가치가 높다고 할 수 있다.[316)]

아마도 이 같은 비평이 논증되지 않고 떠도는 함세덕 이미지를 가장 잘 대표하는 것이 아닐까 싶다.

요컨대 함세덕에 관한 세평은 다음과 같다. 1) 처음에는 서정성 혹은 "낭만성"을 담고 있다는 점, 2) 일제의 검열과 강압에 못 이겨 친일문학을 집필했다는 점, 3) 유치진과 대적할만한 대가라는 점, 4) 해방 후 좌익계열의 문학으로 전향되었다는 점; 바로 이 때문에 정당한 평가를 받지 못했다는 점. 함세덕예찬론자들은 위의 논거들 모두 혹은 어느 부분을 말하고 있지 충분하게 논증하고 있지는 못하다. 우리는 이미 앞에서 1)에 대해서는 충분하게 비판하였으며 2)와 4)에 대해서도 역시 앞으로 구체적으로 예증할 것이다. 유치진과 대적할 만한 대가인지에 대해서는 유치진의 작품세계를 연구한 다음에 판단할 성질의 것이지만 구체적 논증을 가지고 있지 않은 인상비평은 경계해야 마땅하다. 예컨대, 양승국은 다음과 같이 함세덕을 과잉예찬한다.

함세덕은 유치진으로부터 극작술을 배웠으나 현재 남아 있는 작품으로 보면 오히려 유치진보다 더 뛰어난 극작술을 발휘한 것으로 여겨진다. 불행히도 일제 말기 약간의 친일 어용극을 창작했으나 해방 이후엔 과거를 반

316) 양승국, "작품해제", 양승국 편, 『월북작가 대표희곡선』, 예문, 1988, p.371.

싱하여 강한 민속의식을 담은 〈기미3월1일〉(〈개벽〉, 1946년 4월)과 같은 작품을 발표하면서 좌익 문학운동에 뛰어든다.[317]

양승국의 이 같은 인상비평은 한국문학비평계에서 흔히 볼 수 있는 일종의 고질병이지만 해방 이후의 함세덕 희곡들은 뒤에서 구체적으로 지적하겠지만 거의 모두 당시 한국사회에서 지배적인 좌파이념이었던 스탈린주의식 마르크스레닌주의를 교조적으로 수용한 또 하나의 목적극이었다. 더구나 양승국은 구체적 사료도 제시하지 않은 채 함세덕이 "1915년 경기도 강화에서 태어나 선린상업고등학교를 졸업한 후 서점에서 근무하다가 유치진을 만나 그로부터 극작술을 배우게 된 작가"[318]라고 애매모호하게 진술하고 있다. 기록하고 있다.

V. 〈벽공〉에 대하여

〈벽공〉이라는 작품을 이희환은 새로 발굴하게 되었다 한다.[319] 월간 〈삼천리〉 1940년 5월호에 발표된 1막극이다. 이희환은 이 〈벽공〉에 대해서 다음과 같이 논평한다.

> 함세덕은 분명히 오 헨리의 단편 「마지막 잎새」를 보았을 터이다. 그리고 이 소설의 무대극적인 성격을 주목하였을 것이다. 그 기본 스토리가 「마지막 잎새」에 빚지고 있다는 점에서 희곡 「벽공」은 소설 「마지막 잎새」를 각색하고 번안한 작품일 가능성이 높다. 하지만 함세덕 특유의 드라마트

317) 양승국 1988: 372.

318) 양승국 1988: 370.

319) 이희환, 「새 자료로 본 함세덕의 가계와 문학-발굴 희곡 〈벽공〉과 해방기 공연자료를 중심으로」, 『황해문화』, 1999. 9, pp.350-392.

> 루기(Dramaturgie)가 십분 발휘되어 소품 「마지막 잎새」를 낭만적 멜로드라마로 극화하는 데 성공한 작품이라고 평가할 수 있겠다.[320]

이희환은 이 〈벽공〉에 대해서 비판적으로 논평하면서도 이 작품에 긍정적 의미를 애써 부여하려는 이중적 모습을 보인다. 그는 이어 다음과 같이 논평한다.

> 함세덕 특유의 잘 짜여진 구성과 드라마투르기를 보여주는 이 작품은 그러나 아쉬운 점이 많다. 처녀작 〈산허구리〉(1936. 9)에서부터 선보인 뜨내기의식 특유의 낭만적 서정성이 이 작품에도 강하게 나타나지만, 어민의 가난을 무대로 전해지던 처연한 슬픔이 〈벽공〉에서는 값싼 애수와 예술취미로 떨어졌다. 산사의 정적과 안정의 세계를 버리고 어머니를 찾아 마을로 떠나는 어린 이의 삶에 대한 갈증과 집념을 빼어나게 그려낸 〈동승〉(1939)에 비하여 〈벽공〉등장인물들의 삶은 일면적이면서도 수동적이다. 〈감자와 쪽제비와 여교원〉(1941)이 강렬하게 보여주었던 토박이 특유의 강한 현실 지향성과 너무도 거리가 먼 〈벽공〉의 이국취향은 실망스럽기조차 하다. 창작이 아니기도 하거니와, 작가도 작품의 이러한 한계를 의식했을 터이다. 해방 후 희곡집 『동승』(1947)을 내면서 이 작품을 수록하지 않았음은 물론, 어디에서도 작품의 존재 자체를 언급하지 않았고 공연에 올린 적도 없었던 것이다.[321]

"빼어난 극작술"이란 내용과 별도로 존재하는 것인가? 함세덕이 이 작품에 대해 언급하지 않았던 까닭은 무엇일까?

이 극에서 주목할 대목의 하나는 "벽공"이라는 음악이다.

---

320) 이희환 1999: 357.

321) 이희환 1999: 357-358.

숙희 : 언닌 시집갈 때부터 피아노 한 대 사주시래서 「벽공」을 치면서 살고 싶다고 했어요.

의사 : 벽공? 즉 희망이군요.[322]

"벽공"은 그림이고 음악이다. 화가 남실의 성공한 언어가 벽공이고, 근희의 희망이 벽공이다. 그런데 왜 근희가 벽공에 매달리는 것일까? "벽공"이라는 언어가 함세덕에서 어떻게 수용되었는가? 이 문제를 천착해볼 필요가 있다.[323]

근희와 남실은 어떠한 인물인가? 그들은 조선을 부정하고, 서양의 근대성을 숭배하는 인물로 나타나 있다.

근희 : 네- 거기 그 레코-드 좀 틀어놓구 가주세요. (급사 레코-드 튼다. 벽공(碧空)의 선율(旋律))

급사 : 이거 우리 집 간호부들이 매일 밤 트는 거군요?

근희 : 그래요?

급사 : 네. (급사 다시금 나간다.)

근희 : (속사기는듯이) 불라와-힘멜. 벽공. 그이는 그 그림을 다 그렸겠지. 양젖 짜든 계집애가 나무꾼아이들 따라 고개를 넘어가는 그림을. 화면에다는 벽공의 멜로디-를 입김처럼 불어너 보구 싶다드니.[324]

근희는 말조차 서양어를 섞어 말한다. "멧쎈쟈-"[325] 운운.

---

322) 〈벽공〉이 재수록된 이희환 1999: 368.

323) 이희승의 시 〈벽공〉이 있다. 이희승의 이 시는 언제 처음 발표되었는가? 기생 황진이가 남긴 시 중에서 "벽공"이라는 말이 들어 있는 시가 있다.

324) 이희환 1999: 375.

325) 이희환 1999: 374.

근희가 생명에의 의지를 키우지 않는 까닭은 어디에 있는가? 남실과의 사랑 때문인가. 외견상 그러하다. 근희에게서 남실은 왜 생명에의 의지로 나타나는가? 남실은 조선을 부정하는 기호이기 때문이다.

근희 : 열어줘, 좀 보게.

숙희 : 안돼. 내 오늘밤 창 앞에 서서 잘걸.

근희 : 바람이 저렇게 부는데 넉 장 남은게 붙어있을 리가 있나? 저 비 소리……. 남실 씨 비 만났겠네. 그이는 오늘밤 비 속에 조선 떠나고, 나도 떠나고, 그럼 그만이야, 모두 끝장이야.[326]

이 극에서 신교수는 어떠한 인물인가? 말하자면 근희가 자신의 남편으로 설정한 신교수의 성격이 극적으로 설정되어 있지 않다. 그러므로 극작품으로서 치명적인 결함이 아닐 수 없다.

근희가 피아노에 목매다는 강박관념적 욕망은 무엇을 시사하는가? 피아노는 조선의 악기가 아니고, 서양의 근대적 악기이다.

음악 〈벽공〉은 남실이 "퍽 좋아했던", "베-토-벤의 심포니- 보다"[327] 더 좋아했던, 곡이었으므로, 근희 역시 이 곡을 좋아한다. 근희가 "벽공"을 갈망하는 것과 피아노를 갈망하는 것은 어떻게 연관되는 것일까? 이 작품에서 설명되고 있지 않다.

근희가 사랑하는 남실은 "세간치니-란 불란서 사람이 그린 〈귀향〉을 보고 그린" 그림을 그렸다. 이 그림의 세계는 어떠한가? 세간치니가 누구인가? 작품 〈귀향〉은 어떠한 작품인가?

근희는 남실과 연애했을 때의 한 장면을 떠올리며 회상에 잠기는데 역시 서양의 이미지를 그린다. 근희는 이렇게 회상한다.

---

326) 이희환 1999: 381.

327) 이희환 1999: 364.

오면서 내가 학창 때 읽은 「봐니나 봐니니」이야기를 했었지. 바람에 머리가 자꾸 얼굴에 감겨서 간즈르면 흩으러지고 간즈르면 흩으러지고. 항구에 전등불이 물에 비치는데 사진에 본 나포리 같겠지.[328]

나폴리를 생각한다.

남실은 어떠한 인물인가? "고학으론 그림이 대성될 리 없고"[329]라고 말한다. (남실은 현재 돈이 없다는 것이 시사되어 있다.) 남실은 그림을 "신성하다"[330]고 생각하면서도 그림에 몰두하지 않는다. 경제적 문제를 극복하려는 의지 같은 것은 전혀 보이지 않는다.

남실이 근희를 사랑하는 방식 역시 주목할 만하다.

남실 : 미운 것보다 징그러요.

근희 : 네? (운다)

남실 : 오래 있으면 있을수록 난 자꾸 근희 씨 얼굴이 다시 쳐다뵈집니다.

근희 : 사람이 사람의 마음을 드려다볼 수 있다면 얼마나 세상은 아름답고 행복할까요?

남실 : 그래도 행복을 다 차지하지 못해서 불평이세요?

근희 : 나에게 무슨 행복이 있어요.

남실 : 한 사람의 일생을 짓밟어놓고도 행복을 차지 못했다면 그건 죄악입니다. 신 선생과 결혼하고도 행복하지가 않다는 거애요? 나보다는 그래도 낫겠지요. 생활에 목표를 잃고 화단과 동떨어진 천진으로 가는 나보담은 낫겠지요?

근희 : 남실 씨 저는 죄받을 년이얘요.

남실 : 이거 우리가 영화나 소설에 나오는 연애장면 흉내를 내고 있는 것

328) 이희환 1999: 373.

329) 이희환 1999: 378.

330) 이희환 1999: 378.

같아 불쾌합니다.

근희 : 남실 씨 다시 동경으로 가실 수 없을까요?

남실 : 가야 학교도 못 댄길 것, 고학으론 그림이 대성될 리 없고 또 내 성미로 중간치기 화가는 목을 매고 죽어도 되기 싫고 그래서 그만 뒀어요.

근희 : 제 돈이 조금 있는데 한 일년 미술학교 다니시겐 될 듯합니다.

남실 : 그 돈이 어데서 나온 거내요? 내가 신 선생 돈으로 신성한 그림을 배울 것 같어요?

근희 : 시집 오든 날 어머니가 급할 때 쓰라고 준 거애요.

남실 : 웨 그렇게 나를 생각하는 사람이 선전에 특선한 「벽공(碧空)」한 장을 못 샀어요.

근희 : (놀라며) 벽공이 선전에? 그 그림이…….

남실 : 그 후 선배와 동무들 후원으로 화신 갸라리-서 개인전을 연 적도 있었어요. 그러나 그날 근희씨는 신 선생과 승강기서 내리자 식당으로 들어가드군요. 아 그 때에 내가 느낀 환멸. 그래도 나는 한 가닥 희망을 갖고 조선일보에다 신라궁실을 배경한 삽화를 그렸었어요. 그러나 오늘 보니 댁에서는 매일신보를 보시드군요. 이런데 내가 예술을 사랑하게 되겠어요? 근희 씨가 내 그림을 보아주고 그림을 통해서 나를 털끝만치라도 생각해 주었다면 난 일생을 참말 거기다 바쳤을 거에요.[331)]

"신라궁실을 배경한 삽화"는 무엇을 의미하는 것일까? 조선을 부정하는 그 당시 친일적 사고는 여기에서도 확인된다.[332)] 남실이 보는 조선일보와 근희가 보는 매일신보의 차이는 무엇일까? 그런데 정작 중요

331) 이희환 1999: 378-379.

332) 이는 친일문학자 서정주가 조선을 부정하는 맥락에서 신라를 예찬하는 맥락과 유사하다. 서규환, 미당연구(미출간) 참고.

한 것은 남실이 그림에 일생을 바치지 않는 까닭이 분열되어 있다는 것이다. 경제적 이유 때문이라고 말하는가 하면, 이곳에서는 근희가 자신의 그림을 보아주지 않는다는 이유를 댄다. 근희가 남실의 그림을 보지 않았던 까닭은 남실이 근희에게 볼 수 있는 기회를 처음부터 주지 않았기 때문이었다. 조선일보와 매일신보의 차이를 그냥 방치하고 있는 것이다. 남실은 애정관계에서 일종의 숙명론자 비슷하다.

근희와 신교수는 작약도에서 처음 만났다. 그리고 그 때는 밤이었다.[333] 이 정황이 의미론적으로 작품 전체와 잘 조화되지 않는다. 근희는 신교수와 결혼하게 되었던 까닭을 자신의 오빠의 (강압적) 권유 때문이라 말한다.[334] 근희가 남실 대신에 신교수를 남편으로 선택하는 과정을 말하는 맥락도 이해하기 힘들다. 근희는 신교수의 경제력 같은 것을 보고 신교수를 선택한 것이 아니라[335] 자신의 오빠가 권유해서 그렇게 된 것이라 말한다. 그렇다면 근희와 그 오빠의 관계는?

근희가 남실을 사랑하면서도 남실을 배반하는 까닭은 무엇일까. 죽음을 앞두고 근희는 남실을 두고 "오늘까지 하루 한신들 남실이 오빨 잊은 적은 없었어"[336]라고 고백할 만큼 남실을 사랑하는 맥락도 살아있지 않다. 절실한 연인을 배반해야 하는 까닭도 선명하지 않다.

남실은 근희를 잃고 절망에 빠졌음이 분명하고,[337] 그런 만큼 남실에게서 근희는 중요한 인물이었다. 그런 그녀가 자신을 배신했던 것이다. 실로 〈벽공〉은 배신과 파멸을 표현한 신파조 이미지가 물씬 배어난다.

천진과 동경의 대조에 주목해야 한다. 남실에게서, 그리고 근희에게서 동경(일본)은 이상을 실현할 장소이고 천진(중국)은 이상과 등지는

333) 이희환 1999: 71.

334) 이희환 1999: 374.

335) 신교수는 여학교 선생으로서 피아노 한대를 선뜻 사줄 경제적 능력을 갖추고 있지 못하다.

336) 이희환 1999: 374.

337) 이희환 1999: 378.

공간이다. 이것 역시 친일적 이미지를 강화하는 요소임이 분명하다.[338)]

그러나 정작 신교수의 캐릭터는 극적갈등을 만들어 가는 데 잘 부합하지도 않는다. 아내가 옛 애인의 이름 남실을 거의 매일 밤 잠꼬대로 부르는데 그것에 대해서 직접 아내에게 말하지 않는다. 신교수가 근희를 선택하게 되는 과정에 대해서는 적극적인 설명이 없는 것이다. 신교수는 근희의 무엇을 보고 근희에게 이끌리게 된 것일까.

Ⅵ. 포스트친일파의 함세덕 변호와 그 비판

유민영은 자신의 책 『한국연극운동사』[339)]에서 함세덕의 강한 친일활동을 지적하고 있다.

> 유치진과 같은 대표적 극작가가 친일목적극을 쓰니까 다른 작가들도 친일목적극을 쓰게 되고, 덩달아 어용극을 남발했다. 그 중에서도 재능을 크게 인정받던 유치진의 수제자 **함세덕이 가장 심했다**. 그는 하다못해 프랑스의 낭만작가 마르 셀 빠놀의 〈마리우스〉, 〈화니〉 등 두 작품을 번안하여 일제의 대동아공영권과 남진정책을 찬양하는 작품으로 만들었는가 하면, 내선일체를 문화사적 측면에서 묘사한 〈어밀레종〉이라는 작품도 발표했다. 즉 그는 봉덕사 신종에 얽힌 우리 고유의 민화에다가 일녀(日女) 시뢰나(詩牢那)와 당 태자를 등장시켜 전자를 예우하고 후자를 야유하는 등 전통적 신화까지 변조하여 당시의 중-일 감정과 내선일체를 주장한 작품을 쓴 것이다.[340)]

---

338) 이희환 1999: 378.

339) 유민영, 『한국연극운동사』, 태학사, 2001, p.291.

340) 유민영 2001: 291. 강조는 인용자.

유민영의 함세덕 비판은 "저항과 순응의 궤적- 유치진과 함세덕의 경우"[341]에로 거슬러 올라간다. 월북작가에 대한 해금조치가 이루어지면서 함세덕 연구는 활기를 띠기 시작했는데, 흥미로운 것은 함세덕변호론이다. 곧, 함세덕의 문학에서 내면화된 저항성이라는 논거를 내세우면서 함세덕을 변호하려는 움직임이 이어지고 있는 것이다. 예를 들면, 장혜전, 「함세덕의 희곡연구」, 『이화어문논집』, 1983; 오애리, 〈함세덕 연구〉, 단국대 대학원 국어국문학 석사논문, 1991; 오애리, 「새 자료로 본 함세덕」, 『한국극예술연구』 제1집, 1991; 노제운, 〈함세덕 초기희곡연구〉, 고려대 대학원 석사논문, 1991.

1.

1) 장혜전(당시 이화여대 국문과 강사)은 1983년 「함세덕의 희곡연구」라는 글을 통해서 함세덕 변호에 나선다. 그의 변호는 정당한가? 장혜전은 변호를 다음과 같이 시작하고 있다.

> 함세덕(1915-1950)은 우리나라 문학사에서 소위 '암흑기'라고 칭하는 1939년에서 1945년까지 주로 활약한 극작가이다. 더구나 해방이후 그는 좌익연극계에서 활약하다 1947년에 월북하였고, 1950년 6.25사변 때 전사하였기 때문에 월북작가의 명단에 들게 되어, 그의 작가적 활동에 대해서 알려져 있지 않다. 그러나 해방 후 몇 년 동안 좌익에서 활동하였다해서 그의 작품 전체가 묻혀 있어야 한다는 것은 문학사적인 손실이라고 생각한다. 그의 경우, 해방 전에는 좌익 성향을 띤 작품을 쓴 적이 없고, 일제말기에는 강요에 의해서이긴 하지만 친일적 작품을 몇 편 쓴 적이 있을

341) 유민영, 「저항과 순응의 궤적- 유치진과 함세덕의 경우」, 『극영화연구』 제4집, 중앙대연극영화학회, 1979.

정도이다.[342]

장혜전은 우선 사실을 정확하게 기술하고 있지 않다. 함세덕의 활동은 1939년에서 1945년까지 주로 이루어지는 것이 아니다. 강요에 의해 친일적인 작품 몇 편정도 쓴 것이 아니었다. 좌파 성향의 작품을 쓴다는 것이 오늘날 작가의 품위를 손상하는 것이 아닐 것이다. 오히려 문제되는 것은 작품성의 수준이다.[343]

장혜전의 변론은 이렇게 이어진다.

> 그렇다면 함세덕의 몇 편의 좌경 작품, 그의 월북 등을 이유로 그 이전에 쓴 작품까지 모두 묻혀 있어야 하는가? 더우기 주목할 만한 극작가가 극히 드문 한국의 희곡사적 현실에서 그 당시 다른 극작가와 비교해볼 때 유치진에 버금가는 작가로 주목받던 그의 작품에 대한 연구가 제한되어야 한다면 그나마 **빈곤한 희곡적 전통을 더욱 빈곤하게 할 것이다. 현금(現今)에 와서는 암흑기의 친일문학(親日文學)에 대해서도 반성과 역사(歷史)를 아끼는 태도에서 우리의 것임을 긍정할 필요가 있다는 견해**[344] 등 보다 개방적인 문학사관(文學史觀)이 대두되고 있음"[345]

친일문학에 대해서 반성과 역사를 아껴서는 안 된다. 오히려 더욱 철저화해야 한다. 우리의 것에 대한 무조건적인 긍정은 우리의 것을 살리는 것이 아니라 오히려 죽인다. 극작가가 빈곤하다 하여 저급한 수준의 극작가를 덮어놓고 높이 평가할 수는 없는 일이다. 한국연극사에서 함

342) 장혜전, 「함세덕의 희곡연구」, 『이화어문논집』, 1983. 10, p.273.

343) 장혜전 스스로 함세덕의 "좌익계통의 희곡들은 실패작"이라고 평가하고 있다. 장혜전 1983: 274.

344) 장혜전의 각주 6(장혜전 1983: 274)(이두현, 『한국신극사연구』, 서울대출판부, 1966, p.263).

345) 장혜전 1983: 274; 강조는 인용자.

세덕이 논평될 가치가 없는 것은 아니다. 함세덕 사례는 오늘날 한국문학, 한국희곡이 극복해야 할 과제를 명백하게 하는 중요한 자료인 것이 분명하다.

2) 오애리의 변론은 함세덕의 인기를 그 논거로 삼고 있다.

> 오늘날 친일극이라 비판을 받는 〈落花巖〉(『朝光』 1940), 〈酋長 이사베라〉 등은 오히려 그 당시 많은 관객을 획득하였다. 사전 검열에 의한 삭제, 친일대사의 상대적 증가에도 불구하고 공연이 성황을 이루었음은 심층적 재고를 요하는 부분이다. 강압 하에 쓰여진 친일작품의 저변에 작가 나름의 민족정신이 숨어있는 것은 아닌가 하는 문제에 대한 검토가 선행되어야, 그에 대한 비판 역시 객관적으로 이루어질 수 있을 것이다. 함세덕 국민연극작품을 전적인 친일 또는 내면화된 저항의 어느 편으로 볼 것인가의 문제는, 실제작품에 대한 세심한 분석과 함께 신중하게 연구되어야 할 부분이다.[346]

오애리는 이렇게 쓰고 각주를 통해서 자신의 구체적 판단을 밝힌다.

> 필자는, 역사를 극화하여 회고적 감상에 젖게 하려는 국민문학의 어용적 의도를 작가가 역이용한 것이라 본다. 즉, 작품 내에 저항을 내포, 이중적 구조로 위장되어 있다는 것이다. 특히 그의 작품이 대중성을 획득하였다는 점에 주목할 때, 그러한 이중성이 있지 않다면 친일극이 피압박민에게 인기를 얻었다는 궤변, 민족허무주의가 되고 만다. 필자는 〈落花巖〉과 〈酋長 이사베라〉만을 다루었는데, 이후 대상 작품을 확대하고 좀 더 심도 있게 재분석하여 논의를 발전시켜야 할 것이다.[347]

346) 오애리 1991: 197.
347) 오애리 1991: 197. 각주 48.

대중성을 획득하면, 곧 그것이 친일적이지 않았음을 의미하는 것으로 보는 것은 단연코 비약이다. 대중적인 작품 중에는 저급한 것이 적지 않다. 박영정이 밝히고 있듯이, 함세덕의 대중성은 오히려 그의 희곡과 연극이 통속적이었기 때문이었다고 보아야 한다. 당시의 독자들과 관객이 함세덕의 그것을 어떻게 수용했는가 하는 문제와는 상대적으로 별개로 그의 작품을 구체적으로 분석해서 그 내용을 파악하는 과제는 언제나 그를 판단하는 핵심요소이다.

3) 김만수는 궁극적으로 함세덕을 다음과 같이 변론하며 맺는다.

> 그가 쓴 친일연극이 당대 일제의 극악한 검열과 통제 속에서 볼썽사나운 선전 선동을 일삼고 있긴 하나, 그 속에서도 민족의 비애, 소년의 비애를 놓치지 않으려는 섬세한 사랑의 정신을 느낄 수 있기도 하다. 「낙화암」이나 「어밀레종」을 친일연극이라 매도하여 통째로 매장하는 것은 아무래도 지나친 손실이다.[348]

김만수의 책 『함세덕』은 전체적으로 볼 때 그 동안 주로 석사학위논문 수준에서 다루어져 왔던 성과들을 나름대로 정리한 수준을 넘지 않는다. 무엇보다 문제는 김만수는 함세덕의 "볼썽사나운" 친일성을 인정하고 있으면서도 그 속에 흩어져 있는 몇 가지의 긍정적인 요소를 읽어내고 그것 때문에 함세덕의 생가를 복원하고 조형물을 만들어 기리자는 주장을 펴는 것이다. 참으로 이해하기 어려운 판단이다. "통째로 매장"하지 않는다면, 대가의 반열에 올려야 한다는 것인가?

사례 함세덕은 한국문학사에서, 한국역사에서, 역사적 왜곡을 보여주는 매우 중요한 전형이 될 수 있다. 그런 한에서 함세덕 사례를 연구

348) 김만수 2003: 150.

해볼 가치는 있다.

2.

여기에서 핵심적으로 논의되는 것의 하나가 〈어밀레종〉이다.

이들 함세덕변호론은 〈어밀레종〉 희곡이 온전하게 발견되지 못한 상태에서 일종의 추론을 하였던 것이다.[349]

박영정은 「함세덕의 〈어밀레종〉에 관한 일 고찰」[350]에서 문헌학적 논증을 성실하게 조망하고 함세덕의 적극적인 친일성을 밝혀내고 있다.

흔히 〈어밀레종〉은 〈국민문학〉지에 게재되었던 것으로 알려져 있었으나 이 점 불확실하다. 〈어밀레종〉이 〈국민문학〉에 두 번에 걸쳐 연재된 것으로 되어 있는데, 그 가운데 〈국민문학〉 1943년 1월호는 잡지 자체가 현재 전하지 않기 때문에 확인할 길이 없고,[351] 1943년 2월호에도 제4막만이 실려 있고 제5막은 실려 있지 않다.[352]

그렇다면 함세덕의 〈어밀레종〉이 〈국민문학〉지 1943년 1, 2월호에 분재되어 게재되었다고 알려지게 된 까닭은 어디에 있는가. 물론 〈국민문학〉 1943년 2월호에 게재된 〈어밀레종〉 제4막이 이것을 간접적으로 어느 정도 논증하고는 있지만, 충분하지는 않다. 그렇게 게재되었다고 믿을 충분한 논증은 〈국민문학〉지 1943년 6월호에 오정민이 쓴 "현대극장의 매력"이라는 글이다.

> 함세덕 작 〈어밀레종〉(원문은 일어: 인용자)은 본지(〈국민문학〉: 인용자)

---

349) 물론 유민영의 『한국현대희곡사』, 홍성사, 1982, pp.301-322 역시 작품 그 자체를 읽어볼 수도 없었던 상황에서 다른 작품들과 논평들을 근거로 함세덕의 친일성을 비판했다.

350) 박영정 1995: 105-129.

351) 박영정 1995: 111.

352) 박영정 1995: 111.

1, 2월호에 분재되었던 것이다. 작년(1942년: 인용자) 여름, 새로 쓴 원고를 작자로부터 빌려 읽은 장치가 김일영군이 대단한 칭찬을 했지만, 여하한 이유에서인지, 극단 측이 다루지 않고 묵혀 있던 것을 상당한 부담임에도 불구하고, 본지가 발표의 수고를 취하고 있다.[353)]

함세덕은 1942년 여름 〈어밀레종〉을 탈고하여 적어도 1943년 1월 이전에 〈국민문학〉지에 투고했으나 〈국민문학〉 편집진에서 함세덕의 이 원고를 게재하지 않고 묵혀두었다는 것이다. 게재를 미루어두었다가 "상당한 부담에도 불구하고" 마침내 1943년 1, 2월호에 게재하기로 결정을 내렸다고 오정민은 기술하고 있다. 〈국민문학〉지는 왜 "상당한 부담"을 느꼈을까? 여전히 의문이 남아 있다.

박영정은 1992년 위의 글을 쓰면서 〈어밀레종〉의 5막 전체 텍스트를 비로소 발견하게 되었다고 밝히고 있다.

함세덕의 〈어밀레종〉은 〈국민문학〉 1943년 1, 2월호에 연재되었던 전5막 희곡으로, 그 가운데 〈국민문학〉 1943년 2월호에 실린 제4막만이 전해지고 있었다. 따라서 지금까지 대부분의 연구자들이 본격적 작품 분석에 손을 대지 못하고, 함세덕 자신이 쓴 〈어밀레종〉(〈대동아〉, 1942년 7월, pp.160-163)에 소개된 줄거리를 인용하는 방식을 취하여 왔다. 그런데 이번에 매우 다행스럽게도 두 가지의 〈어밀레종〉 원본이 동시에 발견이 되었다. 하나는 원 발표지 국민문학에 연재되었던 것을 그대로 다시 재수록한 일어판 〈어밀레종〉(『신반도문학선집』 제1집, pp.143-267)이고, 다른 하나는 1943년 4월 서항석 연출로 현대극장과 성보악극대가 합동 공연을 하면서 사용했던 상연용 대본 〈어밀레종〉(한글, 일어 혼용, 동시프린트판으로 단행본으로 되어 있음)이다.[354)]

353) 박영정 1995: 111에서 재인용.

354) 박영정 1995: 110.

함세덕은 〈어밀레종〉을 늦어도 1942년 7월 이전에 탈고한 것이 분명하다. 노제운 편 『함세덕전집』에 실려 있는 것은 1943년 4월 상연용 대본이다. 『신반도문학전집』 제1집에 실린 일어판은 원래의 일어판을 "원문 그대로 다시 재수록"한 것인가? 문헌학적 검토가 필요한데, 더 이상 나는 파고들 수 없었다.

원 초고[355]와 〈국민문학〉 발표 희곡은 다른 점이 있다.

> (a) 등장인물의 이름이나 표기가 조금씩 다르게 나타난다는 점
> (b) 주종사가 종 주조에 실패한 후 자살 장면이 목매달아 죽는 방법에서 칼로 배를 갈라 죽는 것으로 바뀐다는 점
> (c) 공주 시모나가 자신의 추한 얼굴을 미추홀에게 보이지 않기 위해 자살을 결심하던 것에서 미추홀의 눈을 뜨지 못하게 적극적으로 나서는 것으로 바뀐다는 점
> (d) 그리고 극의 결말에서 미추홀과 시모나가 거제도로 귀양길을 떠나는 것에서 일본 육오국(陸奧國)으로 이민을 가는 것으로 달라져 있다는 점 등이다.[356]

이 변화는 무엇을 의미하는가? (b)에 대하여: 할복자살은 일본군국주의문화의 전형이 아닌가. 더욱 친일적인 이미지를 불어넣고 있는 것이다. (c)에 대하여: 시모나가 미추홀에게 자신의 추한 얼굴을 보이지 않도록 하는 방법의 변화가 일어난 것이다. 어떠한 변화인가? 시모나가 자살을 하여도 여전히 자신의 추한 얼굴은 그대로 남을 것이다. 미추홀의 눈을 뜨지 못하게 하는 방법은 시모나 자신의 옛 얼굴이 미추홀에게

355) 이것은 엄밀하게 말하면 현재 발견되고 있지 않는 한에서, 알 수 없는데 1942년 7월 〈대동아〉에 게재한 함세덕 자신의 자작해설 〈어밀레종〉을 읽고 추론하는 것이다.

356) 박영정 1995: 112, 각주 20.

그대로 남아있게 하는 방법인 것이다. 여기에서 일종의 일본식 심미주의가 감지된다. (d)에 대하여: 이는 덧붙일 필요가 없는 친일적 변화이다. 요컨대 더욱 친일적인 내용으로 변화가 일어난 것이다.

그런데, 함세덕 자작해설 〈어밀레종〉을 읽고 추론하여 함세덕을 변호하려는 입장에 대해서 나는 강한 의문을 던지지 않을 수 없다. 1942년 7월 〈대동아〉에 실린 〈어밀레종〉해설[357]을 읽어보면 의문의 여지없이 함세덕이 친일적임을 단번에 알 수 있다. 함세덕은 〈어밀레종〉의 "의도"를 밝히는 이 글(〈어밀레종〉해설)을 매우 친일적으로 시작한다.

> **문화를 통한 내선일체의 역사적 고찰**을 해볼려고 했다. 신라시대 문물이 백제와 함께 대화에 수입된 것이 1,000년 후 오늘날 我國이 **대동아공영권의 맹주로 나서게 되는 한 요인**이 되지 않었을까?[358]

함세덕은 은유적 표현을 사용하지 않고 매우 명확하게 "문화를 통한 내선일체의 역사적 고찰"이라 말하는가 하면, 심지어는 "대동아공영권의 맹주" "아국"이라는 표현까지 사용한다.

더구나 함세덕은 자료의 우수함이 종성의 신비함을 낳은 한 요인이라 판단하고 스스로 역사적 논증이 어렵다는 것을 인정하면서도 구리가 일본에서 온 것이라 확정 짓는다.[359] 그의 상상력 그 자체가 매우 친일적이었음을 보여주는 대목이 아닐 수 없다.

함세덕의 역사인식은 매우 한심한 것이었다. 「일본의 예도」[360]라는 대담에서 함세덕은 일본과 "조선"을 비교하면서 일본의 연극전통은 매

357) 『함세덕전집2』, pp.449-452.

358) 『함세덕전집2』, p.449; 강조는 인용자. "아국 운운"이라 말하는 대목에서는 입이 다물어진다.

359) 『함세덕전집2』, p.450 참조.

360) 『함세덕전집2』, pp.487-495.

우 유구한데 "조선"은 연극전통이 없다고 단언한다.

> 내지에서는 울연(鬱然)한 연극의 전통 즉, 오랜 세월을 걸쳐 가무기(歌舞伎)의 세계 같은 것에서 이루어진 연극도란 것이 엄존하고, 한편 그것에 대한 반발로서의 근대극이 있으며 또한 그것들을 모두 포용할 수 있는 새로운 일본 연극을 수립하려는 노력이 있습니다. 따라서 일본 연극이 연극의 어른이라고 한다면 조선의 지금의 연극은 국민학생에 불과하다고 말해도 좋을 것입니다. 그러나 그러한 전통도 없고, 또 현재의 성과가 그렇게 유치한데도 불구하고 이상한 표현인지 모르지만 조선 사람들은 확실히 연극에 재능이 있습니다.[361)]

정말 이상한 표현이었다. 대담당사자 식만남북이 오히려 이동백을 기억하고 조선의 전통에 대해 시사하려 하는 식으로 대화가 이어진다. 함세덕은 이렇게 답변한다.

> 식만 : (……) 이동백은 원래 노래꾼인가요. 연극도 하는……?
>
> 함 : 그렇습니다. 선생님이 보신 것은 창극이라고 하는데 원래 그러한 가극이라는 형식이 조선에 있었던 것은 아니고 다만 가창만이 '광대'라고 해서 오래된 것입니다. 이동백은 그 광대, 다시 말하면 노

---

361) 『함세덕전집2』, p.488. 유민영은 자신의 책 『한국연극운동사』(태학사, 2001)에서 일제하 전통극예술의 활동상과 그 의미를 밝혀내고 있다. "소위 인텔리 계층일수록 전통예술을 폄하, 홀대한 것이 특징인데, 그 이유는 이들이 지나리만치 서구추구적 가치에만 경도되었기 때문이다. 가령 20세기 초두에 개신유학파 지식인들이 전통예술을 폄하, 매도한 바 있는데, 이것이 일제가 우리 전통예술을 탄압하는 빌미가 되었던 점이야말로 아이러니가 아닐 수 없는 것이다. 그러니까 적어도 일제는 한국인들의 민족적 정체성과 결집력을 파괴하기 위해서 전통예술과 그 공연장을 억제한 것으로 보아야 한다는 이야기이다. 그러한 일제의 음험한 마수는 병탄 이후 더욱 노골화되었는데, 특히 우리의 전통예술을 부도덕 행위로 규정한 것은 수치를 넘어 분노케 한다."(유민영 2001: 46).

래꾼인데요, 그 방면의 수업은 대단한 것이라고 합니다.[362]

함세덕은 한국 고유의 극적 전통에 대해서 매우 무지하거나 그 가치를 인식하고 있지 못하거나 평가절하하고 있었던 것이 분명하다.

Ⅶ. 해방 이후 월북까지의 함세덕

함세덕은 〈신천지〉1권 9호(1946년 8월)에 "연극의 1년보고"라는 평론을 쓴다. 이 글은 다음과 같이 시작한다.

> 8월 15일. 역사적인 이 날을 맞이하야 조선의 사회, 경제, 문화의 모든 면에 있어 필연적으로 대변동이 왔다. 친일적인, 민족반역적인, 그럼으로써 오늘까지 각 부문에 있어 영도행세하던 도배들은 일제히 꼬리를 감추고 (……)[363]

"지하에서, 혹은 감옥에서, 혹은 징용지에서 새로운 주인공들이" 등장했다는 것이다. 함세덕 자신은 어떠한가. 그는 이처럼 "꼬리를 감추고" 있지 않았다. 그는 자신의 친일문학 활동에 대해서 전혀 반성하지 않고 당당히 〈신천지〉에도 1945년 8월 15일 해방 이후 1년 동안 연극 활동을 정리하는 초월적 지위에 서 있는 양 행동하고 있으며, 당당하였다.

"1947년 2월" 함세덕은 자신의 희곡선집 〈동승〉을 내놓으며[364] 반

---

362) 『함세덕전집2』, pp.489-490.

363) 『함세덕전집2』, p.512.

364) 희곡집 〈동승〉은 1947년 6월이었다. 『함세덕전집2』, p.582 및 김만수 2003: 165 참조.

성하는 시늉을 보이면서도 자신의 친일작품 활동을 변호하려는 논변을 폈다.

> 혁명가가 못되는 취졸한 나는 〈무영탑〉, 〈낙화암〉, 〈어밀레종〉 등의 낭만극으로 향수와 회고적인 민족감정에 호소하야 일제에 소극적이나마 반항하였고, 추장의 말로 뿌뿌랑(순사) 등을 극화하야 약소민족의 비탄을 노래했지만(……)[365]

예컨대 〈어밀레종〉의 경우를 우리는 앞에서 이미 읽어보았지만 그것은 일제에 소극적이나마 반항하였던 것이 아니라 매우 적극적으로, 끔찍하리만치 친일하는 희곡인 것이다. 1947년 2월에도 그는 여전히 자신의 적극적 친일문학 활동에 대해서 적극적으로 반성하지 않고 있는 것이다. 더구나 "〈동승〉을 내놓으며"라는 자신의 희곡집 "후기"에서 단절을 선언하고 있는데, 그것은 단순히 친일적 연극활동과의 단절을 의미하는 것이 아니었다. 적극적인 친일적 희곡들과의 단절은 물론 〈동승〉과도 단절하는 의도의 표명이었다.

1947년 후반 함세덕은 월북한다. 함세덕은 왜 월북을 감행했을까? 한국 희곡계에 넓게 유포되어 있는 설의 하나는 유치진과의 불화설이다. 개인적인 감정싸움 때문에, 유치진의 얼굴을 보기 싫다는 단 하나의 이유 때문에 남한에서 태어나고 남한에서 활동한 그가 월북을 단행했다는 것은 아무래도 설득력이 적은 것 같다.

용인 송담대학 교수 김동권은 「미 군정기 연극의 대본검열 문제연구」[366]에서 함세덕의 〈당대 놀부전〉의 미군정에 의한 검열문제를 논의한다.

---

365) 『함세덕전집2』, p.525.

366) 김동권, 「미 군정기 연극의 대본검열 문제연구」, 한국연극사학회편, 『한국연극연구』, 국학자료원, 1998, pp.177-195.

> 함세덕의 〈당대 놀부전〉은 함세덕이 일제시대 때 일본의 전진화에서 친일극으로 쓴 〈거리는 쾌청한 가을날씨〉(〈국민문학〉1944년 4월에 발표된 것이다)를 개작하여 발표한 〈고목〉(〈문학〉3호, 1947년 4월)을 다시 공연에 적합하게 개작하여 미군정 당국에 검열을 의뢰한 작품이다.[367]

> 〈당대 놀부전〉은 "극단 대중극장"이라는 명의로 대본검열을 신청하여 1947년 8월 29일에 수도관구 경찰청 사찰과장명으로 연극대본의 내용을 심의한 후 상연하여도 좋음을 허가받았다. 하지만 "제거분"이 있는, 말하자면 조건부 허락이었다.[368]

김동권에 의하면, 이 당시 함세덕은 좌익에 가담하고 있었고, 〈당대 놀부전〉은 〈고목〉을 개작한 것인데, 개작의 방향은 남로당 박헌영의 8월 테제에 입각하고 있었다.[369] 요컨대 함세덕은 1947년 말 월북을 단행하는데, 그것은 유치진과의 단순한 개인적 감정대립이 아니라 함세덕 자신의 좌익사상적 편향에 따른 매우 자연스러운 귀결이었다.

미군정시기에 이 〈당대 놀부전〉에 대한 검열은 형식상으로 보면 조건부 통과였지만 실질적으로는 공연금지였다.[370] "제거분"은 극의 내용에서 핵심을 차지하는 부분들이었기 때문이었다. 그 희곡의 스토리는 친일파의 부도덕에 대한 비판과 좌익활동의 정당성이었다. 조선공산당의 민주주의 민족전선에서 확인하는 논리, 곧 친일파에 대한 비판을 통하여 좌익의 이념이 정당하다는 논리가 이 희곡의 중심을 이루고 있었던 것이다. 흥미로운 점은, 친일파 함세덕이 〈고목〉을 이렇게 개작하여 〈당

367) 김동권 1998: 180-181.

368) 김동권 1998: 182.

369) 김동권 1998: 183-184.

370) 김만수가 정리한 (3)공연기록에서 이 희곡의 연극공연이 기록되어 있지 않다. 김만수 2003: 168-169를 보라.

대 놀부전〉을 만들었을 때 어떠한 심경이었을까 하는 것이다. 함세덕은 이 〈당대 놀부전〉을 통하여 자신의 친일행적에 대한 자기비판을 공개화하는 것이었을까. 분명한 것은 〈당대 놀부전〉이 순수한 문예와는 거리가 멀고 당시 조선공산당의 정치적 목적에 따라 철저하게 개작된 또 하나의 목적극이었다는 것이다. 그는 결코 "순수"하지 않았다.

1947년 8월 29일에 검열을 마쳤다면, 적어도 이 희곡을 탈고했던 시점은 1947년 8월 이전으로 거슬러 올라가는 것이 분명하다. 1947년 6월 희곡집 〈동승〉 후기에서 이전 시기와의 단절을 선언한 사실을 감안해보면, 이 단절은 곧 좌익으로의 공식적인 전향선언이었다. 그의 후기는 조선공산당, 남로당으로 전향하는 공식적 선언의 시작이었다.

> 〈당대 놀부전〉은 〈고목〉에 비해서 그 이념적 성향이 분명하여 당시 남로당 박헌영의 8월 테제에 입각하여 개작한 흔적이 분명하게 나타난다. 임화가 『문화전선』창간호에서 「현하의 정세와 문화운동의 당면임무」라는 제하의 글을 통해서 밝힌, 문화운동의 과제는 1) 일본 제국주의 문화 지배의 잔재 청산 2) 봉건유제의 청산 3) 부패한 시민문화의 삼제가 새로운 문화 건설을 위해 선행되어야 할 작업이라는 지적은 박헌영의 8월 테제와 궤를 같이 하는 것이다. 그런데 〈당대 놀부전〉은 이러한 문화운동의 범주와 개념 속에서 개작되었음을 보여준다.[371)]

1945년 11월 15일자로 발표된 임화의 「현하의 정세와 문화운동의 당면임무」(『문화전선』 창간호)에까지 남로당의 지도노선이 거슬러 올라갈 수는 있겠지만, 함세덕이 임화의 이 테제에서 이미 좌익전향 했는지는 확정짓기 어렵다.

---

371) 김동권 1998: 183-184.

Ⅷ. 월북 이후의 작품

월북 이후의 이른바 작품들은 모두 마르크스레닌주의의 정치이념에 근거한 목적극이다. 그 사례 하나를 구체적으로 검토해보자. 〈소위 대통령〉(『종합 단막희곡집』, 문화희곡사, 1949년)[372]은 이승만대통령을 희화화하는 주제이면서도 1950년 한국전쟁이 일어나기 직전에 쓰인 희곡이라는 점에서 주목된다. 이 희곡에 흐르는 주제는, 이승만과 그 정권이 부패하고, 미국에 종속된 비독립적, 비주권적이라는 것뿐만은 아니다. 그 핵심은 이승만정권이 북침하려 한다는 것이다. 그 핵심적인 곳을 읽어보자.

> 로버-트 : 그렇소 리박사와 대한정분 우리 미국의 가장 귀여운 아들입니다.
>
> 리승만 : 로버-트 소장. (하고 눈물을 닦은 후 그의 손목을 잡는다) 당신들이 나와 우리 정불 그렇게 사랑하신다면 이 자리서 그 물적 증거를 보여주시요.
>
> 로버-트 : 물적 증거라니요?
>
> 리승만 : 무기 말입니다. 그거만 내주시면 모든 건 해결됩니다. 내가 유엔 위원단에게 그렇게 모욕당할 리유두 없구 또 총회에서 그런 비난을 받을 리유도 없지요.
>
> 로버-트 : 리박사, 우리 미국 배루 실어와 부산에 있습니다. 또 빨리 내주구두 싶습니다. 허지만 리박사, 나 믿을 수 없어 못 내줍니다.
>
> 리승만 : 믿을 수 없다니요?
>
> 로버-트 : 리박사, 나허구 약속한 거 어디 실천했습니까? 리박사 말만 믿고, 풀 무성하기 전에 유격대 전부 토벌한다고, 나 워싱턴에다 보고했소. 틀렸습니다. 다음에는 락엽기에는 소탕한다고 보고

372) 『함세덕전집2』, pp.312-351.

> 했소. 이것도 거짓말 됐습니다. 12월까지는 완전히 근멸한다고 해서 나 또 속고서 보고했습니다. 어디 근멸 됐습니까? 리박사 약속 전부 거짓말이었습니다. 폭도군 날로 날로 그 수 늘어가고 있습니다. 오, 골치 아퍼.(하고 머리를 움켜쥐고 실내를 흥분하야 왔다갔다한다.)[373]

함세덕은 이 문맥에서 남로당의 유격활동이 1949년 12월 당시 여전히 굳건함을 말하고 있고, 이 점 이 희곡의 끝부분을 구성하는 핵심이다. “무기를 싣고 부산을 출발한 군용열차가 추풍령 근방을 지날 무렵 돌연 유격대의 불의 습격을 받어”[374] 미국과 한국의 군이 패했다는 소식에 절망하고 이승만대통령이 뇌진탕으로 쓰러지자, “소제부”가 “(앞치마로 바람을 내며) 아이, 시원하다”[375]고 말하는 목소리로 막이 내리는 것이다. 물론 여기 소제부는 남한의 노동자계급을 대표하는 것이고, 소제부의 말은 남한의 노동자계급이 이승만정권을 부정한다는 것을 시사한다. 하지만 이보다 더욱 중요한 것은 1949년 12월 당시 이승만정권과 미국이 북침을 계획하고 있었다는 점을 함세덕의 이 희곡은 전체적으로 핵심의도로서 전개하고 있다는 점이다. 그리하여 북한의 남침설을 부정하고, 북한이 한국전쟁을 일으키는 역사적 사실을 은폐하려는 이데올로기적 역할을 이 희곡이 수행하고 있다는 것이다.[376]

역사적 희곡이라는 형식을 취하고 있는 이 희곡이 논평할 가치조차 없는 수준미달이라는 점을 알 수 있는 것은, 역사적 전개와 갈등들을 균형감 있게 표현해내지 못하고 있을 뿐만 아니라 이승만과 그 정권을

---

373) 『함세덕전집2』, p.345.
374) 『함세덕전집2』, p.351.
375) 『함세덕전집2』, p.351.
376) 박명림, 『한국 1950: 전쟁과 평화』, 나남, 2002 참조.

폄하하기 위해 황당할 정도로 역사적 사실을 왜곡하고 있다는 것이다.

애리쓰 : 오, 원더풀 ! 승만은 나포레온하구 히틀러를 가장 존경하신답니다.[377)]

이는 이승만은 히틀러를 가장 존경하는 정통파시스트 정권의 괴수라는 말이다. 또한 함세덕은 이 희곡에서 이승만 대통령이 김구를 살해했다는 것을 확정짓는다.

함세덕은 월북하였지만 이북에서도 높게 평가되지 않았다.[378)] 그 이유가 무엇일까? 김만수는 함세덕이 '서정성'의 문학을 했기 때문으로 본다.

그가 북한연극사에서 외면받는 이유 중 가장 결정적인 것은 그가 '극예술연구회'의 후신인 '극연좌'에서 연극활동을 시작한 점에 있을 것이다. 그의 작품이 지닌 '서정성'이 투쟁적인 인간형의 창출에 어울리지 않는 것이었을지도 모른다.[379)]

김만수의 이 추론은 설득력이 낮다. 우리는 함세덕의 적극적인 친일성이 함세덕을 인정할 수 없는 이유였다고 판단한다.

---

377) 『함세덕전집2』, p.319. 1812년산 와인을 마시는 장면을 앞에 설정하고 있는데 이는 이승만정권의 부패를 형상화한 것이리라.

378) 오애리 1991: 200을 참조하라: "함세덕의 아내는 그들이 월북시 가져간 물건 등을 팔아 생활했고, 함세덕이 월북 이후 자신의 선택을 후회하곤 했다고 말했다(함성덕 증언)."

379) 김만수 2003: 149. 〈문장〉지를 이끌었던 이태준과 정지용은 임화와 김남천이 중심이 된 조선문학건설본부(1946.8.16)에 가담하고, 이어 조선문학가동맹(1946.12.13)의 주요 간부로 활동하였다. 이들은 한동안 월북이후에도 상당한 지위에 올랐다.

Ⅸ. 모방, 표절의 문제

함세덕 연구에서 끊임없이 일어나는 또 하나의 쟁점은 모방과 표절의 문제이다. 이는 유민영이 1982년 자신의 책 『한국현대희곡사』[380]에서 지적한 이래 그에 대한 논란이 있다. 우선 유민영의 비판을 들어보자.

> 그런데 순수창작의 상당수는 외국작품의 모작이다. 이해랑은 함세덕을 가리켜 '천재적 문사'였다고 높이 평가했지만 그는 모방의 천재에 지나지 않는다. (중략) 그의 작품을 검토해보면 유치진과 마찬가지로 애란 극작가의 영향을 가장 많이 받았고, 그 외에도 쉴러, 버나드 쇼, 로망롤랑, 스트린드베리, 슈니츨러, 메테링크, 머레이, 빠뇰, 그리고 일본 작품의 영향을 고루 받았다. 따라서 그의 많은 작품들은 앞에 열거한 외국작가의 모작에 불과한 것이다. 거의 절반에 가까울 정도의 모작도 많다. 가령 애란 작가 싱그의 〈바다로 가는 기사들〉 등에서 힌트를 얻은 〈산허구리〉 〈무의도기행〉이라든가 빠뇰의 마리우스를 연상시키는 〈해연〉, 머레이의 〈장남의 권리〉에서 테마를 얻은 〈서글픈 재능〉(일명 〈추석〉), 쉴러의 〈도적〉과 유사한 〈산적〉, 그리고 일본물어 〈春金紗〉의 영향을 받은 〈어밀레종〉 등등이 그러하다.[381]

함세덕은 과연 문학으로서 연구되어야 할 대가의 한 인물인가? 아니면 한국문학사적으로, 한국연극사적으로 연구될 가치가 없지는 않은 인물인가? 흥미로운 것은 모방 혹은 표절의 비난에 대해서도 함세덕변호론이 있다는 사실이다.

---

380) 유민영, 『한국현대희곡사』, 홍성사, 1982.

381) 유민영 1982: 303을 장혜전, 「咸世德의 戱曲에 나타난 외국작품의 영향문제」, 『수원대학교논문집』 제7집, 1989. 12, pp.11-27에서 재인용.

1. 장혜전의 변호:

> 희곡문학의 전통이 부재한 우리나라의 경우 초기단계에서 외국작품의 영향은 불가피하였고, 유치진을 비롯한 많은 작가들의 작품에서 발견되는 일반적인 현상이기 때문에 희곡이라는 장르의 안정된 정착을 위하여 외국작품의 적극적이고 창조적인 수용은 오히려 필요하다고 하겠다.[382)]

장혜전의 변호론을 구성하는 요소들은 1) 근대희곡을 수용하는 과정에서 초기단계에서는 불가피했다는 점, 2) 유치진 등 일반적 현상이었다는 점, 3) 희곡 장르의 안정된 정착을 위해서는 오히려 "수용"(모방이나 표절)은 칭찬받아야 한다는 점 등이다. 참으로 설득력 없는 변호론이다. 불가피론은 친일문제에서도 등장하는 논거의 하나이지만 작가란 평범한 인물이 아니라 시대의 지성인이고 그러한 존재로서 평가받는다. 표절 혹은 표절에 가까운 작품 활동을 두고 불가피론을 앞세워 변호하려는 사고 그 자체가 매우 위험하다. 많은 작가들에게서 나타난다고 할지라도 그것은 일반적 현상은 아니며, 설사 실제로 일반적 현상이라 할지라도 비판의 화살을 피할 수는 없다. 비판은 늘 오늘의 비판이지, 어제의 비판일 수 없다. 그리고 이른바 창조(창작)의 이론에서 미메시스(Mimesis)가 중요한 논거임을 우리가 모르는 바 아니지만, 함세덕 연구에서 모방·표절 문제는 이런 미메시스 논의 차원의 것이 아니다. 논지를 흐려놓지 말아야 한다.

2. 김만수의 변호:

김만수의 변호는 장혜전의 그것보다 제법 이론적인 외양을 덮어쓰고

382) 장혜전 1989: 13.

나타난다. 일단 그의 변호를 읽어보자.

> 함세덕의 작품을 본격적으로 검토하기에 앞서, 짚고 넘어가야 할 부분이 모방에 관련된 논란이다. 일찍이 유민영에 의해 함세덕이 '모방의 천재'로 지적된 이후에도 함세덕의 작품은 아일랜드 연극, 유치진 연극을 모방하고 있다는 점이 수차례 거론되었다. 필자가 보기에도 함세덕의 다른 작품들의 영향을 많이 받았고, 어느 경우에는 모방이라는 판단을 내리기에도 무리가 없는 부분이 있다.
>
> 그러나 연극에서 모방의 문제는 조금 다른 각도에서 접할 필요가 있다. 주지하다시피, 연극은 1시간 반 남짓의 시간 내에 끝나야 하기 때문에 복잡한 줄거리와 등장인물보다는 전형적인 사건과 인물을 자주 취급한다. 소포클레스의 〈외디푸스 왕〉이 당대인들이 모두 알고 있는 신화를 플롯화하고 있음은 물론, 세익스피어의 〈햄릿〉과 괴테의 〈파우스트〉 또한 당대의 설화 내지 역사적 사건을 직접 다루고 있다. 그러므로 연극에서는 다른 작품의 각색조차 독립적인 창작으로 인정되는 경우가 흔하다. 현대의 대표적 극작가 브레히트의 작품들이 대부분 각색인 것도 전혀 이상스러운 일이 아니다. 그러므로 **함세덕의 작품에서 보이는 영향과 모방의 흔적은 연극 상황의 특수성으로 이해하는 편이 바람직하며, 이러한 모방이 함세덕의 독창성을 전혀 훼손할 수 없다는 점도 밝혀둔다.**[383)]

혹시 김만수는 연극연출가의 역할과 희곡극작가의 그것을 혼동하고 있는지 모르겠다. 우리는 희곡극작가로서의 함세덕에 대해 논의하고 있다. 앞에서도 이미 말했지만 문예이론에서 미메시스론을 함세덕의 모방·표절논란에 끌어들여 논지를 흐려서는 안 된다. 문예사가 영향의 역사로, 수용의 역사로 읽어내는 중요하고 의미 있는 것을 우리는 부정

---

383) 김만수 2003: 46-47; 강조는 인용자.

하지 않는다. 대개는 이 경우 장대한 시간이 흘러간 다음 이미 '고전'으로 자리 잡고 있는 작품들을 창조적으로 수용하는 역사적 맥락을 문예이론적으로 조망하는 과제가 제기되는 것이다. 함세덕 사례는 이것과는 매우 다른 표절의 문제에 해당한다. 유민영, 장혜전, 박영정, 김만수 등의 비판과 변론의 논란 그 자체가 내가 보기에는 함세덕이 적어도 한국문학사에서도 거장으로 간주될 수 없는 명백한 증거가 아닌가 싶다. 일단 여기에서는 모방·표절의 논란이 되는 것만 밝혀두고 이에 대한 구체적 분석은 다음 기회로 미룬다.[384)]

(a) 아일랜드 극작가 싱그(John Millington Synge)의 〈바다로 가는 기사들〉(Riders to the Sea)(1막) = 〈산허구리〉, 〈무의도기행〉 (1928년 세계희곡전집간행회에 의한 세계희곡전집 제9권 愛蘭극집에 일역되었다.)

(b) 빠뇰의 마리우스 = 〈해연〉

(c) 아일랜드 극작가 머레이(T.C.Murray)의 〈장남의 권리〉(Birthright)(2막)(위 1928년 도판 세계희곡전집 속에 일역되어 포함되어 있다.) = 〈서글픈 재능〉(일명 〈추석〉)

(d) 쉴러의 〈도적〉 = 〈산적〉

(e) 현대 일본문학의 대표적 작가 곡지윤일랑 〈春金紗〉(〈춘금사〉는 1933년 6월 잡지 〈중앙공론〉에 발표되었다. 그리고 이 소설은 1934년 5월 제국호텔 연예장에서 신극좌 제10회 기념공연으로 久保田方太郎의 각색 3막극에 의해 연극으로 상연된 바 있다. 박영정 1992: 127. 각주 50) + 長田秀雄의 희곡 〈大佛開眼〉(1920년 4월 공연) = 〈어밀레종〉

(f) 오 헨리의 〈마지막 잎새〉 = 〈벽공〉

---

384) 함세덕은 번안 작품임을 구체적으로 밝힌 작품들이 다수 있다. 번안 작품이라고 명시적으로 밝혔다는 점에서 모방·표절 논란에서 제외됨은 당연하다.

Ⅹ. 맺는 말

친일파를 변호하는 자들을 우리는 포스트친일파라 부를 수 있을 것이다. 친일파는 이들 포스트친일파의 친일적 해석 속에서 굳건하게 살아간다. 포스트친일파에 대한 적극적인 비판이 요청되는 시기이다. 해석의 투쟁이 중요하다.[385)]

지역사랑은 중요하고 확산시켜야 되지만 자신의 지역 출신이라 하여 덮어놓고 예찬하는 것은 지역쇼비니즘으로 이어질 가능성이 높다. 지역쇼비니즘을 경계해야 한다.

사례 함세덕은 함세덕이라는 역사적 인물을 연구할 때 우리가 무엇을 어떻게 분석하고 이해해야 하는지를 알게 해주는 사례이다. 함세덕 사례에 대한 연구는 왜곡된 지성사를 비판해야 하는 규범적 요청이 여전히 매우 중요한 것임을 알게 해주는 슬픈 연구이다.[386)]

---

385) 주섭일, 『프랑스의 대숙청: 드골의 나치 협력 반역자 처단 진상』, 중심, 1999; 이창훈, 「한국과 프랑스의 지식인의 부역과 숙청」, 『광복50주년 기념논문집』 1-5, 한국학술재단, 1995; 윤해동, 『청산하지 못한 역사』, 청년사, 1994 참조.

386) 본 논고는 인하대학교사회과학연구소 제10차콜로키움발표문(2005.8.4.)이었는데, 가볍게 교정했다.

제5장
왜곡된 지역개발의 사례에 대한 비판
- 이른바 만국공원복원의 사상과 논거에 대한 비판

Ⅰ. 이른바 만국공원복원은 왜곡된 지역개발의 전형적 사례가 될 것인가

이른바 만국공원복원논란은 이제 새로운 것은 아니다. 자유공원 일대 복원논란이 일어난 적이 있었다. 우리는 〈소금밭〉 2006년 5·6월호, 제10호와 〈월간 건축인 포아〉, 2006년 9월, vol.125를 참조할 수 있을 것이다. 복원주장 논거들에 대한 비판은 충분했고 이 논란이 종결되었다고 들었고, 나는 그렇게 느끼고 판단하고 있었다. 도대체 그런 터무니없는 반(反)문화적 사업이 어떻게 추진될 수 있겠는가 말이다. 만국공원복원 추진자들이 진행한 설문조사 그 자체에 대해서도 근본적인 의문이 있었다고 하는데, 복원찬성과 복원반대가 단순 다수결에 의해 결정될 사안은 아니다.[387] 압도적 다수가 복원찬성에 서야만 복원할 수 있다.

그렇지만, 유감스럽게도 이제 나는 다시 논란에 대해 발언해야 하는 슬픈 현장에 서 있다.

유물을 보존하려는 충동에는 서로 연관된 다음과 같은 가정이 있다. (a) 과거는 현재와 다르다는 가정, (b) 과거의 유물은 우리의 정체성에 없어서는 안 되며 그것들 자체로도 바람직하다는 가정, (c) 유형의 잔재

---

387) Claus Offe, "An den Grenzen der Mehrheitsdemokratie", Bernd Guggenberger, Claus Offe(Hrsg.), *Politik und Sozioloogie der Mehrheitsregel*, Oplalden: Westdetscher Verlag, 1984 참조.

는 유한하고 줄어들고 있는 상품이라는 가정.[388]

이 각 논거에 대해서 좀 더 논의해보자. 논거 (a)는 현재와 과거의 본질적 차이를 말한다. 과거는 현재와 다른 종류의 것이고, 그런 한에서 그것이 보존의 대상이 된다. 유럽에서는 역사주의의 일회성가정이 보존에 대한 관심을 이론적으로 뒷받침했다.

논거 (b)는 두 가지 내용이다. 그 하나는 과거의 유물은 정체성을 구성하는 요소이며, 다른 하나는 보존하려는 그 유물이 그 자체로 가치가 있어야 한다는 것이다.

여기에서 복원은 논거 (c)가 이미 해당되지 않는다는 점에서 보존과 다르다.

복원·보존주의자들은 어떠한 자들인가? 로웬덜에 의하면, "오래된 건물을 보존하기를 바라는 사람은 대체로 부유한 사람들이다. 그렇게 하는 것에 대해 보조금이나 세금 혜택을 받는 사람도 부유한 사람들이다. 가난한 사람들 중에는 역사적 건축물을 보면서 '과거 유한계급이 쾌락에 탐닉하던 ---역사의 타락 국면을' 떠올리는 이들이 많다. 나쁜 기억들로 인해 과거에 대한 인식이 더럽혀진 사람들에게 보존은 거의 호소력을 지니지 못한다."[389] 이번 사태는 이와는 제법 다른 점이 있다. 만국공원을 복원하려는 자들은 정말 어떠한 자들인가, 우리는 묻지 않을 수 없다.

모사, 위조, 사본은 복원논의와 관련하여 구별되어야 한다. (a) 모사(copies)는 현존하거나 상실된 원본을 흉내 내는 것이며, (b) 위조(forgeries)는 원본인 양 가장하는 것이고, (c) 사본(replicas)은 잘 알려진 원형을 다른 장소에서 복제하는 것이다.[390]

---

388) 데이비드 로웬덜, 김종원·한명숙 역, 『과거는 낯선 나라다』, 개마고원, 2006, pp.810-811.

389) 로웬덜 2006: 837-838.

390) 로웬덜 2006: 629.

복원은 두 종류가 있다. 부분적으로 손상된 것을 복원하는 것과 완전히 멸실된 것을 복원하는 것이 있다. 그러나 공통점은 원형의 복원이다. 복원은 원형을 가정하고, 그것을 복원하는 것이다. 그러므로 복원에서는 원형의 명백한 확인이 필수적이다. 원형이 확인되지 않은데도 불구하고 복원을 말하는 것은 위조에 해당한다. 구체적으로 말하자면, 존스톤별장과 세창양행 건물의 복원은 위조에 해당한다. 설계도가 없을 뿐만 아니라 건물의 내부조차 엄밀하게 말하여 확인된 것이 아니다. "창조적 복원"은 형용모순의 기만에 불과하다.

복원은 과거에 대한 발언에 속한다. 그 이유는 다음과 같다. (a) 문화적 차원: 자존심과 자부심을 앙양한다, (b) 경제적 차원: 재산을 증식한다(관광산업), (c) 정치적 차원: 권력을 정당화한다.[391] 이 세 차원은 분리되어 있지 않다. 경제적 차원에서 이익이 발생하기 위해서는 문화적 차원과 정치적 차원에서 당당해야 한다. 만국공원복원이 한국의 자존심과 자부심을 앙양하기는커녕 훼손한다면, 그리하여 장기적으로 경제적으로도 손실을 가져온다면, 그리고 제국주의적 침탈의 권력을 정당화한다면, 이른바 만국공원은 결코 복원되어서는 안 되는 것이다. 역사주의적 역사철학의 종언 명제 이후 분명한 것은 과거를 있는 그대로 복원할 수는 없다는 점이다.[392] 과거에 대한 기억 역시 이 맥락에서 재조망되고 있다. "유물은 역사와 기억이 전달하는 것만 의미한다."[393] 이른바 만국공원복원주장자들의 역사의식이 무엇인지를 우리는 분명하게 식별해야 한다.

"기억의 가장 중요한 기능은 과거를 보존하는 것이 아니라 현재를 풍부

391) 로웬덜 2006: 687.

392) 이 맥락과 관련하여 서규환, 「리하르트 코젤렉의 역사이론에 대하여」, 『서양사론』 제91호, 2006년 12월, pp.43-74를 참조하라.

393) 로웬덜 2006: 558.

하게 하고 조작하기 위해 과거를 조절하는 것이다. 기억은 단순히 이전의 경험에 매달리기는커녕 이전의 경험을 이해하는 데 이바지한다. 기억은 과거의 진부한 반영이 아니라 차후의 행위와 인식, 그리고 우리가 주변 세계를 묘사하고 상징화하고 분류하는 데 사용하는 끊임없이 변화하는 코드에 기반을 둔 절충적이고 선택적인 재구성이다."[394]

II. 어떠한 역사의식이, 어떤 사상적 실체가 이른바 만국공원의 부활을 추진하고 있는가

1. 만국공원복원프로젝트는 어느 날 갑자기 튀어나온 것이 아닌 것 같다. 은밀하게 추진해온 세력 같은 것이 있는 듯한 인상을 받는다.

이 맥락에서 최원식(2007년 현재, 인하대 국어국문학과 교수이며 인천문화재단 대표이사)의 발언을 기억하게 된다. 그는 1997년에 다음과 같이 공식적으로 발언한 바 있다.

"옛 인천지역의 랜드마크가 있었는데, 그것은 옛날 존스톤별장으로 인천각이었지요. 그걸 부수고 지은 한미수호 100주년 기념탑의 철거가 내 소원입니다. 거기에 인천각을 복원해서 거기서 양식을 먹어보는 것이 내 바램입니다."

이 말은 그가 인천 지역의 "건축과 도시, 그리고 지역성"을 주제로 한 좌담에서 발언한 것이다.[395]

394) 로웬덜 2006: 476.

395) 구영민/김용하/서규환/이호정/전진삼/조원민/최원식/황영삼, "좌담: 건축과 도시, 그리고 지역성", 〈건축사〉 1997년 10월호 vol. 342, pp.61-68, 여기에서는 p.62.

그는 이 발언을 던지고, 일찍 좌담자리를 떠났는데, 그의 이 발언은 나에게 또 다시 충격으로 다가왔다. 그리하여 정신을 가다듬고 나는 이 주제와 관련 있는 그의 글 「맥아더가 점령한 인천자유공원」[396]을 다시 읽어보았다.

2005년 인천학연구원은 인천시로부터 "각국공원 창조적 복원사업 타당성 검토 용역"을 의뢰받아 수행했다.[397] 이 연구용역의 성립 자체가 연구대상이다. 이미 자유공원의 발전방안 같은 제목이 아니라 매우 구체적으로 "각국공원 창조적 복원사업---"이라는 명칭을 제시하고 있는 사업이었다.

2006년 4월 3일 인천종합문화예술회관 대전시실. 〈만국공원의 기억〉전이 열리었다. 이 자리에서 인천문화재단 대표이사 최원식 교수는 "만국공원의 진짜 얼굴을 되찾는 일을 서둘러야 한다"고 주장했다.[398] 왜 서둘러야 하는가? 나는 이 현장에 있지 않았고, 그의 말 전체를 알지는 못하지만, "서둘러야 할" 이유는 전혀 없다. 이른바 만국공원이 우리에게 무엇인지를 우선 깊이 있게 파악하여 그 실체를 통찰해야 하

---

396) 최원식, 「맥아더가 점령한 인천자유공원」, 나라정책연구회 서규환 외 25인 편저, 『옷을 갈아입는 아파트』, 열린세상, 1995, pp.75-82. 이 글은 계간 『황해문화』 통권8호에 실렸던 것이다. 이 책의 편집에 책임을 지고 있었던 자의 한 사람으로서 나는 책임을 느낀다. 『황해문화』 통권4호 평가회의에 참여하면서 나는 『황해문화』 편집위원으로서 활동하며 최원식 교수를 알게 되었는데, 그 당시 그의 인격을 전적으로 믿고 있었고, 바로 그 때문에 그의 글을 면밀하게 읽지 않았고 단행본에 재수록했던 것이다. 말이 난 김에 곁게 하나 더 말하자. 통권 4호 평가회의에 참석하면서 나는 특별히 『황해문화』 표지의 도상에 대해 비판했다. 그 도상은 중국을 중심으로 하고 동심원들이 확산되어 가는 전형적인 중화사상을 표현한 것임을 나는 지적했고, 공식적으로 사죄해야 한다는 의견을 제출했으나 받아들여지지는 않았다. 그 후 나는 공식적으로 초대편집주간으로서 계속 『황해문화』의 편집을 책임지는 제법 긴 시간이 있었지만, 사죄의 기회를 살리지 못했다. 이 자리를 빌어 사죄의 뜻을 표한다.

397) 김창문, "만국공원이 인천시민에게 다가온다", 〈격월간 소금밭〉, 2006년 5-6월호 제10호, p.12.

398) 김창문 2006: 10에서 재인용.

는 과제가 역사적으로 있다면 있다.

분명한 것은 만국공원복원프로젝트가 일정한 역사관과 정치적 사회적 사상의 실체에 의해서 전개되어왔다는 점이다.

2. 만국공원복원프로젝트 속에는 존스톤별장을 복원하는 것도 포함되어 있는데, 복원찬성론자들은 존스톤별장이 인천의 랜드마크라는 주장을 펴고 있다. 하지만, 랜드마크가 어떻게 누구에 의해 결정되는가 하는 문제는 그리 간단하게 논의될 성질의 것이 아니다.

사실적으로 인천지역의 랜드마크가 존스톤별장 혹은 인천각이었는가 하는 의문이 있다. 비공식적으로 인천의 그것으로 이것을 말하는 사람들이 있었다고 할지라도 그것을 공식적으로 표명하고 확인하는 과제는 또 다른 것이다. 존스톤별장은 존스톤의 별장이며, 인천각은 일종의 고급요정이었다. 고급요정으로서 인천각에서 일어났던 행위들과 발언들에 대해서는 경험적 연구가 있어야 하겠지만 그곳에서 일어났던 작태들에 대해서 어느 정도 가늠할 수는 있다. 또한 인천각에서 "양식"을 먹을 수 있었던 자들은 어떠한 인물이었던가. 평균적인 일반 인천인들은 물론 아니었을 것이라고 충분히 추론할 수 있다. 또한, 아마도 일반 인천인들은, 그리고 우리나라 사람들은, 그곳 인천각 사람들(인천각을 드나들던 사람들)에게 강한 적대감을 품고 있었을지도 모르며, 최소한으로 줄여서 말해도, 좋은 감정을 가지고 바라보지는 않았으리라 상상할 수 있다.

더욱 중요한 것은 랜드마크는 역사적으로 고정되지 않으며, 고정되어서도 안 된다는 점이다. 범지구화시대에서 인천의 가시적 랜드마크는 그에 걸맞아야 한다.

3. 최원식은 위 논고에서 다음과 같이 주장한다.

> "그런데 오랜 동안 불리었던 만국공원이 1957년 10월 3일, 무슨 이유로 자유공원으로 변경되었는가? 계단 오른편에 새로 세운 안내판을 보니 그 이유가 분명히 나타난다. '1957년 10월 3일 개천절을 기하여 맥아더 장군 동상 제막과 함께' 개칭되었다는 것이다. 바야흐로 만국공원이 미국공원으로 획기적인 전신을 한 것인데, 그것을 하필 우리나라 건국기념일인 개천절에 결행한 당시 이승만 정부의 의도에 어안이 벙벙할 뿐이다. 동상 건립과 그에 따른 공원 명칭 변경은 이승만 독재를 보위하기 위한 일종의 상징조작이었던 것이다."[399]

최원식은 자유공원을 미국공원으로 곧바로 번역한다. 명명의 정치라 부를 수 있는 것에 대해서 의문을 던지는 것 자체를 비난 할 이유는 없다. 하지만 명명의 정치에 대한 역사적 연구는 사료에 근거해야 한다. 사료에 근거해서 다음과 같은 의문들에 답과 주장을 전개해야 할 것이다. 진정, 만국공원이 미국공원으로 변질되었는가? 자유공원의 의미론은 무엇인가? 오늘의 자유공원이 의미론적으로 실질적으로 미국공원인가? 단적으로 말해, 그렇지 않다. 미국공원이면, 미국공원이라 명명했을 것이다. 자유공원이라는 이름은 정당하게 해석되어야 한다. 자유공원에서 자유라는 명명을 단지 미국으로 이해하는 그것이야말로 미국의 패권에 역굴복하는 것에 다름 아니다. "자유냐 전체주의냐" 하는, 1950년대 중반(1956년 미국 보스톤 정치학대회에서 브레진스키의 발표문에서 매우 잘 압축된 논점)의 냉전구도 내에서의 수사법이 만국공원을 자유공원으로 개칭하는 과정에 개입했으리라 추론할 수 있다. 즉 "현존 공산주의"와 대립하는 정치적 언어로서 "자유"가 의미론적으로

399) 최원식 1995: 78.

선택된 것. 만약 자유가 오직 공산주의를 부정하는 그것으로만 사용되기를 바라면서 자유라는 이름을 선택했다고 해석한다면, 자유의 의미를 왜곡하는 것이다. "미국=자유"로 이해하며, 그것을 반대하는 최원식의 해석의 타당성은 분명하지 않다. 그런데 이 글에서 분명한 것은 최원식의 경직된 반미의식이다. 그의 이 반미의식은 그의 동아시아론과 무관하지 않는 것 같다. (이에 대해서는 별도의 논의가 필요하다.)

4. 맥아더동상건립과 명칭개칭이 "이승만 독재를 보위하기 위한 일종의 상징조작"이라는 최원식의 주장은 타당한가? 무엇보다 이런 종류의 주장은 이미 말한 바와 같이 역시 사료가 뒷받침되어야 하는데 그의 주장은 그렇지 않다. "만국공원"의 의미론에 대해서 우리는 더 반성해야 한다. 그것은 제국주의시대에 각 선진제국이 한반도를 침략하는 지평을 담고 있다.

한국전쟁은 어떠한 전쟁이며, 맥아더는 어떠한 인물인가? 맥아더는 미국의 장군이 아니라 연합국의 장군이다. 한국전쟁에 대해서 더 깊이 있는 연구가 필요하다.[400)]

맥아더동상건립과 명칭개칭의 과정에 대한 체계적인 본격적 연구가 이루어진 다음에 곧은 주장을 펴야하겠지만, 현재의 사료들에 근거해서도 중요한 몇 가지 사실들을 밝힐 수는 있다.

"자유공원"이라는 명칭은 어떻게 생겨나게 되었는가? 1957년 당시 인천시장 김정렬은 만국공원의 이름이 "지계제도를 연상하게 만드는 모욕적인 것이라는 여론"을 수렴하여 새로운 이름을 제정하려는 절차를 밟았다. 다시 말해서, 당시의 여론은 "만국공원"이라는 명칭을 폐

400) 외국장군을 기념하는 사례는 정말 없는가? 물론 없지는 않다. 정화제독을 인도네시아에서는 모시고 있다. 더 깊은 연구가 있어야겠지만, 맥아더는 미국이 아니라 연합군의 장군으로서 기념되는 것이다. 기존 사례가 없다고 해서 곧바로 새로운 선례를 만드는 것을 불가능하게 만드는 것은 물론 아니다.

지하고 다른 이름을 부여하는 과제는 역사적으로 제국주의적 잔재라는 것을 청산해야 한다는 분명한 비판의식을 가지고 제안된 것이었다는 점에 주목해야 한다. 시문화위원회에 자문을 얻고자 했으나, 합의가 되지 않았고, 김정렬 당시 시장은 "결단을 내려" "자유공원"이라는 이름을 붙였던 것이다. 아마도 김정렬은 여러 이름들 가운데 "자유공원"이라는 이름을 선택했을 가능성이 높다. 중요한 것은 자유공원의 이름이 이승만의 독재적 지시에 의해서 정해진 것이 아니라는 사실이다.[401]

5. 맥아더동상의 자리에는 1884년 독일 상인이 건립했다는 世昌洋行 사택이 있었다. 1922년 이 건물은 인천시립도서관으로, 1941년 향토관으로, 1946년 인천시립박물관으로 그 용도가 변경되어 왔다. 1950년 9월 15일 함포사격으로 멸실된다.

최원식은 이 멸실을 두고 이렇게 말한다.

> "이처럼 유서 깊은 건물이 1950년 9월 15일 함포 사격으로 한 줌의 재로 날아갔으니 애통한 일이다(최성연, 『개항과 양관 역정』, 경기문화사, 1959, pp.70-75). 더구나 박물관을 파괴한 장본인은 바로 그 자리에 동상으로 들어섰고, 쫓겨난 박물관은 송도에 새 건물을 짓고 이사하기까지 동상 아래 지금의 인천문화원 비좁은 터에 웅크리고 있었으니 이 무슨 아이러니인가!"[402]

말하자면, 최원식의 이 말은 맥아더가 의도적으로 인천시립박물관을 포격했다는 암시를 담고 있다. 역사적 사료에 근거하지 않은, 저급한 글쓰기 전략의 하나이다.

---

401) 최성연 1959: 75; 최성연 2002: 82-83.

402) 최원식 1995: 79.

6. 복원해야 하거나 보존해야 한다면 핵심적 내용으로서 그 대상이 미학적 가치를 가지고 있다는 확실한 판단이 있어야 한다. 구체적으로 말하여, 존스톤별장과 세창양행사택이 과연 "아름다운 자태"[403]로 받아들여지는가? 건축사적으로 복원할 가치가 있는 것인가? 그의 심미적 수용관에 대해서 묻지 않을 수 없다.

Ⅲ. 조계지의 실체

개항기 거류지, 조계지는 각국조계지라는 이름을 달고는 있으나, 실질적으로는 일본의 조계지였다.[404] 거류지(조계지)는 일본거류지, 각국조계지, 청국조계지 이렇게 세 구역으로 분할되어 있었다. 다시 말해서 각국조계지 속에 일본조계지와 청국조계지가 포함된 것이 아니었다.

영국영사의 보고를 정리하여 한우근은 1883년 현재 서울, 마포, 부산, 원산, 제물포 등 각 개항장에 거주하는 외국인거류민수를 통계로 제시하고 있다.[405] 이 중 제물포를 구체적으로 살펴보자. 영국=1, 청국=72, 독일=3, 이태리=1, 일본=400, 로서아=(내부인 3명)4이다. 일본의 압도적 거류를 알 수 있다. 개항 이후 5, 6년 동안에도 일본인의 침투는 매우 급속하게 진행된다. 그 뒤에도 계속적으로 일본과 청국 양국의 이주자가 증가일로에 있는데 그 밖의 외국인의 수는 그리 큰 차가 없었다. Andrew Malozemoff는 자신의 저서 *Russian Far Eastern*

403) 최원식 1995: 79.

404) 한우근, 『한국개항기의 상업연구』(한우근전집11), 학술정보, 2001를 참조하라. 개항기 이래의 인천의 도시개발과정에 대해서는 김용하, 「인천 개항 초기의 시가지 형성」, 『황해문화』 창간호, pp.226-251 및 김용하, 「인천의 도시로서의 성장」, 『황해문화』 4, 1994년 가을호, pp.226-261 참조하라. 일제강점 하 인천의 도시발전모형은 전형적인 식민도시유형에 속한다.

405) 한우근 2001: 57을 참조.

Policy(1958년, p.17)에서[406] 1888년에서 1989년에 이르는 기간의 외국상인의 수를 통계로 제시하여 그 당시의 상황을 논증했다. 미국인=11, 영국인=6, 독일인=22, 일본인=4,000(이상), 로서아인=4 등이다. 일본상인의 수는 거의 배증되었고, 통계상으로 미국인, 독일인이 약간 증가되는데 특별히 독일인의 진출이 현저하다고 한우근은 Malozemoff의 통계처리결과를 해석한다.

1895년 현재 부산, 인천, 원산의 조계각국인 호·구 수의 통계를 보아도 일본의 압도적 침투를 분명하게 식별할 수 있다.[407] 이 중 인천만을 보면 다음과 같다. 일본=568/4110, 영=7/7, 미=5/7, 독일=8/8, 등이다(앞의 것은 호수이고 뒤의 것은 구수를 말한다).

또한 1886년 제물포, 부산, 원산 등 이른바 3대 개항장의 입항선적 및 톤수를 비교해보아도 일본의 압도적 침투를 잘 식별할 수 있다.[408] 이 중 제물포만을 보면 다음과 같다. 조선=3척 259톤, 7척 1324톤, 일본=42척, 2364톤, 56척, 34609톤, 독일=1척 461톤, 13척 4708톤 기타=22척 403톤--등이다(앞의 것은 帆船 통계이고 뒤의 것은 汽船통계이다). 일본의 압도적 지배 속에 독일의 경우가 눈에 띈다.

각국조계지가 실체적으로는 일본조계지였으며, 더구나 그것은 제국주의적 침탈이라는 동일한 반민주적, 반주체적 종속지배 속에 나타난 현실적 결과상태였다.[409]

오가와 유조의 『인천번창기』는 각국조계지가 실체적으로는 일본조계지였음을 논증해주고 있다. 그의 진술을 들어보자.

"각국 거류지는 일본 거류지가 설정된 이듬해인 1884년에 공매에 부쳐

406) 한우근 2001: 57에서 재인용.

407) 한우근 2001: 59를 참조.

408) 한우근 2001: 243을 참조.

409) 더 자세하게 실질적 침탈 상황에 대해서 연구할 필요가 있다. 한우근의 연구서에서도 이미 매우 분명하게 침탈정황을 알 수는 있지만.

져 1888년에 설정되었다. 일본 거류지 설정 당시에는 그 누구도 10년 후의 큰 성장을 예상치 못했기 때문에 불과 1만평 남짓한 좁은 땅을 우리 일본인 전용 거류지로 설정하여 이로써 충분하다고 했던 것이다. 그러나 개항한 그해부터 거류민이 해마다 눈에 띄게 증가하여 불과 몇 년을 넘기지 못하고 일본 거류지는 협소함이 드러났다. 이와 때를 같이하여 각국 거류지가 신설되었고, 이 무렵에 때마침 일본인들이 한국으로 몰려왔다. 일본 거류지 안에 더 이상 수용공간이 없어 고심하던 일본인들은 속속 각국 거류지로 들어섰고, 3년 후인 1891년에는 각국 거류지 내에 체류하고 있는 일본인이 어느 덧 일본 거류지 내의 일본인을 숫자상으로 뛰어 넘었다. 이후 해마다 눈부시게 증가하였으며, 지난 4월 말 현재 일본인 가구 1,236호와 인구 5,619명 중에 3분의 2가 각국 거류지에 체류하고 있다는 통계가 나왔다. 말하자면 이름만 각국 거류지일 뿐 사실상은 일본 거류지나 다름없는 셈이다."[410]

오가와 유조는 각국거류지가 실체적으로는 일본거류지임에도 불구하고 소수의 유럽인들이 소유권을 행사하는 그 정황에 대해서 불만을 토로한다. 오가와 유조는 이렇게 말을 이어간다.

"이렇게 각국거류지는 일본인의 천지가 되었음에도 불구하고 일본인 세력이 몇몇 소수 외국인들에게 눌려 지내는 형편이어서, 심히 유감스럽게

410) 오가와 유조, 편저/김창수-전경숙 역주/김석희 감수, 역주 인천번창기, 『인천 1903』, 인천학연구원, 2006, p.99. 또한 오가와 유조 2006(1903): 46에서도 "1888년 이후 각국거류지가 부쩍 눈에 띄게 달달했던 것도 모두 일본거류지에서 넘쳐나는 인구가 그곳으로 흘러들었기 때문이다. 그런데 지금은 이 각국거류지조차도 포화상태여서 새로 바다를 건너오는 일본인을 수용할 수가 없다. 이러한 인구증가의 여파는 마침내 청국거류지, 한국인 주거지, 화개동, 기정동에 까지 미치게 되었다. 일본거류지의 성장도 실로 놀랍지 않은가?"라고 적고 있다.

여기는 바이다."[411]

여기에서 "소수 외국인들에게 눌려 지내는 형편"이라는 말은, 정치적, 행정적인 차원이 아니라 부동산세(지대와 집세)에 대한 불만에 관한 것이다.

> "각국거류지에 체류하는 3천명의 일본인들은 해마다 십만여 엔의 지대와 집세를 불과 몇 명밖에 안 되는 서양인에게 지불하고 있을 뿐만 아니라 3천명 일본인의 이해는 항상 그 몇 명의 서양인의 이익에 눌려 희생되고 있는 것이다."[412]

각국거류지에서조차 치안은 일본인들이 맡고 있었다. 각국거류지 경찰서 서장대리=시마자키, 순사=도미카와, 우메다, 후쿠다, 오노. 모두 다 일본인들이었다.[413]

일본조계지 설정에서 일본 측의 진단과 예측은 예리하지 못했고, 그에 따라 각국조계지의 법적 소유권이 소수의 서양인에게 넘어간 것인데, 그것에 대해서 일본인들은 원통해 하고 있었다. 각국거류지(각국조계지) 설정은 독일의 Karl Wolter가 제물포에 도착했던 해인 1884년에 "공매에 부쳐져 1888년에 설정되었다." 1884년과 1888년 사이에는 약 4년의 시간이 있는데 그 이유는 무엇인가. 어쩌면 그 당시의 정황에서 Karl Wolter 등 소수의 서양인들에게 그다지 매력적이지 않았을 수도 있고, 그것은 어디까지나 각국조계지로서 정치적으로 책정되었던 까닭도 있었을 것이다.

각국거류지에 대한 권한은 각국거류지의회에 있었던 것 같다. 이 각

411) 오가와 유조 2006(1903): 99.
412) 오가와 유조 2006(1903): 99.
413) 오가와 유조 2006(1903): 174.

국거류지의회의 위력도 일본인들의 전방위 권력 앞에서는 거의 무력해져 갔던 듯하다.

일본거류지의 확장을 목표로 일본인들은 해안매립 개발사업을 추진했는데, "서양인들"의 반대에 부딪힌다. 오가와 유조는 다음과 같이 기록했다.

> "해안매립은 거류지의 일본인들이 10년 동안이나 요구해온 사업으로, 여러 차례 우리 일본 대표가 각국거류지의회에 제출하였으나 항상 서양인 지주들의 반대로 통과되지 못했었다. 결국 서양인 지주의 관점에서 보면 이 매립은 자신들의 이익이 줄어드는 결과를 초래하기 때문일 것이다. 이와 더불어, 이들의 반대에는 또 다른 이유가 있었다. 즉, 당시 계획이 일본거류지의 해안에서 오푼도(五文島)까지 매립한다는 대규모 계획이어서 더더욱 이들 서양인들이 완강하게 반대를 하게 된 것이다. 그런데 1898년 12월에 이시이(石井)영사가 백방으로 뛰어다닌 결과, 일본거류지의 해안 맞은 편 57미터만 매립할 수 있다는 결론이 각국대표자회의[414]를 통과하였다. 이로써 일본거류지는 5만엔의 거류지차관을 들여와 1899년 10월에 공사에 착수하였고 이듬해 6월에 준공하였다. 이로써 거류지는 추가로 4천여 평의 땅을 확보하게 된 것이다. 이곳을 창고와 화물의 계량 및 포장 작업장으로 충당하면서 그 사용료 및 임대료를 징수하게 되었으므로, 이곳에서 발생하는 수익은 거류지 제일의 재원이 되었다."[415]

인천 일본거류지가 일본제국주의침탈정치에 어떠한 역할을 했는가를 직시해야 한다. 또 하나의 중대한 역사적 사실을 기억해야 한다. 청일전쟁에서 승리한 일본제국주의는 한국 공간 내에서 일본자본의 완전한 침투를 목표로 이른바 "계림장업단(鷄林將業團)"을 바로 1897년 4월에

414) 각주 36; 원문에서는 '사신회의'.

415) 오가와 유조 2006(1903): 44.

인천에 설립한다. 이 “계림장업단”은 “소화물, 송금, 거래대금징수 및 개인 간의 서신전달 등으로, 소속 행상들을 위하여 화물전송을 관장”했는데 1899년 1월에 인천 본부에 798명, 각 지부와 본부를 합쳐 1,380명의 단원을 확보했다.[416)]

이들 조계지에서 일본인들은 어떻게 생활했는가? 오가와 유조는 매우 염려하는 심정으로 조계지 일상생활에 대해 기록한다. 그대로 옮겨 보겠다.

> “그리고 인천 사회의 상류, 하류층을 막론하고 요릿집을 출입하지 않는 자는 거의 없다. 날카로운 발톱을 세우고 거류지의 풍속을 맹비난하는 ‘선생님’들조차 해가 저물면 몰래 요릿집의 노렌을 들추고 들어가 술잔을 기울이며 낮은 소리로 흥얼대는 모습을 보면 인천에는 어지간히 이러한 풍조가 널리 물들어 있는 것으로 보인다. 요릿집만이 아니라 작년 12월에 개업한 시키시마루조차도 최근에는 상점의 고용인들 보다 오히려 나름대로 이름깨나 알려진 신사들이 현장 실사니 뭐니 하는 구실로 찾아오는 경우가 많다고 한다. 이제 와서 사생활의 개선을 성토하는 것이 새삼스럽기는 하나, 그렇다고 해도 이곳 거류지의 풍습치고는 놀랍지 않은가? 작년 말 조사에 따르면 작년 하반기의 출생아 수는 남아가 42명이고 여아가 37명이다. 이 중 적출자는 남아가 26명, 여아가 30명으로, 혼외 출생, 즉 비적출자는 남아가 16명, 여아가 7명이다. 즉, 79명 태어난 중에 결혼한 부인과의 사이에서 태어난 아이가 16명인데 비하여 혼외 관계에서 태어난 아이가 23명의 비율이다. 이는 하반기 통계로 그 단면을 보여 주는데 불과하나, 이것 하나만 보더라도 얼마나 인천의 풍속이 문란한지를 알 수 있을 것이다.”[417)]

---

416) 오가와 유조 2006(1903): 43-44. 이 조직은 1899년에 해산된다. 그 이유에 대해서는 연구가 필요하다.

417) 오가와 유조 2006(1903): 140-141. 오가와 유조의 『인천번창기』는 인천의 명

물론 여기에서 "인천"은 일본인들이며 " '선생님들' " 역시 일본인들이며, "인천사회"는 일본인들의 사회이다.

IV. 마이어(Meyer) 상사, 세창양행, 존스톤별장

세창양행[418]은 무엇을 했던가? 그 독일상인은 누구인가? 세창양행은 독일 함부르크에 본사를 두고 있었고, 홍콩을 중심으로 무역업을 하던 회사였다. 중국의 상하이, 텐진, 일본의 고베, 그리고 한국의 인천에 지점을 두었다. 그러므로 인천의 그 세창양행사택은 세창양행의 입장에서도 핵심적이지 않았다. 세창양행과 그 대표를 알 수 있는 사료는 〈한성주보〉 광고이다.

특별한 의미를 가지고 있기는 하다. 세창양행광고는 최초의 상업광고였다.

> "1886년 창간된 《한성주보(漢城週報)》는 관보였으나, 이 해 2월 22일자(제4호) 15~16페이지에 걸쳐 한국 최초의 근대광고가 게재되었다. 광고주는 세창양행(世昌洋行)이었는데, 이는 이 무렵 한국에서 무역을 하던 독일회사로서 본명은 Edward Meyer & Co.였다. '덕상세창양행고백(德商世昌洋行告白)'이라는 표현으로 시작된 이 광고로 보아, 아직 광고란 말

소를 얘기하면서 "일본공원"을 첫 번째로 꼽고 있으면서도 각국공원이나 만국공원에 대해서는 전혀 언급이 없다. 이는 무엇을 의미하는가? 어쩌면 실제적으로 그 당시 일상인들에게 공원이라는 분명한 이미지로 각국공원(만국공원)이 받아들여진 것이 아님을 시사하는 것은 아닐까. 더구나 "미인들"(기생들)을 다수 가지고 운영했던 고급요정의 한 광고를 보면 그 주소가 단순하게 "공원지내"이다. 즉 "일본공원"이나 "각국공원"이 구별되고 있지 않은 것이다.

418) 世昌洋行은 인하대 이봉규 교수에게 문의한 바 축자적으로 해석하면, 대대로 번성한다는 뜻을 담고 있다. 상해 Meyer 사에서 자문을 얻어 이름을 이렇게 정했을 가능성이 높다.

이 널리 쓰이지는 않았던 것 같다."[419]

그러나 그것은 최초의 상업광고로 해석되어서는 안 된다. 엄격하게

419) 2006년 3월 9일 naver검색.(인천일보에서 김윤식의 풍물기행-⑥ 덕상세창양행고백(德商世昌洋行告白) 종이신문정보: 20040828일자 1판 1면 게재, 인터넷출고시간: 2004-08-27 오후. 한국 최초의 상업 광고를 낸 상점이 인천 중앙동에 있던 세창양행이라는 사실은 이미 알려진 일이다. 1896년 김윤식(金允植)이 주동이 되어 폐간된 한성순보에 이어 한성주보(漢城周報)를 발간하는데, 그 제4호 2월 22일자에 한문으로 된 세창양행의 광고 기사가 처음 실린다. 이것이 언론 매체를 통한 광고의 효시로 기록된다. 여기서 덕상(德商)이라는 말은 독일 상회라는 뜻으로 독일을 한자로 덕국(德國)이라 했기 때문에 '덕국상회(德國商會)' 정도를 줄여서 쓴 것으로 보면 될 것이다. 또 고백이라는 말은 당시 쓰이던 중국식 표현으로 광고라는 말에 해당한다. 광고라는 말은 후에 일본 신문의 영향을 받으면서 쓰이게 된다. "저희 세창양행이 조선에서 개업하여 호랑이, 수달피, 검은담비, 흰담비, 소, 말, 여우, 개 등 각종 가죽과 사람의 머리카락, 소, 말, 돼지의 갈기털, 꼬리, 뿔, 발톱, 조개와 소라, 담배, 종이, 오배자, 옛 동전 등 여러 가지 물건을 사들이고 있습니다." 또 "세창양행이 조선에서 개업하여 외국에서 자명종 시계, 들여다보는 풍경, 뮤직박스, 호박, 유리, 각종 램프, 서양 단추, 서양 직물, 서양 천을 비롯해 염색한 옷과 염료, 서양 바늘, 서양 실, 성냥 등 여러 가지 물건을 수입하여 물품의 구색을 갖추어 공정한 가격으로 판매하오니 모든 귀한 손님과 선비와 상인은 찾아와 주시기 바랍니다." 이것이 세창양행의 광고 문안이었다. 장황하게 긴 문장으로 써 내려간 광고를 보면서 우리는 개항 초기 무역의 성격을 알 수 있게 된다. 세창양행에서는 조선으로부터 동물의 모피나 담배, 조개, 소라 따위의 농수산물을 싼값에 사가는 대신 서양의 각종 흥미로운 공산품과 직물 등을 수입했던 것이다. 당시의 경제 상황과 산업 형편이 고스란히 드러나는 대목이다. 거래할 때 아이나 노인이 와도 속이지 않을 것이라고 했지만, 최초로 신문광고를 낼 만큼 기민한 그들의 상술과 질 좋은 상품에 의한 경제 침탈을 우리는 막지 못했다. 기억나는 것은 독일의 물감과 바늘, 그리고 이 광고에서는 보이지 않지만 금계랍(키니네)이 6.25 전쟁 후까지도 가정 상비품으로서 여인네들에게 인기가 높았다는 점이다. 세창양행은 7월 5일자 제23호까지 약 6개월간에 걸쳐 광고를 계속한다. 이듬해 독립신문에는 수마트라산 수입 석유 판매광고, 화륜선으로 평양을 다니는 화물객선 창룡호, 상해로 떠난다는 현익호 운항 광고를 내는 등 가장 많은 한글 광고를 실으면서 인천 땅 제물포를 거점으로 매우 적극적인 경영을 펼쳐 나갔던 것이다. 광고를 의미하는 처음의 언어가 고백이었다는 이 주장은 광범위하게 유포되어 있는데, 엄밀한 고증이 필요한 것 같다. 1903년의 『인천번창기』에 이미 광고라는 표현이 등장하며 고백과 같은 차원에 있는 다른 언어들을 볼 수 있기 때문이다.

역사적으로 그것은 제국주의적 자본이 우리나라를 침탈해가는 최초의 광고였던 것이다.

세창양행의 이 광고와 광산개발사업과 어떠한 연관이 있는지 실증적 연구가 필요하다.

독일 마이어(Meyer)상사가 구체적으로 어떻게 우리나라에 들어오게 되었는지 엄밀한 역사적 연구가 필요하다. 지금까지 구체적인 역사적 연구에 대한 인식도 없는 가운데 세창양행의 신화가 단순 반복되는 인상을 받는다.

1. 세창양행

世昌양행의 이름에 대해서도 의문이 있을 수 있다. 세창양행의 정확한 인도게르만어 표기가 문헌에 따라 다르지만 그것에 대한 논증이 아직 없는 실정이다. 최성연의 책이 결정적인 지표처럼 수용되고 있는 형편인 것 같다.

최성연에 의하면, 6·25 동란 전까지 뒤뜰 돌층계 밑에 "1884 H.C.E.M"이라고 조각한 돌표지가 있었다고 한다. 세창양행 사옥은 1884년에 건축되었으며, 세창양행의 영어식 이름은 "Heinrich Constanti Edward Meyer & Co."이었다 한다. 그런데 Heinrich Constanti 라는 말은 무엇을 의미하는가?

그런데 의문은 정식명칭은 무엇인가? Heinrich Constanti Edward Meyer & Co.인가, 아니면 Edward Meyer & Co.인가? 여기에서도 표기 문제가 있다. Edward로 표기된 자료도 있고, Eduard로 된 자료도 있다.

우리는 한독관계사에서 묄렌도르프의 중요한 역할을 알고 있다. 『묄렌도르프 자전』에는 이렇게 기록되어 있다.

"같은 해 여름, 최초의 독일 함부르크(Hamburg)의 마이어 상사

(H.C.E.Meyer Co.)의 대리인인 볼테르(Wolter)씨가 처음으로 무역 거래를 개시하기 위해 서울에 왔다. 그는 후에 자기 자신의 상사를 제물포에 개설했다."[420]

묄렌도르프는 마이어사와 긴밀하게 미리 결탁하여 조선에 들어온 것은 아니었던 것 같다.

묄렌도르프 부인은 다음과 같이 기록했다. "모든 것이 이직 극비였기 때문에, 남편은 친구 거빈스(Gubbins)에게만 그 일을 상의했다. 거빈스는 남편이 곧 거래 관계를 맺게 될 영국의 무역 및 선박 회사인 이화양행(怡和양행: Jardien Matteson)의 상해 대리점의 대리인이었다."[421] 묄렌도르프는 중국에 있으면서 독일 정부 관계자나 독일 자본과 미리 협력하는 위치에 있지 않았다. 이 거빈스는 묄렌도르프부부와 각별한 관계였음이 분명하다. 거빈스가 정신병에 걸려 사망하게 되자 그 사실과 의미에 대해서 묄렌도르프는 특기하고 있을 정도이다. "10월에 남편은 업무 차 부산으로 갔다. 그러나 조선에는 남경호 이외에는 기선도 없고 통신 시설도 없었으므로, 우리는 그가 가 있는 동안 어떤 소식도 서로 전할 수가 없었다. 바로 이때 많은 사건들이 일어났다. 우리를 보호해 주려고 서울에 와 있던 거빈스 씨(Gubbins)가 정신병에 걸렸다. 남편이 돌아와서 그 가련한 거빈스를 남편이 타고 왔던 남경호에 태워 상해로 보낼 때까지, 우리는 놀라고 흥분했던 몇 주간을 지내야 했다. 그 후 거빈스는 곧 세상을 떠났다. 그의 죽음은 남편에게는 쓰라린 손실이었다. 왜냐하면 그는 남편과 수년 동안 무척 가까운 우정으로 맺어진 사이였

---

420) 묄렌도르프, 신복룡·김운경 역주, 『묄렌도르프 자전 외-한말 외국인 기록 09』, 집문당, 1999. p.92. 원문 그대로 인용했다. 여기에서 "자기 자신의 상사"란 볼터의 개인 소유를 의미할 지 모른다. 앞 문장과의 문맥에서 보아도 그럴 가능성이 높다. 독일어원문을 읽어보아야 한다.

421) 묄렌도르프 1999: 60.

기 때문이다."[422] 거빈스는 청국과 조선 사이의 기선 취항을 제의했다는 사실도 기록되어 있다.[423]

묄렌도르프가 볼터(Wolter)를 매개로 하여 혹은 마이어에게 직접 제물포지점을 개설할 것을 시도했다는 언급이 아니라는 점에 주목해야 한다. 그러므로, 세창양행 개설은 누구의 제안이었는가? 독일 함부르크에서 당시 지멘스 회사와 겨룰 만큼 대단한 자본이었던 마이어(Meyer) 회사 스스로 자본의 아시아진출을 시도하는 맥락에서 이해될 수 있을지 모르겠다.

마이어 회사는 중국 漢口에 지점을 두고 있었는데, 묄렌도르프는 바로 이 한구에서 머물면서 중국어를 익혔다. 『묄렌도르프 자전』에서 다음과 같이 기록되어 있다.

> "상해에서 머문 기간은 너무 짧았다. 이미 1862년 12월 14일, 나의 남편은 양자강 강변에 있는 큰 차, 무역지인, 한구로 전속되었다. 남편은 이곳에 12월 19일에 도착했다. 여기서 그는 전심 전력하여 중국어를 공부했다. 도착 후 즉시 공부를 시작했는데, (중략) 그는 근무상으로 3년이나 지난 후에야 비로소 필요하게 되었던 중국어시험을 이미 2년 만에 훌륭히 합격했다."

> "카알 볼터(Karl Wolter)는 세창양행의 책임을 지고 1884년 5월에 인천에 도착하였다. 세창양행은 함부르크에 마이어(Eduard Meyer)가 세운 무역회사로 홍콩, 상해 등에 지점을 갖고 있었는데, 한국에 지점을 세우면서 볼터를 책임자로 보낸 것이다. 그는 한국에서 최대의 외국 상사를 설치하여 당시 조선 신문에 보면 거의 빠짐없이 세창양행에 도착한 외국(독일)물품 광고를 싣고 있다. 1885년 11월 28일에는 조선 정부에 연리 1할 12년 상

422) 묄렌도르프 1999: 91.
423) 묄렌도르프 1999: 62.

환의 조건으로 은 10만 냥을 차관해 주었다. 1896년 4월에는 세창양행이 금광 채굴권을 획득하였고, 1897년 하인리히 황태자의 방문을 받기도 하였다.(중략) 볼터씨가 〈함부르크 지리학회〉지에 기고한 글은 당시의 조선 사정을 알려 주는 좋은 자료가 된다. 마이어는 함부르크에서 최초로 한국 영사를 지내기도 하였는데 한국에 가끔 여행을 와서 자기 회사를 시찰하였다. 현재 함부르크에는 마이어 회사가 그대로 존재하고 있어, 그의 딸 마이어-글리짜(Mayer-Gliza)여사가 칠순의 노인으로 살고 있다. 저자가 1983년 2월에 함부르크의 쾨르너가(Körner Str. 10)로 방문하였을 때, 집에는 고종 황제로부터 받은 8폭 병풍과 함께 당시의 수많은 사진자료를 갖고 있었다. 마이어가 당시 수집한 한국 물품은 현재 함부르크의 인류학 박물관에 소장되어 있다. 이 박물관에는 한국인 조흥윤 박사가 근무하고 있어 이 관계자료를 정리하고 있다."[424)]

Edward Meyer가 아니라 Eduard Meyer이며, 그는 한국의 최초의 영사로 임명되었다고 한다. 그가 발표한 논문은 “Korea: Einst und jetzt”, in: Mitteilungen der geographischen Gesellschaft in Hamburg, Bd. 16, Hamburg 1900 이었다.

아마도 Meyer의 딸은 조흥윤 박사와 면담했던 당시 1983년 칠순이었으므로 1913년경 태어났으리라. Meyer는 한국에 정식으로 거주하지는 않았을 가능성이 높다. Karl Wolter가 제물포지점 책임자였다. 1908년 Karl Wolter가 함부르크로 되돌아간 다음에도 Karl Wolter는 그 후 필요할 때 시찰차 인천으로 왔다고 추론된다. 물론 그것은 매우 어려웠을 가능성이 있다. 왜냐하면 Meyer와는 다르게 Karl Wolter는 큰 회사를 운영하지는 않았기 때문이다. 그렇다면, 1908년 이후 세창양행 실무는

---

424) 최종고, 『한독교섭사』, 홍성사, 1983, pp.192-193. 그런데 마이어가 함부르크 주재 총영사를 지낸 기간은 그렇게 길지 않았다. 또한 그 당시 독일에서 영사업무란 실질적으로 거의 없었다.

실질적으로는 Paul Schirbaum이 했던 것 같다.

최종고씨에 의하면, 처음부터 Karl Wolter는 세창양행의 총책임자로서 임명되었고 Meyer는 함부르크의 Meyer 회사의 사장이었으며, 제물포지점만을 관리하는 자가 아니었다.

그렇다면 Eduard Meyer와 Karl Wolter의 관계는 Wolter가 Meyer 회사에 고용된 제물포지점의 사장(총관리책임자)이었으나 Eduard Meyer는 이 회사를 Karl Wolter에게 넘기게 된다. Karl Wolter는 어떠한 사람이었는지? 엄밀히 말해서 그의 전생애 행적에 대해서 소상하게 알려져 있는 것은 전혀 없다. 지금의 자료들에서 확인할 수 있는 한에서, 우리는 몇 가지를 확인할 수 있을 따름이다.

볼터(Wolter)와 함께 일했던 독일인의 이름은 뤼르스(Lührs)가 맞다.(최성연은 이름을 정확하게 표기하지 못하는 오류를 범했다.) 이 점은 리하르트 분쉬(Richard Wunsch)의 활동에 대한 기록에서 확인할 수 있다. 그는 1901년부터 한국에서 고종황제의 시의로 활동하고 있었다. 분쉬가 한국에 도착한 날짜는 1901년 11월 2일이었다. 그는 한국에 그 당시 함께 살던 존타크(Antoinette Sonntag) 양, 에케르트, 볼얀, 볼터(Wolter), 뤼르스(Lührs) 등과 잘 어울렸다고 한다.[425] 그리고 그의 이름(Vorname)은 Karl이었다 한다.[426] Karl Lührs. 그런데 볼터란 여기에서 Karl Wolter를 말하는 것이 거의 확실하다.

또 한 가지 의미 있는 역사적 기록이 있다. 한독수교100주년기념사업위원회에서 발간한 〈한독수교100주년기념사업종합보고서〉[427]에서 Eduard Meyer씨에게 표창을 수여했음을 알 수 있다. 그의 딸인 Frau Meyer-Glitza가 Körner Str.10, 2000 Hamburg, West Germany에 거주하고 있음을 알 수 있다. 공적기록은 다음과 같다. "개화 바람이 홍수처럼

---

425) 최종고 1983: 197-198.

426) 최종고 1983: 185.

427) 〈한독수교100주년기념사업종합보고서〉, 서울, 1986, p.48.

밀려오고, 세계열강들의 세력 다툼이 어지럽던 구한말 함부르크 주재 한국 총영사를 역임했던 마이어(Meyer)씨는 당시의 한국을 이해하고 있었던 몇 안 되는 외국인 중의 한 사람이었다. 특히, 마이어(Meyer)씨는 한-독 양국의 문화교류 및 경제협력을 위하여 한국에 기여한 공로가 매우 큰 독일인이었다."[428] 직책은 함부르크 주재 "한국총영사". 비공식적으로 아마도 조선정부는 부들러(Budler)와 "대리 조선 총영사관"으로 말했지만, 공식적으로 부여한 직책명은 "재덕국 대리 조선 통상사무"였다. "관"자가 빠진 채 부여되었다. 그 까닭은 상인이었던 마이어(Meyer)에게 관직을 부여할 수 없다는 반대의견이 강했던 것 같다.[429] 그렇지만 마이어씨가 한국총영사직을 수행한 실적은 거의 없었던 것 같다. 당시 사정이 그러했던 것이다. 그러므로 표창수상은 단지 미래를 위한 한독수교사에서 상징적인 의미를 가지고 있을 뿐이다.

Karl은 Carl이라고도 쓴 것 같다.[430] Karl Wolter의 한국명은 華爾德(화이덕)이다. 그리고 화이덕 Carl(Karl) Wolter는 조선 정부와 세창양행의 계약에서 세창양행 대표의 역할을 행사한다. "덕국상인세창양행 화이덕".[431]

세창양행은 이 이름 대신에 Carl Wolter & Co.로 개칭되는데,[432] 그 까닭은 1907년, Meyer & Co. 제물포지점을 이 회사의 직원이었던 Carl Wolter가 단독으로 인수하여 이름을 개칭했기 때문이었다 한다. Carl

428) 〈한독수교100주년기념사업종합보고서〉, pp.40-41.

429) Lee Young Gwan, *German involvement in the Hermit Kingdom*, 1882-1905, Thesis (Ph. D.)--University of Arkansas, 1995, p.67를 참조하라. 그 후 독일 측에서는 재독 조선 영사관 파견을 요청한다. 이영관박사는 독일제국주의의 세계정책을 파악하면서 Meyer사의 자본 활동에 주목하고 있다.

430) 최종고 1983: 170. 각주 39.

431) 최종고 1983: 176. 조약문 참조.

432) Walter라는 표기는 잘못된 것이다. 최종고, 『한독교섭사』, 홍성사, 1983에 의하면, Carl Walter가 아니라 Karl Wolter이다. 자료마다 다른데, 종합적으로 판단해볼 때 성은 Wolter이며 이름은 Carl 혹은 Karl으로 쓴 것 같다.

Wolter는 누구인가? 최성연의 책에 인용된 "파울 슈르바움"의 회고에 의하면, 세창양행을 설립하기 위해서 독일 함부르크에서 데려온 세 명의 독일인 직원, 즉 Wolter, Lührs,[433] Rautenkranz 중 한 명이었다.[434] 이 Karl Wolter는 상해의 부호 "제임스 존스튼"씨의 딸과 결혼한다.

1908년에 이르러서 볼터씨와 그의 가족이 독일 본국으로 돌아간다.[435] 그렇다면, 볼터는 1907년 "Carl Wolter & Co."[436]로 회사명을 개칭하고[437] 1년이 채 못 되어 독일로 되돌아갔던 셈인데, 무엇 때문일까.

1908년에서 1916년까지 그곳에는 Paul Schirbaum씨가 거주하고 있었다 한다.

독일로 되돌아갔던 Carl Wolter가 병으로 사망했던 해인 1916년 일종의 사건이 일어난다. 일본관헌이 강제로 쉬르바움을 퇴거시킨 사건을 말한다. 우리는 1916년의 사건이라 부르고자 한다. "1916년 일본 관헌에게 몰수될 때까지"는 Walter & Co.는 누가 경영했을까. Wolter씨가 독일로 되돌아간 다음, Wolter & Co.는 문을 닫았는가? Paul Schirbaum이 Wolter의 자리를 실무형식상 계승한다.[438] 그렇다면, 이 당시 볼터 부부는 독일로 돌아간 다음 다시 되돌아오지 않았다는 것을 의미한다. 1916년 일본관헌이 어떤 근거로 세창양행사택을 몰수했을까. 불법적

433) 최성연 1959: 72. 최성연은 Wolter를 Walter로 잘못 적었다. 또한 Lührs 표기 역시 오류다. 최성연의 책은 사실 기술에서도 적지 않은 오류를 지니고 있다. 주의해야 한다.

434) 이 셋 중에서 Rautenkkranz는 다른 문헌에서는 등장하지 않는다. 최성연은 이 서술의 사료는 무엇인지를 밝히고 있지 않다.

435) 최성연 1959: 73.

436) 이 명칭은 어떤 사료를 근거로 한 것일까. 왜 Karl Wolter 가 아닌지?

437) 회사명을 고치지 않을 수 없었던 까닭은 무엇인가? 그 당시 회사명 개명은 어떠한 의미를 가지고 있었는가? 왜 그런데도 한국명은 여전히 세창양행으로 불렀던 것일까?

438) 최성연 1959: 71-72.

으로? Paul Schirbaum은 Schirbaum 저택을 1902년 건축하여 1950년 12월 13일 일본 요코하마로 떠날 때까지 Schirbaum 저택에서 거주하지 않았던가.

1916년 세창양행사택을 "일본관헌에게 빼앗기고 쫓겨났다"는 쉬르바움의 말은, 볼터부부의 재정상황이 매우 악화되었고, 존스톤별장을 일본인 히로자와에게 헐값으로 매각했다는 사실과 깊은 관련이 있다. 쉬르바움의 진술을 근거로 하는 최성연씨의 기록은 신중하게 해독되어야 한다.(쉬르바움이 소유권을 실질적으로 행사했던 바에 대해서 이의를 제기했을 가능성이 높다. 물론 그 주체는 법적 소유자였을 가능성이 매우 높다.) 실질적으로는 제임스 존스톤의 사위와 딸의 소유였던 세창양행(=Meyer & Co. 제물포지점)의 "강탈"에 대해서 어떠한 자세를 취했던 것일까, 쉬르바움은 1916년 당시 세창양행사택의 실질적 소유주의 역할을 행사했던 것 같다. 즉 볼터부인은 1916년 당시 독일에 있었으며, 세창양행에 대해서 소유권을 실질적으로 행사할 처지가 아니었다. 물론 쉬르바움이 법적 소유자는 아니었다.

최성연씨에 의하면, 1922년(大正 11년) 인천부청이 이것을 매수하는데, 1916년에서 1922년까지 소유권자가 확인되지 않는다고 한다.[439)] – 물론 이 진술은 엄밀하게 객관적으로 관찰하지 못한 결과일 뿐이다. 이 기간 동안, 일본인들은 이 건물을 淸光閣으로 불렀다. "청광각"은 무슨 뜻인가?

이와 같은 최성연씨의 기록은 정확하지 않다. 적지 않은 오류를 포함하고 있다.

세창양행의 Wolter는 Carl Andreas Wolter가 그 완전한 이름이다. Kneider에 의하면, "1884년부터 1908년까지 24년 동안 한국에 거주하였다. 8명의 자녀가 있었다. 1908년 그는 Paul Schirbaum에게 세

439) 최성연 1959: 70-71.

창양행을 넘긴다. Schirbaum은 당시 세창양행에 지분을 가지고 있었다."[440] 그러나 이 서술 역시 오류를 포함하고 있다. Carl Andreas Wolter는 1907년 "건강이 좋지 못하여" 세창양행을 그 당시 지배인 Paul Schirbaum에게 맡기고 독일로 이주했다. (그는 1916년 지병인 악성빈열로 Garmisch-Partenkirchen에서 사망했다.) 그런데 1919년 Carl Andreas Wolter의 아들 James C.Wolter가 20세의 나이에 인천에 와서 아버지의 사업체 세창양행을 이어 받았다.[441] 그러므로 1916년까지는 Carl Adreas Wolter가 여전히 세창양행의 소유권을 포기하지 않았으며, 운영을 Paul Schirbaum이 맡았고, 1919년 James C.Wolter가 소유권을 상속받기까지 아마도 Paul Schirman이 실질적으로 전권을 행사했던 것 같다. James C.Wolter는 1919년 인천에 와서 소유권을 상속받은 다음, 무엇을 어떻게 세창양행을 통해 사업을 했는지에 대해서는 밝혀진 것이 없다.

미야(眯吔=Meyer)洋行과 천진의 E.Meyer & Co.는 법적으로 다른 회사였을 가능성이 높지만 아직 구체적인 사료에 근거하여 논의를 개진하지는 못한다. 본격적인 연구가 필요하다. 중국에서는 Meyer를 소리나는 대로 중국어로 표기해서 "眯吔"라고 했던 것과는 달리 우리나라에서는 "세창양행"이라 이름을 정한 까닭이 무엇인지에 대해서도 알아볼 필요가 있다. 단지 분명해 보이는 것은 인천의 세창양행은 후자, 즉 천진의 지점이었다는 것이다. 그렇지만, 그 세무관계와 법적 책임은 어떻게 되는지 등에 대해서도 전혀 알려져 있지 않다.

내가 확인한 바에 의하면, 이 Meyer 회사는 지금도 그 명맥을 유지하고 있다. 곧, 1926년 85세의 나이로 Meyer가 사망하자, 그 후 회사명을 Meyer-Glitza, Frese GmbH & Co.로 개칭한다. 둘째아들, 사위, 그리

440) 외대 교수로 있는 Kneider의 웹사이트 글 참조.

441) 조흥윤, 「세창양행, 마이어, 함부르크 민족학박물관」, 『동방학지』 46-48집 합본 , 1985, p.756.

고 Frese라는 이름을 가진 지배인의 공동 소유로 전환된 것이다. 그 정식 명칭은 다음과 같다.

MEYER-GLITZA, FRESE GMBH & CO.

Spaldingstrasse 74[442]

2. 존스톤별장

"존스톤별장"은 James Johnstone이라는 영국인의 별장이었다. 그는 중국 상해를 본거지로 삼았던 사업가였다. 본거지를 중국에 두고 있는 영국 자본이 한반도에 별장을 건설하고 그곳에서 쾌락을 풀었던 곳이다. 그는 1919년 상해에서 죽었다. 우리가 주목해야 할 또 하나의 중요한 사실은, 그는 두 딸이 있었는데, 그 중 한 명이 Carl Wolter와 결혼했다는 것이다.[443] 이는 존스톤과 세창양행의 동맹적 협력관계를 시사하는 것으로 해석될 수 있다. 제임스 존스톤은 어떠한 인물인지, 아직 세밀한 내용을 알 수는 없다. 역시 치밀한 역사적 연구가 필요한 부분이다. 그는 스코틀랜드 태생으로 상하이에서 상하이 도크 공창(工廠)을 설립하여 많은 돈을 모았다 한다. 존스톤은 상해에서 활동하던 인물인데 어떻게 인천에 별장을 짓게 되었을까? 그의 딸 한명이 Carl Wolter와 결혼한 사실과 어떠한 연관이 있지 않을까 싶다. 1907년 Wolter가 세창양행을 인수하기 이전에, 제임스 존스톤은 인천에 별장을 짓는다. 1903년 별장을 짓기 시작하였으나 1904년과 1905년에 걸쳐 벌어진 이른바 러일전쟁 중에 노임이 급격히 상승하고 또 건축자재의 수급에도 곤란을 겪으면서 1905년 말에서야 겨우 낙성할 수 있었다.

그러므로 Carl Wolter는 독일 함부르크에서 Meyer & Co.에 고용된 것이 아니라 Meyer & Co.가 동양에서 이미 경험을 쌓았던 인물을 고용하

442) 조흥윤 1985: 735-767 참조.

443) 최성연 1959: 153.

려 했었고, 마침 상해 James Johnstone의 회사에서 일하고 있었던 Carl Wolter를 알게 되어 인천으로 데려온 것일 가능성마저 배제하지 못한다. James Johnstone은 이미 Carl Wolter를 상해에서 잘 알고 있었고, Carl Wolter가 인천으로 온 뒤에도 James Johnstone과 서로 소통하고 있었을 가능성도 있다. 그리하여 Carl Wolter의 주선으로 James Johnstone은 인천에 별장을 짓게 된 것은 아닐까. 요컨대, 분명한 것은 존스톤별장과 세창양행사택은 서로 다른 별개의 의미론을 가지고 있는 것은 아니며 내밀한 제국주의적 침탈의 의미론 속에 있다는 것이다.

우리는 일단 최성연이 수록한 쉬르바움(Schirbaum)의 말에 주목할 필요가 있다.

> "1906년 이래 존스톤은 여름철이 되면 피서하기 위하여 으레 상하이에서 가족과 친구들을 동반하고 와서는 오랫동안 체류하기도 하고 어떤 때에는 존스톤은 기선 한척을 통째로 세를 내어서 상하이로부터 많은 군중을 데리고 왔는데, 그 중에는 개와 고양이도 포함되었고 중국 아이들도 있었다. 1919년 존스톤은 상하이에서 작고하였고, 그 두 딸 중에 한사람이었던 발터부인(원문그대로: 인용자)은 한국에서 가장 오랜 업적을 가진 독일상사 세창양행의 예전 대표사원의 부인으로서 그의 아들이 봉천사업소로 전근하기까지 한동안 머물렀던 일이 있었다.
> 발터부인은 제1차세계대전 중에 자기와 남편 재산의 거의 전부를 잃었기 때문에 옹색한 나머지 그의 집(인천각)을 4만5천원이란 기막힌 헐값으로 히로자와라는 일본인에게 매각처분하였는데 이것은 발터부인의 같은 고향사람으로 알고 지내는 스코틀랜드인 맥코넬(제물포 미국계 상사 타운센드 사원)의 중간 소개로 이루어졌다."[444]

444) 최성연 1959: 155를 해반문화사랑회에서 펴낸 『읽기 쉬운 개항과 양관역정』, 2002, p.167을 참고하되 가볍게 표현을 수정했다. 최성연의 이 진술은 역사적 맥락을 정확하게 짚고 있는 것은 아니다.

여기에서 볼터부부는 재산을 거의 잃게 되는데, 그 까닭은 자세하게 밝혀져 있지 않지만, 그것은 당현금광 채굴 사업의 실패 때문이었다. 매각 시점은 언제인가?

제임스 존스톤의 딸이며 Carl Wolter의 아내인 볼터부인이 존스톤별장(인천각)을 매각했다는 사실로 보아, 제임스 존스톤의 사망(1919년) 후, 사실상의 소유권은 볼터부부에게 있었던 것 같다. – 혹은 1919년 제임스 존스톤의 사망으로 볼터부인이 상속을 받았을 가능성도 있다. 제1차세계대전(1914.7.28~1918.11.11) 중 이들 볼터부부는 엄청난 재산상의 손실을 입었다고 하며, 그리하여 존스톤별장을 매각하게 된다. 1908년 경 볼터가족은 독일로 되돌아갔다고 했는데, 히로자와와 매매 계약서를 체결했던 인물은 누구였을까? 볼터부인의 매각시점은 1918년 경 이전이었던 것으로 추정된다. 볼터부인은 인천에 직접 와서 매매계약을 체결했을까, 아니면 대리인을 시켜서 매각한 것일까?

아무튼, 그 후, 존스톤별장은 히로자와 – 야마주우(야마주우별장으로 불린다) – 가다구라 – ? ?– 주식회사 성영사 – 인천부청 – (서공원회관 – 인천각 – 미군정청 독신장교숙소 – 국군장교구락부 – 북한군 주요 간부의 숙소 및 사무실 등으로 사용되는 과정을 거치게 되고, 마침내, 한국전쟁 중 소실된다.

존스톤별장의 설계는 독일인 로트케겔(Rothkegel)[445]이었고, 시행자는 중국인 리징통[446]이었다고 한다. 존스톤별장은 이와 같이 철저하게 그들을 위한, 그들의 향락을 위한 건축물이었을 뿐이다. 그리고, 복원과 관련하여 깊게 생각해볼 점은, 이 별장이 중국 상해에 이미 건축되었던 "독일인구락부" 건물과 유사하다는 사실이다. "두 건물은 서로 흡

---

445) 이 설계자에 대해서도 아직 전혀 알려져 있지 않다.

446) 원문에 Lee kei Tsu, 李慶通? 확인이 필요하다. 최성연은 추론으로 Lee Kei Tsu를 이렇게 번역했다. 최성연 1959: 154. 인하대 이봉규교수에게 문의한 바, 오류임이 분명한 것 같다.

사한 바가 많다."[447] 중국 상해에 이 독일인구락부가 지금도 보존되어 있을까? 분명한 것은 존스톤별장이 상해의 그 건물과 별도로 디자인해서 참신하게 만든 것이 아니라는 점이다. 말하자면 일종의 복제 건물 같은 것이었다. 이 점 역시 복원론에서 필수적인 복원할 가치가 있는 건축학적 가치의 차원에서 깊게 생각해볼 사실이다. 사진으로 본 그 건물은 건축학적으로 복원할 가치가 전혀 없다는 것이 나의 판단이다.

파울 쉬르바움(Paul Schirbaum)의 가족(Paul Schirbaum +일본인 여성의 가족)은 다음과 같다.[448]

(1) 장녀=한나 뤼크(Hanna Rück) (실업가에게 출가, 왕년에 인천 거주 1948년경? 일본 "요코하마"로 이거)

(2) 차녀=쥐제 차하르트(Süse Zachart)(베를린 Berlin? 대학교수(일본문학박사)에게 출가, 1남2녀가 있음. Zachert의 오식이 아닌가?; 본대학에서 한국학을 가르쳤던 Zachert?)

(3) 장남=고트프리트(Gottfried Schirbaum)(외과의로서 6남매의 아버지)

(4) 삼녀=로테 라이터(Lotte Reiter)(산부인과의, 렌토겐의사에게 출가, 현재 함부르크시 거주)

(5) 차남=헤르만(Herman Schirbaum)(사회사업가)

V. 세창양행은 어떠한 사업을 했는가?

1. "독일거상 세창양행(Edward Meyer & Co.)은 무역을 부차적으로 돌리고 대지주(고리대금도 겸행)가 되었고"[449]라고 최성연은 『개항과

447) 최성연 1959: 154.

448) 최성연 1959: 150.

449) 최성연 1959: 35.

양관역정』에서 밝히고 있다.

세창양행이 고리대금을 하면서 수익을 올리는 독일 제국주의 자본의 하나였다는 사실을 직시해야 한다.[450)]

2. 독일 Meyer 자본이 당시 한반도에 관심을 가졌던 가장 근본적인 이유는 광산채굴권획득이었던 것 같다. 세창양행은 1898년 7월 18일 정식으로 한국정부에서 금성당현금광 채굴권을 인가받는다. 이 시점은 1884년 세창양행이 문을 연지 14년이 지났던 때이다. 세창양행의 관점에서 보자면 매우 늦게 광산권을 실질적으로 획득하게 되었다. 그렇게 된 까닭은 무엇인가? 1882년 묄렌도르프가 한국에 오자마자 광산에 관심을 표명했다면,[451)] 광산경제에 대해서 세창양행은 이미 알고 있지 않았을까, 세창양행의 설립 그 자체가 바로 여기에 있지 않았을까.[452)]

당현금광채굴에서 주도권은 세창양행에 있었다. 물론 세창양행은 독일의 Meyer & Co.의 제물포지점이었다. 그런데 당현금광채굴과 관련하여 세창양행은 단독으로 이 사업을 추진하지 않고 일종의 합자회사를 조직하여 더욱 강하게 추진한다. 이배용은 「구한말 광산이권과 열

---

450) 독일 비스마르크는 1884년 초부터 제국주의적 세계식민정책을 더욱 적극적으로 경주한다. 비스마르크의 제국주의에 대해서는 Hans-Ulrich Wehler, "Bismarcks Imperialismus 1862-1890", Hans-Ulrich Wehler(Hrsg.), *Imperialismus*, Athenäum/Droste Taschenbücher Geschichte, 1979, pp.259-288 참조하라.

451) 이배용 1984: 109. 최종고의 『한독교섭사』에서 pp.165ff. "II.독일의 광산권 획득"은 이배용의 「구한말 독일의 광산이권과 당현금광」(『이화사학연구』 제 11/12합본), pp.13-21을 온통으로 표절한 것이다. 최종고의 표절 유명세는 사실임이 판명되었다.

452) 이런 맥락에서 보자면, 이른바 개항기에 인천은 개항의 중심지였다는 명제에 대해서 의문이 있다. 개항의 주체, 개항의 내용, 개항이 일어난 장소 등에서 인천은 어디까지나 서울의 주변이었지 중심 그 자체는 아니었다. 실제로 세창양행은 서울에서 주로 활동을 벌였다. 이에 대해서도 치밀한 역사연구가 필요하다.

강」[453]에서 이에 대해서 이렇게 서술한다.

> "그 후 독일은 당현금광 채굴사업을 더욱 적극적으로 추진하였다. 그러면서 한국정부가 제물포의 세창양행에게 부여한 권리는 '베를린 할인 합자회사 Berlin Disconto Gesellschaft'의 관련하에 조직된 '저먼(독일)신디케이트 German Sybdicate'로 넘어갔다. '저먼신디케이트'의 주요주주에는 함부르크 Hamburg의 마이어 H.G.Edward Meyer가도 포함되어 있었다. 즉 '베를린 할인 합자회사' 회사와 '마이어 컴퍼니'가 동업 형태로 '저먼신디케이트'를 조직하여 당현금광을 채굴하게 되었다. 채광비 1백만 마르크의 자본이 마련된 '저먼신디케이트'의 업무는 '마이어 컴퍼니'의 제물포 지점인 세창양행에서 대행하였다. 그리하여 광산기구와 광산채굴을 위한 광산용 화약이 인천 제물포의 세창양행을 통해 당현으로 운송되었으며 화약고가 당현은 물론 인천에도 설치되었다."[454]

당현금광채굴사업은 분쟁과 갈등을 불러 일으켰다. 이에 대해서 우리는 특별히 주목해야 한다.[455]

"저먼신디케이트"가 이 당현금광을 완전히 포기하는 때는 1907년 4월이다.[456] 저먼신디케이트는 그 대신 선천금광채굴권에 관심을 기울이고 있었다. 이배영의 서술에 의하면, 저먼신디케이트는 1907년 3월부터 동년 12월 31일까지 10개월분의 광구세를 지불했다고 한다. 그 후 광구세를 낸 것이 기록되지 않은 것으로 보아, 지지부진했던 것 같다. 저먼신디케이트는 1911년 일본인에게 채굴특허권이 넘어가게 된

453) 이배용 1984: 123.
454) 이배용 1984: 123.
455) 이배용 1984: 113ff.
456) 이배용 1984: 127-128.

다.[457]

칼 볼터(Karl Wolter)가 독일로 되돌아가는 시점도 이 맥락에서 이해할 수 있다. 저먼신디케이트를 실질적으로 관리했던 세창양행 칼 볼터(Karl Wolter)는 마이어(Meyer)에게 당현금광채굴과 신천금광채굴에서 막대한 손실을 입히는 결과를 초래하고 말았던 것이다.[458]

칼 볼터(Karl Wolter)는 당현금광채굴사업에서 주도적인 역할을 했던 인물이었다. Wolter는 광사 크노헨하우어(Knochenhauer)와 찜머만(Zimmermann)(=沈梅晩)을 데리고 광산의 실사를 주도했다.[459]

당현금광채굴사업과 그 갈등:

강원도 금성군 당현금광의 위치는 금성읍에서 북쪽으로 약 5리 떨어진 곳이었다. 인구는 약 150여 호 정도였다고 한다.

(독일) 국가와 (독일) 자본의 결탁으로 조선(한국)을 수탈해가는 전형이 일어났던 것이다. 주한 독일영사는 세창양행(저먼신디케이트)과 긴밀하게 소통하면서 한국정부에게 압력을 행사했다. 세창양행은 당현금광 현장에서 체결된 조약을 위반하면서 자신의 자본의 권리를 펴나갔다. 금성 화전민들이 그곳에 있었고 그들의 벌림에 대해서 세창양행은 문제를 제기했다. 세창양행은 "삼림벌채권이 그들의 권리인 양 금성 화전민들의 벌림이 그들의 이익을 침해한다고 임의로 화전민의 벌림을 금지시키는 월권을 범했다."[460] 이에 대해서 한국정부는 "독일인의 금광채굴로 생활의 터전을 잃은 화전민들의 정황을 참작할 것과 실제로 삼림채벌권을 독일에게 양여한 바 없음을 상기시키면서 화전민에

457) 이배용 1984: 133.

458) Karl Wolter는 Carl Wolter이다. Carl과 Karl을 구별하지 않았던 것일까, 아니면 다른 이유가 있었던 것일까. K와 C의 이같은 혼란은 Karl Meyer의 예에서도 일어난다.

459) 이배용 1984: 119 참조.

460) 이배용 1984: 125.

게 취한 독일 측의 벌림금지의 해세를 빙하였다."[461] 세창양행은 조약문의 내용, 곧 "광구면적을 장 60리, 광 40리로 정한다"는 조약내용을 위반하고, 자동지서 120리, 자남지북 80리를 점령하고 그 지역 내에서는 벌림과 개간을 일체 엄금하였던 것이다.[462]

독일 국가는 한국 정부에게 파병을 요청하여 세창양행의 금광채굴사업을 보호해주길 요구했고, 나아가 한국광부들에 대한 엄중심리를 요구하고 심지어는 재판일정까지 개입하였다.[463]

황성신문은 세창양행의 금광채굴과 관련된 문제들에 대해 보도했는데, 이에 대해서도 독일 국가(독일영사)는 외교공문의 비밀 누설이라는 명목으로 "外部"에 항의하기도 했던 것이다. 한국정부는 이 항의에 대하여 "조선정부는 신문보도를 관이 금지할 수는 없다"는 내용의 회신을 보냈지만 독일영사는 거듭 규제를 요청했다.[464]

당현금광은 그리 좋은 금광이 아니었다. 깊게 파고들어가지 않으면 금을 찾을 수가 없었던 것이다. 그런 만큼 위험이 높았고, 한국인 광부들과 세창양행간의 갈등은 깊어질 수밖에 없었다. 그런데 세창양행 측은 발생한 갈등을 해결하는 데에도 위압적이어서 갈등을 더욱 심화시켰다. 그리하여 숙련 광부들은 당현금광을 떠나게 되었고, 당현금광의 실적은 더욱 저조하게 되었다.[465]

> "독일은 1880년대 묄렌도르프가 한국의 통리교섭 통상사무아문의 협변으로 임명되면서 한국광산이권에 관여하게 되었다. 이 때에 독일인 지질학자 곳체가 광산기술자를 대동하고 래한하여 한국전역을 답사하고 광산

---

461) 덕안 2, 문서번호 2113, 1899년 8월 23일; 이배용 1984: 125.

462) 이배용 1984: 125.

463) 이배용 1984: 125.

464) 이배용 1984: 182.

465) 이배용 1984: 127.

의 유망성 여부를 조사하였다. 또한 독일영사관에서는 한국정부에게 독일인 광산기술자의 고빙을 제의하기도 하였다. 그러나 1880년대에는 별반 성과를 거두지 못하였다. 그 후 1895년에 이르러 미국이 평안북도 운산금광이권을 획득하게 되자 독일도 세창양행을 통해서 적극적인 이권교섭을 추진하였다. 그 결과 1897년 3월 광지를 정하기도 전에 한국정부와 광산특허계약을 체결하였다. 독일은 처음에 평안남도 은산금광을 지목하였으나 궁내부 소속이라는 이유를 내세우는 한국정부의 완강한 반대로 은산금광을 포기하고 대신 1898년 7월 강원도 금성 당현금광의 채굴권을 얻을 수 있었다. 금광을 얻기까지 주한 독일영사 클린이 한국외부대신에게 불미스러운 언동까지 자행함으로써 독립협회의 맹렬한 공격을 받았다. 독일은 당현금광을 채굴하면서도 여러 차례 현지민과의 마찰을 겪었다. 이러한 문제를 해결하기 위한 독일 측의 태도는 항상 한국에 대한 주권침해로 귀결되었다."[466]

흥미로운 것은, 다른 국가들과는 다르게, 독일의 광산조약은 그 이름이 특이했다. 즉 "덕상화이덕광약". 광지를 정하지 않고 체결한 것이다. 세창양행의 위세는 그 당시 대단했던 것이 분명하다.[467] 한국 측 서명자는 외부 교섭국장 김珏鉉, 농상부 광산국장 김龍元이었고, 세창양행 측에서는 덕국상인 세창양행 화이덕이 서명했다.[468]

세창양행은 한국 최초의 상업 광고를 낸다. 〈한성주보〉 제4호 2월 22일자에 한문으로 된 세창양행의 광고 기사가 처음 실린다. 세창양행은 1896년 7월 5일자 제23호까지 약 6개월간에 걸쳐 광고를 계속한다. 이듬해 1897년 〈독립신문〉에는 수마트라산 수입 석유 판매 광고,

466) 이배용 1984: 231-232.

467) 이배용 1984: 264에서 재인용.

468) 이배용 1984: 265를 보면 Karl Wolter(화이덕)의 서명이 어떠한지를 알 수 있다.

화륜선으로 평양을 다니는 화물객선 창룡호, 상해로 떠난다는 현익호 운항광고를 내는 등 가장 많은 한글 광고를 실으면서 인천 땅 제물포를 거점으로 매우 적극적인 경영을 펼쳐 나갔던 것이다. 그리고 세창양행은 조선정부와 광지를 지정하지 않은 채, 광산계약을 체결하는 특별한 기업임을 확인시킨다.

1898-1905년까지 7년 동안 당현금광 개발은 결과적으로 실패였다.

1907년 선천금광채굴권을 획득하였지만, 역시 실패였다. 1910년 이후 일본인에게 이권을 넘기게 된다.[469] 그렇다면 세창양행의 이 당시 재무상태는 매우 악화되고 있었던 것이 분명하다.[470]

Ⅵ. 냉전사고를 넘어서기

맥아더동상 철거 논란과 냉전사고 극복의 문제. 냉전시대의 사고를 넘어가야 하지, 냉전 시대 이전으로 되돌아가서는 안 된다. 과연 오늘이 탈냉전시대의 시대인가. 탈냉전의 사고란 무엇인가?

1. 김창수씨가 말하는 "다문화공존의 공간" 주장은 비판되어야 한다. "만국공원의 시대"는 겉으로 볼 때는 다문화가 공존한 곳일지 모르겠으나, 깊게 보면, 그렇지 않다. 제국주의 세력이라는 강한 동일성 속에서 표피적 차이가 있었고, 그것은 궁극적으로 한국을 발전시키려는 의지에서 결과된 것도 아니었다. 더구나 각국 조계지는 일본의 압도적 지배 속에서 타 국가들이 희미하게 분할 점거했던 사실에 유의해야 한다.

2. 한미수교의 역사적 의의는 무엇인가? 한미수교1백년사를 기념하

---

469) 이배용 1984: 232.

470) 1906년 9월 광업법이 제정되었다. 최성연의 책에서는 광업법 제정 이전에 체결된 주요광산체결 내용을 요약하면서 세창양행의 당현금광 조약에 대해서는 언급이 없다. 최성연 1959: 127-128을 참조.

는 것은 100년 전의 ㄱ 수교 사건을 기념하는 것을 넘어서 총체로서의 한미수교1백년을 기념할 뿐만 아니라 과거와 미래의 소통으로서의 현재를 기록하는 것이다.

한미수교에서 영국은 불간섭하는 정책을 폈다. 그런 상황에서 한미수교가 성립될 수 있었다.[471) 한미수교는 영국의 외교적 영향 속에서 가능했다는 해석에서 영국의 영향력을 과대평가해서는 안 되겠다.

> "영국은 최소한 한국의 개국이 러시아에 의해 이루어지는 것을 방지하며, 동시에 타국과 경쟁해서 한국을 먼저 개국시키는 것도 의도적으로 피한다는 것이다. 즉, 영국은 타국에 이어, 혹은 공동으로 한국에 들어간다는 정책을 추진한 것이다. 현재까지는, 미국은 한국의 개국문제에 있어 단독으로 행동했으며 영국과 논의한 바 없는 것으로 알려져 있다. 그러나 런던 외무성이 '한미교섭에의 불간섭'을 지시한 것으로 보아 워싱턴과 런던 사이에는 한국 개국에 대해 최소한 상호 입장을 전달했을 가능성을 배제할 수 없다. 이상 영국의 정책을 고려해 볼 때 미국의 단독행동까지도 포함해서 한국의 개국과정은 그 배후의 주요 세력(the moving force)이 바로 영국이 아닌가 하는 잠정적인 결론에 도달할 수 있을 것 같다."[472)]

당시 이 같은 정치외교적 상황에서 한국은 어떠한 외교정책을 펴나갔는가? 한미수교를 체결하는 과정에서 당시 한반도에서 매우 중요한 세력을 발휘하고 있었던 영국의 입장이 작용하고 있었다면, 그리고 영국이 한국에 대한 중국의 종주권주장을 무력화시키는 바에 대해서, 한국은 한미수교 체결 정책을 통해서 무엇을 노렸던 것일까?

---

471) 구대열, 「한국의 대서양 개국 문제의 재검토 – 한미 한영 수교조약 당시 극동의 국제관계를 중심으로」, 『사회과학논집』(이화여대 법정대학), vol.3, 1983, pp.105-121. 한국의 입장이 어떻게 전개되었는지에 대해서 서술이 매우 미흡하다.

472) 구대열 1983: 13.

1882년 5월 22일 인천 제물포에서 한미수호통상조약은 조선의 대표단 신헌, 김홍집, 미국의 대표 슈펠트 제독이 서명함으로써 체결되었다. 외교 조약체결에서 체결장소는 어떠한 의미를 가지는가?

미국이 조선과 통상조약을 체결하게 된 이유는 무엇인가? 백광일은 다음과 같이 밝힌다. "첫째, 미국이 조선에 관심을 가지게 된 것은 중국과 일본과의 통상에서 발생하는 조난선의 구조, 담수 및 식량의 보급과 가능하면 통상관계를 맺어 경제적 이익을 얻어 보자는 것이었다. 그리고 '은둔의 왕국'에 대한 호기심으로 무한한 가능성도 배제하지 않았다. 그리하여 처음에는 청국, 일본과 동일하게 조선을 취급하여 조약과 더불어 미국대표로 특명전권공사를 파견하였다. 그러나 초대주한미공사로 파견된 푸트(Lucius H. Foote)는 도착하자마자 많은 것이 기대에 어긋났으며 실망을 하게 되었다. 이것은 그가 미국무성에 보낸 보고서에 잘 나타나 있듯이 조선은 쇠퇴하여 정체되고 가난에 찌들어 있으며, 국민은 청국과 일본에 대한 예속이 습관화되어 있는 나라라고 보고하였으며, 수출상품도 원사, 사금, 뿔, 담배, 꿀, 사람의 머리털 등 보잘 것 없는 것이라고 지적했다."[473)]

그렇다면, 미국은 당시 조선에 대한 특별한 조사나 연구도 하지 않은 채, 조선과 통상조약을 체결했다는 것인가? 그렇다면, 그 까닭은 무엇인가? 1882년 5월 당시 미국의 조선에 관한 이해력에 대해서 조사할 필요가 있다.

a. 슈펠트 제독은 조선 측 외교인물을 전혀 알지 못했을 가능성이 있

473) 백광일, 「초기 한미관계의 연구」, 『미국외교정책과 한반도』, 인하대출판부, 2004, p.45. 백광일은 Lew Young Ick, "The Shufeldt Treaty and Early Korean-American Interaction, 1882-1905", The Journal of Asia Studies, vol xxv, No.1, p.14를 참조했다.

다. 미국으로서는 이미 외교관계를 맺고 있었던 일본을 경유하여 조선과 소통하는 길이 쉬운 길이었다. 슈펠트는 1880년 일본 나가사키에 도착하기 이전에, 미국무장관 윌리엄 데바르츠(William M.Evarts)로부터 훈령을 받았었다: 그 내용은 일본의 중재를 이용하라는 것이었다.[474]

1. 1880년, 슈펠트가 일본의 중재를 통해서 조선과 수교를 하려고 시도했으나 성공하지 못한다. a. 일본의 소극적 태도 b. 조선의 반대.[475] 1880년에서 1882년 5월까지의 기간 동안 미국에서는 어떠한 변화가 일어났는가.

일본의 소극적 태도에 대해서는 설명이 있다. 일본이 조선에서 행사하는 경제적 이익에 손실이 일어나리라는 계산이 있었다는 점, 일본이 조선의 외교정책에 대해서 적극적으로 개입할 경우, 조선에게 일본이 좋은 이미지를 주지 못하리라는 계산이 있었다는 점. 그런데 조선은 왜 미국과 수교하는 데 적극적이지 않았을까?

2. 청의 이홍장이 한미수교를 위해 중재의 역할을 행사하려 했던 이유: a. 일본의 조선에 대한 영향력 행사에 대한 견제 b. 러시아의 남하정책에 대한 저지

청의 이홍장의 입장에서는 1876년 조선이 일본과 병자수호조약을 하여, 조선에 대해서 청의 입지를 확보하는 전략으로서는 조선이 일본 이외의 국가들과 조약을 체결하는 것이 대안이었다. 슈펠트가 조선에 도착하기 이전인 1879년에 이홍장은 조선의 이유원에게 서한을 보내어 일본과 러시아의 고조되는 압력에 대항하기 위해서는 서양제국들에게

474) Evarts to Stevens, Washington, March 1, 1879, U.S.Foreign Relations, 1879, p.620; 백광일 2004(1894): 35.

475) 백광일 2004(1984): 34-35.

문호를 개방할 것을 권유한 바 있다.[476)]

그렇다면, 이유원에게 보낸 이홍장의 서한은, 이홍장과 미국이나 슈펠트의 상호교신과 무관하지 않을 가능성이 있다. 1880년 슈펠트가 조선에 도착하기 이전에, 이홍장은 이미 미국에게 중재의 역할을 할 수 있음을 전달했을 가능성이 있다는 것이다. 그러므로 이 시기, 세밀한 사료 탐색이 필요하다.

Ⅶ. 만국공원부활의 사상은 퇴행적 향수의 정치를 경계해야 하는 이상으로 경계되고 비판되어야 한다

1. "우리의 팔과 다리는 동면하고 있는 기억들로 가득 차 있다."[477)]

향수는 특수한 기억의 하나이다. 향수는 고통이 삭제된 기억이다. 향수는 그 자체로 문제적이지, 순수하지 않다. 기억양식이 중요하다. 그런 향수에 대해서 우리는 의문을 던져야 한다.[478)]

(1) 현재의 비판의식 왜곡이 과거에 대한 무반성적 향수를 몰고 온다. 현재의 사회생활에 대한 불만이 있되 그것에 대한 총체적 비판을 실천하지 못한 채 방관하고 있을 때 그런 향수가 깊어진다. "현재는 온통 고통으로 가득 차 있으므로 --- 우리의 향수가 깊어지

476) 노계현, 『한국외교사연구』, 갑인출판사, 1983, pp.44-45; 동덕모, 『한국의 개국과 국제관계』, 서울대학교출판부, 1980, pp.60-66; 백광일 2004(1984): 37.

477) 프루스트의 말인데, Lowenthal, D., *The Past is a Foreign Country*, Cambridge: Cambrige University Press, 1985: 203을 재인용한 래쉬/어리 1998: 353에서 재재인용. 국역본, 로웬덜, 데이비드, 김종원·한명숙 역, 『과거는 낯선 나라다』, 개마고원, 2006.

478) 이 논의는 서규환, 「인천 르네상스 운동을 위하여」, 『황해문화』, 2007년 여름호, pp.328-353에서 서술했던 부분을 다시 그대로 가져온 것임을 밝힌다. pp.340-341.

고 솔직해진 것은 ---현재로부터의 총퇴각, 실제적인 탈주를" 시사한다.[479)]

(2) 그리하여 이른바 황금시대가 진실로 과거에 존재했었다는 믿음이 논증 없이 얕은 대화의 안과 밖에 자리 잡는다. 여기에서 황금시대 설정은 자의적이게 된다. 통일신라–고려–조선–대한제국–상해임시정부–대한민국이라는 역사적 정통성은 위협받는다.

(3) 퇴행적 낭만주의의 특수한 심미주의가 확산된다. 오래된 장소, 오래된 공예와 가구, 오래된 가옥 등등이 예찬되고 수집된다.

(4) 오래된 것이면 거의 무엇이나 귀중한 것으로 생각하는 취향이 짙어진다. 지배계급과 피지배계급, 명품과 비명품(쓰레기), 그 어느 것이든 상관없다.

(5) 시골 생활 예찬. 그렇지만 그것은 과거의 시골생활이 아니라 오늘의 사이비시골의 반 생활이다.

강한 낭만주의의 목소리가 19세기 전반 유럽에서 퍼져 갔을 무렵 이 같은 향수가 있었다. 그 때 향수의 병리학에 대한 의학적 해부가 있었다.[480)]

역사주의의 빈곤이 가져온 효과는 미래에 대한 기대상실이다. 즉시적 시간 감수성이 확산되면서 미래 의식이 희미해지거나 왜곡되고 있다.

"우리는 바야흐로 미래라는 범주를 폐기하고 확장된 현재라는 범주로 대체하려 하고 있다.---미래 범주는 현재의 단순한 확장으로 되는 것을 향

---

479) Michael Wood, "Nostalgia or never: you can't go home again", New society, 7 November, 1974, p.346; 래쉬/어리 1998: 362에서 재인용.

480) M. Roth, "The time of nostalgia: medicine, history and normality in 19th-century France", *Time and Society*, 1992, 2: 271-86.

해 수축되고 있다. 과학과 기술이 자신의 산물을 유통시키는 데 필요한 거리를 성공적으로 축소시켰기 때문이다."

퇴행적 향수는 정치적이다. 그 자체는 결코 순수하지 않다. 그러므로 우리는 그런 향수의 정체성에 대해서 강한 비판적 성찰을 게을리해서는 안 된다.

2. 우리는 퇴행적 쇠락을 예찬하는 미학과 연륜의 리얼리즘미학을 구별해야 한다. 연륜의 의미론은, 노쇠의 늙음이 아니라 젊음이 따라할 수 없는 노련한 생동감에 있다. 그것은 젊음 이상의 젊음이다. 연륜은 능력으로서의 권위를 말한다. 시간의 폭력 앞에 무력한 것이 아니라 시간의 폭력을 극복해온 고독의 숙련성과 그 권위를 표현하는 예술적 작품은 무엇인가. (뒤러의 〈서재의 성히에로니무스〉는 바로 후자의 예에 속하는 걸작의 하나이다.) 나태(=비노동)를 나타내는 노쇠, 폐허의 이미지와 노동의 윤리를 더욱 강조하기 위해 도입되는 노쇠, 손상, 폐허의 소재의 이미지를 구별해야 하는 것이다.

오래된 것을 사랑하는 까닭은 그것이 오늘의 그리고 내일의 정체성에 의미롭기 때문이다. 그리하여 서구의 경험에서 보면, 오래된 것처럼 보이게 하는 다양한 기술들이 개발된다. 르네상스 시대에 처음으로 광범위하게 확산되었다. 그 기법을 열거하면 다음과 같다.

a. 우르비노(Tarenzio da Urbino)는 그림을 연기로 그을려 어둡게 만든 뒤 얼룩덜룩하게 니스를 덧입히고, 닳아서 금박이 너덜너덜해진 틀에 끼워 오래되고 가치 있는 것처럼 보이게 했다.
b. 17세기의 또 다른 화가는 물감에 굴뚝 검댕을 적당히 섞어 칠한 후 그림을 굴려서 미세한 균열이 생기게 만들어 오래된 그림처럼 보이게 했다.
c. 독일의 한 금세공업자는 지방을 함유한 묽은 수프에다 마차 바퀴

에서 생긴 쇳가루를 섞고, 거기에 동전을 넣어 마구 흔들어서 오래된 동전처럼 보이게 만들기도 했다.

d. 반 메헤렌(Van Meegeren)은 그림이 수세기 동안 자연 건조된 것처럼 보이도록 딱딱하게 베르메르의 모조품을 만들어서 팔아넘겼다.
e. 새로 조각한 상아 제품을 오래된 상아처럼 보이도록 만들기 위해 표면에 미세한 금이 간 것처럼 가장한다.
f. 해포석 담배 파이프에 몇 시간 연기로 그을림으로써 수 년 동안 끽연을 즐긴 것처럼 부드러운 색깔을 입혀놓기도 한다.
g. 모조품 가구에 정교한 기술을 개발하여 벌레 먹거나 긁힌 자국을 만들어 넣기도 하고, 오래 입은 청바지처럼, 마모, 탈색시키기도 한다.
h. 200년 된 것처럼 보이게 만드는 DIY도구세트까지 판매하고 있는 회사가 있다.
i. 포도주병이 오래된 것처럼 보이게 만드는 "먼지 앉은" 포도주를 판매하는 회사가 있다.

등등. William Hogarth, 〈그림을 그을리고 있는 시간〉(Time smoking a picture)(1762년 Warburg Institute, University of London).[481] 호가스의 이 그림은 그림을 그리는 것이 아니라 그림에 연기를 불어넣어 오래된 것처럼 만드는 그것을 그리고 있다. 호가스는 조악한 골동품취향을 조롱하는 것일까?

"현실의 더러움은 받아들여지지 않았으나, 그림으로 표현된 과거의 더러움은 받아들여졌다. 옛 수도원이나 낡아빠진 오두막집은 그림으로 그려질 생생한 피사체로서 보존되었다. 그러나 영국 신사들 중에 실제로 그런 집에 살았던 사람은 아무도 없다고 험프리 렙턴(Humphry Repton)은

481) 로웬덜 2006: 365.

주장했다."[482]

가상의 더러움, 폐허, 쇠락만을 예찬하는 이 입장은 쇠락성에서 쇠락 그 자체가 아니라 그 속에 담긴 긍정적인 자원들을 의미론적으로 도출해내려 했다. 물론 쇠락성에서 부정적 자원을 읽어내고 그것을 미학적으로 긍정하는 입장도 있다. 후자는 악미학으로 발전한다. 그 미장센에는 다음과 같은 것들이 빈번하게 등장한다. a. 썩고 말라죽은 나무들에서 비장한 picturesque, b. 속이 텅 빈 나무줄기, c. 비바람에 퇴색한 지붕, d. 잎이 다 떨어지고, 옹이투성이에, 말라가고 있는 오크나무 등등.

낭만주의(예컨대, 프리드리히)는 단순함에서 벗어나 이 같은 쇠락성에서 다양성을 표현하려 했던 현대성의 강력한 정신이념이었다.

> "러스킨은 늙은 노동자의 회색 머리카락과 마른 팔, 햇빛에 그을린 가슴 등에 응어리져 있는 슬픔을 무시한 채 단지 그 노동자의 외모를 즐기는 냉정하고도 '저급하게 회화성(picturesque)'을 즐기는 태도를 비난했다. 러스킨은 1845년 아미앵 슬럼가에 사는 사람들에게서 '강렬한 회화성을 발견했지만 적잖은 비참함도 느꼈다.(---) 병약해 보이는 얼굴에 우수에 젖어 있는 몰골들을 보면서 (---) 나는 얼마나 많은 고통 받는 사람들이 나의 회화성의 주제와 행복한 산책을 위해 희생되고 있는지 통절히 느꼈다.' 미국의 허먼 멜빌은 비참한 존재를 부정하면서도 자기 작업실에서 '빈곤의 회화성'을 그린 그림에 집착하는 사람들을 비난했다."[483]

3. 최근 중구청에서는 일본풍 거리를 만들었다. 나는 여기에서 건축

---

482) Humphrey Repton, "Sketches and Hints on Landscape Gardening"(1795), in: *The Art of Landscape Gardening*, ed. John Nolan, London: Constable, 1907; 로웬덜 2006: 389.

483) Lowenthal 1985: 166; 로웬덜 2006: 387의 번역을 약간 수정했다.

평론가 전진삼의 비판을 인용하고자 한다.

> "인천에 한심한 일이 벌어지고 있다. 난데없이 '일본풍 거리'라는 해괴한 이름을 달고 중구청 앞 일대의 가로가 건물 껍데기의 대대적인 수선을 마치고 일반인들에게 공개되었다. (중략) 또한 1910년대 일본 가로의 이미지를 심겠다고 한 작의도 우습거니와 그 시대와 이 공간과의 관계 설정이 일본이 우리 국토를 본격적으로 유린 강점하는 시간성과 일치하는 것도 그 속셈의 근원을 도무지 이해할 수 없다. 그곳이 과거 일본지계의 중심지라는 역사적 당위는 그렇다손 치더라도 당시의 가로 모습을 고스란히 재현하는 것도 아닌 '창조적' 가면을 씌운 배경의 중구의 옛 영화의 상징적 장소인 만국공원(현 자유공원)의 '창조적' 복원 사업 타당성 조사의 가당찮은 논리와 직접적으로 연결되고 있는 듯한 인상을 접을 수 없다. 물론 사업의 주체가 다르다는 것을 모르는 바 아니지만 인천의 지도급 지식인 그룹이 후견이 되어 이 동네의 갈지자 행보를 눈감아주는 격이 되고 있으니 더욱이 씁쓸한 마음 금할 길 없다. 중구청은 비난성 여론을 무릅쓰고 제2단계 일본풍 거리 조성 사업을 추진할 태세라고 하니 기가 찰 일이다."[484]

나 역시 이 일본풍 거리의 미학적 정체성이 무엇인지, 알 수 없다. 아니 이해하지 못한다. 정말 일제의 압제의 고통을 망각한 것인가, 그리하여 이제는 그것은 오직 오래된 과거의 일이며, 오늘의 현재와는 아무런 관련이 없다는 것인가.

이 일본풍 거리를 만들자는 아이디어를 내고 그것을 추진하고 그것

---

484) 전진삼, 「도시 생태학의 경계 – 일본풍, 중국풍 그리고 인천풍 반(反)건축」, 『황해문화』, 2007년 여름호, pp.401–408, 여기에서는 pp.401–402. 또한 강현주, 「도시디자인, 도시의 미래」, 『황해문화』, 2007년 여름호, pp.123–136, 여기에서는 pp.126–127 참조.

을 실행한 주체들에게 묻지 않을 수 없다. 도대체 우리들에게 무엇을 호소하려는 것인가. 로웬덜이 지적하듯이, "오래된 것보다는 오래돼 보이는 것을 더 가치 있게 보는 경향이 있다"[485]고 할지라도, 이 일본풍의 거리는, 왜색거리는 도무지 오래돼 보이지도 않거니와 --- 정말 어안이 벙벙하다. 르네상스시대에 그들은 고대 그리스와 로마를 이상으로 판단했고 그것을 부활하는 것이 그들의 역사의식이었다. 그렇다면 이 만국공원복원·부활은 일본제국주의시대를 이상적 대안으로 판단하고 있다는 말인가.

4. "실패를 드러내는 유물은 좀처럼 구제되지 않고 거의 기억되지 않는다."[486] 대체로 건조물을 세우는 일은 기념하려는 그것의 총체적 의미를 통찰하지 못했기 때문에 건조되기 마련이다.

가치 없는 건조물을 보존하려 하면 매우 어렵다. 아니 해서는 안 된다. 보존하는 비용이 지불되어야 하기 때문이다. 가치 없는 건조물을 방치하여, 그대로 쇠락해가는 과정을 지켜보자는 계몽적 발상이 있을 수 있다. 인천의 개항 1백주년 기념탑 논란의 경우를 보자. 인천의 개항시점을 언제로 잡을 것인가에 대한 역사적 논의도 충분하게 성숙하지 못한 채 성급하게 기념탑을 건조한 데 근본적 실패가 있었다. 실패는 이를 넘어서 건조물 자체의 의미론적 구조가 잘못되어서 심화되었다. 기념탑은 밖에서 안으로 향하여 마치 제국주의 세력이 한반도로 침략해 들어오는 것을 환영하는 의미를 주고 있었던 것이다.

---

485) 로웬덜 2006: 312.

486) 로웬덜 2006: 701.

Ⅷ. 이른바 만국공원복원문제는 친일문제와 내재적으로 연결되어 있다

친일파인사를 변호하는 논거의 하나는 그 시대의 질곡에서 보면 누구도 자유롭지 못하다는 것이다. 어찌할 수 없었다는 것이다. 만국공원부활의 중심에 있는 것으로 보이는 최원식 인천문화재단 대표이사 역시 바로 이 변호의 입장에 있다는 점에 주목해야 한다. 그가 어떠한 논리로 친일파를 판단하고 있는지에 대해서는 여기에서 반복하지 않겠다.[487] 이것은 인간의 자유를 부정하는 결정론적 논거인데, 만약 그러하다면 그 친일파인사를 예찬해야 할 논거 자체가 무의미해지는 것이다. 그들의 작품들은 자유의 결과물이 아니라 이미 결정되어 있었던 시대의 결과물에 불과하다고 말한 셈이다. 어떻게 자유의지를 스스로 부정하는 자를 자유의 이름으로 예찬할 수 있겠는가.[488]

용서의 문제는 사실의 문제가 아니라 행위에 대한 처벌의 문제이다. 사실을 용서할 수는 없다. 오직 확인될 뿐이다. 용서와 처벌은 모두 처벌의 수위에 관한 결정의 사안이지, 예찬의 과제는 아니다.

친일파문제, 왜 심각한가. 주권상실은 노예상태이기 때문이다. 그것은 인간의 조건에 치명적인 상처, 나아가 살해행위이기 때문이다.

매킨타이어는 공동체의 미덕으로서의 우애에 대해 논의하면서 다음과 같이 말한 바 있다.

"용서의 전제조건은 무엇인가? 그것은 범죄자가 자신의 행위에 대한 법

487) 서규환, 「최초의 한국정치학자는 누구인가? - 안국선의 정치학연구와 한국정치학사적 위상」, 서규환 편, 『한국사회과학사연구 I』, 인하대학교출판부, 2006, pp.31-86, 여기에서는 pp.75ff를 보라.

488) 아도르노의 『부정변증법』에서 자유와 결정주의에 대한 논술을 참고하라.

의 심판을 이미 정당한 것으로서 받아들이고, 적절한 처벌의 정의를 인정하는 사람처럼 행동하기를 요구한다. 그렇기 때문에 '참회(penance)'와 '처벌(punishment)'은 같은 어원을 가지고 있는 것이다. 만약 불의를 당한 사람이 그러하기를 원한다면, 범죄자는 용서될 수 있다. 용서의 실천은 정의의 실천을 전제한다. 그러나 거기에는 결정적인 차이가 있다. 정의는 재판관, 즉 전체 공동체를 대변하는 비인격적 권위에 의해 집행된다. 그러나 용서는 침해를 당한 편에 의해서만 베풀어질 수 있다."[489]

그런데 실제에서는 정의와 용서가 동시적으로 해당되는 사례가 적지 않다.

Ⅸ. 인천의 문화적 스펙터클 성숙을 위하여

첫째, 도시 인천의 문화적 빈곤은 도시 인천 그 자체의 문화적 유산의 빈곤 때문이라기보다는 오늘의 도시 인천을 만들어가는 인천 시민들의 문화적 빈곤을 말한다. 이른바 만국공원부활 프로젝트의 추진세력들의 역사의식과 문화의식이 이를 예증한다. 도시 인천의 문화적 자원은 오히려 풍부하다.[490]

둘째, 마셜 버만이 지적하듯이 도시에 대해서 우리는 두 개의 거대한 아이디어를 가져야 한다. 그 하나는 도시에 대한 권리(right to the city)가 기본권이라는 이념이고, 다른 하나는 이 이념에서 도출되는 이념인데 도시 스펙터클의 부분이 되는 권리라는 이념이다. 인천 도시에 대한 권리를 우리는 정당하게 행사해야 하며, 인천 도시의 스펙터클에 대

489) 매킨타이어, 이진우 역, 『덕의 상실After Virtue』, 문예출판사, 1997, p.258.

490) 서규환/김천권/구영민/강현주/조영민, 〈인하대학교 대학가 가로경관개선〉(인천광역시 남구 학술연구사업보고서, 2006년 7월) 참고하라.

해서 책임을 져야 한다. 인천 도시의 스펙터클은 단순한 장식을 넘어서 그 도시의 얼굴 표정이다.[491] 인간은 자신의 얼굴에 책임을 져야 하듯이, 인간의 도시이기를 바란다면, 도시 역시 자신의 얼굴에 책임을 져야 한다. 그것은 그 도시의 내면의 외화이기 때문이다.

셋째, 과거에서 미래로 나아갈 수는 없고, 나아가서도 안 된다. 오늘은 내일의 과거, 역사가 된다. 인천의 경우, 건축 등 시각적인 것의 역사적 유산이 빈곤하다고 판단하여 치밀한 비판적 성찰 없이, 오늘, 그 유산을 복원하고 유지해서는 안 된다.

시각적인 것은 늘 시각적인 것 밖의 것들과 함께, 우리에게 비판적 해석과 함께 수용된다. 비판적 해석과 그 해석공동체의 행동에 주목해야 한다. 그들의 인정·승인과 함께 시각적인 것들은 지속될 수 있고 자긍과 자존의 세계에서 살아 갈 수 있다.

인천의 과제는 어두운 과거의 비반성적, 반성찰적 복원이 아니라, 인천의 밝은 미래를 위해서 오늘 진정 창조적 디자인을 할 수 있는, 인천을 위해 살아있는 거장들에게 기회를 부여하는 것이다.

넷째, 만국공원복원사업이 지역경제에 긍정적인 효과를 가져올 것인지에 대해서도 진지하게 검토해야 한다. 한국과 인천의 자긍과 자존을

---

491) Marshall Berman, On the town, NY, 2006, p. 224. M. Berman은 On the Town(타운에서)라는 책에서 그가 "Times Girl"이라 명명하는 여성의 여성이미지에 주목한다. 그리고 Times Girl과 Times Building의 융합(fusion)이 the first times square를 만든다. Times Girl은 남근성을 강하게 표현하는 Times Building에 걸터앉아 있다. 오른손으로는 이 Times Building을 어루만지고 있으면서도, 왼쪽 다리는 브로드웨이 속으로 뻗어가고 있다. 이것은 우편엽서라는 점에 도상의 의미가 살아난다. 타임즈걸은 개방적이고 내숭떨지 않는다. 캐주얼하며 messy하다. 죄의식이나 수치심 같은 것도 없어 보인다. 하지만 우쭐대지도 않는다. 타임즈걸은 "파탈"하기보다는 nice하게 보인다. 어쩌면 타임즈걸에게서 진지함, 노동윤리, 전문성 등의 본래성을 발견할 수도 있을 것이다. "타운 위"에 걸터앉아 생활하는 이 타임즈걸은 오늘날의 뉴욕에서 직장과 가정의 혼융 속의 여성인지 모른다. 주상복합 빌딩 속의 여성. 이런 맥락에서 이른바 만국공원의 부활이란 인천이라는 도시 공간 위에 걸터앉아 짙은 그림자를 드리우는 제국주의의 망령이라는 이미지로 다가온다.

훼손하는 사업이라면, 그것이 점차 알려지게 된다면, 오히려 지역경제에 부정적인 영향을 미칠 가능성이 높다. 이미 3에서 말한 바와 같이, 스페인 빌바오 구겐하임미술관 사례에서 지역경제 발전의 정책적 아이디어를 얻을 수 있을 것이다. 또한, 일본 요코하마 실크박물관 사례와 같이 미래지향적인 지역산업박물관 프로젝트에 대해서도 생각해 볼 가치가 있다.

다섯째, 인천 전체의 도시발전방향에서 도시개발방안이 신중하고 깊게 연구될 필요가 있다. 이와 함께 인천 중구의 지역적 차원에서 월미도, 자유공원, 차이나타운 등등에 대해서 종합적으로, 미래지향적으로 프로젝트를 구상할 필요가 있다. “월미도” 등 바다를 체험할 수 있는 워터-프론트 프로젝트, 인천의 고품위 문화성을 당당하게 자랑할 수 있는 랜드마크형 새로운 조형물이나 건축물과 문화예술산업을 연계할 수 있는 방안을 깊게 탐색해야 한다. 월미도에서 중구로 이어지는 생태친화적인 인간중심의 거리와 공간을 연출할 수도 있을 것이다.[492]

부록: 세창양행 및 존스톤별장 관련 일지

1882년 미국, 영국, 독일 등 수호통상조약 체결

1882년 5월 “조청상민수륙무역장정” 체결

1883년 “인천항 개항”

1883년 9월 30일 인천 일본조계지 거류조약 조인
(“조선국 인천구 조계 약서”)

1883년 10월 23일 통상사무 조병직 입회하에 일본조계지의 제1차 토지분양 실시

---

492) 이 글의 초고를 읽고 유익한 논평을 해준 인하대 김천권교수에게 감사의 뜻을 표한다.

1884년 3월 일본조계지 제2차 토지분양 실시

1884년 4월 2일 청국 조선정부와 정식으로 거류지 조약체결("인천구 화상지계장정")

1884년 5월 Karl(Carl) Wolter가 인천 제물포에 도착

1884년 여름 Karl Wolter가 서울에서 묄렌도르프를 처음으로 만남

1884년 세창양행 사택을 건조(인천최초의 양관이었다 한다. 한국 최초는 아니었다.)

1884년 인천 영국 영사관 개설

1884년 청국과 "인천구 화상지계 장정" 체결

1884년 10월 3일 유럽국가들과 "인천 제물포 각국조계장정" 조인, Public Garden의 위치가 정해짐(1887년 3월에는 늦어도 확정된 듯하다)

1885년 8월에 청국조계지 분양 경매실시

1886년 〈한성주보〉가 창간되는데, 이에 세창양행을 광고

1888년 각국거류지 설정

1888년 "각국공원(The Public Garden)" 조성(공원을 이렇게 조성한다고 했지만 그 후 그 곳에서는 사기업 사택과 별장 등이 건조되었다. 또한 정확한 공식명칭이 무엇인지, 아직 분명하지 않다.)

1897년 4월 계림장업단 설립(이 조직은 1899년에 해산된다.)

1898년 7월 18일 세창양행은 정식으로 한국정부로부터 금성당현금광채굴권을 인가받음

1898년 12월 일본거류지 해안매립사업(=일본거류지 확장 사업이었다)안이 각국대표자회의를 통과

1899년 10월 일본거류지 해안매립사업 공사 착수

1899년/1900년 James Carl Wolter가 태어남(James란 외할아버지 이름이다. 추측컨대, 약 1년 이전에 Carl Wolter와 제임스 존스톤의 딸은 결혼했을 것이다.)

1900년 6월 일본거류지 해안매립사업 준공

1902년 Paul Schirbaum은 자신의 저택("Schirbaum 저택")을 건축하고(이곳에 서 1950년 12월 13일 일본 요코하마로 떠날 때까지 머문다.)

1903년 존스톤별장 착공

1903년 오가와 유조 편저, 『일본번창기』 출간(이 책은 일본의 당시 종합정책보고서 같은 성격의 책이다.)

1904년 인천관측소 설치

1905년 일본과 "을사보호조약" 체결

1904~5년 러일전쟁

1905년 말 존스톤별장 낙성

1907년 4월 저먼신디케이트가 당현금광을 완전히 포기

1907년 Karl Wolter가 세창양행을 인수

1907년 3월부터 12월 31일까지 10개월분의 광구세를 저먼신디케이트가 납부

1908년 Karl Wolter 가족이 독일로 귀국(Karl Wolter의 병)

1908년 홍예문 준공

1909년 오례당 저택(=중국부호의 사저) 준공

1910년 일제가 조선을 강제병합

(1914.7.28~1918.11.11 제1차세계대전)

1911년 저먼신디케이트가 일본인에게 채굴특허권을 양도

1913년 각국 공동조계 및 청국조계 폐지

1914년 외국인 거류지 제도 철폐, 공원 관리권 인천부로 이관, 각국공원을 서공원으로 개칭

1916년 Karl Wolter는 악성빈혈이라는 그의 지병으로 사망

1916년 Paul Schirbaum이 세창양행사택(존스톤별장이 포함될 가능성이 높다)에서 "일본관헌에 의해" 쫓겨남; 이때부터 청광각으로 개명(1922년까지)

1919년 James Johnstone 사망

1919년 Karl Wolter의 아들 James C. Wolter가 인천으로 오고, 존스톤별장을 상속받음

1919년 전국 13도 대표자, 인천 서공원("만국공원")에서 임시정부를 조직

1920년 인천공설운동장 확장공사 준공

1922년 인천부청이 존스톤별장(세창양행도 포함할 가능성이 높다)을 매수; 인천부는 청광각에 인천부립도서관을 설립

1930년 인천축항 확장공사 기공

1934년 숭의공설운동장 준공

1936년 인천부청이 존스톤별장을 서공원회관으로 명명했다가 곧바로 인천각(고급여관 겸 요정)으로 1945년 해방까지 사용

1941년 세창양행사택("청광각")에서 인천부립도서관을 이전하고, 그곳을 인천향토관으로 사용

1945년 인천각(="존스톤별장")을 미군정청이 접수하고 독신자 고급장교 숙소로 사용

1946년 인천향토관(="세창양행사택")을 인천시립박물관으로 개관, 사용

1950년 만국공원 명칭 복원

1950년 인천상륙작전시 포화로 미군정청독신자고급장교숙소("존스톤별장")와 인천시립박물관("세창양행사택")이 소실

1957년 맥아더 장군 동상 제막, 만국공원에서 자유공원으로 개칭

1965년 6월1일 인천 시민의 날 제정하고 그 기념식을 자유공원에서 거행

1965년 자유공원에 사랑의 종 건립

1965년 올림포스호텔 준공

1966년 자유공원 석정루 준공

1968년 오례당, 육군방첩대 실화로 전소

1971년 자유공원에 어린이헌장비 건립

1982년 놀이공원 자리에 한미수교 100주년 기념비 기공

1995년 최원식교수, 「자유공원을 다시 계획하자!」라는 논고를 『황해문화』에

기고

2005년 12월 인천학연구원(총괄기획=김창수박사)에서 "각국공원의 창조적 복원 방안 시민토론회" 개최

2006년 4월 초 (재)인천문화재단(대표이사=최원식교수)에서 "만국공원의 기억전" 개최[493]

---

493) 본 논고는 인천경실련이 요청하여 발표한 것(2007년 6월 26일 화요일 오후 2시, 인천토지공사)인데, 가볍게 교정했다.

제6장
새얼문화재단의 발전과 지용택의 리더십[494)]

Ⅰ. 아침대화 300회

1. 운영의 원칙

해관(海觀) 지용택(地龍澤) 이사장(1937년 인천출생, 이하 존칭 생략)의 탁월한 리더십과 함께 운동하는 새얼문화재단이 여는 새얼아침대화는 1986년 4월 8일 당시 인하대학교 사학과 박광성 교수가 〈김포굴포에 대하여〉라는 제목으로 대화의 문을 연 이래로 지금까지 일관되게 아침대화의 장을 열어왔다.[495)] 처음 한동안은 유명 인사를 섭외하기가 쉽지 않았을 테지만, 그 단계를 넘어가면서 새얼아침대화에 강사로 서지 않으면 한국에서 명사 반열에 서지 못한 것으로 간주될 정도로 아침대화는 이제 알만 한 사람은 누구나 아는, 또한 알아야 하는 대화의 장이 되었다.

지용택은 처음부터 아침대화 연사를 선별하는 기준을 세우고 있었다. 이를 통해 우리는 그의 리더십을 어느 정도 가늠할 수 있다.

첫째, 현역 정치인은 세우지 않는다. 장관은 정치인으로 간주하지 않고 세운다. 정치인 경력이 있다고 할지라도 현역 지위만을 고려한다. 이렇게 정치인을 세우지 않는 까닭은, 현실정치인들이 균등한 기회를 요구하거나 특정한 정파만을 지지하는 것이 아닌가 하는 의심을 품을

494) 새얼아침대화 300회 기념 권두논문.

495) 새얼문화재단 작성, 「새얼아침대화 300회의 발차취」 참조.

수 있고, 그것이 혼란을 초래할 수 있다고 판단했기 때문이다.

둘째, 한번 강사로 세운 사람은 다시 세우지 않는다. 그러나 직위가 달라졌을 때에는 다시 강사로 모실 수 있다. 이 선별원칙에 따라 ① 문학평론가 김양수는 제2회 〈인천은 왜 발전이 더뎌졌나〉(당시 한국문학평론가협회 회장)라는 제목으로 강연했지만, 제119회(1996년 3월 12일)(당시 문학평론가)에 〈인천발전과 관련된 몇 가지 문제점〉이라는 제목으로 두 번 강연을 하게 된다. 김양수의 사례는 이 원칙에서 예외였다. 특별한 사정이 있었다. 이경성씨가 강사로 예정되어 있었으나 갑작스러운 병환으로 강연이 불가능하게 되었고, 급하게 강사를 구한 사례였다.

② 문정인(당시 인하대학교 교수)은 제27회(1988년 6월 14일) 〈이란과 이라크는 왜 싸우는가?〉라는 제목으로 강연한 바 있지만, 제219회(2004년 8월 10일)에는 동북아시대위원회 위원장 자격으로 〈동북아시대의 도전과 우리의 대응〉이라는 제목으로 강연하는 기회를 부여했다.

③ 김대환(당시 인하대학교 교수)은 제3회(1986년 6월 10일) 〈경제성장과 소득분배〉라는 제목으로 강연했지만, 2005년 6월 15일 당시 노동부 장관의 자격으로 제229회 〈2005년도 노동정책방향〉이라는 제목의 강연을 하게했다.

④ 신용석은 1988년 2월 9일 제23회 새얼아침대화에 〈선진국의 국회의원 활동〉이라는 제목으로 강연한 바 있지만, 2006년 10월 11일 제245회 〈아시안게임과 인천의 미래〉라는 제목의 강연을 하게 했다.

셋째, 매년 1월은 인천시장의 시정연설을 듣는다.[496] 바로 이 때문에 인천시장은 일 년에 한 번은 새얼아침대화에 서는 기회를 얻을 수 있었다. 새얼문화재단이 인천에 기반을 두고 있으므로 시장의 행정방향에

496) 처음부터 이를 기획하고 시행했던 것은 아니다. 1989년 1월부터 이 같은 관행이 자리를 잡는다.

과한 발언을 듣는 것이 의미 있다고 판단했다 한다.[497]

넷째, 특정한 정치이념이나 사상을 선호하지 않고, 다양한 목소리를 듣게 한다. 제300회에 이르는 강연자들과 강연주제에서도 열린 주제마당이었음을 분명하게 알 수 있다.

매달 한 번씩 사전에 약속된 아침에 아침대화의 장을 열어왔으나, 예외가 없지는 않았다. 300회 강연에서 두 번의 결강이 있었다. 제138회 서울대학교 정치학과 장달중 교수가 〈동북아 질서개편과 한반도 통일전망〉이라는 제목으로 강연한다는 안내장이 나간 다음 약속된 강연일을 불과 며칠 앞두고서 연사인 장 교수가 질환으로 갑자기 강연을 할 수 없는 돌연한 사태가 벌어지고 말았다.[498] 아마도 다른 강사를 대신 세울 수 있는 시간조차 없는, 그야말로 어쩔 수 없는 일이었다. 이 에피소드는 지용택의 인간됨을 말해주는 대목이라 해석할 수 있다. 한번 정하면 그야말로 초지일관을 유지하여, 아니 정직한 시계처럼 곧게 작동하는 운영스타일은 인간 지용택의 끊임없고 섬세한 노력의 덕택임을 알게 해주는 예외가 아닌가 싶다. 또 한 번은, 1994년 8월 9일 대우그룹 김우중 회장이 〈국제화와 한국경제의 진로〉라는 제목으로 강연하기로 예정되어 있었으나 김 회장의 사정으로 실행하지 못하였다. 총 300회 목록에 들어가지 않았으나 매월 예외 없이 개최한다는 아침대화의 원칙으로서는 한 달을 건너 뛴 사례가 되었던 '사건'이 일어난 셈이다.

---

497) 2011년 2월 17일 12시-15시까지 이 글의 필자 서규환은 지용택과 음식점 한송에서 인터뷰를 가졌다. 계간 『황해문화』 전성원 편집장이 배석했다. 이하 「서규환의 지용택 인터뷰 1」로 약칭한다. 매체빈곤의 인천에서 이 같은 배려는 의미있는 제도라고 판단된다.

498) 공교롭게도 장달중교수를 섭외한 이는 다름 아니라 이 글의 필자였다.

2. 아침대화 강사와 주제의 성격

새얼아침대화 강연 300회 개최현황을 살펴보면 몇 가지 특징을 읽을 수 있다.

첫째, 주제면에서 정치와 경제가 압도적이고, 역사와 사회가 그 뒤를 잇고, 문화, 예술 등이 가끔 보인다. 둘째, 강연자들을 보면, 남성이 압도적이고 여성은 예외적이다. 173회 당시 한국일보 사장 장명수 씨의 〈북한을 가다〉라는 제목의 강연, 239회 명지대학교 석좌교수 이인호 씨의 〈역사읽기와 역사만들기〉란 주제 강연이 여성 강연 사례의 전부이다. 셋째, 강연 당시 나이를 보면, 40대 이하, 39세 이하의 강연자는 없다. 넷째, 수도권 인물이 거의 압도적이다. 비수도권 연사는 신용학(49회, 파리 제6국립건축대학교 교수), 주광일(118회, 대전고등검찰청 검사장), 이정우(255회, 경북대학교 교수), 권용립(204회, 부산 경성대학교 교수), 강준만(158회, 전북대학교 신방과 교수), 이형구(264회, 선문대학교 역사학과 교수), 장극(138회, 재미과학자), 홍철(228회, 대구경북개발연구원 원장) 등이다. 그러나 이들 중에는 인천 연고가 있는 인물들이 있다. 홍철은 인천대학교 총장을 역임했고, 장극은 인천 출신이다.

이 같은 특징들은 새얼아침대화 참석자들이 선호하는 주제가 정치, 경제 등이어서 그것을 반영한 결과가 자연스럽게 나타난 것이라 논평할 수 있다.[499] 그리고 정치, 경제 주제를 선호하는 경향이 매우 높은 까닭은 앞에서 밝힌 그러한 특징들이 자연스럽게 나타난 결과인 것 같다.[500]

---

499) 참여자들의 선호도를 적극 반영하다 보니 자연스럽게 그렇게 나타난 것이었다고 지용택은 답했다. 「서규환의 지용택 인터뷰 1」.

500) 개인적으로는 앞으로 이런 점들을 배려하여, 좀 더 균형있는 강사선별을 권유해 보고 싶다.

3. 인격존중의 미덕

새얼아침대화는 자리배석을 지정하지 않는 전통을 지켜왔다. 이는 특별한 사회적 지위를 미리 고려하여 사회적 지위에 따라 차등을 두지 않음을 말한다. **존중(respect)의 미덕**을 실천하는 배려이다. 어쩌면 사소한 것으로 그냥 지나가는 사람들도 적지 않을지 모르겠는데 나는 이 미덕의 배려에 대해 특별히 깊은 의미를 부여하고 싶다.

자유를 배양하고 발전시키는 종류의 내포·포용(involvement)은, 존중에 의해 특징지어진다. 존중은 효력 있는 자유의 모든 도덕적·정치적 명시화의 필수 조건이다.

첫째, 존중은 단순히 하나의 태도만은 아니다. 존중은 또한 정감에 필연적으로 연결되어 있는 것도 아니다. 존중은 기존의 사회적 실천들에 의해 표현되고 관찰되는 관계이다. 존중은 품위(품격)와 경의와 결합되어 있다. 존중의 관계는 배제적이지 않고 존중과 결합된 실천들은 경쟁적이지 않다. A가 B를 존중하면, 그 어느 한편이나 아니면 모두가 C를 존중할 수 있다. 그리하여 존중은 모든 사람들이 공유할 수 있는 관계가 된다.

둘째, 존중은 평가와는 달리 규범적 개념이다. 존중은 인격적 존재인 사람들과 사람들의 사회적 장소들의 특별한 이해에 의존한다. 인간이 본질적으로 "도정적(道程的, en route)인 존재"[501](Dauenhauer)로 파악되고, 유한적이며, 역사적인, 다른 사람들과 불가분하게 연결되어 있는 존재로 파악될 때, 그리고 관계적 자유에 의해 매개들 속에 참여하는 것을 깨닫게 될 때, 인간은 자신을 공동체의 한 구성원으로 파악하고, 공동체에서 어떠한 자도 배제되어서는 안 된다는 것을 알게 된다. 우리

---

501) Bernard P. Dauenhauer, *The Politics of Hope*, New York and London: Rourledge & Kegan Paul, 1986, 같은 저자의 *Elements of Responsible Politics*, Dorrecht/Boston/London: Kluwer Academic Publishers, 1991 참조.

는 이러한 일반적 조건들을 존중을 통해서 가장 적합하게 깨닫게 된다. 참된 인간존중은 특별한 사회적 지위에 의존하지 않는다.

그리고 셋째, 존중은 타자들에 대한 존중에서 시작하는데, 그것은 사실 자기존중에 다름 아니다. 자기존중은 한 개인이 가진 특이한 성벽일 수는 없다. 자기존중은 한 개인만의 의지의 사항으로 이해될 수도 없다. 자기존중은 그 어떠한 근본적 의미에서든, 그 기능이 복합적이라 할지라도 멤버십의 기능이고, 구성원들 사이에서 평등한 존중에 의존한다. 존중의 관계에서 인간은 자신을, 서로를 상호적으로 인정해야 한다는 것을 깨닫는다. 이러한 상호인정에서 사람들은 경쟁보다는 상호협동의 친밀감을 느낀다. 그리하여 상호존중은 상호적 행위주체로 나서게 하고 상호적 책임을 지게 한다. 모든 존중은 어느 정도 공유하는 존중인 만큼이나 존중과 독재는 양립불가능하다. 독재자는 타자들은 물론 자기 자신도 존중하지 않는다.[502)]

아침대화에 깃들어 있는 이 존중의 미덕과 배려는 사람을 사회적 신분이나 지위에 따라 윗자리의 사람이 아랫사람을 조금이라도 모욕, 멸시, 천대하지 않도록 하는 섬세한 배려이며, 사회적 신분에 따라 대우하는 관행에 대한 섬세하고 주의 깊은 윤리적 주의이다.[503)]

새얼문화재단의 활동에서 아침대화는 극히 일부분에 불과하다. 새얼문화재단의 활동은, 여기에서 그 모두를 논평할 수 없는, 생산, 매개, 수용, 이 세 차원 모두에서 활동하는 그야말로 총체적 문화재단이다. (1) 새얼백일장대회 개최, 계간 『황해문화』 발행, 각종 교양 · 문예 행사 및 기관지를 지원하며, 〈가곡과 아리아의 밤〉, 〈국악의 밤〉 음악회를 정기적으로 열어 시민들의 예술교양을 함양할 수 있는 기회를 부여

---

502) Dauenhauer, 1991 참조.

503) 새얼문화재단에서 '아침대화'라는 이름은 지용택이 직접 작명했다고 한다. 포럼 등등의 외래어보다는 아침이라는 말이 지닌 새로운 시작의 이미지와 대화라는 이름의 포괄적 이미지가 각기 마음에 들었다고 한다. 「서규환의 지용택 인터뷰 1」 참조.

하고 있다. (2) 역사기억 문화운동으로 명명할 수 있는 활동도 한다. 우현 고유섭 동상 제작, 〈그리운 금강산〉 노래비 제작, 송암 박두성 심포지엄, 죽산 조봉암 심포지엄 등을 개최했고, 현재 죽산 동상 제작 운동을 펼치고 있다. (3) 지용택은 굴업도핵폐기장건설반대운동, 인천대교주경간폭확장운동을 성공적으로 이끌면서 인천의 정체성을 문화적으로 확고히 했다. 그리고 처음부터 지금까지 일관되게 장학금 지급을 해오고 있다.[504)]

II. 새얼문화재단, 어떤 조직인가

1. 시민사회의 공동체

독일의 철학자이며 사회학자인 세계적 석학 위르겐 하버마스(Jürgen Habermas, 1929-)는 사회를 분석할 때 시스템과 생활세계로 이분화한 다음, 다른 축에서 공적인 것과 공적이지 않은 것으로 분할하여 이해하고자 한다.[505)]

시스템	정치영역	경제영역
생활세계	시민사회영역	친밀성영역

504) 이 모든 각각의 활동은 학문적으로 깊이 있게 조망해야 할 포괄적 주제이다. 별도의 심도 있는 연구가 필요하다. 이하에서 이 가운데 몇 부분들에 대해서만 논의하고자 한다.

505) Jürgen Habermas, *Theorie des kommunikativen Handelns*, 2Bde, Frankfurt am Main: Suhrkamp, 1981. 이 책의 1권의 번역인 하버마스, 『소통행위이론 I』, 서규환 외 역, 의암출판, 1995. 하버마스의 한계에 대해서는 서규환, 『현대성의 정치적 상상력』, 민음사, 1993, 서규환, 『비판적 현대성의 정치적 이론』, 다인아트, 2006 등을 참고하라.

문화재단들을 유형화하는 방식은 여러 가지가 있겠지만, 위르겐 하버마스가 사회를 분석하고 이해할 때 사용하는 이 방식을 원용하여 다음과 같이 유형화할 수 있다. 첫째는 정치권력·정부주도형이다(A유형). 서울문화재단, 인천문화재단, 경기문화재단 등이 그 예이다. 둘째는 기업주도형이다(B유형). 삼성문화재단, 엘지문화재단, 금호문화재단 등이 그 예이다. 셋째는 개인주도형(C유형)인데, 대개는 재력을 가진 자이거나 재력을 동원할 수 있는 자가 주도한다. 그리고 넷째는 시민사회 공동체 주도형 문화재단(D유형)이다. 새얼문화재단은 바로 이 네 번째 유형에 속한다.

문화를 얘기할 때, 문화가 정치권력(정부)과/이나 경제권력(자본)과 맺는 관계에 대해서 주목하지 않을 수 없다. 후자들이 문화의 자율성을 위축시키거나 침해할 수 있기 때문이다. A와 B유형에서 비결정(non-decision) 논리[506]는 우리가 권력과/이나 돈의 영향을 받지 않고서 문화 고유의 논리에 따라 재단이 작동되리라 생각할 수 없음을 통찰할 수 있다. C유형 역시 한계가 분명함을 쉽사리 짐작할 수 있다. 그러나 이런 유형들의 문화재단이 그 나름으로 문화발전에 역할을 행사할 수 있다는 점을 부인해서는 안 된다. 다만 시민들의 자발적인 공동체운동을 통해서 문화재단이 운영되는 매우 중대한 사례가 바로 새얼문화재단이라는 점을 강조할 뿐이다.

다른 한편으로, 시민사회의 역할과 책임을 강조하는 논거들에 대해 우리는 주목해야 한다. 민주적 선진산업국가들은 주로 민주주의적 정치와 자본주의적 경제 사이의 모순들과 긴장들을 극복하려는 다양한 이론적, 실천적 시도들을 했지만 모두 궁극적으로는 성공하고 있지 못

506) 비결정이란, 결정의 의제로 아예 등장하지 않게 하는 그것조차 결정이 될 수 있다는 점에서 결정이론에 주요한 개념이다. 이와 관련하여 서규환, 「제7장 제3의 비판권력론-권력의 변증법」, 『비판적 현대성의 정치적 이론』, 다인아트, 2006을 참조하라.

함이 분명해졌다. 이는 "복지국가(welfare state)", "사회(보장)국가(Sozialstaat)" 기획의 한계를 말한다. 이를테면 하버마스도 이렇게 말한다. "사회(보장)국가적 기획 그 자체에 이미 목표와 방법 간의 모순이 내재해 있다는 것이다. 그 기획의 목표는 평등한 구조를 가진 삶의 양식들을 창출해내는 것이며, 또 이 생활양식들은 개인의 자아실현과 자발성을 위한 자유공간을 열어준다는 것이다. 그러나 정치적 프로그램을 법적-행정적으로 실시하는 식의 직접적 방법을 통해서는 이 목표에 도달할 수 없다는 사실이 분명해졌다. 삶의 양식을 창출하라는 것은 권력이라는 매체에게는 너무 무리한 요구인 것이다."[507] 시장주의의 실패를 깨닫고 대안으로 등장한 것은 국가주의였는데, 그것마저 실패한 다음에 있어왔던 다양한 모색들 중 그는 생활세계의 윤리적 실천에 주목해 왔다. 권력을 매개로 움직이는 정치시스템이나 돈을 매개로 움직이는 경제시스템이 생활세계를 왜곡시키는 문제를 하버마스는 선진산업사회들의 근본문제로 설정하고 있다.

> "시스템과 생활세계의 교환에 작용하는 이러한 방지책들은 권력이 동시에 새롭게 분할될 때 비로소 기능할 수 있을 것이다. 현대사회는 질서통제에 대한 자신의 수요를 충족시킬 수 있는 세 가지 자원을 보유하고 있다. 돈, 권력, 그리고 유대감이 그것이다. 이들이 영향을 미칠 수 있는 영역들 간의 균형은 새로이 조정되어야 한다. 내가 말하고자 하는 점은 유대감의 사회통합력은 다른 두 조종자원, 즉 돈과 행정력의 '위력'에 맞서 자기주장을 할 수 있어야만 한다."[508]

507) 하버마스, 『새로운 불투명성』, 이진우·박미애 역, 문예출판사, 1995, p.174. (이하 하버마스 1995a) 복지국가모델의 한계를 인정한다고 해서 이 모델 전체를 폐기하자는 주장으로 오해해서는 안 된다. 그 한계를 보완하려는 시도를 해야 한다.

508) 하버마스 1995a: 181의 번역을 가볍게 수정했다.

시민사회를 움직이는 것은 정치권력이나 경제권력이 아니라 공동체적 유대(solidarity)정신이다. 새얼문화재단은, 이러한 공동체적 유대정신에 기초를 두고 있는데, 문화적 차원에서 시민들이 자신들이 살아가는 생활세계의 문제틀을 각성하고 발전시키려는 집합적 사회운동의 형식과 내용을 보여주고 있다. 그러므로 새얼의 정신은 문화적, 공동체적 유대의 그것이며, 새얼문화재단의 활동은 이러한 시민사회의 역할과 책임이라는 시대정신에 부합할 뿐만 아니라 문화의 자율성을 지켜가는 차원에서도 주목해야 할 모범 사례이다. 그런데 유감스럽게도 새얼문화재단에 대한 학술적 연구는커녕 다큐멘터리식 보고서조차 없다. 본 연구가 첫 연구인 것 같다.

2. 문화정체성운동

새얼문화재단의 활동은, 문화는 정치경제적 관점에서 어떻게 기능하는가 하는 맥락에서 이해되어서는 안 된다. 그것은 본질적으로 물질적 가치를 추구하는 문화, 문화산업의 논리가 아니라 공동체를 갱신하는 탈물질적 가치와 규범의 논리에 따라 작동하는 맥락에서 이해되어야 한다. 특별히 주목해야 하는 것은 이 사례가 민주적 선진산업사회의 사례가 아니라는 사실이다.

새얼문화재단의 활동은 **새로운 가치와 규범을 지향하는 문화정체성 운동**에 속한다.

서구를 회고해보면, 미국의 정치사회학자 로날드 잉글하트(Ronald Inglehart)가 경험적으로 잘 관찰하고 있듯이, "1960년대의 열광적인 능동주의는 1970년대에 외견상으로는 진정되어 보였지만, 그 배후에는 구미세계 전체에 걸쳐 정치생활을 서서히 그렇지만 근본적으로 변화시키는 조용한 혁명이 진행하고 있었다."[509] 이 과정에서 확인할 수 있는 것은 다음 두 가지이다. 즉 하나는 물질적 소비와 안전에 대한 압도적인 강조로부터 삶의 질에 대한 관심 증대로 이행해가고 있었다는 것이고, 다른 하나는 중요한 정치적 결정에 구미 국민들이 보다 적극적인 역할을 행사하는 것을 가능하게 하는 정치기능이 증대하고 있었다는 것이다.

인간의 욕구는 ① 육체적 생존에 직접 관련되는 욕구, ② 사랑, 귀속, 존경에의 욕구, ③ 지적 및 미적 욕구, 이렇게 세 가지로 분류할 수 있는데 서구의 역사적 경험을 보면 대체로 ①에서 ③으로 발전한다고 한다.[510]

1960년대 후반에 접어들자 선진산업사회들은 어디에서나 새로운 정치를 가능하게 하는 새로운 문화의식을 드러냈다(②와/나 ③). 물론 거기에 선례가 없었던 것은 아니었다. 그러나 새로운 문화의식은 다음 두 가지 점에서 기존의 패턴과는 크게 달랐고 곧 새로운 여러 논점들을 강조했다. 확실히 그것은 막연하기는 하지만 새로운 사회의 비전을 모색하고 있었다는 것, 그리고, 항의를 불러일으키는 사회적 기반의 변화를 반영하고 있었다는 것이다.[511]

이러한 탈물질적 문화의식이 발전하기 이전에 노동자계급을 포함하여 사회구성원들은 자신의 경제적 이익을 강조했었지만, 이제는 생활양식의 변화나 양적 이익보다는 삶의 질에 보다 큰 관심을 갖는 경향이 강화되었다. 이 가운데, 평등이라는 거대한 공감대가 형성될 수 있는

---

509) 로날드 잉글하트, 『조용한 혁명』, 종로서적, 1983, p.349의 번역을 가볍게 가다듬었다. 원문은 Ronald Inglehart, *The Silent Revolution: Chan-ging Values and Political Styles Among Western Publics*, Princeton University Press, 1977.

510) 잉글하트 1983: 349.

511) 잉글하트 1983: 249 참조. 잉글하트는 새로운 정치를 중심으로 논술을 개진하고 있다.

여지가 있었다.[512] 새얼문화재단의 경우, 공간적으로 불평등이 심대한 현실적 문제 때문에 평등이념은 공간적 평등, 더 구체적으로 말하면 인천의 공간적 소외에 대한 불만의 극복으로 나타났다고 말할 수 있다.

3. 한국형 탈물질주의적 정신의 모델

탈물질주의적 정신이 물질적 경제수준이 저하되더라도 지속될 수 있는가 하는 의문이 있을 수 있다. 서구의 경험연구들을 보면—단기적인 경우에 한해서—대답은 지속될 수 있다는 것이었다. 서구의 경우 가치관의 분포는 1970년 초부터 1976년 말까지 1930년대 이후 가장 혹심한 경기후퇴가 있었지만, 탈물질주의적 가치가 현저하게 안정되어 있었다. 경기가 후퇴하자 청년층에서 탈물질주의자의 비중이 줄어드는 경향을 보이기도 했지만, 전체적으로는 비교적 안정되는 경향을 보인다는 것이다. 물질적 소비의 느슨한 하향에 응하여 탈물질주의자의 수가 불가피하게 감소되리라고 생각할 필요는 없다.[513]

「서규환의 지용택 인터뷰 1」에서 새얼문화재단의 경우는 어떠했는지 의문을 제기했다.

---

512) 잉글하트는 좌파이념을 검토하는 가운데 구좌파와 신좌파 사이에 갈등이 발생할 수 있는 여지가 있었으나 바로 이 평등이라는 공통의 관심사에서 긴장은 그렇게 강하지 않았다고 해석한다. 잉글하트 1983: 352. "탈물질주의형은 구좌파보다는 훨씬 신좌파에 이끌리고 있다. 그러나 그것은 어느 좌파에 대해서도 상당한 공감을 갖고 있다. 그리고 물질주의적 좌파의 목표는 탈물질주의자의 목표와 근본적으로 양립할 수 없다고 할 수는 없다."(잉글하트 1983: 232).

513) 잉글하트가 서구의 사례들에서 관찰한 바에 의하면, "이 가치관 유형의 생성은 자기가 처해있는 경제적 수준보다도 오히려 인격형성기의 경제적 물리적 안전[안정]에 연결되어 있는 것 같다." (잉글하트 1983: 232). 탈물질주의적 가치지향이 반드시 자기헌신의 가치로 나아가는 것은 아니다. 일탈성이나 비합리주의적 환상, 탐닉의 나락으로 빠져들 수도 있다. 바타이유가 부활하는 까닭은 이런 맥락과 무관하지 않다. 바타이유에 대한 비판에 대해서는 서규환, 『열린총체성의 해석과 정치』, 다인아트, 2009를 참조하라.

서규환: 새얼문화재단의 경우는 어떠한가? 1990년대 IMF 위기와 올해 전 세계적인 금융위기 때, 회원들의 후원금에서 어떠한 변화가 있었는가?

지용택: 아주 미세한 차이가 있었지만 대체적인 경향에는 변함이 없었다.

탈물질주의적 정신이 새얼문화재단을 지탱하는 주요 요소의 하나임이 분명하다.

우리는 이와 유사하게 사회사적으로나 사회학적으로 흥미로운 의문을 제기할 수 있을 것이다. 즉, 지용택이라는 노동운동 지도자의 경력이 있던 인물이 이끄는 새얼문화운동이 노동운동 밖에 있는 사람들에게 긴장을 줄 수 있었지만, 어떻게 새얼문화운동이라는 공동의 지평 속으로 들어올 수 있었는가 하는 의문이 그것이다. 그러한 인상을 가지고 있었던 자들이 초기에 없지 않았으나 지용택의 일관된 초당파적 입장이 점차 신뢰를 얻게 됨으로써 갈등은 거의 없었다고 한다.[514] 그것은 노동운동자이든 일반 사회운동자이든 아니면 개별적 차원에서만 의식을 가지고 있었든지 간에 한국사회의 구조적 변화라는 거대한 이슈에 인천이라는 지역공간에 기반한 공통적인 관심을 가지고 있었고, 특히 박정희 정권 이래 국가주도형 근대화정책이 몰고 온 서울중심주의의 폐해에 대한 지역의 공동된 관심, 바로 이 관심 속에서, 노동조합조직과 비교할 때 거의 관료주의적이지 않으며, 유연하면서도 강한 유대를 맺는 네트워크 조직으로 결사될 수 있었다.

새얼문화재단에 대한 시민들의 참여방식에도 주목할 필요가 있다. 서구의 사회사를 보면, 19세기 후반부터 20세기 초반에 걸쳐서 노동조합, 교회, 대중정당 등이 대중들을 정치적으로 동원하는 방식은 소수의 지도자가 규율에 충성하는 대량의 집단들을 이끌어가는, 전형적으로

514)「서규환의 지용택 인터뷰 1」.

계층제적인 조직화방식이었다. “그것들은 평균적인 시민의 정치기능 수준이 낮은 시대에는 대량의 투표자를 투표에로 향하게 하는 효과가 있었다. 그러나 이러한 조직은 대량의 인원을 동원할 수는 있었지만, 비교적 낮은 수준의 참여—일반적으로는 단순한 투표행위—밖에 인출하지 못했다.”[515]

서구의 시민사회에서 새로운 참여형태는 쟁점지향적이고, 어떤 한 조직의 지도자를 단순히 지지하는 것이라기보다도 특정의 정책변화에 효과를 발휘하는 것을 지향하고 있었지만, 새얼문화재단의 참여는 분명 지용택이라는 위대한 조직지도자를 지지하는 것이 그 중심에 있었다. 이런 점에서, 새얼문화운동은, 참여형태는 서구형 새로운 정치의 논리를 그대로 따른다고 말할 수 없으며, 구 정치 패러다임을 모든 면에서 완전히 넘어서 있다고는 말할 수 없다. 그런데 어떻게 이것이 가능한가. 지용택은 종교지도자처럼 일정한 헌신의 정신을 몸소 실천함으로써 강한 신뢰를 얻고 있기 때문이다. 종교지도자는 종교조직에서 일정한 급여를 받고, 또 조직의 권한을 행사할 수 있는 조직사회학적 특권을 내재적으로 부여받고 있지만, 지용택의 경우는 그렇지 않다. 일을 하되, 대가를 받지 않는다는 참된 헌신의 원칙. 그러므로 종교지도자보다 더 강한 신뢰를 부여받고 있으며, 바로 이 신뢰가 리더십의 핵심이자 본질이다.

아침대화만 보면, 미시적 쟁점들에 많은 관심을 표명하는 1970년대 서구의 새로운 정치문화와는 분명히 다른 점이 있다. 여전히 아침대화의 주제는 정치·경제적 거대이슈가 압도적이라는 점이다. 서구의 새로운 정치와 그 문화는 주체가 노동자계급에서 중산층계급으로 전화되었고, 비경제적 쟁점을 더 없이 강조하는 방향으로 나아갔던 데[516] 반하여, 새얼문화재단은 거대주제들에 관한 관심이 상대적으로 크다. 이 역

515) 잉글하트 1983: 353.

516) 잉글하트 1983: 354.

시 한국사회의 정치경제적 구조가 어떠한지를 반영하는 구체적 예증일 것이다.

한국사회에서는 늦어도 1987년 이른바 6월항쟁 이후, 1990년대부터 시민사회의 새로운 단체들이 목소리들을 내기 시작했다. 시민사회론의 쟁점이 부각되면서, 한국시민사회단체의 문제점들이 지적되었다. 그것을 요약하자면 다음과 같다.[517)]

① 하부조직의 상대적 빈곤

② 언론중심의 활동

③ 서울중심주의

④ 탈물질주의적 가치지향의 상대적 약세

⑤ 시민사회단체들에 대한 경험적 연구의 상대적 빈곤 (이론화작업의 빈곤)

새얼문화재단은 ①에서 ④까지 모든 면에서 다른 시민사회단체들과 비교해서 상대적 우위에 있다. ⑤에서 새얼문화재단에 대한 연구가 상대적으로 더욱 빈곤하다. 아니 지금까지 없었다. 이 모범적 사례에 대해 왜 주목하지 않는 것인지에 대해서도 연구가 필요해 보인다.

첫째, 견실한 회원의 수에 주목할 수 있다. 후원회비를 내는 회원의 수가 현재 1만여 명을 넘어선다. 회원 수는 꾸준하게 늘어나고 있다. 지역 시민사회단체라는 점을 고려하면 전국적 시민사회를 표방하는, 서울에 본부를 둔 다른 시민사회단체(참여연대, 환경운동연합, 경실련 등)들과 비교해 볼 때 매우 건강한 하부구조를 가지고 있다고 평가해야 한다. 둘째, 참여연대, 환경운동연합, 경실련 등이 국가와 자본에 대해 저항하는 사회운동을 전개하되, 국가와 자본의 문제들을 들추어내어 언론을 통해 고발하는 사회운동을 주로 전개해왔다면, 새얼문화재단은 문화

517) 서규환, 『더 많은 민주주의와 비판시민사회』, 다인아트, 2010, pp.192-194.

재단으로서 회원들에게 문화를 생산·매개·수용하는 기제를 제공하는 문화운동을 전개해 왔다. 이런 차원에서, 새얼문화재단은 언론을 통해 자신의 정체성을 알리는 것에 비중을 두지 않을 수 있었고, 그렇게 하지 않았다. 셋째, 새얼문화재단은 그 본부를 인천에 두고 있고, 인천의 문화적 정체성 고양에 주목해 왔다. 지역을 기본 공간단위로 출발하는 문화정체성 문화운동의 모범을 보이고 있는 시민사회단체인 것이다.

4. 한국의 현대사와 새얼문화재단의 위상

새얼문화재단의 탄생에는 대체로 다음과 같은 한국현대사적 배경이 있었다. 첫째, "한국은 서울공화국"이라는 항간의 냉소적 말이 있듯이, 서울중심주의가 강했으며 여전히 강하다고 말할 수 있다. 특히 문화의 측면에서는 특히 그러했다. 새얼의 정신은, 거대한 특정 사건을 계기로 만들어졌다기 보다는 서울중심주의 개발정책에 의해 인천이라는 공간이 소외되어 왔던 불만의 누적과 관련이 있다.

둘째, 새얼의 정신은 서울중심의 지배문화에 대한 대항문화이기는 하지만, 다른 수도권 밖의 지방들에 대한 또 하나의 지배문화가 아닌가 하는 의문이 있을 수 있다. 새얼의 정신은 뒤에서 논의하겠지만, 인천이라는 지역의 쇼비니즘에서 처음부터 벗어나 있었다.

셋째, 정치적 당파성에 근거한 정치적 기회를 제공하는 것이 아니라 넓은 의미에서 정치력을 발휘하는 기회를 제공한다. 이 점은 매체빈곤에 시달리는 인천의 경우, 특히 중요하다.

넷째, 시대적 상황을 들 수 있다. 1960-1970년대를 통해서 이룩한 경제적 성과를 바탕으로, 1980년대를 통해서는 민주화 정당성에 대한 욕구와 문화적 품위에 대한 요구가 상승했다.

새얼문화재단의 네크워크 공간은, 국가권력과 자본권력이 침투할 수 없는 '피난처' 공간, 문화, 특히 인천문화를 보호하는 마지막 보루, '공간적 보호구역', 문화를 지켜내는 안전지대, '안전공간', 가장 문화가 빈곤했던 지역공간이 문화발전의 모델이 될 수 있다는 문화적 실험실, 정치권력과 경제권력으로부터 문화를 지켜내는 문화적 자율성의 보루이자 영역, "문화적 자율성의 영역"이다. 서울중심주의라는 거대한 문화권력에서 벗어나서 인천이라는 도시공간에서 소통의 사회적, 문화적 공간을 창출, 지위가 아니라 사람 그 자체를 존중하는 "사회적 공간" 등으로 특징된다.[518] 압축하자면, 새얼의 문화공간은, 지배권력의 통제에서 벗어난, 공동체적 네트워크 공간을 형성하여, 시민들의 자발적인 문화적 성숙이 이루어질 수 있는 기회의 장을 열어가는 모델이다.

Ⅲ. 지용택, 헌신의 리더십과 시대정신

1. 헌신의 리더십

1) 황해 르네상스를 꿈꾸다

지용택은 앞에서 지적한 바와 같이 인천의 발전 논리를 폐쇄적인 인천 쇼비니즘에서 발견하지 않는다. 그의 열린 안목은 그의 발언들에서 이미 분명하게 나타나고 있는데 이를테면, 지용택은 그의 책 『장강을 넘어 역사를 넘어』[519] 「서문」에서 그가 황해를 말하는 논거를 알 수 있도록 이렇게 말하고 있다.

> "나는 오랫동안 우리의 바다, 황해의 누런 물결이 동아시아는 물론 전 세계에 문명의 바다로 넘실거리기를 기대해왔고, 그것을 운동으로 실천해

518) 임희섭, 『집합행동과 사회운동의 이론』, 고려대학교출판부, 1999를 참조했으나 시사점만을 살렸을 뿐이다.

519) 지용택, 『장강을 넘어 역사를 넘어』, 형성사, 1998.

왔다. 그런 목적으로 지난 1989년부터 중국대륙을 연구해 왔다. 우리 사회는 도통 남에게 관심을 기울이려 하지 않는다. 모든 관심은 오로지 안으로 안으로 쏠려서 타협을 모르는 정쟁과 수구적 문화 마인드를 가지고 있다. 우리 것이 좋은 것도 사실이지만 남들에게도 우리 못지않게 좋은 것이 있다. 가서 배우지 않고 연구하지 않으면 우리가 또다시 과거의 전철을 밟지 않는다는 보장이 어디에도 없다. 우리는 그런 격동의 시절을 지금도 살아가고 있다. 이제 마음을 열고 좀 더 강인한 자세로 세계를 바라볼 때이다. 중국이, 세계가 움직이고 있다. 장강이 흐르지만 아무도 그 소리를 듣지 못한다. 큰물은 소리 없이 흐르기 때문이다. 그러나 지금도 장강은 도도하게 흐르고 있다."[520]

"황해"라는 말이 지용택에게 어떠한 의미를 지니고 있는지 분명하게 알 수 있다. 황해를 "우리의 바다"라고 명명하고 있다. 그가 단순히 방위만을 시사하는 서해보다는 황해라는 말이 명명의 사상에서 우월하며 주체적이라 판단하고 있다. 황해라는 "말을 얻기 위한 투쟁"[521]에서 그는 앞서나간 셈이다. 황이 전근대 시대에, 중국의 패권시대에 중국이 있는 그곳이 "황(黃)"의 장소이고 중심이며 중앙이었던 것은 분명하지만 황해라는 언어는 그렇지 않은 것 같다고 말한다.[522] 지금 현재 중국인들은 황해를 황해라 부르지 않고 있으며, 우리의 입장에서 "황해"의 의미론을 살려나가자는 주장을 그는 펴고 있다. 황해가 오늘날에 세계를 향해 나아가는 중심이 되어야 한다는 의미에서 사용하고 있는 듯

---

520) 지용택, 1998.

521) Reinhart Koselleck, *Vergangene Zukunft*, Frankfurt am Main: Suhrkamp, 1979.

522) 지용택은 중국기행기에서 황의 의미를 잘 확인하고 있다. "중국 대륙을 다니다 보면 황(黃)자가 들어간 곳은 크고 웅대하거나 뿌리 깊은 역사가 살아 숨쉬는 곳이라고 생각하면 거의 틀림없다. 황제(皇帝), 황하(黃河), 황산(黃山) 등이 그것이다. 역시 황룡굴도 거칠 것이 없는 장대한 멋은 있으나 거칠고 스산한 분위기는 감숙성 란주에 있는 황하의 황톳물을 떠오르게 한다."(지용택 1998: 249).

하다. 이제 그 중심은 중국 것의 복원이 결코 아니며, 오히려 한국이 세계를 향하는 관문이 되어야 한다는 상징적 의미를 살려 보려는 뜻이다.[523]

한마디로 말하여, 지용택에게 **황해문화의 복원, 그것은 한국의 르네상스**를 의미한다. 서양에 지중해가 있다면 한국에 황해가 있다. 지중해가 로마의 것만 일 수 없듯이 황해가 한국이나 중국만의 것일 수도 없다. 황해는 이 경우 인천 앞바다만을 의미하지 않는다. 그야말로 황해는 세계 전체로 나아가는 개방성의 알레고리이고, 인천은 그 해양 관문의 하나이다.

> "과거의 인천과 황해는 개화의 선봉지로 수많은 인물과 사연들을 수태한 곳이었다. 그러나 현재의 인천은 개발독재 시대의 심각한 지역불균형과 중앙집중화로 인해 공해문제를 비롯한 각종 사회문제와 더불어 교통, 문화, 교육 등 사회적 기반이 극히 열악한 도시로 전락하고 말았다. 또 황해는 어떠한가. 일찍이 동아시아의 지중해로서 배달민족이 해상교역로와 재해권을 장악하여 동북아시아 삼국의 문화 교류에 이바지했던 바다이며, 동남아시아를 비롯하여 인도에 이르는 항로를 개척할 수 있도록 했던 바다이지만 그 후 동북아 삼국의 정치적 환경 변화에 따른 쇄국정책으로 문호가 닫혀 결국엔 서구의 침탈에 변변한 저항 한 번 없이 일본은 서구 침략 세력의 앞잡이로, 중국은 반식민지 상태로, 우리는 식민지로 전락해 버리고 말았다."[524]

그의 중국연구는 1989년부터 시작되었다고 한다. 1993년 계간 『황해문화』를 창간하기 이전에 이미 중국에 대한 관심은 본격화되었던 것이다. 중국의 세계사적 위상변화를 그는 통찰하고 있었다. 장강의 **소리**

---

523) 「서규환의 지용택 인터뷰 1」 참고.

524) 지용택 1998: 6; 강조는 필자(이하 본문 및 각주의 모든 강조 필자).

없는 깊은 흐름을 듣는 시대변동의 예감자였다.

지용택의 여행기는 이를 확인해 주는 예증으로 읽을 수 있는데 몇 가지 특징이 있다. 첫째 중국의 주요 여행지를 관찰하되, 그 지역과 관련된 역사를 함께 기억한다. 둘째, 책 전체에서 지용택 자신의 입장이나 판단을 구체적으로 제시하는 곳은 예외적이라 할 만큼 객관적 관찰의 언어로 묘사하고 있다. 흥미롭게도, 다음의 예외들이 그의 사상을 가늠할 수 있게 한다.

예외적인 몇 곳은 다음과 같다.

(1) 독립운동가들의 삶과 희생정신을 기리는 일,[525] 독립운동가들의 유해들을 모셔오는 일을 국가적 사업으로 해야한다는 주장.[526] 그의 새얼문화운동은 역사적으로 조국독립운동에 맞닿아 있는 듯하다.

(2) 중국에서도 존경받는 인물에 대한 각별한 관심, 예컨대 무상(無相).[527] ① 중국에서도 존경받는 위대한 스님이라는 점, ② 무상에 대한 연구가 국내에 너무나 빈약하다는 점, ③ "만일 무상 스님이 중국 사람이었다면 지금 중국 선불교에서 논란되는 법맥문제는 없었을 것이라는 것이다."[528] 인물존중의 가치를 다른 맥락에서 얘기하는 것이 아닌가 싶다. 사람이 역사를 만들어가고, 그런 만큼 사람들은 인물을 존중하고 기려야 한다는 주장을 펴고 있는 것이다.

---

525) 지용택 1998: 39.

526) 지용택은 중국 국가를 작곡한 섭이(攝耳, 1912~ 1935)가 많은 사람들로부터 존경을 받는 사실을 말하면서 안익태를 생각한다. "돌연 〈애국가〉를 작곡한 안익태 선생의 석상이나 동상은 우리나라 어디에 있는지 궁금해지는 순간이다."(지용택 1998: 198). 물론 이것이 그가 안익태를 긍정하는 판단으로 이해해서는 안 된다. 안익태의 친일파경력과 친파시즘 경력에 대해서는 이경분, 『잃어버린 시간 1938~1944』, 휴머니스트, 2007 참고. 그리고 서규환, "안익태의 〈애국가〉는 국가(國歌)일 수 없다", 〈인천in〉 칼럼(www.incheonin.com), 2010. 8. 10 참고.

527) 지용택 1998: 206-209.

528) 지용택 1998: 208.

(3) 중국의 엄청나게 규모가 큰 유적을 보고서는 그 유적 건설에 희생된 백성들의 가혹한 삶에 대해서 연민하고 있다는 점,[529] 그는 소외되고 가난한 자들에 대한 각별한 관심을 가지고 헌신하는 실천을 해온 것이다. 이 점은 새얼문화재단이 노동자 자녀의 장학회에서 연원한다는 것에서 이미 확인할 수 있다.

(4) 중국에 대한 관심과 연구는 어디까지나 한국의 발전을 위한 것이라는 점. 중국문화의 패권 속에서도 "우리만이 할 수 있었던 고유역할과 그 영역을 크게 부각시키고 깊이 있게 공부해야 할 때가 바로 지금이 아닌가 생각한다. 이러한 것이 모두 정리되고, 우리 위치를 재확인하고 우리가 지향해야 할 권리와 의무가 국민의식 속에 깊이 자리 잡아야 한다."[530] 그리하여 그는 "역사란 써서 보태는 것도 중요하지만 새롭게 쓰는 것은 더욱 중요하다는 것을 잊어서는 안 될 것이다."[531]라고 주장한다.

(5) 마오쩌둥의 독서 열정에 대해 그는 특별한 관심을 보이고 있다.[532] 지용택은 학생 시절부터 책을 많이 읽었다 한다. 널리 알려져 있듯이 그는 지금도 열혈 독서가이다.

2) 행정관리

(1) 재정회계의 투명성

새얼문화재단은 회계보고를 운영위원들에게 투명하게 공개하고 있다. 이 **투명성**이 신뢰를 높인다. 후원금 내역을 보면 늘 맨 앞자리에 지용택의 이름이 올라 있다. 지금까지 지용택 한 개인이 재단에 후원한 총액은 1억4천1백3십2만 원(2011년 2월 현재)이다.

---

529) 지용택 1998: 263.
530) 지용택 1998: 279.
531) 지용택 1998: 279.
532) 지용택 1998: 104-110.

지용택의 리더십은 무엇보다 **헌신**에 있다. 이미 앞에서 지적한 바와 같이, 새얼문화재단에 거의 모든 열정과 에너지를 투여하면서도 재단에서 그 어떠한 것도 취득하지 않는다. 급여도 받지 않으며, 차량 지급도 받지 않는다. 오히려 이렇게 일관되게 후원금을 꼬박 꼬박 내고 있는 것이다. 철저하게 희생적인 이 자세가 오늘날의 새얼문화재단을 있게 한 원동력이 되었다고 아니할 수 없다. 각 후원 회원은 누구나 자신이 내는 후원금 총액을 알 수 있다. 회원들이 내는 후원회비는 기본적으로 재단 기금으로 조성되어 금융권에 맡겨지고 그 이자를 재단의 운영비로 사용하기 때문에 기본자산은 계속해서 증가하고 있는 추세이다. 이와 같은 경영원칙은 지금까지 변함없이 유지되고 있다. 경영비책은 혁신적 조치가 없으며, 처음에 정한 그 원칙을 일관되게 지켜내는 것, 그것이다. 비책이 없는 것이 비책이다.

위기관리를 어떻게 하는가 하는 의문이 있을 수 있겠다. 지용택의 리더십은 위기를 발생시키지 않는 것에 있다. 누군들 위기를 발생시키고 싶어 하겠는가. 그렇지만 지용택은 일을 추진하기 이전에 철저하게 숙고하는 방식을 취한다. 다양한 사람들과의 폭넓은 대화를 통해서 충분히 듣고 결정한 다음, 일관되게 추진한다. 이러한 경영원칙에 따라 지금까지 갈등을 거의 발생시키지 않고 운영해왔다고 한다.

(2) **평생직장의 노동윤리**

문화재단의 본래 속성이기도 하지만, 다른 조직체들과 시장에서 가혹한 경쟁을 해야 하는 강박을 받지 않는다는 강점을 지용택은 최대한 살려나간다. 정의원칙과 헌신원칙에 근거하여 문화재단의 고유한 논리를 잘 살려나가는 리더십이다. 아마도 이런 리더십은 재단 실무조직 인원이 그렇게 많지 않기 때문에 가능한지도 모르겠으나, 재단 직원들은 지용택과 함께 일하면서 정의와 헌신의 원칙으로 작동되는 조직의 일원으로서 함께 일한다는 자부심을 강하게 느끼게 되리라.

리더십론을 보면, 조직구성원들에게 의미를 부여하는 리더십이 무엇보다 중요하다는 것을 알 수 있다. 좀 더 구체적으로 말해서, 조직 구성원들 각자가 하고 있는 일에 자부심을 느끼는 경우는 그렇지 않은 경우에 비해서 조직 충성도가 매우 높고 노동력도 높다. 더구나 그 자부심의 내용이 지용택이 이끄는 새얼문화재단과 같이 정의와 헌신의 조직체라면, 영리를 추구하는 일반 기업체조직들과는 다른 것이라면 더욱 높아진다. 대기업과 비교해서 낮은 임금 수준일 수밖에 없지만 직원 대부분의 근속연수가 상대적으로 긴 까닭은 이러한 맥락에서 이해될 수 있다.

(3) 이사장의 헌신

지용택은 재단의 이사장으로서 최선의 노력을 하고 있는 것으로 보인다. 그것은 재단업무를 시작한 이래 지금까지 변함없이 일관된 것이다. 이 헌신을 경험하는 사람들은 모두 겸허해질 수밖에 없을 것이다. 나는 이 맥락에서 어떤 것이 그의 인격을 결정적으로 형성시켰는가 하는 궁금점이 생겼다.

2. 새얼문화재단의 성립사(成立史)와 지용택

새얼문화재단, 어떻게 시작되었는가? 〈인천신문〉과의 인터뷰에서 지용택은 다음과 같이 이야기했다.

인천신문: 새얼문화재단이 1975년 1월 창립했는데 이제는 인천뿐 아니라 전국에서도 인천을 대표하는 재단으로 성장했다. 당시만 해도 문화재단을 창립한다는 것은 혁신적 사고였는데.

지용택: 노동운동할 때였다. 당시 근로자들의 처지는 어려웠다. 지금이야 회사에서 장학금도 주고 각종 복리후생이 잘 돼 있지만 당시만 해도 생각도 못했다. 이 때 운전자들은 사고가 나면 바로 구속될 정도로 운수 관련 노동자들의 현실은 매우 열악했다.

운수 노동자들의 자녀들에게 학비라도 줘야겠다는 생각으로 시작했다.

인천신문: 재단 기금은 어떻게 모았는지.

지용택: 기금은 노조들에게서 거두지 않고 바깥에서 구했다. 1구좌에 5천원이었는데 당시만 해도 꽤 큰 돈이었다. 기부문화가 생소하던 때라 어려웠으나 다행스럽게 많은 인사들이 참여해줘서 용기를 얻었다. 이때는 1년에 한 번 청와대에서 노조간부들을 초청했는데 노동청장이 고 박정희 대통령에게 자동차노조 경기도협의회의장(당시는 인천과 경기도가 통합됐을 때임)이 재단을 만들었다고 자랑스럽게 보고한 적이 있다. 믿기 어려웠던지 박 대통령께서 '정말로 재단을 설립한 게 맞느냐'고 3번이나 되묻기도 했다.(지 이사장은 당시를 회상하듯 잠시 동안 눈을 감았다.) 지금 생각하면 박 대통령이 이처럼 되물은 것은 아마 재단법인이라면 기업가들이나 만드는 것이지 근로자들이 만들었다는 것이 선뜻 이해가 가지 않았기 때문이었다고 봐. 그래서 대통령께 오늘날과 같은 산업발전을 이루는데 근로자들의 덕이 컸다며 선물을 하나 달라고 했지. 그래서 정부 지원금 등을 받아 20억 원으로 한국노총 장학재단을 설립했어. 새얼장학회와 한국노총장학회 설립에 한 역할을 했지.

인천신문: 새얼문화재단에 앞서 장학회로 시작한 건가.

지용택: 5천만 원의 기금으로 새얼장학회를 시작했지. 새얼문화재단으로 바뀐 것은 1980년이고."[533)]

이 인터뷰를 중심으로 몇 가지 사실에 대해서 질문했다. 진술내용이 정확하지 않다는 판단이 있었기 때문이었다.

533) "[인천人 인터뷰] 물살의 바닥을 메우 듯 문화운동은 바로 그런 것", 〈인천신문〉, 2009. 1. 19.

서규환: 이 인터뷰에 의문이 있다. 한국노총 장학재단이 "정부(당시 박정희 대통령) 지원금 등을 받아" "20억 원으로 설립되었다"고 했는데, 이 20억 중에서 정부 지원금은 얼마였고, 다른 자금은 어디에서 얻어낸 것인가?

지용택: 박정희 대통령의 지시로 당시 무역협회로 기억하는데 15억 원을 받았고, 산별노조에서 5억 원을 내놓아서 총 20억 원으로 한국노총 장학재단이 설립된 것이다.

서규환: 이 한국노총 장학재단과 새얼장학회는 어떻게 연결되는가?

지용택: 내가 두 장학재단을 만들어 내는 데 앞장 선 것이고, 별개의 장학재단이다. 내가 자동차노조경기도협의회의장(당시 인천은 행정구역상 경기도에 속했다)의 자격으로 박정희 대통령을 만났을 때 새얼장학회 설립을 구실로 삼아 한국노총 장학재단의 기금을 받아낸 것이다.

서규환: 그러니까 한국노총 장학재단과 새얼문화재단은 공식적으로 관련이 없고, 새얼문화재단은 새얼장학회를 계승하는 재단인 셈이란 말씀이다. 새얼장학회는 어떻게 자금이 마련되었는가?
"기금은 노조들에게서 거두지 않고 바깥에서 구했다"고 했는데 여기에서 "바깥"은 구체적으로 무엇을 의미하는가?

지용택: 인천의 시민들이었다. 노조원들이 아닌 사람들이 다수였다.

서규환: 한국노총 장학재단을 만들고 곧바로 노동운동을 그만두게 되는 것 같은데…?

지용택: 한국노총 사무총장직에 있었던 기간은 8개월 정도에 불과했다. 전두환 정권이 들어서면서 산별노조가 해체되기에 이르렀고, 그것을 계기로 노동운동계를 떠나게 되었다.

〈인천신문〉과의 인터뷰에 정확하지 않은 점들이 있었음을 확인할 수 있었다.

새얼문화재단의 전신(前身)인 새얼장학회의 역사 역시 여기에서 어느 정도 밝혀두는 것이 좋겠다. 새얼장학회는 1972년 5월 15일 재단법인으로 설립하기 위한 발기를 한다.[534] 구체적으로 말하면, "자동차노동조합 경기도지부 제11차 정기대의원 대회에서 설립발기"를 하고 "고속운송업체 및 경기도내 자동차운송업체의 사업자가 지원하는 찬조금과 독지가의 찬조금을 기금으로" 재단법인 새얼장학회를 설립한다는 것이 발기취지였다. 위 〈인천신문〉과의 인터뷰에서 1구좌 5천원이었다는 것은 이 새얼장학회 기금모집을 두고 하는 말이며, 노조 바깥에서 구했다는 말 역시 그러하다. 그 후 1975년 10월 23일자로, 당시 문교부장관 허가로 "재단법인 새얼장학회 설립"을 공적으로 인가받게 된다. 그리고 동년 11월 6일자로, "재단법인 새얼장학회 서울지방법원 인천지원에 제86호로 법인 등기"를 완료한다.[535]

새얼장학회가 처음으로 학생들에게 장학금을 지급한 일자는 1975년 12월 26일이었고, 장소는 "신문회관 소강당", 장학금수혜 인원은 중학교 47명(1인당 30,000원), 고등학교 62명(1인당 40,000원), 합계: 109명(3,890,000원)이었다. 새얼장학회의 장대한 역사가 본격적으로 출범한 역사적인 날이었다. 그리고 동년 12월 31일 기본자산 총액은 65,000,000원(5,500,000원)[536]이었다. 새얼장학회는 1983년 8월 22일(공식일자는 1983년 7월 29일) 재단법인 새얼문화재단으로 확대개편하기까지 총 13회에 걸쳐 꾸준하게 그리고 그 금액을 높여 새얼장학

534) 새얼문화재단 작성, 「인천·대한민국과 함께 한 새얼문화재단 연표」 참조.

535) 앞의 연표를 참조하면, 1975년 정식 설립하기까지 지용택은 1972년부터 치밀하게 준비해왔음을 알 수 있다. 새얼장학회 전사(前史)에 대해서는 다음 기회에 보완하기로 한다.

536) 앞의 연표 참조. 이 자산금액을 보면, 지용택이 5천만 원으로 출발했다는 것은 대략적인 액수로 계산한 것임을 알 수 있다. 새얼장학회의 시작은 60,000,000원이었고, 인천시 중구 신생동 10번지가 그 주소였다.

금을 지급하는 발전을 거듭한다.[537] 새얼문화재단이라는 이름으로 지용택은 오늘에 이르기까지 내실 있고 중단 없는 발전을 이끌어낸다.

(1) 1984년 8월: 새얼문화재단 소식지 〈새얼〉 창간호 발행
(2) 1984년 11월: 제1회 〈가곡과 아리아의 밤〉
(3) 1986년 4월: 제1회 새얼아침대화
(4) 1986년 8월: 제1회 새얼역사기행
(5) 1986년 5월: 제1회 새얼전국학생 · 어머니 백일장
(6) 1986년 11월: 『새얼문예』 제1호 발간
(7) 1992년 9월: 우현 고유섭 동상 건립
(8) 1993년 12월 1일: 계간 『황해문화』 창간
(9) 1993년 6월: 제1회 〈국악의 밤〉
(10) 1998년 10월 11일: 새얼문예창작교실 시작
(11) 2000년 8월 15일: 〈그리운 금강산〉 노래비 건립

이러한 모든 사업들이 사업이 시작된 해부터 지금까지 중단 없이 연속되고 있고 전통을 만들어간다.[538] 그의 이 끈기 있는 활동상을 가만히 살펴보고 있노라면, 자연스레 그가 뛰어난 수집가임을 상기하게 된다.

지용택은 지방지, 특히 지방 시도군지 수집가다. 그의 집무실에는 전국 곳곳에서 발행되는 지방 도, 시, 군 등의 지방지들로 가득 차있다. 지용택을 이해하는 가장 중요한 맥락의 하나가 바로 이 수집이 아닌지 모르겠다. 중앙뿐만이 아니라 지방에도 관심을 깊이 기울이는 그의 폭넓은 안목을 엿볼 수 있는 대목이다. 또한 그는 역사서와 미술관련 책, 특히 화집을 수집한다. 〈조선일보〉를 수집하는 것은 언론에도 보도된

537) 앞의 연표 참조.

538) 우공이산(愚公移山)의 의지로 성취해온 결실이라 말할 수 있겠다. 우공은 그래도 쉬웠는지 모르겠다. 우공은 사람들이 아니라 산을 옮기는 일이기 때문이다.

바 있다. 그는 차곡차곡 쌓아가는 장기적 누적의 가지를 몸 깊이 통찰하고 있는 듯하며, 한번 시작하면 중단 없이 지속적으로 실천하는 일관성이 체화되어 있다. 그것은 무엇보다 다른 사람이 주목하지 않지만 가치 있는 일을 그렇게 할 때 더욱 빛나는 것이다. 아마도 새얼문화재단의 사업들도 그의 수집의 가치와 무관하지는 않는 듯한 인상을 받는다.

나는 그의 지속적인 구체적인 활동들을 다시 살펴보면서 그의 생애사에 대해서도 관심이 생겼다.

서규환: 지금까지의 생애사에서 지용택에게 영향을 미친 가장 중요한 인물(들)은 누구인가? 또한 어떠한 사건이나 경험이 오늘의 삶을 있게 했는가? 지용택의 멘토는 누구이며 존경하는 인물은 누구인가?

지용택: 막연하게나마 어려운 사람들을 위해 살아야겠다는 마음을 품고 있었고, 톨스토이를 읽고 깊은 감명을 받았으며, 대학 시절에 〈사상계〉를 읽었다. 직접 대면한 사람들 가운데 나에게 가장 깊은 영향을 준 인물로는 신태범 씨[539]를 꼽을 수 있다. 그는 내가 읽은

539) 신태범(愼兌範 · 1912 ~2001)은 1912년 서울 관수동에서 출생했으나 우리나라 최초의 군함인 광제호(光濟號)의 함장이었던 부친 신순성(愼順晟)을 따라 1918년 인천으로 이주하였다. 1936년 경성제국대학 의학부를 졸업하고 1943년 '인천1호 의학박사'가 되었다. 일제강점기 치하 일본인들의 집단거주지였던 '본정(本町)', 지금의 중구 중앙동에서 창씨개명을 하지 않은 자신의 성을 딴 '신(愼)외과'를 개업했다. 그는 이곳에서 일본인 의사들의 질시와 경쟁 속에서도 언제나 우위를 차지하고 있었다고 한다. 그의 뛰어난 의료 기술은 해방 이후 죽산 조봉암과의 인연으로 이어진다. 1945년 10월 어느 날 신 박사는 조봉암과 처음 만난다. 죽산이 열 손가락 중에 여섯 개가 상한 채 신 박사를 찾아온 것이다. 당시 인천에는 죽산이 일제 경찰의 고문으로 손가락이 많이 상했다는 소문이 돌았는데 신 외과에 입원해 치료한 뒤 죽산은 완쾌했고, 두 사람은 이후 잠시 정치적 관계를 맺기도 하지만 관계가 오래 지속되지는 못했다. 한국전쟁 이후 잠시 정계에 참여할 생각을 했으나 4 · 19혁명 이후엔 정치와 결별하고 자신이 좋아하는 책과 예술을 벗 삼아 지냈고, 인하대학교에서 교의(校醫)를 맡아 '영양과 건강'이라는 교양강좌를 진행하기도 했다. 이후 인천 근대사를 담은 책들을 저술하여 발간했는데 특히 그가 저술한 『인

책들에 대해서 토론할 수 있는 대화자이기도 했다. 나를 두고 불덩이 같다고 말하고서 나에게 나이에 맞는 (사회)운동을 하라고 당부한 것이 지금도 기억난다.[540] 그리고 5·16 이후 혁명검찰부에 의해 검거되고 감옥에서 그곳에 있던 『논어』를 깊게 읽었다. 그리고 『사기』를 깊게 읽었다.[541]

이렇게 인격이 형성되면서 그는 헌신하는 삶을 살게 되고 사회운동의 전면에 나서게 되었다.

그의 사회운동은 그의 인생관을 반영한다. 이는 김구가 삶의 지침으로 삼았다는 서산대사의 시를 그가 가끔 인용하는 곳에서 엿볼 수 있다.

"보현사를 안내원의 일방적인 설명으로 끝낼 수는 없었다. 나는 가까이 있는 사람을 불러 보현사에서는 서산대사를 한번쯤은 생각해야 한다고 말하면서 서투른 설명을 시작했다. 임진왜란이 일어났을 때 대사의 나이는 72세. 한평생을 도를 위하여 속세를 멀리하고 정진하던 큰 스님이 호국불교라는 이름 아래 살생을 마다할 수 없는 승병의 상징적인 지도자가 될 때의 심정은 어떠했을까! 종교적인 입장에서 볼 때 칠십 평생의 모든 것을 살생의 아비규환 속으로 던지는 그 마음의 아픔은 한없이 컸겠지만 그래도 나라의 산하와 죄 없는 백성들이 왜군에게 짓밟히는 것은 차마 보기 어려웠으리라.

踏雪野中去

천 한 세기』는 '인천 최고의 향토사가'로서 그의 진면목을 잘 보여주고 있다. 경인일보 특별취재팀 지음, 『인천인물100人』, 2009, pp.368-373 참조.

540) 「서규환의 지용택 인터뷰 1」 참조.

541) 「서규환의 지용택 인터뷰 1」. 지용택의 대학시절과 그 이전의 삶에 대해서는 시간이 부족하여 더 이상 묻지 못했다. 별도의 기회를 만들어 구술을 받아놓는 것이 좋겠다 싶다.

不須胡亂行
今日我行蹟
遂作後人程

눈 덮인 들판을 외롭게 걷지만
혼란스럽게 가지는 않으리라
오늘 내가 걷는 자취는
뒷사람들의 이정표가 되리니

이것이 서산대사의 참담하지만 고독한 결심의 표현이리라. 후일 대사의 심정을 누구보다 이해한 사람이 한평생 조국광복을 위해서 싸워온 백범 김구 선생이라 생각한다. 시대와 상황은 다르지만 절박한 상황에서 3·8선을 베고 쓰러질지언정 남북통일을 위해서 평양행을 결심한 그 심정, 그래서 백범 선생은 서산대사의 시를 경교장을 떠나면서 붓으로 휘호했다. 원본을 영인한 이 글을 가끔 볼 수 있는데 이것을 김구 선생의 자작시로 알고 있는 사람이 적지 않다. 서산대사의 작품이라는 것을 밝혀둘 필요가 있을 듯하다. 그러나 당시 대사의 심정을 누구보다 정확하게 읽어낸 백범의 마음에는 평양을 향하면서 대사의 시가 아니라 자신의 생애와 생명과 조국애가 함께 융일된 백범 자신의 시가 아니었을까!"[542]

앞에서도 이미 지적한 바 있지만 서산대사, 김구로 이어지는 민족사랑의 실천 사상적 맥락을 그가 잇고자 하는 것 같다.

542) 지용택, 해관칼럼 "평양일기", 새얼문화재단 홈페이지(www.saeul.org).

3. 시대정신

시대정신의 구조변동을 주장해야 하는 까닭은 분명하다. 그것은 현대성의 특성, 곧 과거가 모델이 될 수 없기 때문이다. 우리시대, 현대는 과거와 지속적으로 단절하려 한다. 역사학자이자 정치학자인 독일의 세계적인 석학 라인하르트 코젤렉(Reinhart Koselleck, 1923–2006)이 밝혔듯이,[543] 현재는 미래에 대한 기대를 품고, 과거를 넘어서려 한다. 이런 맥락에서, 코젤렉의 역사이론을 원용하여, 하버마스는 우리시대에서 현재의 의미에 대해 이렇게 표현한다.

> "현재가 자신이 나아갈 방향을 주저 없이 맞출 수 있었던 본보기적 과거는 이제 빛이 바래 창백할 뿐이다. 현대는 이제 더 이상 다른 시대의 전범들로부터 방향설정을 위한 척도를 차용할 수 없다. 현대는 오로지 자신의 힘으로 서야 한다는 사실을 깨닫는다. 그것은 자신의 규범성을 스스로 창조해야만 한다. 진정한 현대는 이제부터 전통의 계승과 개혁이 서로 맞물려 있는 장소가 된다."[544]

과거에 본보기로 생각했던 그 과거, 전통으로 생각했던 그 과거는 현재의 지배권력이 비판적 성찰을 침묵하고 있는 가운데 자신의 현재적 지배를 정당화하는 수단이었고, 과거에도 과거는 하나가 아니었다. 지배적인 전통이 있고 허약한 다른 과거들이 있었다고 말할 수는 있겠다.

1) 해불양수(海不讓水)의 정신

지용택은 기회가 있을 때마다 "해불양수"라는 화두를 던졌고 주장해

---

543) Reinhart Koselleck, 1979.

544) 하버마스 1995a: 162.

왔는데, 이제는 그의 이미지를 확고하게 만든 핵심어가 되었다고 할 수 있겠다. 그는 인천발전연구원에서 행해진 기조강연에서 이를 재확인하고 어느 정도 해설한 바 있다. 그의 말을 들어보자.

"저는 인천을 '해불양수(海不讓水)'의 상징과 같은 도시라고 말하곤 합니다. 초(楚)나라 사람이자 진나라에서 벼슬한 사람으로 이사(李斯)라는 걸출한 인물이 있었습니다. 당시 외지 출신으로 진나라에서 벼슬하는 사람들을 일러 객경(客卿)이라 했는데, 진나라의 객경 중 몇몇이 불미스런 일에 연루되는 사건이 있었습니다. 진시황은 타지 출신의 신하들을 모두 의심하여 이들을 추방하라는 결정을 내립니다. 흔히 춘추전국시대라고 묶어서 말하곤 하지만 전국시대는 춘추시대 보다 더 혼란스러운 시대였기 때문에 문벌이나 출신 계급보다 실력이 우선됐고 실력 있는 자들은 자신을 고용해줄 제후들을 찾아 주군(主君)으로 모시곤 했습니다. 그런 와중이었기 때문에 남몰래 경쟁국가에 대한 첩보전이 심해서 타국 출신의 신하들인 객경들은 자칫하면 첩자로 몰려 옥에 가두어 죽이거나 추방당하는 일도 비일비재했습니다.

당시 진나라의 승상이었던 이사 역시 초나라 출신이었기 때문에 추방당할 형국이었습니다. 그는 목숨을 걸고 진시황에게 객경들을 내쫓는 것은 옳지 못하다는 상소문을 올리는데 이것이 명문장으로 유명한 '상진황축객서(上秦皇逐客書)'입니다. 이 글 중에서 중요 핵심이라 생각되는 구절을 소개해보겠습니다.

泰山은 不辭土壤이라 故로 能成其大하고
河海는 不擇細流라 故로 能就其深하고
王者는 不却衆庶라 故로 能明其德이니이다.

이것을 풀어보면 "태산은 한 줌의 흙덩이도 버리지 않았기 때문에 그 큼을 이루고, 하해(큰 바다: 필자)는 가는 물줄기도 가리지 않았기 때문에 그 깊음을 이루고 왕자(왕된 자: 필자)는 백성들을 물리치지 않았기 때문에 그 덕을 밝힐 수 있는 것입니다."라는 내용입니다.

진시황은 이 글을 읽고 나서 자신의 과오를 깊이 깨닫고 진나라를 떠나는 객경들을 다시 불러 모았습니다. 진시황이 추진한 정책들 중 한자의 간소화, 도량형(度量衡)의 전국표준화, 전국도로망 개척 등은 모두가 이사의 생각을 받아들인 것으로 『사기(史記)』는 기록하고 있습니다. 진나라가 훗날 천하를 통일할 수 있는 기초는 이때 다져지기 시작한 것들이었습니다. 오늘날 자주 인구에 회자되는 것이 글로벌리즘(Globalism)이지만 중국에서는 이미 춘추전국시대부터 하나의 글로벌 시대를 구가했다고 하겠습니다."[545]

이 축사에서 우리는 그가 쇼비니즘적 지역주의, 지역쇼비니즘을 넘어서고, 열린 관용의 정신을 실천하고 있었다는 사실을 분명하게 알 수 있다. 인천의 이미지가 바다라는 사실을 살리면서도 우리시대의 시대정신이어야 할 관용의 정신을 포용의 실천덕목으로 삼고 있다.

인천이라는 지역공간에서 인천출신은 인천을 자랑하되, 특권의식을 가져서는 안 된다는 것이 지용택의 이념이다. 이 이념은 물은 낮은 곳으로 흐른다는 비유가 해불양수론에 내재되어 있는 것과 잘 부합하는 것이다. 해불양수론은 겸양과 배려, 존중의 미덕을 실천하는 윤리를 요청하는 그의 화두인 셈이다.

그리고 바로 이러한 기준 위에서 그 자신의 도시공동체론을 줄곧 주창해왔다. 아름답고 좋은 도시란, 화려한 건물들이 모여 있는 도시가 아니라, 궁극적으로는 좋은 사람들의 공동체라는 것이다. 이 말은 내가 분당에 거주하면서 계간 『황해문화』 편집주간을 하고 있을 때 인천으

545) 지용택, 해관칼럼 "도시공동체를 되묻다", 인천발전연구원, 2010, 〈인천 도시브랜드 포럼(2010. 11. 4) 기조강연〉, 새얼문화재단 홈페이지.

로 이사 오게 만든 강권(?)의 말이다. 좋은 사람들이 모여 공동체정신으로 살아가면 도시의 시각적 미관을 그들의 그 정신이 만들어낼 것이 분명하기 때문이리라.

2) 문화적 사고의 정신

지용택은 바른 이름(정명, 正名)의 문화사상을 주장한다. 굳이 하이데거를 거론하지 않더라도, 언어는 인간들에게는 자신들이 거주하는 집이고, 그런 한에서 언어는 무엇을 단순히 전달하는 수단만은 아니다. 인간은 사유하는 존재이고 사유는 언어와 더불어 발전한다. 인간을 존중한다면, 인간들이 말하는 언어 역시 존중의 언어여야 할 것이다. 지용택은 이 점에서 철저하다.

> "요사이 브랜드(brand)라는 말이 너무나 많이 사용되고, 심지어 남발되고 있는 것이 현실입니다. 브랜드란 말의 본디 뜻은 가축에 화인(火印)을 새기는 것에서 출발하여 이것이 상표의 근원이 된 것으로 보고 있습니다. 19세기에 이르러 상품에 상표를 찍고 붙이는 현상을 낳았는데 본래 제조가 아니라 소유의 개념에서 출발한 것입니다. 이것이 좀 더 발전해서 1876년 영국에서 세계 최초로 상표등록기관이 성립되었고, 오늘에 이르고 있습니다. 학문간 통섭(通涉, Consilience)이란 좋은 것이지만 경영학에서 쓰이고 있는 전문용어인 브랜드란 말을 아무런 비판과 고민 없이 인문학에서 그대로 받아들여 사용하는 것에 대해서는 한 번쯤 생각해봐야 할 일이 아닌가 합니다. 국가와 도시에 브랜드라는 말을 붙이는 것이 과연 타당한가? 브랜드란 말이 한 발 더 나아가서 명품도시란 말과 병행될 수 있는지에 대해서 생각해보아야 합니다. 왜냐하면 서울 외곽도시를 비롯해 전국의 어느 도시를 가든 이제 '명품도시(名品都市)'란 말을 쉽게 접할 수 있게 되었기 때문입니다. 이것이 과연 바람직한 현상일까요? 도시는 사람으로부터 비롯된다는 생각을 가진 사람에게는 도무지 이해하기 어려운 현

상일 뿐만 아니라 당혹스럽기까지 한 일입니다. 아무리 좋은 인프라와 문화시설을 갖춘 도시라 하더라도 사람이 사라진 도시라면 틀림없이 유령도시가 될 것입니다. 그런데도 아무런 거리낌 없이 명품도시라고 선전합니다. 저는 이것이 고의가 아닌 무의식적인 표현이라 하더라도 결국 사람을 물건으로 격하시키는 천박한 의식을 표현하는 것에 다름없다고 생각합니다. 아무리 장인의 손길이 깃든 값비싼 명품이라고 하더라도 물건은 물건이고, 시간이 흘러 유행이 변하고 시들해지면 버리게 되는 것입니다. 그러나 사람은 세월이 흐르면 흐를수록, 대화를 하면 할수록 연륜이 깊어지고 세월이 가면 갈수록 신뢰가 쌓이고 새로운 공동체가 형성되기 마련입니다. 사람이 살면서 인정을 나누고 공동체를 형성해나가야 하는 도시를 물신주의(物神主義)에 빠져 명품도시라고 칭하는 것은 결국 철학의 빈곤과 부재에서 오는 경박한 처신에 불과합니다."[546]

명명문제는 문화적 사고의 구체적 장소이며 역사적 사고의 얼굴이기도 하다. 지용택이 송도명칭, 인천대교 명칭 등의 명명문제에 관심을 기울여온 사유의 맥락도 바로 이런 데 있다.

3) 인물기리기의 정신, 역사적 의식

주지하듯이, 지용택은 새얼문화재단의 사업의 일환으로 고유섭동상 제작 설치, 최영섭 작곡 〈그리운 금강산〉 노래비 제작 · 설치 등 인천 관련 기념사업을 추진해왔다. 지용택은 문화적 사고를 하며 실천하고 있다.[547]

---

546) 지용택, 2010.

547) 서규환, 〈문화적 사고란 무엇인가?〉(새얼아침대화 121회 강연문); 서규환, 『비판적 시대정신』, 다인아트, 2011; 또한 김영범, 『민중사 심화와 기억사회학. 민중의 귀환, 기억의 호출』, 한국학술정보, 2010을 참조하라. 좋은 사람들이 모여 좋은 도시를 만들어간다는 실천윤리를 실천하는 과정에서 인물 기리기는 필수적이다.

그렇지만 인천과 관련된 인물이라면 누구든지 예찬하자는 것은 아니다. 김활란, 장발, 함세덕 등 친일파 경력이 있거나 친독재파 경력이 있는 인물일지라도 인천사람이라면 무조건 숭배해야 한다고 주장하는 것은 결코 아니다. 그렇다면 이름이 알려져 있는 인천 출신 인사들을 그가 거론하는 까닭은 무엇인가? 그들이 우리가 살고 있는 이 장소와 관련이 있는 역사이므로 역사를 알아야 한다는 차원이다.[548]

4) 황해시대를 예견하는 시대정신

국제사회, 세계사회에서 중국의 부상, 황해의 지리적 위상이 높아지리라는 것을 예견하고, 이에 따라 인천이 한국의 국가발전에서 얼마나

---

548) 지용택, 인천문화재단 초청강연, "해방 이후 한국 정계를 크게 움직인 인물 중에는 조봉암, 장면, 곽상훈 등 세 분을 꼽을 수 있습니다. 조봉암은 자유당 정권과 이승만 대통령에 대통령 선거를 통해 정면 도전해 한 번은 실패했으나 또 한 번은 투표에서는 이기고 개표에서 패배했다는 사실은 당시 정황을 살펴보면 더 확실하다고 생각합니다. 장면은 4 · 19 이후 내각 수반이 되지만 군사정권에 의해 실각하고, 곽상훈은 국회의장이 됩니다. 이렇게 인천은 여당에 철저하게 대립한 야도(野都)였기 때문에 정부로부터 지원받기는 어려웠습니다. 학계에서는 한국 고미술학의 태두 고유섭이 있고, 이화여자대학교 초대총장을 역임한 김활란도 있습니다. 서울대학교 초대 총장을 역임한 신태환, 3 · 4대 대법원장(8년 동안)을 역임한 조진만, 또 현대미술의 논단을 개척하신 이경성도 있습니다. 그리고 서울대 미대 초대학장 장발과 유체공학 분야의 장극 같은 과학자도 있었습니다. 해방 후 북한에서 활동한 정치인 이승엽, 조각가 조규봉, 평론가 김동석, 극작가 함세덕, 소설가 현덕 등은 여기서 거론하지 않겠습니다. 군사정부가 집권한 이후 인천에서는 걸출한 인물이 나타나기 힘들었습니다. 그러나 앞에서도 설명했듯이 중국이 활짝 문을 열고 소련이 냉전의 축에서 벗어나 남북이 전보다 유연하게 서로 접촉할 수 있게 되면서 인천에는 인구도 늘고, 선거구도 늘어 국회의원 수가 12명이 되었습니다. 재선도, 3선도, 4선 의원도 생겨났지만 인천을 대표하는 정치인이 없으며 중앙에 영향력을 발휘할 수 있는 인물은 더욱 없었습니다. 따라서 인천 시민들 가슴속에는 은연중에 인천에서도 조봉암이나 장면처럼 한국을 대표하는 인물이 나오기를 갈구하는 분위기가 짙어지고 있습니다." 이러한 그의 발언은 저명한 인천출신이면 무조건 그 인물을 존중해야 한다는 뜻으로 이해해서는 안 된다. 인천사랑이라는 맥락에서 인천의 역사를 이해해야 한다는 당위규범에서 얘기될 수 있는 논제거리에 불과하다. 「서규환의 지용택 인터뷰 1」 참조.

중요한지를 통찰하는 맥락이다. 그의 인천사랑은 단순하게 그의 고향이 인천이기 때문에 고향을 사랑하자는 주장이라기보다는 인천의 지리학적(경제지리적, 정치지리적) 중요성을 통찰하는 맥락과 맞닿아 있는 세계사적 통찰에 따른 것이다.

중국에 대한 이해력은 매우 높다. 수없이 많이 중국을 여행했고, 그 성과의 하나로 단행본을 발간하기도 했다. 지용택은 발언할 때, 강연할 때, 주로 중국 고전을 인용하곤 한다. 그것은 젊은 시절, 그가 고전들, 『논어(論語)』, 『사기(史記)』, 『자치통감(自治統監)』 등을 읽었던 이후 일관되는 것 같다.[549]

5) 느린 빠름(festina lente)의 시대정신

깊게 생각하고, 일단 일이 시작하면 일관되게 꾸준하게 차곡차곡 쌓아간다. 단기간 내에 승부를 내기 보다는 장기간에 걸쳐 신뢰를 쌓고 마침내 누구도 찬성하지 않을 수 없게 하는 리더십이다.[550]

6) 역사적 사고의 시대정신

> "그런데 근래 우리 정치인들은 모두 역사를 외면하고 있는 것처럼 보인다. 누구 하나 역사를 예로 들어가면서 자신의 논리를 설파해가는 경우를 볼 수가 없다. 과거의 역사에서 배울 줄 모르니 시민들에게 날 것 그대로의 자기주장만 강변하는 것으로 보인다. 어느 민족이든 참혹한 시련을 겪고서도 역사에서 배우지 못하면 역사는 그 아픈 시련을 또 한 번 반복한다는 역사인식을 명심할 때가 바로 지금이다."[551]

549) 「서규환의 지용택 인터뷰 1」참조.

550) 이는 새얼아침대화 20주년기념 강연집에 포함된 나의 축사 〈인천사랑의 감나무, 새얼아침대화 20년〉, 『시대의 아침을 준비하는 사람들』, 새얼문화재단, 2006, pp.8-9에서 이미 지적한 바 있다.

551) 지용택, 해관칼럼 "당태종과 사람", 〈인천일보〉 칼럼, 2008. 10. 23, 새얼문

그가 인천을 얘기하면서 인천출신 인물들을 거론하는 까닭은, 그들이 모두 인천의 자랑이라기보다는 인천의 역사를 기억하자는 주장이다. 역사의 기억에는 좋은 사실들뿐만 아니라 나쁜 사실들(이를테면, 친일파 김활란, 함세덕, 김은호)에 대한 기억도 포함되어야 하기 때문이다. 인천의 역사서술에서 그러한 나쁜 역사에 대한 반성과 성찰이 인천의 미래를 살리는 일이기 때문일 것이다.[552]

7) 우리 시대의 파우스트

그런데, 이 모든 지용택의 사유 혹은 정신에 앞서서 그것을 정초하는 그의 신념과 가치관이 결정적이 아닌가 싶다. 위대한 종교지도자들이 그러하듯이 헌신하는 리더십이다. 새얼운동을 시작하고자 했을 때 모두들 인천에서는 불가능하다며 깊고 혹독한 회의의 시선으로 평했다고 한다. 그렇지만 그는 성공의 결과보다는 그 가치의 일차적 중요성을 통찰하고 일관되게 그 가치에 헌신하는 도정에 있었다. 지용택은 차가운 이성의 계몽의 세계를 넘어서려 했던 우리시대의 파우스트, 새로운 가치의 길을 걸어온 거인이다. 나는 이 가치론적 맥락을 좀 더 자세하게 논의하고자 한다.

뤼시앵 골드만(Lucien Goldmann, 1913-1970)은 현대사회의 가치위기를 진단하면서 볼테르의 「회의자와 신자의 대화」에서 볼테르가 자연신론을 어떻게 논증하는지를 보여준다.

> "회의자: 당신은 하나님이 존재한다는 것을 어떻게 입증할 수 있습니까?
>
> 신자: 태양의 존재를 입증하는 것과 똑같이, 눈을 뜨면 됩니다.
>
> 회의자: 궁극(窮極)원인(原因)들을 믿습니까?
>
> 신자: 훌륭한 결과를 보았을 때 나는 그 원인이 훌륭했다고 믿습니다.

화재단 홈페이지.

552) 「서규환의 지용택 인터뷰 1」에서 지용택은 이를 확인해 주었다.

하나님은 시계를 보고도 **시계제작자**를 믿지 않는 어리석음에서 나를 구원해 주셨습니다."[553]

이 신론이 논증에서 사용하는 핵심의 하나가 시계제작자 비유이다. 우리시대의 가치는 이 비유의 사유를 넘어서는 사유에서 발견될 수 있다.

헤겔(Georg Wilhelm Friedrich Hegel, 1770−1831)의 『정신현상학』[554]과 괴테(Johann Wolfgang von Goethe, 1749−1832)의 『파우스트』[555]의 "변증법적 비판"은 계몽주의의 "순수한 지식"을 넘어서고 있다는 점에서 다르지 않다.[556] 괴테의 파우스트는 계몽주의 이전으로 되돌아가는 것이 아니라 그것을 넘어간다.

"아! 나는 이제 철학도,
법학도 의학도,
게다가 답답하게 신학까지도
열성을 다하여 속속들이 연구했다."[557]

파우스트는 백과전서적 지식을 가진, 순수한 지식의 계몽주의자 수

---

553) 루시앙 골드만, 『계몽주의의 철학』(*The Philosophy of Enlightment*, London: Routledge & Kegan Paul, 1967), 청하, 1983, p.94에서 재인용.

554) Hegel, *Phäomenologie des Geistes*, Frankfurt am Main, Suhrkamp, 1986.

555) 괴테, 『파우스트』, 정서웅 역, 민음사, 1999.

556) 데니스 디드로의 『라모의 조카』를 읽고 아마도 괴테의 번역본을 읽었으리라—헤겔은 『정신현상학』의 집필에 착수한다. 카페에서 위대한 작곡가(라모)의 조카를 철학자가 우연하게 만나면서 얘기는 시작된다. 라모의 조카는 그가 경멸하는 부유한 부르주아지에게 기생하며 살아간다. 대화가 진행되면서, 철학자와 라모의 조카 가운데 누가 옳은지 알기 어렵게 된다. 철학자는 부르주아지의 질서와 도덕의 '일반원칙들'을 옹호하지만 라모의 조카는 자신의 체험을 말하면서 그것들이 얼마나 불충분하고 허위인지를 입증하려 한다. 골드만 1983 : 68 참조.

557) 골드만 1983: 20에서 재인용.

준에 머물지는 않는다. 자신의 비판적 방법을 자기 자신에게도 적용하여 순수한 지식의 근본적 불충분성과 공허함을 깨닫게 되는데 그것은 자신의 체험 때문이다. 한계를 넘어서려는 욕구는, 마법에 기대어 보려 하기까지 한다.

파우스트는 백과전서의 순수한 지식 세계를 비판한다.[558)]

"딱하구나! 아직도 나는 이 옥중에 처박혀 있단 말인가?
여기는 저주받을 답답한 담벼락의 굴이 아니냐,
이 속으로는 다정스런 하늘의 빛마저
그림을 새긴 유리창 너머로 희미하게 비쳐들뿐!
게다가 이 굴 속은 산더미같은 책으로 비좁기 한이 없다.
좀이 슬고 먼지가 덮힌 채
드높은 원천정(圓天井)까지 치달아 쌓인 책에는
그을린 종이조각이 사방에 꽂혀 있다.
유리병과 상자들이 사방에 놓여 있고
가지각색 기계들도 가득하게 들어찼으며
대대로 물려받은 가구들마저 처박혀 있다.
이것이 나의 세계다! 이것을 세계라고 할 수 있느냐 말이다!
아래도 아직 나는, 어째서 나의 심장이
가슴 속에서 불안하게 압박을 느끼는지 이상히 생각하느냐?
또한 어째서 알 수도 없는 고통이
나의 일체의 생명의 발동을 방해하고 있다는 것을 의심하느냐?
신은 인간을 살아있는 자연 속에
만들어 넣어 주셨는데

558) 달랑베르와 디드로의 백과전서는 그 당시 다양한 많은 백과전서들 가운데 가장 널리 알려지고 규모가 가장 큰 백과전서일 뿐이다. 파우스트가 문제 삼는 것은 계몽주의 일반의 백과전서를 집필하는 사고이다.

나는 그을음과 곰팡이 투성이 속에
짐승과 사람의 해골에 싸여 있단 말이냐?"[559]

현실의 체험을 외면한 채, 책들로 가득찬 방에 처박혀 있는 백과전서파를 파우스트(괴테)는 비판한다.

골드만에 의하면, "파우스트의 마법에의 의지는 지성으로부터 신비주의로나 이성에서 비합리로의 낭만적 전환으로서 이해되어서는 안 된다. 기도 속에서 그가 부르고 대화를 하는 정신은 그 충돌이 작품의 주제가 되고 있는 두 개의 거대한 세계관, 즉 계몽주의에 구현된 합리주의의 최고 형식, **스피노자 세계관**과 모든 계몽주의와 모든 종류의 합리주의를 그 인간관이 능가하고 있는 **변증법적 세계관**의 상징관들이다. 대 우주와 지령(地靈)이라는 두 정신은, **순수한 지성**과 **역사적 행동**이라는 두 세계관의 구체적 표현이다."[560]

파우스트는 자신의 조교 바그너가 떠나고 난 뒤에 혼자 남게 되고, 지령이 자신을 거부하자 좌절을 느끼면서 마침 부활절 종소리와 합장이 들려올 때 자살의 유혹에 빠져든다. 다음은 그 유명한 그 장면이다.

"천상의 종소리여, 왜 이리 억세고 부드럽게
이 띠끌 속에 있는 나를 찾아드는 것이냐?
다정다감한 사람들이 있는 곳에 울려 퍼지기나 하렴.
복음은 내게도 들려오지만 내게는 신앙이 없다.
기적이란, 신앙이 낳은 가장 귀여운 자식이다.
그 자애로운 소식이 울려오는
그런 세계로는 나는 감히 들어가지 않으련다.
하지만 그 노랫소리는 어린 시절부터 젖었던 것이기에

559) 골드만 1983: 21-22.
560) 골드만 1983: 2.

지금도 나를 삶 속으로 다시 불러들이는구나."[561)]

파우스트가 계몽주의의 이상에 귀를 기울이지 않는 것은 아니다. "다정다감한 사람들", "부드러운 사람들", 즉 그 당시 일반적인 사람들에게 천상의 종소리는 울려 퍼지고 있는데, 파우스트는 자신에게 들리는 그 종소리를 온전히 반갑게 받아들이지 않는다. 그렇지만, 무신론자가 되는 것은 아니다. 파우스트는 이를 테면 백과전서파의 반종교적 태도와는 달리 "종교의 내용과 인간을 위한 그 의미를 이해할 능력을 회복한다." 파우스트는 부활절 종소리를 듣고, 자살의 유혹을 떨쳐버리고 삶으로 되돌아 올 수 있었는데, 계몽주의의 무신론을 넘어서야 한다는 판단이 있었기 때문이다.[562)] 종소리는 파우스트에게 가치와 신념(믿음)을 확고히 하는 소리이다.[563)]

지용택은 문화가 빈곤했으며 지역적 연대성이 매우 빈약했던 인천이라는 도시공간을 그 어디에도 없었던 문화정체성을 성숙된 시민의식으로 헌정하여 발전시키는 파우스트적 도정을 걸어온 것이다.

Ⅳ. 새얼문화재단과 지용택에 대한 연구와 평가와 과제

1. 인천의 실질적 문화정체성 확립

561) 괴테, 『파우스트』, 골드만 1983: 27-28에서 재인용.

562) 골드만 1983: 28.

563) 발레리에게서 새로운 종교는 시로 나타난다. 발레리에게 있어서 이성은 최고로 중요한 지위를 차지하지만 행동에 대해서는 무력하다. 발레리는 "외부 세계의 감지할 수 있는 현상은 시를 통해서만이 지배될 수 있다"(골드만 1983: 74)고 생각했다. 발레리에서 시는 순수성의 상징이다. 이에 대해서 서규환, 『박인환, 정치적 메타비판으로서의 시 세계』, 다인아트, 2008의 서문을 참고하라.

참여자들의 충성과 헌신을 확보하는 집합적 정체성의 구성은 명시적 목표의 달성에 얼마나 기여했는가에 관계없이 그 자체로 중요한 성취로서 평가된다. 사회학자 멜루치(Melucci)에 의하면 행위자들은 먼저 자기 자신을 정의하고 자신과 환경(다른 행위자들과 가용한 자원 그리고 기회와 제약 등)과의 관계를 정의할 수 있을 때 비로소 집합행동을 생산할 수 있게 된다. 다시 말해서 행위자들은 자신을 동일성과 연속성을 지닌 행위자로 인식할 수 있을 때, 즉 집합적 정체성을 구성했을 때 비로소 자신들의 사회적 실재를 해석하고 행동의 비용과 보상에 관한 전략적 판단을 수행할 수 있게 된다.[564)]

인천의 문화정체성 헌정의 역사에서 지용택이 김병상 신부와 공동으로 이끌었던 굴업도핵폐기장건설반대운동은 획기적 전환점이 아니었나 싶다. 좀 더 구체적으로 말해서, 인천이 행정적으로 확장됨으로써 인천이라는 이름 아래 행정의 차원을 넘어서는 본질적인 문화정체성을 헌정·구성할 계기도 없었고 역사도 없었는데, 굴업도핵폐기장반대운동은 인천을 집합적 정체성의 공간으로 확인하는 결정적인 사건이었고, 인천이라는 도시공간의 시민들 사이의 상호적 유대성을 확인하고 확장하는 결정적인 정체성형성운동이라 할 수 있다. 굴업도핵폐기장건설반대운동은 다음 세 가지 요건들을 충족시키는 문화정체성운동이자 생태론적 사회운동이기도 했다.

첫째, 먼저 자신들을 하나의 동일체(unity)로 인식하고 주어진 시점에서의 자신들의 기대와 현실을 비교할 수 있어야 하며(정체성 확립), 둘째, 자신들의 박탈에 책임이 있는 다른 행위자들을 저항의 대상으로 규정할 수 있어야 하며(지역의 단위에서 중앙정부의 결정에 저항하는 중대한 사건) 그리고 셋째, 저항적 행동의 결과로 기대되는 보상이 바람직한 것일 뿐 아니라 실현이 가능한 것이라는 인식을 가질 수 있어야

564) Melucci, Nomads of the Protest: Social Movements and Individual Needs in *Contemporary Society*, Philadelphia, Temple University Press, 1989, p.92.

한다(저항의 성공). 따라서 집합적 정체성의 구성은 집합행동틀 구성의 핵심적인 과정이며, 집합행동의 전제가 된다고 할 수 있다.[565)]

굴업도 핵폐기장건설반대운동의 성공은 행정적 차원에 있던 인천의 공간을 실체적인 문화공동체로 전환·전형시키는, 인천사의 결정적인 사회운동이자 사건이었다. 이 점을 지용택은 이미 통찰하고 있었다. 그는 〈인천 앞바다 핵폐기장 대책 범시민협의회〉 본 조직 결성대회 폐회사에서 이렇게 말하고 있었다.

> "〈인천핵대협〉의 결성은 인천지역사회에서 일제시대에 결성되었던 신간회 이래 최초로 보수적인 지역유지들과 재야 진보적 인사가 총망라되어 결성된 뜻 있는 조직으로, 이는 인천이 위기를 맞이하여 대동단결하는 과정에서 탄생하게 되었습니다. 이 뜻과 정신을 잘 살려서 인천발전의 원동력이 되도록 승화시키자."[566)]

그런데, 지용택이 공동대표로서 이끌었던 "굴업도 핵폐기장 철회를 위한 인천시민운동"은 새얼문화재단의 사회운동이라 보려면 확인이 필요했다. 「서규환의 지용택 인터뷰 1」에서 질문을 구체적으로 했다.

서규환: 굴업도 핵폐기장건설반대운동이나 인천대교주경간폭확대운동

---

565) 굴업도핵폐기장건설반대운동에 지용택의 역할이 어떠했는지에 대해서는 별도의 깊이 있는 연구가 필요하다. 인천사뿐만 아니라 한국사에서도 매우 중대한 의미를 가지고 있는 이 사회운동에 대해서 심도 있는 연구가 없다. 사건일지를 정리하는 수준에 있는 연구논문으로 윤상진, 〈굴업도 핵폐기장 건설 반대 운동에 관한 연구〉, 인하대학교 대학원 정치외교학과 석사논문, 1998이 있지만, 사건일지 정리에도 역시 부족한 점이 많다. 그렇지만 최초의 논문이라는 점에서 의미가 있다. 또한, 인천대교주경간폭확장운동 역시 마찬가지다. 이에 대한 별도의 연구가 필요하다.

566) 굴업도 핵폐기장 철회를 위한 인천시민운동 백서 발간위원회, 『굴업도 핵폐기장 철회를 위한 인천시민운동』, 2002, 41쪽.

등의 저항운동에 지용택이 참여하지만, 이것이 새얼문화재단의 공식입장이라고 말하려면, 적어도 이사회의 의결을 거쳐야 할 것 같은데 어떠했는가?

지용택: 새얼문화재단의 이사회의 의결을 거쳐서 새얼문화재단의 공식적 참여를 인정하는 공식적 절차를 거치지 않았다. 전략 · 전술상 처음부터 그렇게 할 의도도 없었다.[567] 그와 같은 사회운동이 성공하려면, 새얼문화재단에 공식적으로 부담을 주지 않고서 운동하는 것이 더 좋은 선택이라 생각해 왔다.

지용택과 새얼문화재단은 서로 분리될 수 없는 성질의 것이지만, 이와 같은 지용택의 현명한 전략적 선택은 새얼문화재단이 사회적 정의를 실천하는 이미지를 높이는 데 간접적으로 기여하고 있다고 평가할 수 있다. 이와 같은 저항운동의 실천에서 지용택과 새얼문화재단 사이는 일종의 "선택적 친화성"이 있고, 그것은 지용택의 실천적 지혜이다.

2. 가치 위기의 극복

지용택의 헌신적 리더십과 함께 하는 새얼문화재단의 가장 중대한 가치는 우리 시대의 특징인 가치의 위기를 극복하는 지평을 시민사회 공동체 차원에서 열어가고 있다는 데 있다.

우리 시대는 가치의 위기, 그리고 이 가치위기에 의해 파생하는 행위규범의 위기에 의해 특징지어진다. "불연속의 시대"(P. Drucker), "파손된 상징들의 대지"(P. Tillich), "작금의 세대"(A. Toffler) 등의 말이 그렇지만, 인간이 처해 있는 실존적 상황은 오래된 가치들에 의문을 던지고 있다. 이 가치위기에 대해 기존의 종교, 세계관, 이데올로기 등이 의미

567) 「서규환의 지용택 인터뷰 1」 참고.

있고 영향력 있는 대답을 주지 못하고 있다.[568)]

카프카, 무질, 하이데거, 야스퍼스 등이 사유의 주제로 삼았던 것이 19세기 이후 삶의 무의미성과 인간적 가치의 부재였음을 환기할 필요가 있다.

> "서양세계는 이제 근본적으로 세속적이고 비신성화된 산업사회를 건설하는 데 노력하고 있다. 그것이 이루어진다면 모든 사람이 안락하게 살게 될 그런 사회가 될 것이다. 아마 그 사회에는 많은 형식적 자유와 종교적 철학적 관용도 있게 될 것이다. **그러나 그 사회는 인간의 삶에서 모든 정신적 내용을 박탈할지도 모르며, 자유의 증진이 많은 사람이 마음의 공허함 때문에 자유를 누리려는 욕망조차 빼앗기는 현상을 수반하는 사회나, 정신의 허약이 종교적 철학적 행위를 계속적으로 보다 희귀하게 만드는 것과 같이 종교적 철학적 관용이 모든 것을 이루기 쉽게 만드는 사회가 될 것이다.**"[569)]

우리시대의 위기의 본질은 가치의 위기이다.

한국사회는 이중의 과제를 가지고 있다. 골드만이 지적하는 이와 같

---

568) Julius Morel, "Werteals soziokulturelle Produkte", Theodor Hanf, Manfred Hätich, Wolf-gang Hilligen, Rolf E. Vente, Hans Zwiefelhofer(Hg.), *Sozial Wandel*, Frankfurt am Main, Fischer, 1975, pp.204-220, 여기에서는 pp.204-205. 가치시스템의 변동은 새로운 가치내용의 부상에 의해서나 기존 가치들의 의미변동에 의해 성립하기도 하지만, 가치들의 위상변동(neue Rangordnung der Werte)에 의해서도 일어난다. 대상이나 행위가 다르지 않아도 새로운 상황이 오면, 그 위상이 달라질 수 있다. 가치 스칼라(Wertskala)에서 가치들의 변동은, 궁극적이거나 절대적이 아니라 잠정적이고 상대적이다. 이전에는 매우 높은 가치로 평가받았던 것이 다른 가치를 실현하는 수단으로 평가되는 상황변화가 일어날 수 있다. 외적 상황변화가 가치들의 의미를 결정적으로 변화시킬 수 있다. 배가 난파하면 거액의 은행통장보다 한잔의 물이 더 가치 있게 된다. 전쟁이 터지면, 평시의 노동장소에서 가치 있는 것들보다 다른 가치들이 중요하게 부상할 수 있다.

569) 골드만 1983: 135.

은 가치의 위기와, 형식적 자유와 종교적 관용이 발전하지 못하고 때로는 후퇴하는 경향의 위기가 중첩되고 있는 것이다. 이 이중의 위기를 양산시키는 반동적 시대정신은, 경제주의와 그 아류들이다.

세속화는 종교 내에서의 과정과 종교 밖의 과정 양자에서 일어나고 있다. 전자에서, 신앙은 자신의 "경제"(구복)를 증진시키는 심리적 기제로 나타난다. 후자에서, 경제주의, 물신주의가 어디에나 스며들고 때로는 노골적이다. 이런 것들은 결코 가치라 말할 수는 없지만, 마치 가치의 핵심인양 오해되고 있다.

3. 정의와 헌신의 매개와 종합

하버마스의 논술윤리(Diskursethik)가 매력적이라면,[570] 그것은 정의의 원리와 유대성의 원리를 매개·종합하려고 한다는 데에 있다. 「칸트에 대한 헤겔의 반박은 담론윤리에도 적용되는가?」에서 이것을 시도한다.

> "도덕들은 사회를 통해 개인화되는 생명체의 훼손가능성에 맞추어져 있기 때문에, 그것들은 항상 두 과제를 동시에 해결해야 한다: 도덕은 모든 개인의 존엄에 대한 평등한 존중을 요구함으로써 개인들의 불가침성을 관철한다; 그러나 그것은 호혜적 인정의 상호주관적 관계들—이들을 통해 개인들은 어떤 공동체의 구성원으로 보존된다—역시 똑같은 정도로 보호해야 한다. 이 두 가지 보완적 양상들과 정의의 원리 및 유대성의 원리가 일치한다. 전자가 모든 사람에 대한 똑같은 존중과 평등한 권리를 주장한다면, 후자는 이웃의 복지에 대한 감정이입과 배려를 요구한다. 현대

570) 하버마스의 윤리론과 관련하여 오현철, 〈하버마스의 담화윤리론에 대한 비판적 연구〉, 한양대학교 대학원 정치학 박사학위 논문, 1999를 참고하라. 하버마스의 윤리론의 한계에 대해서는 서규환, 『정치적 비판이론을 위하여』, 다인아트, 2006을 참고하라.

적 의미에서 정의는 대신할 수 없는 개인들의 주관석 사유와 연관되어 있다. 이와는 반대로 유대성은 형제자매처럼 밀접한 관계를 맺고 있는 동료들의, 상호주관적으로 공유된 생활형식과 연관이 있다."[571)]

하버마스의 논술윤리에서도 착상을 얻어낼 수 있지만, 우리는 정의원리와 유대성원리를 매개 혹은 종합해야 한다.

"도덕은 (이 정의의 원리와 헌신의 원리, 이 두 원리 중) 다른 하나를 보호하지 않고서는 어느 하나도 보호할 수 없다. 개인이 속해 있는 공동체의 복지 없이는 개인의 권리도 없다."[572)]

지용택은 헌신의 원리 위에서 사회정의를 실현하는 리더십을 발휘해왔던 셈이다.

4. 평가의 과제

새얼문화재단 역시 시민사회의 차원에서 목적을 지향하는 집합적 운동을 실천하고 있다. 참여구성원들의 집합적 고난을 해결하려는 목적이든, 공동의 이익을 실현하려는 목적이든, 공동의 신념에 기초한 가치를 실현하려는 목적이든, 목적을 지향하고 있는 한에서 일정한 시간이 경과한 다음에는 그 성과를 가늠할 수 있으며 가늠해야 한다.[573)]

집합적 실천운동의 경우 우리는 다음과 같이 성과를 대별할 수 있다.

---

571) 하버마스 1995a: 23.

572) 하버마스 1995a: 23의 번역을 수정했다.

573) Gamson, *The Strategy of Social Protest*, Wadsworth, 1990을 참조했다; 임희섭 1999: 184.

① 전면적이고 온전한 성과(full response): 공중으로부터 인정받는 동시에 상당한 정도의 실질적인 성과를 거두는 정도.

② 흡수적 포용: 별다른 실질적인 성과를 거두지는 못했지만 국가와 공중으로부터 그 존재와 활동의 필요성을 인정받는 정도.[574)]

③ 선취: 국가와 공중으로부터 인정을 받지는 못하지만 어느 정도의 실질적인 성과를 거두는 정도.

④ 좌절: 국가와 공중으로부터 인정도 받지 못하고 아무런 실질적인 성과도 거두지 못하는 좌절.

일단 이 기준을 놓고 보자면, 새얼문화재단의 사회·문화적 운동은, 단연코 "전면적이고 온전한 성과"를 내고 있는 네트워크로 발전했다고 평가할 수 있다.

새얼문화재단을 중심으로 새로운 가치와 규범을 실천해 온 지용택은 인천에서뿐만 아니라 한국 전체에서도 존경받아 마땅한 매우 훌륭한 인물이다. 적어도 한국에서 새얼문화재단과 같은 사례는 없었다. 그는 가치를 창조하고 실현하는 거장임을 우리 모두 깨달아야 한다.[575)] 문제

574) 흡수적 포용(coopta-tion)이란, 특별하게 실질적 성과를 발휘하지는 못하지만 정부와 공중에 잠재적 위협세력으로 인정되어 포용되는 것을 말한다.

575) 물론, 본 연구보다 더 깊은 연구가 필요하다. 연구를 통해서 행정적 차원에서 더 좋게 잘할 수 있었을 텐데 하는 규범적 요청 같은 것을 주문할 수도 혹시 있을지 모르겠다. 하지만 이미 그가 쌓아놓은 업적만으로도 그의 탁월한 업적과 위대성은 충분하게 입증되었다. 혹시 발견될 수 있을 지도 모르는 행정적 결함이나 착오는 그에 비하면 사소하다고 평가해야 한다. 우리가 인물을 평가할 때, 공과 실을 모두 고려해야 한다고 할 때란, 바로 이와 같은 행정적 차원에서 일어날 수 있는 잘못을 고려하는 경우이다. 사회적 영향력이 막대한 지도자들이 가치의 차원에서나 규범의 차원에서 의도적으로 역사적 판단을 잘못하였다면 그것을 산술적으로 더하기 빼기 식으로 계산하여 공과 실을 셈해서는 안 된다. 지도자는 행사하는 영향력이 큰 만큼이나 책임 역시 무겁게 물어야 한다. 예컨대, 시인 서정주는 친일파 행적이 있는데 그는 살아 있을 때 단 한 번도 사죄하지 않았고, 바로 이 때문에 그의 시들 가운데 좋아 보이는 시들이 있지만 산술적으로 공과 실을 계산하여 그를 평가할 수는 없는 것이

는 새얼문화재단의 활동과 성과에 대해서 평가를 내리고 의미를 부여하는 연구가 없다는 것이다.

바로 이 연구의 빈곤이 새얼문화재단의 경이로운 성과와 지용택의 파우스트적 리더십을 합당하게 존중하지 않고 있는 잘못을 저지르는 것을 계속 방기하는 것은 아닌가. 지용택이 고유섭, 조봉암을 연구하고 높게 세우듯이 이제 우리 모두 지용택을 본격적으로 연구하고 구체적으로 존경해야 할 때이다.[576)]

다. 이런 경우에는 곱하기 셈을 해야 한다. 책임을 크게 물어야 한다.

576) 2011년 2월 17일 필자와 인터뷰를 마치면서 "서 교수와 인터뷰하면서 삶을 회고해보니 부끄럽다. 나도 부끄러운 잘못을 저지른 것이 없지 않을 것이다. 하지만 덜 부끄러운 삶을 살아가려 했고 살아가려 한다"는 겸양의 말로 매듭을 지었다. 부끄러워하는 위대한 이 거인은 분명 인천의 자랑을 넘어, 세계의, 우리 시대의 자랑이다.

제3부

논쟁

제7장
사유와 기술
- 변장된 동도서기(東道西器)론에 대한 비판을 중심으로

I. 나와 우주

이기상교수는 동도서기론을 계승한다. "신기선의 꿈같은 동도서기의 주장이 21세기에 구현될 수 있음을 보여주는 조짐들이 여기저기서 나타나고 있다"[577]고 그는 보도한다.

이기상의 오늘 발표문에서 철학적 사유를 치밀하게 전개하는 것을 기대했다면 실망할 것이다. 서로 격차가 큰 거대한 주제들이, 그리고 치밀하게 논증되어야 할 주제들이 체계적으로 논증되지 못하고 선언되고 있을 뿐이다. 때로는 매우 사적인 환담의 자리에서나 주고받을 수 있는 수준의 얘기들이 산발적으로 언명되고 있다.[578]

우선 이기상의 주장은 무엇인가? 철학적으로 그것은 "나는 생각한다. 고로 존재한다"는 유명한 데카르트의 철학적 명제를 부정하는 입장으로 요약된다. 이기상은 데카르트의 명제를 "전복"시키려 한다: "나는 생각하지 않는다. 그러므로 나는 없다."[579] 데카르트명제를 전도시킨 이것, 반데카르트명제라 부를 수 있는 그것의 예를 이기상은 숭산에게서 발견한다. 숭산이 말하는 이른바 " '내가 없음' 의 경지"란 무엇인가? 그대로 읽어보자:

---

577) 이기상, 〈한국문화의 지구화를 통한 문화국가의 꿈 구현〉(한국정치학회 경술국치100년기념학술회의 발표문), 2010, p.4.

578) 이교수의 2009년 저서 『콘텐츠와 문화철학. 문화의 발전단계와 콘텐츠』(북코리아, 2009)를 읽어보았는데, 오늘 발표의 이미지와 비슷하다.

579) 이기상 2010: 4.

관념의 허상에서 삶의 실상에 이르기 위해서는 데카르트의 명제를 뒤집어야 한다. "나는 생각하지 않는다. 그러므로 나는 없다(Non cogito, ergo non sum)."(숭산문도회 엮음, 『세계일화(世界一花) 3: 산은 푸르고 물은 흘러간다』, 불교춘추사, 2001, p.106.) 내 생각이 딱 끊어져야 내가 없어진다고 말하며 그러한 '내가 없음'의 경지를 이렇게 묘사한다. "내 마음이 텅 비어지고 대허공 같이 되고, 대허공 같이 되면 마음이 …… 맑은 거울 같아서 산에 비추면 산이 되고, 물에 비추면 물이 되고, 비추는 대로 그대로야. 하늘은 푸르고 물은 흘러가고, 개는 멍멍 짖고 소금은 짜고 설탕은 달고 …… 이것이 실상이라는 거다."(숭산문도회 엮음 2001: 18, 19, 45.)

숭산은 '생각하는 나'를 부정하고 버려야 '참된 나'와 '참된 삶'에 이른다고 설파한다. 욕심과 편견, 집착에서 벗어나고, 지식과 관념, 생각과 논리에서 해방되어 '있는 그대로' 그리고 전체 속에서 '나'와 '삶'과 '존재'를 보고, 그런 '존재'와 '삶'을 사는 것이 참된 삶을 사는 것이다. '나'의 마음이 욕심과 편견, 집착에서 벗어나 맑은 거울처럼 깨끗해지고 텅 비어서 아무 걸림이 없을 때 세상을 보이는 대로 보고 들리는 대로 듣게 된다는 말이다. 그리고 이렇게 "보이는 대로 보고 들리는 대로 듣는 경지"가 바로 깨달음의 경지인데, 그 경지에 이르면 "우주와 나는 하나로 되는 것"이다.(숭산문도회 엮음 2001: 13, 15, 19, 106) "당신이 생각을 하면, 당신의 마음과 나의 마음은 다릅니다. 만약 당신이 생각을 끊어 버리고 '오직 모를 뿐'인 마음을 지키면, 당신은 온 우주와 하나가 되어 당신의 본래의 자리로 돌아가게 됩니다."(무량 외, 『오직 할 뿐. 내가 만난 숭산 대선사』, 무산본각 옮김, 물병자리, 2006, p.155.)[580]

1) "우주와 나는 하나로 되는 것"이 정말 가능한지 묻지 않을 수 없

---

580) 이기상 2010: 5.

다. "욕심과 편견, 집착에서 벗어나" 설사 잠으로 순수한 사아로 되돌아간다/이른다고 할지라도, 어떻게 우주와 내가 하나로 되는 것임을 알 수 있는가? 이는 우주 자체를 매우 제한되게 이해하여 우주의 지극히 일부를 마치 우주 전체인 양 이해하는 잘못된 판단이다. 우주와 내가 하나로 되는 것을 어떻게 알 수 있는가? 그것을 어떻게 타자에게 전달할 수 있는가? 매우 폐쇄적인 유아론적 입장에서 내가 우주와 하나가 되었다고 느끼고 있으며 그것을 선언하는 수준 이상으로 나아갈 수 없을 것이다. 바로 여기에서 이 선언은 데카르트주의에, 아니 데카르트의 성찰과 유사한 상태에 빠지게 된다. 사이비데카르트주의라고 표현할 수 있겠다.

2) "욕심과 편견, 집착"을 버리라고 주문하면서도, 다른 한편에서는 "남을 돕는 일은 우리의 수행이며 의무이다"라고 주장한다. "남을 돕는 일[=자선]"은 긍정적인 의미에서의 "욕심"[=의욕], "편견"[=전통을 계승하려는 원칙], "집착"[=중도포기하지 않고 과제를 완성하려는 의지력]을 버리고 가능한가? 사회의 거대한 분화 과정 속에서, 대다수의 사회인들은, 생산적 노동 과정에 참여하여 노동생산성을 높여야 하는 책임과 의무를 저버릴 수 없다. 남을 돕기 위해서는, 도울 수 있는 "물적인 재원과 자원"이 필요하다.

목적을 잊어버린 채 수단일 돈과 권력 그 자체를 추구하는 현대인간들의 인성을 변호하려는 것이 아니다. "순수한 자아"로 되돌아가는 방식에 대해서 의문을 제기하는 것이다.

II. 데카르트와 데카르트주의를 넘어서는 길

데카르트주의와 서양의 "몰락"은 사실 이제 새로운 것은 아니다.

우리는 1968년을 기점으로 서구의 지식인들이 "서구의 몰락(Untergang des Abendlandes)"을 다시 얘기하는 지적 분위기를 알고 있는데, 이는 "이론의 위기"라는 수사법적 판단에 다름 아니다.[581] 그것은 대략 200년 동안 서구의 철학이 걸어온 역사를 주체화·주관화라고 판단하고, 그리고 이와 동시에 그것을 해체하려는 이른바 구조주의운동을 주도한 지식인들이 확산시킨 어법이다. – 이렇게 하면서도 서구역사 전체, 플라톤 이래의 철학·사유 모두를 해체의 대상으로 삼는, 니체에서 일단 출발하여 바타이유를 경유한 푸코, 그리고 이런 푸코의 영향 아래 하이데거를 경유한 데리다가 등장했던 것이다.[582]

---

581) 그 가운데 가장 강력한 진술은 푸코였던 것 같다. 그는 그의 주저 『말과 사물』에서 중국백과사전의 분류에 대해서 지적하고 있었다. 프랑크, "제3장 역사분석의 기본요소: 불연속성. 푸코의 〈고고학〉에서 1775년의 시대전환", in: 프랑크, 『말할 수 있는 것과 말할 수 없는 것』, 문학동네, 1996, pp.153-212. 푸코는 1775-1825년에서 시대의 건널목시대로 이해한다. 코젤렉이 말안장시대라고 불렀던 그 시대. 푸코는 루이 보르헤스(Luis Borges)의 텍스트를 읽고서 『말과 사물』을 쓰려는 착상에 이르게 되었다고 한다. 『말과 사물』은 중국백과사전의 분류에 대해서 언급한다. "동물들은 다음과 같이 분류된다: a) 황제에게 속하는 동물. b) 방부처리된 동물. c) 애완동물. d) 돼지들을 빨아먹는 동물. e) 사이렌. f) 우화의 동물. g) 길 잃은 개. h) 현재의 분류에 속하는 동물. i) 격앙된 동물. j) 셀 수 없이 많은 동물. k) 매우 섬세한 낙타털 붓으로 그려진 동물. l) 기타 등등의 동물. m) 물주전자를 방금 깬 동물. n) 파리처럼 먼 거리에 떨어져서 보는 동물."(MC 7; 프랑크, 『신구조주의란 무엇인가?(1)』, 김윤상 역, 인간사랑, 1998, p.221.) 이 분류에 대해서 푸코는 다음과 같이 말한다. "이러한 분류법의 경이로움 속에서 상당한 비약을 통해 우리가 감지하는 것. 즉 우화의 수단에 의해 또 다른 사유체계의 묘한 매력으로 입증되는 것은 바로 우리 자신의 한계이자 그러한 사유체계를 생각하지 못하는 우리의 명백한 불가능성인 것이다."(MC 7) 유럽중심주의의 한계가 무엇인가 하는 것은, 유럽의 분류화 도식, 사유와 다른 분류화, 사유가 무엇인지를 밝히고, 그것의 형식과 내용을 언표화하여 그 설득력을 높이는 것이다. 이 중국백과사전의 분류, 사유는 무엇인지 의문을 제기해야 한다.

582) 그런데, 68년을 기점으로 지난 200년간의 철학/사유가 데카르트주의식 주체화 내에서의 변화만은 아니었다 – 그리고 이 변화가 근본적 변화인지에 대해서는 의문이 없지 않다. 드만과 데리다가 루소 해석과 관련된 내분과 그 논박 전개는 서구 현대성(modernity)의 이질성을 적어도 함축하고 있다. 서규환, 『열린총체성의 해석과 정치』, 다인아트, 2009, 서규환, 『현대성의 정치적

이 역사적 전개에 대해서 비판하려면 대체로 적어도 다음과 같은 논의가 필요해 보인다:

① 데카르트의 명제적 표현은 참으로 무엇인가? 우선 자기동일성과 자기정체성의 문제틀과 관련하여 동일성과 정체성의 다양성을 구별해야 한다는 것이다.[583)]

② 데카르트 이후의 사유·사상의 전개가, 한국지식계에서 흔히 볼 수 있는 바와 같이(이것은 푸코에서도 크게 다르지 않은데) 서양·서구라는 단일한 하나의 이름[집합명사]으로 일체화될 수 있는 성질의 것인가?

③ 서구의 몰락을 다시 제기하고 있는 지적 운동은 무엇을 말하고 있

상상력』, 민음사, 1993, 서규환, 『비판적 현대성의 정치적 이론』, 다인아트, 2006, 서규환, 『정치적 비판이론을 위하여』, 다인아트, 2006을 참조하라. 그런데, 주체없는 해체주의는 주체(subject), 인성(person), 개체(individuum)을 구별하지 못한다. Manfred Frank, *Die Unhintergehbarkeit von Individualität*, Ffm: Suhrkamp, 1986 참조하라.

583) 리쾨르가 자기동일성 문제틀의 복합성에 대해서는 자신의 책 *Oneself as Another*, Chicago and London, The University of Chicago Press, 1992, Introduction에서 잘 짚고 있다. 다양한 동일성의 구별 문제에 주목해야 한다. personal identity와 narrative identity, idem-identity(sameness-identity)와 ipse-identity(selfhood-identity). "The foundational ambition belonging to the Cartesian cogito can be recognized from the outset in the hyperbolic character of the doubt that opens the area of investigation in the Meditations. The radical nature of the project is thus of the same scope as the doubt, which includes within the domain of 'opinion' common sense, the science - mathematical and physical - and even the philosophical tradition. More precisely, this radicality stems from the nature of a doubt that has no common measure with respect to doubts that might be exercised within the three area just mentioned. The hypothesis of all-encompassing ruse proceeds from a doubt that Descartes calls 'metaphysical' in order to indicate the disproportion with regard to any internal doubt within a particular area of certainty. In order to dramatize this doubt, Descartes creates the incredible hypothesis of a great deceiver or an evil genius, an inverted image of a truthful God, itself reduced to the status of mere opinion. If the cogito can arise out of this extreme condition of doubt, it is because someone is doing the doubting." Ricouer 1992: 5. 데카르트는 데카르트주의자가 아니라는 주장이 나오는 것은 이러한 배경 속에서이다.

으며, 그리고 그것이 설득력이 있는가?

④ 이 맥락에서 특별히 우리가 주목해야 하는 것에는 하이데거를 이해하고 비판하는 문제도 있다. 주지하듯이, 하이데거의 주체성비판은 하이데거 이후의 후기구조주의, 특히 데리다에서 반주체의 해체로 나아가는 결정적인 단계이다. 그러므로 서구적 이론의 위기나 종말 같은 것을 논의하는 장소에서 이 비판에 우리는 주목해야 할 이유가 있다.

대단히 복합적인 이 모든 주제를 지면이 제한된 자리에서 상세하게 논의하기를 기대할 수는 물론 없을 것이다. 내가 지적하려는 것은 이기상의 발표문 주장들이 이들 주제의 어느 부분들과 깊은 관련을 맺고 있는데, 그 논증에 의심이 든다는 것이다.

논의를 하이데거의 주관성비판에서 시작해 보자. 이 비판과 관련하여 우리는 네 가지 문제를 지적할 수 있다:

(1) 하이데거는 그가 주체성(Subjektivität, 주관성)이라 명명하는 것을 그가 존재자(Seiendes)라 명명하는 것의 산수적 합계(die Menge), 즉 현상하는 대상들의 산수적 합계로 환원시키는 표상들의 소유자라고 생각한다. "그것이 극단화된 형태로 나타날 때 – 예컨대 피히테(Fichte)에게서 – 주체는 존재자 위에 군림하는 권력으로서, 다시 말해 자기 자신과 세계를 '정립'(setzt)시키는 것으로서 나타나게 된다고 한다. 그 결과, 주체성은 지배성과 융합되며, 예전에 신에게 부여되어 있었던 능력인 '자기 자신의 근거로서 존재하는 능력'을 물려받게 되었다는 것이다. 자신의 존재가 자신과는 다른 존재와의 관계가 아니라 바로 자기 자신에 의해서만 가능한 그러한 존재자는 절대적이라고 불리어질 수 있는 것이다."[584]

이미 데카르트에게서 Cogito는 그것이 자기 자신에 대해 갖는 관계들

584) Manfred Frank, *Was ist Neostrukturalismus?*, Frankfurt am Main: Suhrkamp, 1983, p.248; 프랑크, 『신구조주의란 무엇인가?(2)』, 김윤상 역, 인간사랑, 1999, pp.71f; 번역을 수정했다.

로부터만 설명될 수 있는 것이었다. 그러나 그것이 이 같은 자기관계성을 통해서 자기 자신의 존재를 근거지을 수는 없는 것이다. 그것은 신적인 보증만을 지시하는 것에 다름 아니게 된다. 다시 말해, "자체의 반성과 더불어 유지의 자기관계(die Selbstbeziehung der Erhaltung)는 자기 자신에 의해서는 존재하지 않는 것으로서, 자신의 근거에 대한 문제를 야기시키는 것이라고 할 수 있다."[585)]

"'자기존재의 철학(Selbstseins-Philosophie)'의 인식론적 틀의 조건들 하에서 이러한 근거는 더 이상 그 어떠한 외적인 근거가 될 수 없는 것이다. 왜냐하면 여기서는 '헤아려 볼 수 있음(Unauslot-barkeit)'이 문제이기 때문이다. 이것에 대해 주체는 자신을 자신과 동일시하고자 하는 노력 속에서, 즉 자신의 내적인 것 속에서 경험하게 되는 것이다. '그리하여 자기존재가 내적인 원리에 의해 오로지 자기 자신에만 관계되어지게 되는 경험은 이러한 경험 자체의 보충으로서, 접근불가능한 근거로부터 존재하고 있다고 하는 확실성을 갖게 될 뿐만 아니라, 또한 이러한 근거가 그러한 자기존재에 소통될 수 없는 것으로서 남아 있다고 하는 지식을 얻어내기도 하는 것이다. 그리하여 근대철학에서 인간의 자기관계 및 자기규정에 대한 사상이 점차 발전할수록 그러한 의식의 또 다른 측면 역시 테마화되어야만 했던 것이다' (D.Henrich,I.c.18/9). 그리하여 근대철학의 주체는 자신이 자기 자신의 존속의 근거가 아니라고 하는 사실을 경험하게 되며, 이러한 경험은 특히 전기낭만주의의 사유를 비롯하여 셸링('미리 생각되어질 수 없는 존재'에 대한 견해를 통해)과 피히테(주체의 '절대적 의존성'에 대한 견해를 통해)의 사유에서 뚜렷하게 정교화되었다. 하이데거에 따르면 이 시기는 극명

585) Dieter Henrich, "Kunst und Kunstphilosophie der Gegenwart. Übelegungen mit Rücksicht auf Hegel," in: *Immanente Ästhetik, ästhetische Reflexion*, München: Fink, 1966, p.18.

한 존재의 암흑화와 주관화가 이루어진 시기였다."[586)]

(2) 주체를 표상능력과 합치시킴으로써 결국에 가서(칸트와 라인홀트 이래로, 그리고 근본적으로는 라이프니츠 이래로) 우리는 '표상을 가지고 있는 주체'의 (주체의 표상이 곧 표상이다.) 표상이 아닌 표상은 존재하지 않는다고 말할 수 있다고 주장하는 사유가 등장하게 되었는데 이 사유는 하이데거에 의하면 근대(Moderne)에 명확히 그 모습을 드러내었다. 칸트적 의미에서 '표상하는 것의 행위들' (Akte des Vorstellens)'[587)]은 자기성(Ichheit), 즉 통각의 초월적 종합(transzendentale Synthesis der Apperzeption)의 행위들이다. 간단히 자기의식이라고 번역될 수 있는 이 칸트의 표현은, 복잡하게 보이지만 그 내용은 분명하다. "그것은 자아가 자기 자신에 대해서 갖게 되는 지식에도 적용되는 지각론을 역으로 지시해 주는 것이다. 자아가 자기 자신에 대해 소유하게 되는 지식은 외적인 대상들에 대해 이루어지는 '표상' (Vorstellung)[지각 perception/통각 apperception]과 유비되는 것이다. 다시 말해 자아는 그 자체로 직접적으로 대상적인 것이라는 말이다."[588)]

물론 라이프니츠, 칸트, 헤겔을 비롯하여 그들 이후의 많은 사상가들이 (예를 들면 후설 역시) 실제로 자기의식을 반성으로 기술하였다는 것은 사실이다. 즉, 자기의식은 자기 자신을 표상한다는 것을 뜻하며, 그것의 효과는 자아의 자기 자신에 대한 지식이다. 그리고 그들이 자기의식을 자기 현재적인 존재로 생각하였다는 것 또한 사실이다. 특히 이

586) 프랑크 1999: 72-73. 번역을 약간 수정했다.

587) 칸트는 모든 정신적이고 의지적이며 지각적인 모든 행위들을 표상행위로 규정하였다.

588) 프랑크 1999: 74-75. 번역을 수정했다.

것은 데리다의 첫 연구 대상이었던 후설에게도 해당한다.[589)]

그러나 초기낭만주의자들, 및 피히테, 프란츠 브렌타노, 한스 쉬말렌바흐(Hans Schmalenbach)나, 20세기에 들어와서는 사르트르(Sartre)에게는 해당되지 않는다는 프랑크 등의 연구들이 있다.

이들은 '자기 자신에 대한 의식을 갖게 되는 경험'을 기술하려 할 경우, 인식의 반성모델이 충분치 못하다고 비판했다. 이들의 의문은 분명하다. 즉, "자기의식의 경험이 자기반성의 체험이라고 한다면, 다음과 같은 과정이 진행되어야 한다는 것이다. 다시 말해 여전히 자기에 대한 지식이 없는 자아는 표상의 과정을 통해 자기 자신에게로 회귀하게 되며, 거기에서 자기 자신을 깨닫게 된다는 것이다." 그러나 여기에서 의문은 제기될 수 있다. 즉

> "자아가 사전에 자기 자신의 개념을 가지고 있지 않았다면, 자아는 어떻게 이러한 통찰을 이행한다고 할 수 있는가? (다음을 참고해보라. Fichte, SW[=Sämtliche Werke], I, 526/7.) 왜냐하면 (내가 문제가 아니라고 할지라도) 무언가에 대한 관찰은 '나는 바로 내가 관찰하는 대상이다'라는 나의 대상의 특별한 고유성에 관한 정보를 결코 나에게 제공해 주지 않기 때문이다. 오히려 나는 이러한 통찰을 이미 갖고 있었음에 틀림없으며, 이제 그러한 통찰을 작용시키는 것이다.(내가 이미 나를 알고 있을 때에만 거울은 그 속에서 스스로를 관찰하는 존재가 바로 나라는 사실을 나에게 말해 줄 수 있는 것이다. 그러한 거울이 바로 반성인 것이다. 내가 이러한 통찰을 명증하게 획득한다면, 그러한 통찰은 반성의 산물이었을 수

589) 프랑크 1999: 76. "반성의 시제는 현재이다. 표상에 의해 지각되는 것(세계의 사물들)이 항상 현재적인 것이듯이, 항상 눈앞에 직면해 있는 것으로서의 자기의식은 그 자체로 '대상적인 것'인 동시에 '현재적인 것'이기도 하다. 그리하여 자기의식은 반성일 뿐만 아니라 또한 '자기현재성(Selbstgegenwärtigkeit)', 즉 '자기에게서 존재하는 것(Bei - sich - Sein)'이기도 하다." (프랑크 1999: 75).

없는 것이다. 왜냐하면 (노발리스의 주장에 따르면) '반성이 발견하게 되는 것은 이미 현존해 있다' (NS II, 112, Nr.14)고 여겨질 수 있기 때문이다. 다시 말해 내가 반성 – 또는 자기 비추기 –의 행위 속에서 현재화시키는 대상이 바로 바라고 하는 것은 인식의 산물일 수 없으며, 오히려 그것은 '재인식(Wieder-Erkennen)'의 결과, 즉 이미 알려져 있는 것 혹은 더 나아가 나 자신에 대한 '재자기동일화(Rückidentifikation)'여야 한다는 것이다. 만일 그렇다고 할 때(실제로 그렇다), 자기의식은 반성과는 다른 것으로부터 설명되어야 한다. 말하자면 자기의식은 노발리스 이래로 **비정립적 자기의식(ein nicht-setzendes Selbstbewusstsein)(Novalis, I.c. 125, Nr.31)이라고 특징지어졌던 '반성 이전에 존재하는 자기 자신과의 친숙함(ein vor jeder Reflexion bestehendes Mit-sich-vertraut-Sein)'**으로서 설명되어야 하는 것이다. 이것에 대해 횔덜린의 친구인 아작 폰 싱클레어(Isaac von Sinclair)는 비정립적(a -thetisch) 자기의식에 대해 언급하였으며, 슐라이어마허는 '직접적' 자기의식에 대해 언급하였다. 슐라이어마흐는 이러한 '직접적' 자기의식이 '이미 대상화되어져 있는 반성된 자기의식'과 혼동되어서는 안 된다고 한다."[590]

(3) ① 근대(Moderne)의 모든 사상가들이 자기의식을 Ichheit로 생각한 것은 아니었음은 분명하다. 예컨대, 노발리스(Novalis), 쉴라이에르마허(Schleiermacher), 마르크스(Marx), 사르트르(Sartre) 등은 그렇지 않았다. ② 자기의식을 Ichlos로 생각한 것도 있다는 점; 자기의식은 곧 시간이해에서 자기현재성(Selbstgegenwärtigkeit)이라고 단정짓지 않은 사상가들도 있다는 점. 프랑크의 『독일 낭만주의에서의 시간문제』(*Das Problem Zeit in der deutschen Romantik*)는 반성모델로부터의 해방과 더불어 동시에 현재와의 결합 역시 극복되었다는 점을 논증하려 한다.[591]

590) 프랑크 1998: 76–78. 강조는 인용자.

591) 사르트르의 『존재와 무』: 현재라는 유리창에 코를 바짝 들이대고서 미래나 과

Cogito가 자기반성의 영역에서도 추방되고, 속발적인 것인 것으로 남게 되며, 결코 자기 자신으로부터 벗어나지 못하게 하는 사유가 오늘날 비판의 대상임은 분명하다. 그것은 자기고유의 표상이며, 항상 자기 고유의 시선의 현재성 속에서 존재하도록 판결 받은 것인데, 하이델베르크학파의 주장에 의하면, 전(前) 반성적 자기의식은 그렇지 않다. 프랑크는 다음과 같이 주장한다.

> "이것은 항상 무언가에 대한 의식인 동시에 자기 자신과는 다른 그 무엇에 대한 의식이다. 의식의 대상이 되는 존재자에 비해 그것은 그 자체로 전혀 존재하고 있는 것이 아니다. 그것은 그 어떠한 대상도 아니며, 또한 자기 고유의 대상도 아니다. 오히려 그것은 '절대적 비대상' (der absolute Nicht-Gegenstand)이며 '대상들의 세계에 대해 상대적인 비존재자(ein relativ zur Welt der Gegenstände Nicht-Seiendes)'이다. 이러한 전 반성적 자기의식은 자체의 상대적인 비존재로 인해 항상 이미 자기 외부에 존재하는 것이다. 즉, 미래에서는 자신의 투사들과 더불어 존재하며, 과거에서는 자신의 사실적인 존재와 더불어 존재하는 것이다. 그리하여 그것은 (반성으로서) 자기 자신에게서 존재하기 전에 이미 시간에로 던져져 있는 것이다. 존재의 의미는 과거 존재로서 드러나게 되며, 이러한 과거 존재의 근거 위에서 자기의식은 자신의 미래를 지금은 존재하지 않지만 언젠가는 (물론 과거의 존재 방식으로) 존재하게 될 것으로 투사하는 것이다. 그리하여 전 반성적 자기의식이 자기 자신과 동일한 현재라고 말하는 것은 전 반성적 자기의식에는 적용되지 않는 말이라고 할 수 있다. 오히려 전반성적 자기의식은 '현존-부재' (EN 148)의 구조를 지니는 것이다."[592]

거에로 나아가지 않는 집파리들을 비판하고 있다. Sartre, *L'être et le néant*, Paris, Gallimard, 1943, pp.145, 152/3. 프랑크 1999: 80.

592) 프랑크 1999: 80-81.

(4) 하이데거가 의식에 앞서 전 반성적 '환기' (Gestimmtsein)라든가 '체험' (Erleben) 혹은 '자기이해' (Selbstverständnis) 등이 선행하는 것으로 파악하려 할 때 (예를 들면 SuZ 136과 ET 170/1에서), 이것은 의식을 '인식' (Erkenntnis)과 동의어로서 자기의식을 '자기인식)' (Selbsterkenntnis), 즉 반성(Reflextion)과 동의어로 판단하는 용어상의 동의에 근거해서만 의미를 얻게 된다. 또한 바로 이런 의미에서, 하이데거의 말대로, '단지 거기라는 것이 일정한 마음의 상태 (Befindlichkeit) 속에서 이미 개시되어 있다는 사실 때문에 모든 내재적인 반성이 체험들을 만나게 될 수 있다.(SuZ 136)'고 말할 수 있게 된다.[593]

의식 없는 이해를 이해한다는 것은(우리가 반성 없이 세계로 양도된 이해를 아무리 잘 생각해 볼 수 있다 해도) 전혀 이해라고 할 수 없기 때문이다. 하이데거가 이해로부터 의식을 박탈했다고 한다면, 그것은 의식과 자기인식을 서로 혼동한 데서 연유하는 것이다.[594]

주체의 자기의식이 배타적인 주권성을 소유하고 있다는 것이 아니라, 주체의 직접적 자기의식이 없이는 주체가 자기를 의식할 수 없다는 것이다. 그렇다면 주체없는 사유 그 자체가 불가능하게 될 것이다. 거울에 비친 내가 나임을 깨닫는 그 과정은 이미 내가 나와 친숙해 있는 상태에서 깨닫는다고 주장할 수는 없다. 거울의 내가 거울을 보는 나와 같고 다름을 동시적으로 깨닫는 것이다.[595] **대상화 의식이 소통의식에 선행하는 것으로 파악할 수도 없고 그 역도 타당하지 않다.**

593) 프랑크 1999: 84.

594) 프랑크 1999: 84-85.

595) 하이델베르크 학파의 주관성철학과 하버마스의 상호주체성 사회이론은 이 동시성의 어느 한 면만을 보고 서로를 비난하고 있다.

Ⅲ. 언어와 사유

이기상은 발표문을 다음과 같이 끝맺는다.

> 우리는 우리 민족의 심성과 정신에 갈무리된 삶의 문법과 생활세계적 이성을 어디에서보다도 우리말의 쓰임 속에서 찾아야 한다. 우리말에서 하늘[존재]의 소리를 들으려 노력했던 다석 유영모는 우리말을 연구해서도 훌륭한 사상과 철학을 내놓을 수 있다고 말한다. "우리말 글자 한자에 철학개론 한 권이 들어 있고 말 한 마디에 영원한 진리가 숨겨져 있다."(박영호, 『다석 류영모의 생애와 사상. 하권』, 문화일보 1996, 131/2.) 그럼에도 우리 것을 별 볼일 없는 것으로 깎아내리며 외국의 잘 나가는 이론과 학문을 기웃거리는 오늘날의 어리석은[얼이 썩은] 지식인들에게 함석헌은 이렇게 외치고 있다.
>
> "우리말로 할 수 없는 종교·철학·예술·학문이 있다면 아무리 훌륭해도 그만 두시오. 그까짓 것 아니고도 살 수 있습니다. 우리 삶에서 글월[문화(文化)]이 돋아나오지, 공작의 깃 같은 남의 글월 가져다 아무리 붙였다기로 그것이 우리 것이 될 까닭이 없습니다."(함석헌, 「우리 민족의 이상」, 『함석헌 전집 1. 뜻으로 본 한국역사』, 한길사, 1993, p.347.)[596]

이런 식의 주장은 사실 새로운 것은 아니다. 또한 이기상이 이것을 논증하는 방식이 새로운 것도 아니다. 이기상은 단순한 언명을 끝부분에서 단순하게 반복하고 있을 따름이다.

우선, 이기상이 숭산을 얘기하면서 마치 언어 이전에 있다는 그 본질을 참선을 통하여 그대로 다시 직관할 수 있다는 식으로 주장하는 맥락과, 우리말에서 "훌륭한 사상과 철학", 혹은 숨겨져 있는 "영원한 진

596) 이기상, 발표문, p.18

리"를 다시 발견한다는 이 주장은 서로 모순된다. 다시 말해서 한편에서는 자아상실 같은 것을 주장하고 다른 한편에서는 확고한·경직된 자아정체성 같은 것을 주장하는 분열이 일어나고 있는 것이다. 여기에서는 후자에 대해서 좀 더 논의해보자.

(1) 유영모·이기상, 함석헌·이기상이 주장하는 바를 언어이론적·언어철학적으로 말해보자면, 개별 언어 그 자체가 이미 사유, 사상을 담지하고 있다는 것으로 들린다. 만약 그렇다면, 우리말이 역사적으로 변동불가능한, 아니 우리말은 역사적으로 변화하지 않는 본래성을 탈역사적으로 보유하고 있다고 단언하고 있는 것에 다름 아니다.

그렇지만 언어는 역사적으로 변동한다. 표현의 문장, 텍스트는 물론 이거니와 개별 개념어라 할지라도 그렇다. 코젤렉의 개념사적 연구가 이를 보여주고 있지 않은가. 문법 역시 장기적으로는 역사적으로 변화한다. 역사문법학은 이를 잘 논증하고 있다.

개별 낱말 그 자체가 내용을 이미 가지고 있다고 생각하는 것은 매우 낡은 언어론이다. 오늘날 발전된 언어학이나 언어분석철학을 포함하는 언어철학은 적어도 한 문장의 이해에서도 의미지시관계(signification)에서 출발하고 있지 않은가.

이기상이 읽었던 하이데거의 『존재와 시간』(*Sein und Zeit*) 역시 의미가치관계(Bedeutsamkeit)에 주목하고 있지 않은가.[597]

---

597) 하이데거는 연관전체(Bewandnis-Ganzes)(SuZ, 84)를 말하면서 기호들의 상호연관의 문제 틀을 부각시킨다: 모든 기호들이 서로 연관될 때에만 수많은 기호들은 비로소 하나의 세계가 (즉 나를 위치설정해 주는 구조의 틀이) 되는 것이다. "그러한 지시연관의 전체(Das Ganze eines solchen Verweisungszusammenhanges)를 하이데거는 연관전체(Bewandtnis-Ganzes)라고도 부른다. 그러한 연관전체성(Bewantnisganzheit)(SuZ, 84)에서 전체는 항상 개별 부분들에 앞서게 된다. 즉, 그것은 바로 개별적인 존재자가 자신의 사용가능성의 관점하에서 나에게 친숙해 있다는 사실에 대한 가능성의 조건인 것이다. 왜냐하면 나는 이러한 '도구'(Zeug)가 관여되어 있는 '세계', 즉 이러한 사용 사물(Gebrauchsding)이나 기호가 기능하고 있는 '세계'를 알고 있기 때문이다." 프랑크 1998: 211; Frank 1983: 131. "세계내적으로 존재자가 무엇

(2) 개별 낱말이나 문장에는 그것들을 사용한 생활양식이 침전되어 있다. 개념사 연구는 과거의 이런 흔적들, 자취들을 확인하는 과정을 거친다. 유영모·이기상, 함석헌·이기상은 어떠한 것을 주장하고 있는가? 그들이 확인하는 한국 고대언어를 복원하려는 근거는 고대적 삶의 방식인가? 아니면 고대적 생활양식과 함께 있었다고 믿었던 미분화된 사유인가? – 동도서기론의 주장은 이 이론적 맥락을 분명하게 밝혀야 하는 과제가 있지만 설령 그 어느 것으로 밝힌다고 할지라도, 전근대사회와는 구조적으로 다른 오늘날 분화된 사회 속에서는 설득력이 없다.

보다 먼저 석방되어 있는 곳이 사전에 이미 개시되어 있어야 한다는 말은 무엇을 말해 주는 것인가? '존재의 이해(Seinsverständnis)'는 '현존재의 존재(Sein des Daseins)'에 속한다. '이해(Verständnis)'는 이해하는 것(Verstehen) 속에서 자신의 존재를 갖게 된다. 만일 세계 내 존재 (in - der Welt -sein)의 존재방식이 현존재에 본질적으로 적합한 존재방식이라고 한다면, 세계 내 존재의 '이해하는 것'은 그것의 존재이해의 본질적인 내용에 속하게 되는 것이다. 세계 내에서 마주치게 되는 것의 석방과 함께 이루어지는 결과의 '미리 앞서 있는 개시(das vorgängige Erschlissen)'는 존재자로서 이미 항상 일정한 비례관계를 갖는 세계에 대해 이해하는 것에 다름 아니다."(SuZ 85/6) "앞으로 좀 더 상세하게 분석되어야 할 '이해하는 것' (vgl. #31)이라는 개념은 미리 존재해 있는 개시성 속에서 이미 입증되어 있는 관계들을 유지시키고 있다. '그 속에서의 친밀한 자기 유지 안에서(Im vertrauten Sich - darin - halten)' 그러한 이해하는 것은 자신의 지시행위가 수행되고 있는 장소로서 그러한 관계들을 자기에 앞서서 유지시키고 있는 것이다. 이해하는 것이란 이러한 관계들 자체 속에서, 그리고 이러한 관계들 자체에 의해서 지시될 수 있다. 이러한 지시관계들의 관계적 특성을 우리는 '의미하는 것(be-deuten)'이라고 파악한다. ---. 현존재는 의미성(Bedeutsamkeit)과 자신의 친숙함 속에서 존재자의 발견가능성의 '존재적인 조건(die ontische Bedingungen)'이 되는바, 여기서의 존재자는 세계 내의 정황(또는 '수중에 있음(Zuhandenheit)'의 존재방식 속에서 마주치게 되며, 그리하여 자신의 즉자 속에서 알려질 수 있게 되는 존재자인 것이다.---. 그러나 현존재의 항상 친숙한 관계에 있는 의미성(Bedeutsamskeit) 그 자체는, 해석하는 존재로서의 이해하는 현존재가 말과 언어의 가능한 존재를 다시 기초짓게 되는 '의미들'과 같은 것을 개시할 수 있다고 하는 사실에 대한 가능성의 '존재론적인 조건(die ontologische Bedingung)'을 자체 내에 배태하고 있는 것이다(SuZ 87)." 프랑크 1998: 211–212.

(3) 혹시 하이데거가 순수한 게르만어로 철학하기를 모방하려는 것인가? 하이데거가 게르만어로 자신의 사유를 표현했다고 해서, "게르만" 철학이 되는 것은 아니다. 하이데거는 거대한 서양의 철학적 사유와 함께 사유하고 있다. – 하이데거의 친파시즘 철학적 사유에 대한 비판을 고려해야 한다.[598]

Ⅳ. 기(器)와 도(道) 혹은 기술과 사유

동도서기론의 근본문제는 **도구(기술)와 사유(정신)를 이분법적으로 분리시키는 그 사유**에 있다. **이미 만들어진** 도구(기술)를 단순하게 사용하는 방법을 숙지하는 것이 아니라, 도구(기술)를 **만들어 내는** 창의력 그 자체에 주목한다면 말이다. 후자 그 자체는 사실 총체적인 사유력·상상력 발전에서 발원하는 것이다. (개화기에 일어난 동도서기론과 그 논쟁은 서구에서 먼저 일어난 모더니티에로의 이행과정을 이해하는 이해가 매우 부족했던 사실에 우리는 주목해야 한다. 또한, 신기선의 동도서기론에서 동도란, 조선시대를 지배했던 유교를 도로 본 것이다. 그러니까 동도서기주장에서 동도를 무엇으로 보느냐 하는 관점에서도 차이가 있다. 물론 유교를 이해하는 방식에서도 차이가 있다.)

아렌트가 세계소외라 부르는 것은 인간 자아와 세계의 일체화와 대지와 우주의 동일시라는 이중의 동일시를 염두에 두고 있다.[599] 이 동일시에 대한 사상적 도전이 본격적으로 일어나면서 서구에서는 합리적 사유가 역시 본격화된다.[600]

598) 샤피로-하이데거의 반고흐 구두 해석 논쟁에서도 이 점을 확인할 수 있다.

599) 역사적으로 세속적(secular)이라는 말이 세계성(worldliness)과 동일하지 않을 수 있다고 아렌트는 지적한 바 있다. Verweltlichung과 Secularization은 서로 다르다.

600) 이런 차원에서도 서구에서는 사유가 일체화되어 있다고 말할 수는 없다.

우리는 여기에서 서구에서 이른바 신과학의 발전에 관한 논쟁에 대해 살펴볼 필요가 있다. 곧 아렌트와 블루멘베르크 사이의 논쟁. 이 두 거장 모두, 제작인(homo faber)의 멘탈리티가 신과학을 안내했으며, 진리의 척도를 세계의 모던한 재구성 속에서의 adaequatio로서 설정함으로써 건실하게 자리 잡게 되었다고 파악한다. 그런데, 블루멘베르크가 이론의 도구화를 전체로서의 모던한 이론적 기획으로 확인·동일시하고 그래서 지식의 진보를 즉각 모던한 자기주장으로, 즉, 현실극복의 확장(the extension of the mastery of reality)으로 읽는데 아렌트는 쉽게 동의하지 않는다. 단서를 붙인다. 아렌트는 세계상실의 위험이 신과학을 안내하는 보편적 객관성에 대한 이론적 기여 속에서 가치의 부식이 일어나서 결과된 것을 주제화한다. 현실의 상실은 구체적이고, 맥락의존적이며, 의미 있는 경험 속에서 주어진 것으로 이해하는 것이다.

블루멘베르크와 다르지 않게, 아렌트 역시 모던 시대가 전통적 진리개념과 이론개념의 근본적 전형에 의해서 개시되었음을 강조한다.

아렌트에서 관조(contemplation)과 행동(action)의 차이. 관조는 볼 수 있는 것으로서의 유한성을 전제로 하는 것이다. 유한성과는 다른 무한성이 있음을 깨닫게 된 다음, 관조의 세계는 뒤로 물러난다. 아렌트는, 데카르트의 의심은 "nature does not give itself up to either the eyes of the body or to those of the mind"라는 인정에 대한 반응이었다. 존재는 관조적 관객에게 드러나는 것이 아니다. 확실성을 얻기 위해서는 무엇을 행해야 한다. 이론은 가설적이 되어야 했고, 실험과정에서 논증되어야만 했다. 제작적 인간(Homo faber)은, 인간은 창조자·만드는 자, 제작자이며, 모던 이론가의 모델이 되었다. 도구를 만드는 인간 모델에서는, 더 이상 관조적 응시(the contemplative gaze)에게 나타나는 현실은 믿을 수 없는 것이 되었다.

고대 그리스인들에게 이론은 관객의 관조적 봄(the contemplative glance of the beholder)을 의미했다. 현실은 이런 관조적 관객에게 자신을 열어 보인다고 전제했다. 그렇게 현실이 관객의 관조적 응시의 눈에 온전히 자신을 열어보였는지 그 성공의 문제가 이월되었고, 이제 이론의 테스트는 '실천적·실체적' 문제가 되었다. "이론은 가설이 되었고, 가설의 성공이 진리가 되었다."[601] 여기에서 가설은 인간이 관조의 눈으로 사물을 본 것이 아니라, 만든 것이다.

블루멘베르크와 달리, 아렌트는 성공의 이 기준이 유용성이나 적용성(application)의 실천적·실제적 고려, 기술적 발전들과 묶여 있지 않음을 강조했다. 성공의 기준은 모던 과학의 본질(essence)과 진보 그 자체에 내재해 있다는 것이다. 그것은 과학의 적용가능성과는 분리되어 있다.[602] 아렌트는 이론이 기술성(실용성)으로부터 근본적으로 독립되어 있음을 강조하고 있다. 반면에 블루멘베르크는 이론의 전유

---

601) "Theory became hypothesis, and the success of the hypothesis became truth." H. Adrendt, *The Human Condition*, Chicago: University of Chicago Press, 1958, p.278; Elizabeth Brient, *The Immanence of the Infinite. Hans Blumenberg and the Threshold to Modernity*, Washington, D.C.: The Catholic University of American Press, 2002, p.76. "근대의 테크놀로지는 인간이 노동의 고통을 줄이고 인공세계를 건립하려는 이주의 목적을 위해 고안한 도구의 발전에 기인하는 것이 아니라, 비유용적 지식의 전적으로 비실천적인 탐구에 그 기원에 두고 있다는 것은 역사적 기록으로도 알 수 있는 문제다. 따라서 최초의 근대적 도구의 중의 하나인 시계는 실제 생활을 위해서가 아니라, 오로지 자연실험을 행하기 위한 보다 고도의 '이론적' 목적 때문에 발명되었다. 이 발명품이 실생활에 유용하다는 사실이 분명해지자, 곧장 인간 삶의 전체 리듬과 외관을 변화시켰다. 그러나 발명가의 입장에서 보면, 이것은 단지 우연히 발생한 결과물이다. 만약 우리가 인간의 실천적 본능에만 전적으로 의존해야 한다면, 어떤 테크놀로지도 발생하지 않았을 것이다. 비록 오늘날 이미 존재하고 있는 기술발명품들이 자동적으로 특정 수준까지 개선과 발전을 추진시킬 수 있는 추진력으로 작용한다고 하더라도, 인간은 일차적으로 실용적 존재라는 확신만을 계속해서 갖는다면 기술에 의해 조건지어진 우리 세계는 더 발전하기는 고사하고 존속하지도 못할 것이다." 그러므로, 오늘날 대학은 지적 호기심 그 자체를 충족시키는 제도적 장치로서 제 기능을 다해야 한다. 대학은 실용성·유용성의 범주를 넘어서는 것이다. 그 밖에 있는 것이 아니라. 국가정책도 실용성·유용성의 정부일 수는 없다. 시간의 범주·문제틀을 고려해야 한다.

602) Arendt 1958: 278.

(appropriation)를 이 양자 사이의 본질적(essential) 연관으로서 자기주장의 도구로 보았는데 한계가 없지 않다. 아렌트는 초기 모던 과학자는 무엇보다 실험 속에서 자연의 활동적 · 능동적 재구성에서의 이론적 고찰들에 의해 움직였다고 정당하게 주장한다. 아렌트에 의하면, 모던테크놀로지의 시원들은, 작업을 보다 용이하게 하고 인간적 고안을 증진시키려는 목적으로 도구들을 만들어내려는 데 있는 것이 아니라 유용성 밖의 지식을 비실제적 · 비실천적으로 탐색하려는 데 있었다. 인간의 자기주장의 위대한 초기 모던 챔피언인 프란시스 베이컨(Francis Bacon)조차, 지식의 진정한 목적은 인간의 삶에의 그 유용성과 활용성에 있다고 주장했지만, 과학자들에게 유용성이라는 외적 기준들에 의해서 자신의 실험이 유도되지 않도록 해야 한다고 경고했었다. 과학자가 단순히 유용성 있는 노동(work)의 생산에만 관심을 둔다면, 과학자는 소박한 기계공으로 전락하는 것이며 사물들의 원인들일 일반적 · 보편적 원인들을 밝혀내는 데 실패할 것이라 그는 주장했다. 진리를 발견하려는 헌신에서 엄격한 방법적 조사연구만이 그 성과의 결실이 인간적 삶에 유용할 수 있을 것이라 그는 생각했다.

"관조"(vita contemplativa)와 "행동"(vita activa)의 전통적 위계질서가 모던에서 전도된다.[603] 이제는 지식[인식] 탐색이 행동에서 정초되어야 했다. 요점은 진리와 인식이 더 이상 중요하지 않다는 것이 아니라 관조에 의해서가 아니라 행동에 의해서만, 얻어질 수 있다는 것이라고 아렌트는 주장한다.[604]

블루멘베르크는, 아렌트와 같이, 이론적 기획의 본질에서 이러한 전형은 이론의 성공에 대한 척도에서의 전이(a shift in the measure for the success of theory)에 의해 일어났다고 판단한다: 진리는 이제 더 이상 관조 속에서 주어지는 것이 아니고 가설로서 능동적으로 행위를 통하여,

603) 아렌트, 『인간의 조건』, 한길사, 1996, pp.356ff.

604) Arendt 1958: 290.

재구성되어야 하며, 그리고 실험 속에서 테스트되어야 한다.

신과학은 "아르키메데스적 포인트의 발견"(아렌트)으로 은유적으로 서술된다.

관조가 뒤로 물러나고 그 자리를 활동·행위 – 여기에는 인간의 환상, 가설, 몽상, 실험 등이 포함되는 것으로 이해할 수 있다 – 가 차지한다. 아렌트의 조망을 읽어볼 가치가 있다.

"실험은 관찰해야 할 현상을 스스로 생산하며 그래서 애초부터 인간의 생산능력에 의존한다. 실험을 이용하여 지식을 획득하는 것은 이미 인간은 스스로 만든 것만을 알 수 있다는 확신의 결과이다. 왜냐하면 이 확신은 인간이 만들 수 없는 것들은 이것들을 존재하게 한 **과정**을 모방하거나 이해함으로써 알 수 있다는 것을 의미하기 때문이다. 과학사에서 오래된 물음인 사물의 '본질' 또는 '이유'의 물음이 사물이 존재하게 된 '방법'이라는 새 물음으로 강조점이 이동한 것은 이러한 확신이 낳은 직접적 결론이다. 그리고 그 대답은 **실험**을 통해서만 발견할 수 있다."[605]

"자연은 인간의 천재성, 즉 제작인의 천재성이 실험을 통해 반복하고 다시 만들 수 있는 과정을 통해서만 알려질 수 있기 때문에, 자연은 이제 과정이 되었다."[606]

"근대가 생산물 그 자체에 대한 모든 관심을 버리고 오로지 그 과정만을 강조한 것은 매우 새로운 것이다. 이것은 실제로 제작인과는 반대로 생산과정을 단지 목적을 위한 수단으로 간주하는 도구 제작자의 정신을 능가하는 것이다. 이제 제작인의 관점에서 수단인 생산과정 또는 발전은 완성된 생산물인 목적보다 더 중요하게 생각된다. 이렇게 강조점이 이동한 이유는 명백하다. 과학자는 오로지 알기 위해서 만들었지 사물을 생산하기 위해서 만들지 않으며 그러므로 생산물은 단지 부차

605) 아렌트 1996: 363. 강조는 인용자.

606) 아렌트 1996: 364

적 산물이다. 오늘날조차도 진정한 과학자들은 그들이 행하는 것의 기술적 적용가능성은 단순히 그들 연구의 부산물이라는 데 모두 동의한다."[607]

"근대의 세계소외가 가장 세계적인 인간활동인 작업과 사물화, 사물의 생산과 세계의 건설에까지 확장될 정도로 급진적이었다는 사실은 관조와 행위, 사고와 행동의 전도가 시사하는 것 이상으로 근대의 태도와 가치평가를 전통의 그것과 예리하게 갈라놓는다. **관조와의 단절은, 제작자인 인간을 이전의 관조자가 차지하였던 위치에로 상승시킴으로써 완성된 것이 아니라, 과정 개념을 제작에 도입함으로써 완성되었다.**"[608]

탈현대적 사유가 주장하려는 "Resistance to Theory"(Paul de Man)는 사실상 Resistance to "contemplativa"에 다름 아니다. 통찰(insight)의 불가능성, 투시(in-sight)의 불가능성에 대한 비판은 틀리지 않았지만 비판의 시대적 적절성이 낮다.

움직이는 것일 때 우리는 그 본질을 '관조'할 수 없다. 그러므로 정지해야 한다. 명상. 명상의 본격화는 눈을 감는 때부터 일어난다. 그렇지만 눈의 한계를 분명하게 깨닫게 되었다고 해서 눈을 감고서 합리성을 발전시킬 수는 없다. 오히려 과제는 이성의 조건들을 비판적으로 성찰하는 것이다.

헤르더(Herder)가 지적한 바와 같이 "우리의 이성은 오로지 '환상들'(Fictionen)을 통해서만 형성된다"면 그 허구들의 발생조건들을 합리적으로 이해하려 해야 한다.

"도구(기술)"와 "사유"는 분리될 수 없다. 양자 모두 이해하는 것과 무관하지 않기 때문이다. 이른바 "동도서기"론은 이 같은 철학적 사유에서 볼 때 잘못된 판단이다.

---

607) 아렌트 1996: 365.

608) 아렌트 1996: 368-369. 강조는 인용자.

V. 개별 예술가들에 대한 평가 문제

끝으로 이기상이 예증으로 들고 있는 작가들 가운데 승효상, 백남준, 윤이상, 김아타에 대해서 언급하고자 한다.

이기상은 2009년의 책에서 거명한 사람들 가운데 몇 명의 글로벌·세계적 인물을 이 발표문에서 선택했다. "숭산스님, 백남준, 윤이상, 김지하 시인, 건축가 승효상, 사진철학자 김아타."[609] 이 발표문에서는 김지하를 제외하고 이들에 대해서 비체계적으로 언급했다. 왜 이들이 세계적 인물로 평가받아야 하는지에 대해서 충분하게 그 타당성을 제시하는 것은 아니다. 거칠고 단편적이다.

건축가 승효상을 제외하면, 나머지 3명은 모두 이른바 해외파이다. 해외에서 공부하여 해외에서 먼저 이름을 얻고 국내에서는 그 후에서야 명성을 얻었다. 국내에서는 왜 이들을 먼저 평가하지 못했는지 물어볼 필요가 있다. 한국의 평가공론구조는 참으로 주체적이지 않고, 정상이 아닌 것이다. 나는 한국사회는 작품의 "생산"보다 일차적으로 "매개"과정에 심각한 결함이 있다고 생각한다. 한국학회의 학술세미나의 풍경을 보라. 생산은 있되, 매개·비판은 매우 약하다. 제도적으로 그러하다. 시간제약을 이유로, 비판적 토론을 실질적으로 무력화시키고 있으며, 비판적 토론은 일회성으로 사장되고 만다. 다시 말해서, 비평문·토론문이 게재되는 사례가 매우 빈곤한 것이다. 논쟁다운 논쟁이 없는 것이다. 또한 수용 문제틀 역시 중요한 차원이다. 한국인들이 생산된

609) 이기상 2009: 251. 이 책에서 이들에 대한 논평은 매우 거칠고, 비체계적이고 각 인물의 핵심적 내용을 짚어내는 것도 아니고 저널리즘에서 지적한 수준을 단순하게 반복하고 있을 따름이다. 세계적으로 명성을 얻었고, 세계적 수준에 이르렀다고 말할 수 있는 사례들은 이 밖에도 있다. 이기상의 『콘텐츠와 문화철학. 문화의 발전단계와 콘텐츠』, 북코리아, 2009. 이 책은 그의 대학학부생을 위한 강의록을 다듬어낸 것으로, 이 책에서 거론되거나 지적되는 인물들은 다양하다.

작품들을 수용하는 정도와 깊이에 대해서도 우리는 고민해야 한다.

여기에서는 이들 네 작가들이 적어도 이기상이 주장하는 논리의 예증이 될 수 없다는 정도에서 의문을 제기하는 식으로 언급하고자 한다.

1) 승효상: 승효상은 조성룡교수를 중심으로 전개된 이른바 43운동의 한 구성원이었다. 그런데 일간신문, 텔레비전의 매개과정에서 43운동의 건축사회운동보다는 개인 승효상이 부각된 것이다. 건축비평계나 미디어는 정당한 평가를 역사적으로 내려야 하는 과제를 외면했던 셈이다. 이 같은 사례는 적지 않다. 한마디로, 승효상이 세계적 수준의 '동양' 건축가인지 진지하게 검토해 보아야 한다.

어떠한 근거에서 승효상의 건축이 과연 동양정신을 구체적으로 구현한 것인가 하는 것이다. 승효상은 김수근의 공간 속에서 학습한 건축가의 한명이다. 김수근은 르 꼬르뷔지에의 건축실에서 배운 건축가이다. 승효상의 건축은 기본적으로 "동양적"이라고 단정하기 어렵다.(동양적이 아니라고 해서 작품수준이 낮다고 평가할 수도 물론 없다). 그가 설계한 작품 일부에서 마당 개념을 활용한 설계가 있기는 하나, 어디까지나 전체를 구성하는 일부분에 불과하다.

승효상은 자신의 글 "영조(營造)"[610]에서, 건축의 세 원칙을 밝히고 있다. ① 합목적성의 원칙이라 부를 수 있는 원칙, ② 시대 적합성의 원칙이라 부를 수 있는 원칙,[611] ③ 장소의 원칙이라 부를 수 있는 원칙.

승효상은 이 세 원칙에서 기능주의 건축이념을 좀 더 장소성을 고려하여 유연하게 확장하고 있음을 알 수 있다. " '한 장소에 고정되

610) 승효상, "영조", 승효상 외, 『건축이란 무엇인가. 우리시대 건축가 열한명의 성찰과 사유』, 열화당, 2005, pp.13-26.

611) 이 세 원칙은 승효상은 『건축, 사유의 기호』, 돌베개, 2004에서 이미 얘기한 것이다.

어 그 속에서 삶을 만드는 것'에 목적이 있는 '건축'을 바르게 이해하기 위해서는 그 현장에 가서 진실을 마주하여 지니고 있던 환상을 깨는 일이 중요하다. 믿기로는 바른 건축이 되기 위해서는 그 장소가 가지고 있는 모든 암시와 요구, 수없이 많은 기억이 누적된 기록을 들추어내야 하며, 장소를 떠난 건축은 한갓 조형물일 뿐이다. 바로 이 '장소성'이 건축을 이해하는 핵심적 요소라는 명분으로 나는 여행을 즐긴다."[612] 유연성 확장은 주로 ③ 장소의 원칙 – 이 원칙은 주로 바우하우스의 기능주의에 대항하여 포스트모던 건축이념에서 강조한 것인데, 사실 바우하우스 건축이념은 기능성을 확인할 때 건축물의 장소성에 대해서 상대적으로 더 깊게 성찰하지 못했던 것이 사실이다. – 아방가르드 건축 디자인과는 매우 거리가 멀고, 그의 실제 건축 작품들 역시 그러하다. 그러므로, 그의 〈수졸당〉 건축에서 조선시대의 "마당" 개념은 그의 전체 건축이념에서 활용되는 세부의 부분요소에 지나지 않는다. 그의 〈수백당〉(1998), 〈웰콤시티〉(1999) 등은, 오히려 건축 모더니즘적인 편이다.

2) 백남준: 백남준이 자신의 작품의 일부에서 동양적 소재를 사용하기는 하지만, 그것은 어디까지나 자신의 아방가르드(부정주의)를 실현하는 하나의 방편에 불과하다. 백남준의 예술세계가 무엇을 지향하는가? 그것은 예술지상주의를 넘어서 "참여예술"을 말하고는 있으나 해방을 위한 참여는 아닌 것 같다.[613] 그의 비디오아트는 매체미학의 새 장을 열어놓았다는 점에서 예술사적 사건이었다. 하지만 그의 작품이 내용적으로 새로운 것인지, 나는 아직은 확신할 수 없다.

---

612) 승효상, "태양의 도시, 르 코르부지에의 찬디가르", 『건축, 사유의 기호』, 돌베개, 2004.

613) 김홍희, 『백남준과 그의 예술』, 디자인하우스, 1992. 이기상은 이용우, 『백남준, 그 치열한 삶과 예술』, 열음사, 2000을 참고하고 있는데, 이용우의 이 책은 백남준 전기임에도 백남준 작품 자체를 분석하는 데는 매우 빈약하다.

분명한 것은, 그의 작품이 동양적이라고 판단할 근거는 충분하지 않다는 사실이다. 쇤베르크, 존 케이지, 보이즈 등이 그가 언명하는 예술가이다.

문제는 동양정신에서 아방가르드정신의 옹호가 정말 적극적인가 하는 의문이다. 서구에서조차 19세기 말 이후에서야 형성되기 시작된, 예술이념적으로 매우 최근의 경향이 아닌가.

3) 윤이상: 윤이상이 동양음악의 기법을 활용하는 것은 사실이다. 그 역시 서구의 현대음악의 넓은 지평 위에 있다. 농현기법은 독주와 비교적 작은 공간에 적합하지만, 심포니에는 적합하지 않음으로써 농현은 본질적으로 축소된다.

윤이상은 유럽에서 유학한 이후, 쇤베르크로부터 결정적인 영향을 받았던 것 같다. 유학은 거대한 비약이었다. 그렇지만 윤이상은 그 이후에도 다양한 음악들을 종합하려는 시도를 했다. "영화예술이 함유하는 소리와 이미지의 갈등, 그리고 시공간의 투쟁요소는 그의 주요음(향), 또는 음색작곡기법과, 이것이 접합한 드뷔시의 음향기법이나 스트라빈스키의 소외기법, 그리고 리게티의 미크로폴리포니 기법에도 존재한다. 그 적응과 화해의 과정에서 동아시아 음관념의 배경인 침묵의 미학은, 음향공간의 영역과, 동아시아 회화의 이차원적 세계상은 영상기술의 영역과 대결하며 동화한 것이다. 그러나 이러한 동화는 근대적 형식논리의 현대적 지배와 작곡가 고유의 통합적 사고를 전제한다. 윤이상의 작품에 드리워진 독특한 그림자는 물결 위를 유희하는 빛처럼 어둡지 않다."[614]

"윤이상은 후기에 와서 서양전위주의의 기술적 진보를 거부하며 서양 고전음악 장르를 적극적으로 수용하였다. 후기 작품이 집단적 청

614) 윤신향, 『윤이상. 경계선상의 음악』, 한길사, 2005, p.227.

취효과를 중시하였다는 관점에서는 개인이라는 것이 덜 중요해 보이지만, 서양 장르의 재창조는 서양 전통의 개인주의를 이미 전제하고 있다. 그는 서양 전통 장르의 재수용을 통해 자신을 열고 더 많은 인간에게 공감을 주고 싶다고 한 인터뷰에서[인터뷰는 '리아-포트레(Ria-Portraits), 윤이상'이라는 방송에서 1985년 3월 7일 바렌(Karl-H. Wahren)에 의해 이루어졌다.] 피력한 바 있다. 이러한 창작과정에서 간과하지 말아야 할 것은, 그가 시종일관 발전시킨 '형식전략'이다."[615)]

윤이상은 자신의 음악이 동양적이냐 서양적이냐는 질문을 받고 이렇게 답한다.

"나는 서양음악을 배우면서 그것과 투쟁해야만 했다. 그 후 나는 내가 동양적 출처를 가지고 있음을 기억할 수 있었다. 그러고 나서야 나는 무엇이 내 속에 동양적인 것인지, 그러니까 흐르는 그 무엇을 **서양적인 언어**로 표현하는 방법을 배울 수 있었다. 흐르게 하는 대신 이제는 구성하고, 구조를 만드는 것, 그러나 정확히 내가 이야기하고자 하는 그것이 완전히 나 자신의, 원래의 음악언어인 것을. 하지만 내가 서양적인, 또는 동양적인 음악을 만드느냐 하는 이 모든 질문이 나는 별로 흥미롭지 않다. 나는 나이기 때문에 내가 써야 하는 음악을 쓴다."[616)]

윤이상에게 중요한 것은, 소재 그 자체보다는 음악을 표현하는 형식, 혹은 "방법"이다. 이 형식이 내용을 담아내기 때문이다. 윤이상 음악의 위대성은, 형식을 혁신한 창조성에 있는 것이다. 그것은 내용의 새로움에 다름 아니다. 모든 예술가 혹은 사상가에게 중요한 것은 사상의 국적 확인이 아니라 사상의 독창성이다.

나는 이러한 맥락에서 윤이상이 음악성과 회화성, 무대성 사이의 대

---

615) 윤신향 2005: 240-241.

616) Rinser-Yun, *Der verwundete Drache. Dialog über Leben und Werk des Komponisten*, Ffm, 1977, p.219; 윤신향 2005: 241-242에서 재인용 강조는 인용자.

화를 시도한 사실에 주목한다. 〈영상〉, 〈무악〉의 경우, 윤이상은 벽화를 보는 어두운 방을 요청한 바 있다. 드비시의 회화성, 동양 춤의 무대성이 음악적으로 표현되는 방식을 예술화한 것이다.

"첫째, 윤이상의 음향어법은 영화처럼 열려있는 극적 표출구조를 기반으로 한다. 〈영상〉과 〈무악〉에서 논한 제스처의 표출요소가 이를 대변한다. 둘째 전이기법의 측면이다. 중심음이 다양한 악기군으로 전이하며 새로운 음향환경과 음향형태를 구성하는 것은, 개별예술 장르의 이주를 수반하는 영화예술의 혼합주의와 상통한다. 장르를 혼용하는 작곡구상도 이러한 범주로 간주된다. 셋째, 음향의 흐름 또는 장면의 접속기법은 영화에서 쇼트를 연결하는 몽타주 기법에 대응하는 측면이 있다. 넷째, 음향연출의 측면이다. 음향효과가 영화에서 전체 연출의 일부를 담당하는 것처럼, 관현악적 음향매체가 〈무악〉에서 곡 전체의 극적 연출에 기여하는 것을 볼 수 있었다. 다섯째, 외부형식과 내부논리가 다른 음향구조의 이중성은 청점과 시점을 지니는 영화의 이중구조와 상응하는 측면이 있다.

윤이상의 음향언어는 나아가 서사극적 요소를 다분히 지닌다. 서사극에 나타나는 '소외기법'이나 '제스처적인 연극'의 특징은 바로 작품의 접속기법 분석에서 거론한, 음향의 극적 전개를 급작스럽게 정지함으로써 청각을 환기하는 제스처의 요소와 원칙적으로 대동소이하다. 이것은 음향의 이중적 형식단위의 일부이며, 감정이입을 중단시키는 서사극 형식의 단면이기도 한 것이다. 이러한 요소는 리듬 요소를 음악내용에서 분리하는 스트라빈스키의 소외기법이나, 리듬 요소를 음색으로 해체한 리게티의 미크로폴리포니 기법에서도 엿보인다. 그러나 윤이상의 음향기법에서 중단의 요소는 호흡의 유동적인 연속성 속에서 현실적인 의미를 부여받는다."[617]

---

617) 윤신향 2005: 222-224.

4) 김아타: 사진은 시간의 정지를 담아내는 장르이지만, 김아타는 순간의 시간이 아니라 "장시간"의 노출을 통해서 이미지들의 전환 같은 것을 표현한다.[618] 김아타가 불교의 소재를 활용하는 모습도 보이지만 그것조차도 소재에 지나지 않는다.

카메라가 포착하려는 대상은 시간의 흐름 속에 있다. 정지하지 않고 움직이는 대상을 카메라는 명상하고 있다. 카메라 그 자체가 움직이고 대상 역시 움직이는 것이 아니라, 대상은 움직이되, 대상을 응시하는 눈은 움직이지 않는다. ① 서로 다른 컷들을 중첩시키는 것, ② 한 장소에서 장시간 노출을 하는 것, ③ 그리고 다른 기법의 주제들도 있다. 김아타 역시 사진예술에서 아방가르드적이며 모더니즘적이다.

요컨대, 이 모든 사례들은 동도서기론을 예증하는 것이라 판단할 수 없다. 심지어는 그 정반대의 사례라고 말해야겠다.[619]

618) www.attakim.com을 참조하라. long exposition, superimposition, museum project, deconstruction series 등등.

619) 본고는 이기상의 발표문 〈한국문화의 지구화를 통한 문화국가의 꿈 구현〉(한국정치학회 경술국치100년기념학술회의발표문, 2010년 3월 12일 서울 프레스센터)에 대하여 발표 당일 지정토론자인 내가 준비했던 비판적 논고이다. 원래 주최 측에서 발표한 다음에 토론문을 포함하여 단행본으로 출간한다는 기획에 따른 것이었다. 그렇지만 지금까지 주최 측에서 이 기획을 실현하려는 노력을 전혀 하지 않는 것 같아, 이 자리에 발표한다.

제8장
윈치 논쟁

I. 다시 읽는 사회연구의 문제작

1. 박동천교수가 또 한권의 번역서를 출간했다. 박동천은 벌린의 『자유론』, 스키너의 『근대 정치사상의 토대 I』, 존 스튜어트 밀의 『정치경제학 원리』1-4 등의 고전들을 번역, 출간하여 학문적 열정과 실력을 입증해 보인 바 있다. 그는 한국정치학자들 가운데 조로하지 않지 않고 부지런하게 학문의 길을 걸어가고 있는 몇 안 되는 학자의 한 명이다.

이번 책은, 피터 윈치(Peter Winch)의 The Idea of A Social Science and Its Relation to Philosophy[620]와 "Understanding a Primitive Society"[621]를 번역하고 한 책으로 묶어 펴낸 것이다. 적어도 서구 학계에서는 출간된 이래, 두 논고 모두 매우 논쟁적인 글이었다. 그런 만큼이나 학문사에서 비중이 높은 논고이다.

역자 박동천이 『사회과학이라는 발상』[622](이하 『발상』이라 축약)이라 번역한 이 책은, 저자 윈치가 1958년에 출간한, 143쪽에 불과한 아담한 저작이지만 매우 많은 논제들을 담고 있는 밀도가 높은 논술이었

---

620) 초판 1958년. 곧, *The Idea of A Social Science and Its Relation to Philosophy*, Routledge& Kegan Paul, 1958.

621) *American Philosophical Quarterly I*, 1964, pp.307-24에 처음 출간되었고, 그 후에 Bryan R.Wilson(ed.), *Rationality*, Blackwell, 1987(1970년 초판), pp.78-111에 재수록.

622) *The Idea of A Social Science and Its Relation to Philosophy*, Routledge& Kegan Paul, 1958.

다. 그런 만큼이나 서구에서 이 책은 출간되자 학문적 토론과 논쟁의 중심에 있게 되었고, 윈치의 학문적 명성은 높아졌다. 「원시사회의 이해」(이하 「이해」라 축약)라는 논고는 이 책을 보완하는 저술로 이해되고, 박동천이 이렇게 한권의 책에 묶은 것은 적절하다.

윈치의 이 저술을 둘러싼 논박과정을 보면서 나는 새삼 서구 지식인들의 저력을 느꼈다. 그들은 학문세계에서 새로운 사유와 발상의 가치를 그 어느 것보다 높게 평가하는 공감대를 형성하며, 비판과 논쟁의 대화를 통해 학문세계를 발전시켜 왔으며 성숙시키고 있는 것이다.

역자가 "사회과학이라는 발상"으로 번역한 이 저술은 역자가 밝히고 있듯이 한국어로 번역, 출간되어 있었다. 그것도 한번이 아니었다. 그 처음은 김기현의 번역으로, 1985년 서광사에서 출간한 『사회과학과 철학』이었고, 두 번째는 1997년 권기돈의 번역으로, 현대미학사에서 『사회과학의 이념』이라는 표제로 출간되었다. 그러니까 이번 박교수의 번역은 세 번째인 셈이다. 좀 이례적 사례라 말할 수도 있겠다. 박교수가 이렇게 세 번째의 번역으로 새로운 번역본을 내는 까닭은 "기존의 번역본이 윈치의 생각을 한국어로 표현하는 데 미흡하다고 보기 때문이다"[623]고 밝히고는 다음과 같이 말을 잇는다:

> "내가 어떤 점들이 왜 미흡하다고 보는지를 상세하게 해명하는 것이 책의 내용을 해설하는 한 가지 효과적인 방법일 수도 있다. 만약 다른 번역자들 또는 여타 독자들이 그 해명에 대해 반응을 보여준다면, 그로써 이어지는 토론이 또한 이 책에서 다뤄지는 주제 전반에 관한 이해의 향상에 큰 도움이 될 것이다. 그러나 그렇게 하지 않기로 했다. 다른 과제물들이 쌓여 있어서 시간의 여유가 넉넉하지 않은데다가, 다른 사람들의 번역문에 대한 상세한 비판은 현재 한국 지식인 사회의 평균적인 풍토에 비해

623) 박동천, "편역자 해제", 피터 윈치, 『사회과학의 빈곤』, 박동천 역, 모티브북, 2011, p.8.

너무 심하게 후벼 파는 느낌만을 자아내고 생산적인 방향의 토론으로는 이어지지 않을지 모른다는 염려는 떨치기 어려웠기 때문이다. 물론 내 번역문 및 이 해체의 내용에 관해서도 비판의 여지는 대단히 많으리라고 예상한다. 그러므로 추가적인 토론을 통해서 이해와 소통을 향상시킬 수 있는 가능성은 이 책에 대해 혹시 나올 수도 있는 날카로운 비판을 미리 환영함으로써 열어놓고자 한다."

역자의 이 진술에서 묻고 싶은 것이 있다. 첫째, 박동천이 지적하는 "현재 한국 지식인 사회의 평균적인 풍토"가 무엇인지, 나 역시 짐작할 수 있다. 비판과 논쟁이 매우 빈곤한 지적 풍토, 아니 반지성적 풍토를 지적하는 말이리라. 박교수가 이런 풍토를 문제시하고 있음이 분명한 것 같은데, 그것에 대해 왜 이렇게 지적하고는 그냥 넘어가려 하는지 묻고 싶다. 기존의 두 번역서가 왜 미흡한지 "상세하게 해명"하라고 하는 것은 너무도 과도한 요청이겠지만 최소한 중요한 몇 가지 범례들을 제시하는 것은 필요하지 않았을까 싶다. 그런 구체적인 비판을 통해서 생산적인 논쟁이 일어나고 학문을 발전시킬 수 있을 것이다.

지식인이라면, "현재 한국 지식인 사회의 평균적 풍토"를 비판하고 그 분위기를 극복해야 할 책임을 방기하지 말아야 할 것이다. 얼굴을 드러내고 마주보며 예의를 갖추고 논거 있는 비판을 개진하고 의견들을 소통하는 학문대화가 한국학계에서는 제 자리를 잡고 있지 못하고 있는 가운데, 간혹 용기 있는 학자가 글에 대해서 비판을 개진하면 그 글의 저자의 인물에 대한 비난으로 받아들이는 미성숙함이 지속되고 있다. 더욱 개탄하지 않을 수 없는 것은 얼굴을 감추고 익명으로 타자의 글을 심사할 때는 글을 인상적으로 읽고서는 무딘 칼로 난폭하게 휘두르는 반지성적 작태가 만연해 있다고 토로하는 자가 적지 않다는 사실이다. 박동천에게 그 "평균적 풍토"를 비판하여 주기를 주문하고 싶다.

2. 서평이란, 대개는 책이 처음으로 출간되면 논평의 계기를 매체들

이 마련하면서 이루어진다. 번역서의 경우도 대개는 이와 같다. 박동천 교수의 이 번역서의 경우는 매우 이례적이다. 원본이 매우 오래 전에 출간되어 이미 다양한 관점과 맥락에서 논의되었던 책이어서, 서평하기가 벅차고, 서평의 착상을 잡기가 쉽지 않다. 게다가 이 책은 윈치가 1992년 제2판에 붙인 자기비판적 에세이를 포함하고 있는데, 자기비판이 구체적으로 충분하게 개진되어 있지 않고 함축적이어서 더욱 그러하다.

그리고, 이 자리에서 지적해 두고 싶은 말도 있다. 번역서의 경우, 번역의 문제를 지적하는 수준을 넘어서 책의 내용을 비판하는 경우, 어떤 면에서 공허한 점이 없지 않다는 것이다. 책의 저자는 한국어로 쓴 서평을 볼 가능성이 매우 희박하기 때문이다. 물론 책의 내용을 변호하는 자가 나설 가능성이 전혀 없지는 않지만 말이다. 그런데 스승의 책을 번역하여 소개하려는 제자가 번역을 했다면 사정이 좀 달라질 수 있는 가능성은 있다. 이 책의 경우가 그런 예의 하나이다. 역자 박동천은 윈치의 제자이다.

여기에서 서평의 대상으로 삼는 윈치의 『발상』과 「이해」가 학문사에 끼친 직·간접적인 영향력은 매우 넓어서 그것을 체계적으로 정리하려면 엄청난 노력이 필요하다. 여기에서는 그 가운데 특히 중요해 보이는 몇 가지를 짚어볼 뿐이다.

첫째, 윈치의 발상은 실증주의의 오류와 한계에 관한 광범위한 논의들의 중심에 있었다. 실증주의 논쟁은 자연과학의 본질과 그 방법론과 대비되는 정신과학의 본질과 그 방법론이 어떠한 특성을 가지는가 하는 논쟁과 연관되어 있다. 이 논쟁에서 때로는 자연과학은 어떻게 자신의 진리객관성을 부여받을 수 있는가 하는 논점이 다시 부각되기도 했다. "설명과 이해"라는 논쟁 주제가 가진 제법 긴 논쟁사, 1960년 중반 독일 사회학 대회에서 일어났던 이른바 실증주의 논쟁, 곧 칼 포퍼

(Karl Popper)와 한스 알버트(Hans Albert)의 비판적 합리주의와 아도르노(Th. Adorno), 마르쿠제(H. Marcuse), 하버마스(J. Habermas)의 비판이론 사이의 논전도 윈치의 『발상』과 완전히 무관하다고 말하기는 어려울 것이다.

둘째, 윈치는 이른바 "언어학적 전회(linguistic turn)"에 강력한 자극이었다. 윈치는 비트겐슈타인(Wittgenstein)에게 직접 배우지는 않았지만 그의 학문적 계승자의 한 사람이었고, 인간의 사유에서 언어가 어떻게 작용하는지에 대해서 비트겐슈타인의 글들을 독해하면서 성찰했다. 이 언어학적 전회를 주조했던 사상가들은 서로 지적 자극을 받고 받았을 터이지만 하나의 궤를 그리며 진행되었던 것은 아니었다. 프랑스에서는 소쉬르의 『일반언어학강의』의 출간을 계기로 해서 언어학과 언어철학에 대한 관심이 확산되었다면, 독일에서는 가다머(Gadamer)의 해석학적 저술들이 출간됨으로써 그 정점을 이루고 하버마스가 비판이론의 언어학적 전회를 주도해 나갔는데, 영미권에서는 비트겐슈타인의 언어철학이 전후에 행사한 영향력이 있었다. 윈치는 비트겐슈타인의 언어철학의 사상사적 위상을 예리하게 통찰하고 있었다.

셋째, "철학이 지식의 계단에서 최고의 자리에 위치한다는"[624] 인습적 생각이 심대하게 도전받은 오늘날, 말하자면 "철학의 위기"에 대한 대응양식이 철학과 사회과학들 사이의 대화로 나타났는데 이 가운데 윈치의 『발상』과 「이해」도 있었다. 윈치는 『발상』에서 철학의 과제는 오늘날 "정지작업"에 있다는 생각을 비판한다.[625] 여기에서 정지작업이란, "보다 발전된 이해에 걸림돌이 되는 장애물을 제거하는"[626] 일을 철학이 맡아야 한다는 것이다. 이 정지작업에는 "언어적 혼동"[627]을 지

624) 『발상』, p.59.

625) 『발상』, pp.54ff.

626) 『발상』, p.56.

627) 『발상』, p.56.

적하고 "논리적" 명확성을 "분석적으로" 보여주는 과제도 포함되어 있다. 윈치는 이런 정지작업 논술에 대해 예리하게 비판한다:

> "철학사에서 인식론의 문제들은 언제나 심각한 철학적 성찰에서 핵심에 위치하여 왔다. 심지어 철학사가 이와는 다른 방향으로 전개될 수도 있었으리라 가정해 보려 한들, 그 다른 모습이 어떠하였을는지 상상하기가 쉽지 않다. 보다 중요한 점은 라즐렛의 견해가 철학 내부의 진정한 순서를 전도시키고 있다는 점이다. 그는 인식론의 문제가 중요한 까닭이 마치 그 문제를 해결함으로써 다른 중요한 문제 즉, 과학철학, 예술철학, 정치철학 등등의 문제들을 해결하는 데에 도움이 될 수 있기 때문인 것처럼 말한다. 하지만 나는 이 순서가 완전히 정반대라고 주장하고 싶다. 즉, 과학철학, 예술철학, 정치철학 – 나 같으면 이들을 '주변적' 철학분야라고 부르겠다 – 등이 인식론 및 형이상학과 관계를 잃는 순간이 바로 그들이 철학으로서의 성격을 상실하는 순간과 같다고 보아야 할 것이다."[628]

윈치는 라즐렛(Peter Laslett)을 비판하면서 과학철학 등과 인식론 및 형이상학 사이의 관계에 주목할 것을 요청한다. 바른 방법을 세우고 그 다음 그 방법을 가지고 분석할 수 있는 개별 대상들이 있는 양 사유하는 태도를 그는 비판한다. 이 비판은 그가 사회과학과 철학 사이의 관계를 파악하는 데에도 해당한다. 사회과학과 철학이 각기 완전 분리된 채 별도로 있고, 그런 분리 상태에서, 사회과학이 철학과 어떻게 관계 맺어야 하는지를 논의하는 것이 아니라, 사회과학과 철학의 본질에 대해서 (그 당시) 새로운 의문을 던졌던 셈이다. 양자는 분리되지 않고 처음부터 결합되고 뒤섞인 채 발전한다.

3. 윈치는 비트겐슈타인의 "규칙을 따르기"라는 발상을 천착한다. 이

628) 『발상』, pp.58-59.

발상에 대한 자신의 해석과 더불어, 궁극적 목적(Telos)이 선험적으로 이미 확정되어 있다고 믿는 목적론적 사유나, 습관이나 관습 혹은 전통에 호소하는 오크쇼트와 같은 보수주의적 사유를 그는 비판한다. "규칙을 따른다"는 것은 일종의 실천적 행위로서 학습능력 같은 것에 주목하는 데 그 특징이 있다는 것이다.[629] 스승이 제자에게 문제를 풀고 "똑같이" 풀어보라고 말했을 때:

> "여기에서 요지는 선생이 보여준바 본을 따름에 있어 학생이 이렇게 할 가능성도 있고 저렇게 할 가능성도 있음이 중요하다는 점이다. 그러니만큼 선생의 본을 따르는 습관뿐만 아니라, 어떤 방식으로 따르면 괜찮고 다른 방식은 안 된다는 깨달음도 함께 획득해야만 한다. 다시 말하면, 기준을 적용할 수 있는 능력을 획득하여야 하는 것이다. 선생이 하듯 같은 식으로 일을 하는 것뿐만 아니라, 무엇이 같은 방식에 해당하는지를 습득하여야 한다."[630]

윈치의 "규칙을 따르기"라는 실천행위를 의미 있게 해석하자면, 그것은 학습능력으로서, 규칙을 적용하는 상황에서 그 상황에 규칙이 어떻게 잘못 적용될 수 있는지를 사유할 수 있는 능력, 규칙을 적용한다는 것이 무엇인지를 규칙을 따르는 행위자가 이해할 수 있는 능력, 상황이 새롭게 전개되면 규칙을 적용하는 것에 대해서 반성할 수 있는 능력 등이 총체적으로 발휘되는 인간의 능력으로 이해될 수 있다.

4. 윈치는 언어를 비트겐슈타인의 파악에 따라 이해하려 하면서 다음과 같이 진술한다.

---

629) 『발상』, p.128 참조.

630) 『발상』, p.128.

> **“실재가 언어에 의미를 부여하는 것은 아니다. 언어가 가지고 있는 의미 안에서 실재하는 것 및 실재하지 않는 것이 자신을 드러내는 것이다.** 뿐만 아니라, 실재하는 것과 실재하지 않는 것 사이의 구분 및 실재와의 일치라는 개념 자체가 우리의 언어를 구성하는 요소인 것이다.”[631)]

여기에서 윈치가 말하는 언어는 무엇인가? 언어의 기본단위를 무엇으로 그는 생각하고 있는가? 윈치는 언어를 근본적으로 사회의 매체로 생각하고 있지 않은 것 같다. 언어는 매체로써, 언어의 안과 밖이 사회를 소통시킨다고 생각하지 않음으로써 언어의 역사적 전형에 대한 발상을 적극적으로 개진하고 있지 못해 보인다. 이 점이 궁극적으로는 상대주의에서 벗어나 있지 않다는 의심을 받게 하는 원천의 하나인 것 같다.

> “여기서 강조되어야 할 더욱 중요한 사실은 아잔데 족이 가지고 있는 주술의 범주와 비슷한 것을 우리는 애초에 전혀 가지고 있지 않다는 점이다. **아잔데 족의 범주를 이해하고자 원하는 것이 우리인 만큼 이해의 범위를 넓혀야 할 쪽이 바로 우리임이 드러난다.** 과학/비과학이라고 하는 범주를 우리가 구비하고 있다는 것 때문에 아잔데의 범주를 거기에 끌어 맞추어야 한다고 고집할 일이 아니라, 아잔데의 범주를 포섭할 수 있는 여지를 마련하기 위해서 우리의 이해를 넓혀야 하는 것이다. 물론 지금 우리가 모색하는 종류의 이해가 우리의 기존 범주와의 관련 안에서 아잔데의 범주를 이해하는 일임은 분명하다. 그렇지만 이 말이 곧 주술을 우리의 범주에 속하는 기준에 따라 ‘평가’하는 것이 옳다는 의미를 가지지는 않는다. 더욱이 우리의 기존 범주 가운데 **어떤 것**이 아잔데의 활동을 제대로 이해하기 위한 최선의 시점視點을 제공할 것인지의 문제 역시 그 말만으로는 결정되지 않는 별개의 사항인 것이다.”[632)]

631) 「이해」, p.241. 강조는 인용자.

632) 「이해」, pp.288-289. 이 인용문에서 “우리”란 윈치가 속한 문화를 의미한다.

윈치가 속한 서구문화가 서구문화에 대한 자기반성을 위해서 비서구 문화, 예컨대 아잔데 문화를 이해하려 했던 것인지는 불확실하고 – 문화인류학은 서구가 자신의 제국주의적 지배를 위해서 학문분과학으로 제도화시켰던 측면이 있음을 부인하기 어렵다 –, 지금 현 상태에서 이해하려는 선취를 누가 먼저 했는지가 본질적인 것은 아니다. 비판의 철저성(radicality)이 그 특징인 현대성의 시점에서 볼 때, 서구인들이 아잔데의 생활형식(Lebensform)을 경험함으로써만 자신의 문화인 서구문화에 대한 비판적 반성력을 얻어낼 수 있는 것도 아니다: 장대한 역사적 과정을 재검토함으로써 자기반성력을 높일 수 있는데, 이는 역사적 과정에 상상력의 다양한 이질적인 원천들이 있기 때문이다.

물론 타 문화들의 생활형식을 알게 되면서 자신의 생활형식에 대한 비판적 반성력을 높일 수 있다는 것을 부정할 수는 없다. 윈치가 「이해」에서 비코에 따라 출생, 사망, 성에 대한 관념들이 인간의 생활형식에서 근본적 헌정요소들이며, 이런 한에서 원시문화의 윤리적 가치에 주목하는 것에 주목할 가치가 있다. 그러나 본질적인 것은 타자들의 경험과 상상력을 학습하는 과정을 재구성할 수 있는 소통적 합리성이 마련되어 있지 않다면, 그 비판적 반성력은 제도로서 자리 잡지 못한다는 것이다.

윈치가 과학과 비과학이라는 이분법으로 사유하는 서구인을 비판하는 것은 정당하지만, 생활형식들 사이의 질적 차이에 대하여 비판적 논의를 할 수 있는 이론적 헌정(constitution)이 필요하다. 윈치의 주된 관심은 자신의 문화와 그 합리성에 대한 성찰을 높일 수 있다고만 지적할 뿐, 그 이상으로 나아가지는 않는다. 윈치는 기존의 개념들을 해설하는 데 관심이 있지, 그것들을 이데올로기비판의 관점에서 비판하고 생활형식을 새롭게 창안하는 데 소홀하다.

강조는 인용자.

전(前)근대의 생활형식이, 예컨대 아잔데 족의 그것이, 그 자체로 비판될 수 없는, 비판될 필요가 없는 것이라 판단해서는 안 된다.

> "아잔데 족의 믿음과 개념을 분류하고 평가하기 위해서는 아잔데의 문화에서 발견되는 것보다 '더욱 세련된 이해'가 요구되는 것은 일면 사실이다. 왜냐하면 여기서 문제되는 종류의 분류 및 평가는 고도의 철학적 활동이기 때문이다. 그러나 이 말이 곧 아잔데의 생활형태가 맥킨타이어가 주장하는 방식에 따라 분류되고 평가되어야 한다는 말은 아니다. 그는 우리의 문화에서 발견되는 몇 가지 특정 형태에 입각하여 그 각각의 형태에서 필수적인 요소들과 아잔데의 생활형태가 얼마나 부합하는지에 따라 분류 및 평가가 행해질 수밖에 없다고 주장한다. 그러나 맥킨타이어는 바로 여기서 한 가지 중요한 혼동을 범하고 있다. 즉, 그는 분류에 대한 관심에 일정한 정도의 세련이 함유되어 있다는 점이 곧 우리가 실제 분류 작업에서 사용하는 개념이 세련되었음을 뜻한다고 생각하고 있는 것이다. 자, 지금 **우리는 아잔데의 주술이 과학과 어떤 관계를 가지고 있는지를 이해하려는 관심을 가지고 있다. 이때 이와 같은 비교라는 개념은 실제로 고도로 세련된 개념이다. 하지만 이 점이 사실이라고 해서, 아잔데의 관행을 우리의 과학에 견주어 덜 세련된 것으로 보고 우리의 과학을 더 세련된 것으로 보아야 한다는 함의가 따라 나오지는 않는다. 과학과 주술 사이의 관계에 관한 관심으로부터 곧 주술이 과학의 원시적 형태라는 결론이 나올 수는 없기 때문이다.**"[633]

윈치는 매킨타이어의 편견과 오류를 예리하게 비판하면서, "세련화(sophistication)"("Unterstanding", p.102. 윈치에서 "세련화"는 "단순성(simplicity)"과 대비되는 개념으로서 내가 여기에서 말하는 분화개념과

633) 「이해」, p.287. 강조는 인용자.

유사한 차원의 것으로 보인다)를 "단순성"에 비해 우월하다고 판단하지 않는다. "인과관계에 대한 과학적 이해가 우리로 하여금 주술적 사고를 거부하게끔 한다고 할지라도 그것이 곧 저들보다 뛰어난 지성을 가졌다는 증거는 될 수 없다"[634]는 논지를 레비-브륄(Lévy-Bruhl)에 대항하여 폈던 에반스-프리차드의 주장을 윈치는 받아들인다. 바로 이와 같은 주장이 윈치가 상대주의자가 아닌가 하는 질문을 하게 했다. 문화적으로 서로 다른 장들이 있으며, 각 장에는 그것에 고유한 합리성이 있다는 주장이 실제로 윈치에게서 개진되어 있다.

> "**우리**가 무언가를 '찾아내고' '설명하는' 한, 우리에게 이해 가능한 의미에서 우리가 그러한 일들을 하는 것은 명백하다. 그만큼 우리는 무엇을 어떻게 하는 것이 (우리에게 있어서) 무언가를 '찾아내고' '설명하는' 일에 **해당하느냐**에 따라 제한받고 있다. 뿐만 아니라, 그런 것을 설명하고 찾아내는 일에 관한 관심 자체가 우리 사회에 독특한 일일 수도 있다. 즉, 연구 대상이 되는 사회에서는 그러한 관심을 발전시키기 위한 제도가 결여되어 있어서 그 사회의 구성원들은 아무런 관심을 가지지 않는 일을 우리가 하고 있을 수도 있다. 어쩌면 우리 사회에서 그러한 관심을 추구하는 과정에서 여러 가지 탐구 기법 및 논증의 양식이 발생한 반면에 그 사회의 생활에서는 그런 것들이 존재하지 않을 수도 있다."[635]

윈치가 타 문화들에서 배우려고 하는 겸허의 미덕을 탓할 까닭은 없다. 타 문화들에서 무엇을 어떻게 배우는가, 말하자면, 그 배움의 논리와 내용에 대해서 우리는 더 구체적으로 물어야 한다.

> "이방의 문화를 연구함으로써 우리가 배울 수 있는 것이 단순히 일을 다

634) 「이해」, p.236.

635) 「이해」, pp.277-278. 여기에서 "우리"는 윈치가 속해 있는 장을 의미한다.

른 방식으로도 할 수 있다는 가능성, 즉 우리와는 다른 식의 기술技術이 있을 수도 있다는 가능성에 국한되는 것은 아니다. 인간의 삶에서 의미를 찾는 방식상의 다양한 가능성을 우리가 배울 수 있다는 점이 더욱 중요하다. 자신의 인생 전체의 의미를 성찰해보려는 어떤 사람에게 어떤 일정한 행동이 함유하는 중요성의 다양한 형태에 관한 서로 다른 생각들을 배울 수가 있다. 맥킨타이어는 아잔데의 주술을 다루면서 바로 이 차원을 빠뜨리고 있다. 그들의 주술에서 그가 포착하는 것은 오로지 소비재를 생산하기 위한 기술, 그것도 착각에 의하여 오도된 기술일 뿐이다. 하지만 아잔데 족에게 곡물이 장차의 소비를 위한 물건에 불과한 것은 아니다. 각자가 살아가는 인생, 동료와의 관계, 장차 올바른 방식으로 행동할 수 있을지 아니면 악행을 저지를 수밖에 없게 될지 사이에서 어느 쪽의 가능성에 무게가 더 실릴는지 등등의 사항들이 곡물에 대한 그의 관계로부터 나올 수도 있다. 주술적 의식은 표현의 한 형식으로서, 그 형식 안에서 이 모든 가능성 및 위험들이 조망되고 성찰된다. 나아가 그것들이 변형되고 심화되는 것도 그 안에서이다."[636]

윈치가 아잔데 족에서 곡물이 그들에게 가지는 의미는, 벤야민(W. Benjamin)이 『파사주-작품』에서 선물이나 유언장 작성의 역사적 변동을 설명하는 맥락을 연상하게 한다: 잃어버린 시간들 속에서 선물이나 유언장을 작성하면서 돈으로 환산해 계산하여 넘겨주지 않았고, 각 사물과 함께 한 경험들을 고려하여 각 사물을 자신과 친밀한 자에게 넘겨주고자 했다는 그런 기억의 편린들. 하지만 자본주의적 산업화과정의 합리화는 가속되며, "상품화의 논리"(Offe)가 지배적인 것으로 확산되어 "상품물신성"(Marx)의 지배에 의해, 윈치가 지적하듯이, 소외현상이 심화되는 경향이 있음은 사실이다. 이를 극복하기 위해서는 진리를

636) 「이해」, pp.296-297.

헌정하는(constitute) 세계를 내가 비판적 현대성이라 명명하는 논술, 객관적 세계, 사회적 세계, 주관적 세계로 분화된 세계의 발상에 주목할 필요가 있다.[637]

5. 아잔데 족의 생활형식이 설사 이상적이라고 가정할 수 있다 할지라도 그 생활형식으로 회귀할 수는 없다. 또한 아잔데 족의 그것이 민주주의적 생활형식이라고 판단할 수도 없다. 원시적 사회에서 오늘날의 지배적인 생활형식에서는 발견하기 어려운 삶의 요소를 발견할 수 있다고 하여서, 원시적 사회의 삶을 현대적 생활형식과 대등하다거나 더 좋은 것이라 판단해서는 안 된다. 현대적 소통적 합리성의 발전에 의해서 인간의 삶은 자연적, 사회적 제약들을 극복할 수 있는 여지가 넓어진 것이다.

박동천이 주장하듯이, 하나의 표준적인 생활형식만을 고집해서는 안 될 것이다. 그렇다고 해서 서로 다른 이질적인 생활형식들이 모두 질적으로 대등한 것이라 판단해서도 안 된다. 원시적 사회의 생활형식도 하나가 아니며 다양하고, 그 생활형식들 모두가 각기 전체로서, 오늘날의 현대적 사회의 생활형식에 비해 비판적 반성력은 발전되어 있지 않다.[638]

---

637) 특히 하버마스의 소통행위이론을 비판적으로 재구성하려는 나의 발상들, 서규환, 『비판적 현대성의 정치적 이론』, 다인아트, 2006, 『정치적 비판이론을 위하여』, 다인아트, 2006를 참조하라.

638) 본 논고는 피터 윈치, 박동천역, 『사회과학의 빈곤』(모티브북, 2011)에 대한 서평 글로 〈프레시안〉에 (2011.07.08과 그 이후)발표되었는데, 이 책의 역자 박동천이 반론을 제기하고, 박동천과 논쟁으로 이어지게 되었다. 박동천의 관련 글들을 쉽게 인터넷에서 찾아 읽을 수 있다. 윈치논쟁으로 부를 수 있는 이 논쟁 관련 논고들은, 이미 발표된 논쟁의 사실 그 자체를 존중해야 하므로, 특별한 교정 없이 발표한 그대로 여기에 재게재한다. 이 점은 아래 다른 논고들에도 같다.

II. 이론, 생각에 대해 생각하는 것 박동천의 반론에 대하여

〈프레시안〉의 청탁에 따라 박동천이 번역한 피터 윈치의『사회과학의 빈곤』(모티브북, 2011)에 대해 서평 논고를 탈고하여 보냈다. 내가 원래 붙인 제목은 "다시 읽는 사회연구의 문제작"이었는데, 〈프레시안〉 측에서 "현대인은 과연 원시인보다 더 합리적인가?"라는 현재의 제목으로 달리 붙인 것이다. 잘못된 제목이었다. 박동천은 반론을 집필하면서 그 "서평"의 이 제목과 본문 사이의 불일치에 약간은 혼란스러웠을 것이다.

이 제목에 빗대어 말하여, 나의 주장은 하나의 현대인유형이 있는 것이 아니라 다양한 유형이 있으며 그 가운데 모든 금기를 비판하는 "비판적 현대성"의 인간이라 부를 수 있는 유형은 분명 원시인보다 더 합리적이라는 것이다. 여기에서 나의 비판적 현대성이론이 무엇인지 자세하게 다시 반복할 수는 없다. 짧게 핵심을 밝히자면 다음과 같다: 첫째 데카르트의 고독한 주체도, 주체없는 구조적 과정도 진리헌정의 출발점이 될 수 없고, 서로 대화하는 주체들의 대화에서 출발해야 한다는 명제, 둘째 순수한 시원(arche)과 궁극적 목적(telos) 사이의 단선적 연속성을 가정하는 이른바 역사철학을 비판하면서도 인간은 역사적 존재임을 주장하는 명제, 그리고 하나의 진리가 있으며 이를 본체로 설정하고 그것으로 환원시키려는 모든 환원주의의 닫힌 총체성을 부정하고, 급진적으로 이질적인 단편성들(양상이든, 시스템이든, 양식이든 간에)의 절대적 자율성을 가정하는 것도 비판하고, 진리의 개방성을 인정하는, 내가 열린 총체성이라 부르는 명제를 여러 논고들을 통해 주장해 왔다.

1. 박동천과 나 사이의 논쟁이 본격화되는 듯하다. 다시 말하여, 윈치의 이 책에 대한 이해보다는 박동천과 나 사이에서 논쟁의 불이 일어나고 있다. 박동천은 그가 번역한 윈치의 저술에 대한 나의 서평을 읽

고서 매우 포괄적인 반론을 예고하는 가운데 내가 주장하는 이론적 헌정이라는 언어에 대해서 다음과 같이 반론한다.

> "이론적 헌정(憲政)이라는 문구는 정치사회의 조직 원리, 즉 정치사회 구성원들의 행태를 규율하는 기본적인 규범을 가리키는 헌법 또는 헌정이라는 개념을 담론의 영역에 응용한 것으로 보인다. 이러한 응용과 관련해서 누구나 받아들여야 할 진리 두 가지를 적시하고 싶다. 첫째는 정치사회 구성원들의 행태 전반을 규율하는 규범이든 이론의 영역만을 다스리는 규범이든 간에, 규범이 작동함으로써 빚어지는 결과는 일률적인 복종이 아니라 규범에 따른 행동과 규범에 어긋나는 행동 사이의 구분이라는 점이다. 그리고 둘째는 정치사회를 규율하는 헌정은 유사시 일탈행위를 강제로라도 제재한다는 의미를 필수적으로 포함하는 반면에, 이론적 헌정의 경우에는 강제가 가해지는 순간 그것을 굳이 이론적 헌정이라고 분별해서 불러야 할 모든 이유가 사라져 버린다는 점이다."[639]

1) 나의 "이론적 헌정" 개념 혹은 주장은 일차적으로 헌법론의 그 "헌법"(Verfassung, constitution)을 지칭하는 것이 아니다. "이론"에 대해서도 박동천은 강하게 의문을 제기하고 있는데, 우선 여기에서 헌정이라는 개념에 대해서 해명해야 할 것 같다.

(1) "Constitution"은 후설 이래 현상학에서 사용하는 학술어이다. 한국 현상학계에서는 대개 구성으로 번역한다. 구성이라는 번역어를 택하지 않았던 까닭은, 무엇보다 일차적으로는, 그것이 construction을 구성이라 번역하는 범례와 구별되지 않기 때문이다. 구성(construction)은, 인간의 주관성을 중심으로 사유하는 언어로서, 때로는 주관성이 원칙에서 파생하는 차원에 있는 것으로

---

639) 박동천 반론: 2.

파악하는 입장에서는 헌정(constitution)과는 다른 개념으로 이해된다. 후설의 현상학에서는 이른바 지향성개념이 핵심적인 한에서, 그동안 constitution을 구성으로 번역해왔던 것 같다.

(2) 또한 수사법적 이유도 있었다. 헌정이라는 언어를 택했던 까닭은, constitution을 헌정이라 번역해 온 용례를 은유적으로 내가 사용해 보려는 의도를 담고 있기 때문이었다. 민주주의적 법치국가라는 이념이 내가 주장하는 "비판적 현대성"의 한 요소인 한에서, 현대적 구체적 법의 이념으로서 "헌정"이 행위의 판단척도로 작동하고 있기 때문이었다.

(3) 그리고 헌정이라는 말은, 구성이라는 말처럼 "헌정하다"라는 동사로 사용할 수 있기 때문이다. 진리는 헌정하는 것과 헌정되는 것 사이의 변증법적 관계 속에 있다고 나는 주장한다.

2) 그렇지만, 그가 말하는 헌법문제에 대해서 논의를 해 볼 필요성은 있어 보인다.

"헌장을 제정한다는 것은 어떤 기본적이고 일반적인 원칙을 표명한다는 것이다. 그런데 원칙을 어떻게 정하더라도 그 원칙 안에 결코 포섭될 수 없는 양상이 두 가지 있다. 첫째는 한 시점에서 어떤 원칙이 제정되더라도 장차 어떤 새로운 원칙이 등장해서 헌장의 자리를 대신 차지하게 될지는 그 헌장에 의해 규율될 수 없다는 점이다. 다른 하나는 헌장에 규정된 기본적이고 일반적인 원칙들이 실제 상황에서 어떻게 적용될 것인지 역시 헌장에 정해진 원칙에 따라서 결정되지 않는다는 점이다.

이 두 논점은 사실 동일한 이치의 다른 표현일 뿐이다. 한국 헌정사에서 1954년의 사사오입이라는 황당한 계산법에 의한 개헌을 헌법 조문이 막아내지는 못했다. 현행 헌법 아래서도 예컨대 21조 2항에서 집회, 결사에 대한 허가를 인정하지 않는다고 명시하고 있음에도 여전히 하위 법률 및 사법기관의 관행에서는 허가제가 버젓이 득세하고 있다. 성노의 차이는 있지만, 무엇이 합헌이고 무엇이 위헌인지에 관한 논란은 헌법이라는 개념을 가진 모든 나라에서 발견된다. 다시 말해 헌법이 존재하는 곳이란 곧 모든 사람들의 행태가 합헌으로 통일되는 곳이 아니라, 합헌과 위헌에 관한 논쟁이 존재하는 곳이다."[640]

박동천이 관찰하고 있듯이, 합헌과 위헌에 관한 논쟁이 현실에서 일어나고 있다. 여기에서는 합헌인가 위헌인가를 가름하는 척도인 헌법이 어떠한 것인가 하는 물음이 핵심적이다. 박동천은 구별해야 할 맥락들을 뒤섞고 있다. 헌법 개정의 문제와 법의 구체적 실행과정에서 정당한 법을 지키지 못한 것의 문제를 구별해야 한다. 한국헌정사에서 이른바 사사오입 계산법의 법 실행은 후자의 사례이다. 모든 규칙이 그렇지만 규칙 개념은 규칙을 지키는 힘을 내재하고 있는 것이다. "힘없는 정의는 무기력하고, 정의 없는 힘은 전제적이다"라는 파스칼의 말은 정의의 규칙 실체를 얘기한 것이다.

헌정된 헌법이 사유가 발생하여 개정될 수 있으며, 민주주의적 법치국가는 헌법개정조항을 헌법에 명시하고, 다시 말해 헌정하고 있다. 나는 이러한 헌법(헌정)개념을 독일의 법학자이자 정치학자였던 헤르만 헬러(Hermann Heller)에 준거하여 "개방적 헌법(헌정)"이라 부른다. 닫힌 헌법(헌정)이론에서 열린 헌정(헌법)이론으로 패러다임이 전환되어야 한다고 나는 주장해왔는데, 그 근거는 헌법론에서 이런 개정론 수준을 넘어서 진리이론의 맥락 그 자체에 있다. 곧, 진리는 확정되어 있는 것이 아니라는 것이다.

2. 박동천은 윈치의 정통파임을 자임하려는 것 같다. 윈치/박동천이

---

640) 박동천 반론: 3.

라는 표현을 사용할 수 있겠다. 그의 스승 윈치를 적극 변호하는 그의 입장이 "반론"에서 분명하게 드러나고 있다.

> "서규환 교수가 헌법이라고 말하는 대신에 헌정이라고 말한 데에는 아마도 올바른 성문법을 하나 제정하는 것만으로 말의 질서를 근본적으로 개선할 수는 없으리라는 (내가 보기에 옳은) 성찰이 함축되어 있는 것으로 짐작된다. 그러나 이론적 헌정의 필요성에 대한 강조는 윈치에 대한 비판을 구성하는 것이 아니라 오히려 스스로 윈치의 비판에 취약하다는 점을 노정할 뿐이다. 왜냐하면 바로 앞 문단에 인용한 윈치의 언명, 즉 "논리의 핵심 부분에 해당하는 실제 추론 과정을 어떤 논리 공식으로 표상할 수는 없다"는 말이 서규환의 "이론적 헌정"이라는 발상에 그대로 적용되기 때문이다."[641)]

박동천에 의하면, 나는 확정적 "논리 공식"을 기능적으로 적용하는 실증주의자이거나 기계론적 철학의 계몽주의자로서 윈치/박동천이 비판의 대상으로 삼았던 그것에 빠져 있는 셈이다. 물론 "서평"에서 이미 진술한 바 있지만, 윈치가 그런 실증주의나 계몽주의의 한계를 루드비히 비트겐슈타인(Ludwig Wittgenstein)을 읽고서 비판하는 점에서는 나 역시 반대하지 않는다. 내가 보기에, 윈치가 비트겐슈타인을 수용하여 개진하는 주장은, 이론적 헌정을 낡은 계몽주의의 논리에 따라 모색하는 것을 비판하는 것이지, 이론적 헌정 그 자체를 부인하려는 것은 아니다. 윈치의 그 책도 매우 이론적이다.

이 맥락에서 논의가 필요한 주제는 윈치도 논의했던 비트겐슈타인의 "규칙을 따르기"(following the rule) 주제이다. 나의 "서평"에서 이미 논술한 바 있지만, 비트겐슈타인의 이 주제를 해석하는 것이 중요

641) 박동천 반론: 4.

하다. 나의 입장은 이미 분명하게 밝혔다: 비트겐슈타인이 "생활형식(Lebensform)"을 왜 논의했는지에 대해서도 그러하다. 이른바 후기 비트겐슈타인은, 특히 『철학적 탐구들』(*Philosophische Untersuchungen*)은, 언어의 사용이 언어의 본질에 중요함을 통찰하게 되었으며, 그리고 언어의 사용은 그가 말하는 생활형식과 무관하지 않다고 주장했다. 나 역시 이런 이론적 전통을 수용하고 있다(Lebensform을 삶의 양식, 혹은 방식이라 번역할 수도 있을 것이다. 그러나 형식이라 번역하는 것은 형식과 내용 사이의 긴장관계가 비트겐슈타인에서도 그러하지만 중요하다고 판단하기 때문이다).

비트겐슈타인이 "규칙을 따르기" 주제에서 주장하려는 내용은, 언어의 "문법"이 생활형식과 무관하게 존재하는 것이 아니라 연관되어 있다는 것이며, 이 또한 윈치가 확인하려 했다. 원시적 부족의 언어 문법이 서구의 그것과 매우 다른 것임을, 또한 그들의 생활형식과 밀접하게 연관되어 있음을 논증한 바 있는데, 그것은 상대적으로 매우 장대한 시간에서 일어나는 변동론이었다. 그리고 원시적 부족의 그 언어도 현대인이 배울 수 있으며, 유럽어로, 한국어로 번역될 수 있다.

나는 매일 일어나는 시사적 쟁점보다는 장대한 역사변동론의 이론에 더 깊은 관심이 있다. 이 이론, 이 학문에 학자의 일차적 과제의 하나가 있다고 믿는다.

3.

1) 박동천이 "반론"에서 나의 "이론적 헌정"론과 관련하여 나 자신과 다른 자신의 입장을 더욱 명백하게 밝히는 곳은 예컨대 다음이다.

> "정치철학자 또는 정치이론가가 어떤 구체적인 실제 공동체가 직면한 선택의 문제에 관심을 가지고 거기에 도움을 주기 원한다면, 온갖 종류의 정치적 논쟁들을 관통하는 보편적 이치의 표준을 구하려고 하기 보다는

오히려 실제로 벌어지고 있는 정치적 논쟁에 참여해서 자신이 믿는 이치에 따라 그 사안을 바라 볼 때 어떤 결론이 나오는지를 한 사람의 사회구성원의 자격으로서 피력하는 편이 더 나을 것이다."[642]

박동천은 여기에서 사안별 임시방편적 진단과 대안제시 같은 것을 주장하려는 듯한 인상을 주고 있다. 그렇게 하면서도 그는 윈치가 상대주의자가 아니라고 주장한다. 박동천은 여기에서도 윈치 정통파에서 결코 벗어나지 않으려 한다. 윈치가 "보편적 이치"를 부정하면서도 상대주의자가 아니라면 "자신이 믿는 이치"는 어떠한 종류의 것인가?

박동천은 윈치의 삶을, 그리고 윈치가 해설한 시몬 베유의 삶을, 하나의 모범적 사례로 판단한다.(시몬 베유의 삶 역시 윈치가 해설하는 식으로 이해되고 그런 한에서 베유의 삶이 있다.) 윈치의 삶이 모범적 사례라고 판단하는 한에서 그것은 타자에게 규범이기를 요청하고 있는 셈이다. 임시방편적 진단과 대안제시가 아니라 베유의 삶에 대한 비판적 성찰이, 그리고 윈치의 삶에 그것이, 보편적이기를 바라는 것이 아니겠는가.

윈치가 『사회과학의 빈곤』에서 자신의 주장을, 보편적이기를 바라면서도 상대주의를 넘어서지는 못했다고 나는 본다. 그 까닭은, 그가 생활형식들 사이의 차이를 지배와 권력의 관점에서 이론화하지 못했기 때문이다. 1990년 제2판 서문에서 윈치가 진술한 자기비판은 이 문제틀과 관련되어 있는 듯하다.

2) 박동천은 "반론"에서 내가 사용한 "이론적 헌정"이라는 언어에 주로 주목하여 내가 이론연구에 깊은 관심을 표명하고 또 책들을 내는 것을 겨냥하여 다음과 같이 말한다.

---

642) 박동천 반론: 6.

"현재 한국 사회에서 예컨대 4대강 사업이라든지, 한미 FTA라든지, 정리해고라든지, 무상급식이라든지, 대북 정책, 기타 등등의 현안에 관해 실제 그렇듯이, 그리고 다른 나라들에서도 예외 없이 그렇듯이, 정책과 제도의 선택이라는 주제는 정치적 이해를 달리하는 세력들 사이에 온갖 동기와 책략과 수사와 오해들이 뒤엉켜서 복잡하기 짝이 없는 논쟁과 때로는 투쟁을 확대재생산하기 쉬운 영역이다. 이론적 헌정을 정립함으로써 새로운 생활방식의 창안에 도움이 될 수 있다고 서규환이 제안하는 데에는 아마도 이런 주제에 관한 복잡한 논란이 단순히 시세의 동향에 의존해서 무작위적인 결론으로 흘러가지 않도록 **먼저 말의 질서가 정립되어야 한다고 보는 까닭**이 있을 것이다. 그러나 예컨대 4대강 사업에 관해 정치인들이 논쟁을 벌일 때에 비해서 공학이나 정치경제학이나 도덕철학의 이론가들이 논쟁을 벌인다면 논란의 정도가 줄어드리라고 본다는 것은 본질적으로 치열한 경쟁의 요소를 함유할 수밖에 없는 실존의 문제를 어렵다는 이유로 회피하는 **도피주의의 유혹**에 빠진 결과라고 나는 생각한다. 그리고 **이론이나 학문이나 철학이 그런 도피처를 제공할 수 있다고 보는 기대는 좋게 봐주면 순진함의 발로이며, 꼬집어 말하자면 이론적 담론의 책무를 방기하는 직무유기에 해당한다고 나는 믿는다**. 물론 실제적 선택의 기로에서 어떤 점들을 고려해야할 것인지에 관해 이론이 도움을 줄 수 있는 여지는 대단히 많다. 그렇지만 그 이론 자체가 불완전했을 가능성은 절대로 그 이론 자체에 의해서 봉쇄될 수 있는 항목이 아니다. 게다가 이론에 의해 부각된 고려 사항들 각각에 얼마만큼의 무게를 줘서 어떤 균형점에서 최종 선택을 내릴 것이냐고 하는 실존과 관련된 진짜 문제에 관해서는 어떤 이론도 표준적인 지침을 제공할 수가 없다."[643]

이 맥락에 대해서는 매우 당황스럽다고 고백해야겠다. 박동천은 전

643) 박동천 반론: 6. 강조는 인용자.

반적으로 윈치의 철학을 추종하려는 태도를 보이는 것 같은데, 여기에서는 "최종 선택"의 긴박한 순간 같은 것을 주장하고 있기 때문이다. 인상적으로는 "이론에 대한 저항"(The Resistance to Theory, Paul de Man의 말이다)이라는 탈현대적 미국 해체주의의 언어나 칼 슈미트의 결단주의가 연상되기도 했다. 이런 또 하나의 결단주의를 주장하려는 것인가? 만약 그렇다면, 윈치의 정통파임을 여기에서는 스스로 포기하고 있는 셈이다.

이론이란 무엇인가? 지속성, 일관성을 유지하면서 객관성을 논증하려는 논술로서 사유에 대한 사유이다. 그것은 인간의 자기정체성의 맥락과 연결된다. 시사 논평에서도 이론은 있으며, 있어야 한다. 시사 논평에서는 이론이 학문적 논술에 비해서 상대적으로 잘 드러나지 않을 때가 많다고 말할 수는 있다. 시사 논평이든 학술논고이든 저자의 이론적 사유가 있으며, 바로 이런 까닭에 나는 시사 논평이라는 형식 자체를 세간에서 흔히 말하는 "잡문"이라 폄훼하지 않는다. 사실, 박동천도 잘 알고 있듯이, 최근에 낸 나의 책 『비판적 시대정신』(다인아트, 2011)에서는 시사 논평이 강한 논고가 대부분이다.

이론의 층들이 있다. 구체적 사실들을 수집하는 단계에서부터 추상성이 높은 본격적인 이론화 작업을 거쳐 이념에 이르기까지 추상도가 다른 이론의 층위들이 있는데, 추상도가 낮다고 말할 수 있는 자료수집 단계에서도 저자의 이론화는 작동하고 있다. 이론의 눈이 없으면, 자료의 중요성을 통찰하지 못하고 간과한다.

한국사회의 구체적 현실문제들이 시사적 쟁점으로 떠올라서 논박되고 있을 때, 학자는 무엇을 어떻게 해야 할까? 박동천은 내가 시사적 쟁점과는 동떨어져서 일종의 상아탑주의에 갇혀 있으며, 상아탑주의를 주장하기까지 한다고 말하려는 듯하다. 박동천이 반론에서 반박하는 식으로 이론 정립이 시사적 쟁점논의보다 우선해야 한다고 나는 주장하지는 않는다. 새로운 구체적 사례들을 경험함으로써 이론의 재구성이 일어날 수 있으며, 이론 없이 그 구체적 사례들을 인식할 수 있는 길이 있다고 생각하지도 않는다. 경험과 이론 사이의 변증법적 관계가 있다고 생각한다.

이론과 학문을 연구하는 노동으로써 현실의 변화에 나는 참여하고 있다.

3) 시사적 쟁점들 모두가 학문적으로 새롭다고, 학문적으로, 인식론적으로 연구해야 할 만큼의 새로운 사안이라고 판단할 수는 없다.

학자가 시사적 쟁점에 발언하지 않고 보편성을 탐색하는 아카데믹한 학문을 연구하고 있는데, "어렵다는 이유로 도피하는" 것으로 판단하고서 비난해서는 안 된다. "도피"가 아니라 다른 판단을 하고 있다고 오히려 말해야 하지 않을까. 박동천이 오직 좋은 책들을 번역, 출간만 했다 하여도 나는 칭찬하기를 주저하지 않을 것이다. 고대 희랍어나 라틴어나 한문을 힘들게 배워서 고전들을 일생동안 연구하고 번역하는 과제에 몰두하는 학문 활동은 한국사회가, 한국정치가 발전하는 데 도움이 되리라 나는 믿고 있다. 또한 학문발전이 사회발전에 이바지할 수 있다고 믿는다.

오히려, 교수가 학문연구는 등한시한 채 매일 일어나는 시사적 쟁점을 따라가면서 논평하는 일을 일차적 활동으로 삼는다면, 더구나 돋보이는 전문성마저 없는 아마추어 수준의 그것이라면, 비난받아 마땅할 것이다.

4. 내가 "서평"에서 주목했던 쟁점들 중의 하나는 윈치의 원시적 삶의 방식, 예컨대 아잔데 족의 생활형식에 대한 논평이었다.

문화권의 차이를 가장 쉽게 관찰할 수 있는 것의 하나가 음식이다. 먹을 수 있는 것과 먹을 수 없는 것의 유형화가 문화권마다 다르게 나타난다. (이 금지된 음식의 유형화에 의해서 문화권들 사이의 경계를 설정할 수도 있을 것이다.) 예로서 김치와 치즈를 비교하는 것은, 한국인들도 치즈를 먹고 있고 서구인을 비롯한 외국인들도 김치를 먹고 있으며 최소한 음식으로 인정하고 있는 현재의 시점에서는, 최선의 선택은 아닌 듯 싶다. 김치와 치즈가 같은 발효음식이라는 점에서 동일한 범주에 있지만, 김치와 치즈가 대립되어야 할 이유가 합리적으로 설명되지 못한다면, 음식으로서 김치와 치즈는 대립적으로 간주되어야 할 근거가 없다. 논쟁점을 예리하게 세우려면, 식인을 했던 원시 부족의 예가 더 좋겠다. 동물과 인간을 동일시하는 사유의 한 자락에 인간동물이 있었고 인간을 먹는 원시인들이 있었다. (혹은 질병치유나 가뭄, 지진, 화산폭발, 대홍수 등등의 자연재해와 관련한 희생제의의 예를 논의하는 것이 더 좋겠다.) 나는 김치와 치즈를 좋아하지만, 사람을 먹지는 않는다.

주술적 사유는 합리성을 헌정하는 세계가 객관적 세계, 사회적 세계, 주관적 세계로 분화되기 이전의 사유이다. 그런 사유는 아잔데 족에게만 고유한 것이 아니라 모든 문화권의 원시적 단계에 나타난다. 그 구체적 내용은 문화마다 다르게 나타났다. 예컨대, 금지된 음식이 문화마다 다르듯이. 한국의 경우는 샤머니즘이라는 주술적 사유이다. 내가 "서평"에서 생활형식들 사이의 질적 차이를 주목해야 한다고 말했을 때, 주술적 사유가 서구가 앞서 발전시켜온 합리적 사유에 비해 질적으로 열등하다고 나는 주장했던 셈이다.(박동천 반론: 4) 왜 주술적 사유와 그 생활형식을 넘어서야 하는가? 또한 막스 베버식으로 말하여, 왜 서구문화가 먼저 주술적 사유를 넘어설 수 있게 되었는가? 내가 새로운 생활형식의 창안에 대해 말했을 때, 이런 문제의식을 가지고 있었던 셈이다.

나는 『현대성의 정치적 상상력』(민음사, 1993) 등의 저술들을 통하여 비판의 철저성(radicality)이 그 본질적 특징인 비판적 현대성의 이론화를 추구해왔다. 이 이론화 내에서 나는 윈치와 비교해 볼 때 "논리성"이나 "과학성"보다는 합리성이라는 말을 더 선호한다. 합리성개념이 대화하는 주체들 사이의 윤리적 생활형식을 담아낼 수 있다고 보기 때문이다. 이 이론화에서 "신화적 상상력"이 실현되어 있는 다양한 원시적 사회들의 다양한 신화들 속에서 배울 점이 있다면 배워야 한다고 주장한다.

5. 박동천의 반론에서 또 하나의 흥미로운 쟁점은 "도둑질이 발생하지 않는 사회"에 대해 논술하는 부분이다. 그런 사회는 "도둑질이라는 개념이 아예 존재하지 않는 사회"라고 박동천은 주장하고 있는 것이다. 이 주장에 의문이 있다. 개념이 없다고 해서, 곧 실재가 없다고 단정적으로 판단할 수는 없다. 개념이 없지만 실재는 있다고 말해야 할 경우도 있다. 문화라는 개념은 없었던 조선시대에서도 문화는 있었다. 개념들만으로 인간과 그 사회가 움직이는 것도 아니다. 언어의 단위가 무엇인가 하는 의문을 윈치에게 제기했던 근거는 이 맥락과 연관된다. 나는 언어의 단위가 단어나 문장이 아니라 논술이라 주장해 왔다.

또한 개념이 있다고 해서 실재가 있다고 판단할 수는 없다. 문화라는 개념은 있지만 문화 상실을 얘기할 수 있으며, 하고 있지 않은가. "도둑질이 발생하지 않는 사회"는, 그 사회를 구성하는 모든 사람들이 도둑질을 하지 않아야 한다는 도덕규범을 윤리적으로 인정하고 실천하는 경우에 가능하다. 실제로 가능할 것인가, 하고 물을 수는 있겠다. 이 물음은 유토피아와 관련되어 있다. 유토피아는 세계를 헌정하는 지평이다.

규범이란 무엇인가? 박동천은 규범을 규제, 제약으로 이해하고 있는데, 규범을 헌정하는 나의 이론은 이와 다르다: 규범은 인간 행위에 관한 일종의 규칙으로 인간의 행위를 가능하게 하는 제약적 조건이다. 나는 규범을 제약, 규제로만 이해하지 않는다. 규범은 자유의 조건이기도 하다. 인간의 행위에는 미래에 대한 기대로써의 규범성이 내재되어 있다고 나는 판단하고 있다.

Ⅲ. 나는 왜 주술적 사유를 부정하고 열린총체성을 주장하는가?

1.

1) 박동천은 2011년 9월 9일자 〈프레시안〉에 발표한 논고 "식인풍습의 원시사회는 정말로 열등한가?"에서 자신의 "입장에 대한 해명"을 시도했다.

그는 자신의 입장이 "충분히 전달되지 못"하게 한 "조급"하거나 "경솔한" 표현들이 있었다고 스스로 고백하고 있다. 그렇게 자신의 잘못을 시인하기란 쉽지 않다. 더구나 〈프레시안〉이라는 대중적인 저널에서도 그렇게 말하는 태도를 보면, 박동천의 진솔한 인품을 알 수 있다. 그는 학자로서 깊이 있는 성찰에 열려 있고, 그런 가운데 우리 사회의 문제들에 대해서 용기 있게 발언해 왔던 것이다. 냉정한 논리적 분석이 돋보이는 그의 시사평론집 『깨어있는 시민을 위한 정치학 특강』이 그런 예증이다.

그런데 이번 그의 "해명"논고 역시 조급함이나 경솔함에서 벗어나서 신중하게 집필된 것 같지 않다. 그는 해명 논고를 집필하면서는, 〈프레시안〉에 곽노현교육감 사건에 대해서 시사칼럼을 발표하느라 시간적 여유가 더욱 부족했던 것이 아닌가 싶다.

2) 내가 말하는 비판적 합리성의 이론이란, 어느 정도의 합리성만 있으면 사용할 수 있는 종류의 것이 아니라, 모든 금기를 비판하는 이론적 입장을 말한다. 원시 사회에서도 사유가 있고, 성찰이 있을 것이고, 그런 한에서 "비판"이 없다고 말할 수는 없겠으나 그것을 두고 비판적 합리성이 있다고 말할 수는 없다. 나의 개념과는 질적으로 다르다.(나는 독일 프랑크푸르트학파의 비판이론을 비판적으로 재구성하려고 시도해왔다. 나의 비판개념에 대해서는 『비판적 시대정신』(다인아트)에서 제5부 비판을 읽어주길 바란다.)

원시사회의 주술적 사유에서는 비판의 구조적 한계가 있다. 달리 말해, 금기가 있다.

나의 비판적 합리성 이론은 인과적 합리성을 중심으로 하는 합리성론을 비판한다. 박동천은 윈치가 1958년 당시의 실증주의 철학에서 나타나는 "인과적 합리성"을 비판했던 시대상황을 역사적으로 파악하지 않고, 근대 이후의 과학개념이 모두 이런 인과적 합리성에 근거해 있는 것으로 이해하고, 그런 한에서 비판하려 한다면, 잘못이다. 현상학, 해석학, 비판이론 등에서 보여주듯이 다른 과학개념, 다른 합리성개념이 있다. (비판적 합리성개념 자체는 이미 실증주의적 인과론에 대한 비판에서 그 의의가 있다. 그런 인과론에서는 즉물성의 강제, 이른바 "순수객관법칙성의 강제"만 있다.)

박동천이 "현실에 도움을 줄 수 있는" 구체적인 특정 주제에 집착하는 이유를 이해해 보자. 그는 나의 재반론에 대해서 다음과 같이 해명하고 응답했다.

> "**여전히 보편적인 이치를 탐구하기보다는 구체적인 특정 주제에 관해 각자 옳다고 믿는 바를 표명하는 것이 학문이 현실에 도움을 줄 수 있는 유일한 길이라는 입장에는 변함이 없다**. 단, 이때 특정 주제라는 것이 시사적인 정책 현안만을 가리키는 것은 아니고, 예컨대 자유와 평등의 관계를 파고 들어가는 개념적인 탐구라든지, 일정한 생활 형식이 시간에 따라 변천하는 모습을 추적하는 역사적 탐구, 또는 민주주의나 사회주의 같은 이념이 그 본래적 의미에 충실하게 작동하려면 주위에 어떤 문화적 정신적 배경이 갖춰져야 할지를 다루는 체제 연구 등, 말하자면 이론적인 연구라 할 수 있는 것들도 당연히 "현실에 도움을 줄 수 있는" 주제 안에 포함되어야 한다. 이런 점들을 언급하지 않고 경솔하게 정책 현안들만을 열거함으로써 오해를 부른 것은 내 잘못이 맞다."[644]

644) 박동천 해명. 강조는 인용자.

박동천이 자신의 이 해명 논고에서 이론적 연구의 현실적 의의를 인정한다고 명시적으로 밝히는데, 여전히 "보편적 이치를 탐구하기"에 대해서는 의문을 제기한다. 그 이유는 무엇일까? 그것은 다름 아니라 자연과학의 논리가 사회연구 영역으로 확장되는 것에 대한 염려이자 비판 같은 것이다.

> "실존과 담론 사이, 다시 말해 삶과 앎 사이, 다시 말해 정치와 철학 사이에서 발생하기 쉬운 소외를 어떻게 극복할 수 있을까? 마르크스뿐만 아니라, 그보다 훨씬 세심한 지성의 소유자였던 존 스튜어트 밀과 막스 베버조차도, 계몽주의라는 사조의 우산 아래서 인간 세계를 올바르게 해석하기 위해서는 자연과학의 이론에 버금가는 사회과학, 정치경제과학, 정신과학의 이론이 정립되어야 하고, 그 이론에 따라서 세계를 변경하는 것이 역사의 진보라고 믿었다. 윈치는 바로 이 지점에서부터 실존의 차원과 관찰의 차원이 혼동되고 있음을 지적한 것이다. **자연과학의 논리는 본질적으로 연구 대상의 내면성으로부터 초연한 제3자적 시각 위주로 구성된다. 반면에 인간 사회를 이해하려면 외부적 범주만으로는 안 되고, 반드시 해당 사회의 구성원들이 무슨 생각을 하고 살아가는지를 동시에 고려해야 한다**. 이 차이는 이미 『사회과학의 빈곤』에서 집요하게 발굴해 들어가는 주제고, 나도 이미 여러 번 반복한 사항이다."[645]

박동천은 "제3차적 시각", 관찰의 방법 같은 것을 겨냥하고 있다. 몇 가지 의문이 있다.

첫째, 인간이 인식할 때 순수한 관찰의 지위에 있을 수 있느냐 하는 의문이 있다. 현상학에서 나는 많은 것을 배워왔는데, 현상학의 생활세계론에서 배울 수 있는 것은 존재 자체가 세계 속에 있다는 것이고 이

---

645) 박동천 해명. 강조는 인용자.

세계 자체가 인간들의 생활세계라는 것이다. 내가 헌성개념을 사용할 때 현상학에서 사용해 온 헌정이라는 말을 내가 수용한 것이라고 (다시) 밝혔을 때 이미 순수한 관찰은 불가능하다는 것을 (적어도 간접적으로는) 논증한 셈이다. 그리고 내가 보기에 현상학의 생활세계론과 비트겐슈타인의 생활형식론은 순수한 관찰의 불가능성을 논증한다는 점에서는 다르지 않으며, 이 맥락에서, 나는 이 양자를 부정하지 않는다.

둘째, 학문사적으로 마르크스나 베버가 박동천이 지금 지적하고 있듯이 이해되어야 하는지에 대해서는 의문이 있다. 아니, 이미 나는 나의 책『현대성의 정치적 상상력』등 다른 논고들에서 밝혔지만 마르크스나 베버 모두 그렇게 이해될 수 없다고 밝힌 바 있다. 아마도 짧은 논고 형식을 통해서는 논박하기 어려운 점이 있음을 인정해야겠다.

셋째, 문화인류학의 발전과정에서도 그렇지만 상징적상호작용론, 민속방법론, 슈츠의 현상학적 사회학 등등이 낯선 문화권을 이해하려면 그 문화권을 내부적 논리, 내재적 논리에 따라 이해해야 한다는 주장을 나 역시 받아들이고 있다. 그런데 이 이해에서 곧바로 그 문화를 현재 있는 그대로의 인정으로 나아가는 것은 아니다. 비판적 합리성의 매개가 필요하다고 나는 주장하는 것이다.

2.

1) 다시 말하지만, 내가 헌정(constitution)이라는 용어를 후설의 현상학에서 차용한 것이라고 밝히면서 구성개념과 동일한 것이 아님을 굳이 밝힌 까닭이 있었다. 내가 현상학의 번역 관례에 따라 구성이라 말하면, 인간의 인식활동에서 데카르트적 주관성의 작용이 일차적으로 있는 것으로 내가 파악하려는 것이 아닌가 하는 오해를 할지도 모르겠다는 염려 때문이었다. 그런 맥락이 아니면 나는 (이론적) 구성이라는 말을 사용했고, 하고 있다.

철학적 논의에서의 “헌정”이 헌법학에서의 “헌정”과 동일하다고 말할 수는 없다. 헌법학에서 법으로서의 헌정, 곧 헌법은 진리를 인식하는 인간의 사유 과정과 반드시 일치한다고 말할 수 없기 때문이다. 서로 연관되어 있으나 논의 맥락이 다르다. 각 국가에서 그리고 구체적 역사에서 국제사회에서 법은 역사적 구체적 상황에서 구체화되는 제도이며, 국가와 사회를 구조화하는 매개이기 때문이다. 그렇지만 나는 헌정이라는 용어를 헌법학에서 사용하는 맥락을 살려 은유적으로 사용한다고 말했다. 그 까닭은, 진리는 확정적으로 존재하는 것이 아니고, 그런 한에서 정치성(정치적인 것)이 작동할 수 있다고 보기 때문이다.

2) 그런데 내가 헌법문제를 구체적으로 얘기하면서 이른바 "사사오입 개헌" 사례에 대해서 짚었던 것은, 다름 아니라 박동천이 '법의 적용'과 관련하여 그 예로서 사사오입 개헌 사례를 먼저 얘기했기 때문이었다. 즉, 사사오입 계산법에 의한 법 실행 사례를 지적하면서 그 문제의 "사사오입 계산법"은 "법의 구체적 실행과정에서 정당한 법을 지키지 못한 것의 문제"의 사례에 해당한다고 나는 판단하고 말했다. 사사오입 계산법 역시 정당한 법 실행의 하나로 박동천이 여기고 있다고 생각하고 싶지는 않다.

이제 박동천이 주장했던 것 가운데 이론적 논의가 필요해 보이는 부분을 다시 읽어보자.

> "그런데 원칙을 어떻게 정하더라도 그 원칙 안에 결코 포섭될 수 없는 양상이 두 가지 있다. 첫째는 한 시점에서 어떤 원칙이 제정되더라도 장차 어떤 새로운 원칙이 등장해서 헌장의 자리를 대신 차지하게 될지는 그 헌장에 의해 규율될 수 없다는 점이다. 다른 하나는 헌장에 규정된 기본적이고 일반적인 원칙들이 실제 상황에서 어떻게 적용될 것인지 역시 헌장에 정해진 원칙에 따라서 결정되지 않는다는 점이다. 어떤 헌법도 언제 어떻게 새로운 헌법이 등장할지를 결정하지 못한다."

첫째는 헌법 개정과 관련된 주장이다. 기존의 헌법에서 어느 조항(들)이 개정되는(폐기되는 것을 포함하는 의미로 사용한다) 사례가 있을 것인데, 아무런 규칙도 없이 개정하지는 않는다. 민주주의적 법치국가라면, 개정의 규칙을 정하고 있으며 현재의 그 규칙에 따라 개정해야 한다.

둘째는 헌법의 적용문제와 관련된 주장이다. 헌장에 정해진 원칙에 따라 결정되지 않는다고 말할 수는 없다. 헌장에 정해진 원칙들 가운데 그 어느 하나에 근거해서 결정되지 않는 사례가 발생할 때가 있는데, 다수의 원칙들 사이에서 결정이 이루어지는 경우, 구체적 사례의 해석이 논박될 수는 있다.

"어떤 헌법도 언제 어떻게 새로운 헌법이 등장할지를 결정하지 못한다"고 박동천은 주장하는데, 의문이 있다. 지금 우리가 헌법을 제정하면서 언제 어떻게 새로운 헌법이 등장할 것을 예상한다면 지금 우리는 헌법을 제정하면서 헌법 속에 예상되는 새로운 헌법에 대해 적시할 것이다. 헌법 개정법은, 헌법의 형식을 규정하고 있는데, 이것은 내용도 규정한다; 헌법의 미래를 완전히 열어놓지도 완전히 닫아 놓는 것도 아니다.

헌법을 제정할 때의 역사적인 구체적 상황이 있다. 그 구체적 상황에서 과거의 경험과 미래의 기대를 담아 헌법을 제정한다. 헌법은 사례에 대한 구체적 해석과 더불어 법의 해석이 적용되는데, 헌법의 언어들의 의미는 역사적으로 규정되는 것이지, 자의적으로 해석할 수는 없다. (매우 복잡한 논의가 필요하지만, 일단, 헌법언어를 해석하는 언어공동체의 역사적인 해석력도 작용한다고 말할 수 있겠다.)

박동천은 법과 그 적용에 대해서 얘기했을 때, 언어의 해석문제에 대한 충분한 이론적 문제제기를 하지 않고 있어서 오해가 발생하는 것 같다. 왜 적용이 문제가 되는가에 대해서는 그동안 충분하게 논의되어왔다. 적어도 독일의 철학자 가다머 이래의 해석학적 사유의 발전은 바로 언어와 해석에 관한 이 문제와 관련된다. 법도 언어로 표현되는 한에서, 구체적 역사적 상황에서 적용, 즉 해석이 문제가 될 수 있기 때문이다. 박동천은 언어로 표현된 법을 각 법해석자가 마음대로 자의적으로 해석할 수 있다고 주장하려는 것인가? 그렇다면 윈치와 박동천 사이의 거리는 매우 멀다. (가상적 예술세계의 절대적 자율성을 주장하려는 해체주의자가 예술언어를 해석할 때 작가, 저자, 주체에서 완전히 자유롭게 해석할 수 있다고 주장하려 하지만, 이에 대해서도 나는 『열린 총체성의 해석과 정치』(다인아트, 2009)에서 충분히 비판한 바 있고 여기에서는 다시 반복하지 않겠다.)

그리고, 우리는 모든 텍스트들이 동일하다고 판단할 수는 없다. 예컨대, 실천적 행위규범에 관한 법언어와 미학적 예술언어, 즉물적 처리를 말하는 행정텍스트와 가상세계를 얘기하는 문학텍스트는 질적으로 서로 다른 종류의 것이다. 장르별 차이가 있다.

3.

1) 박동천은 언어의 사용에서 의미가 구체화되고 전달된다는 것을 마치 그때마다의 즉시적 상황에 따라 의미가 달라지는 것으로 오해를 불러일으키고 있다. 박동천이 들었던 예를 그대로 사용해서 얘기해보자.

> 예컨대, "사과와 오렌지는 다른가?"라고 물으면, 대개는 "다르다"고 답하는 것이 맞을 것이다. 그러나 사과를 먹을지 오렌지를 먹을지를 선택하는 상황이라면, "나는 사과가 좋다" 또는 "나는 오렌지가 좋다"뿐만이 아니라, "사과나 오렌지나 상관없다"는 대답도 완벽하게 정당한 답변이다. 이렇게 말하는 사람에게 "사과와 오렌지의 차이를 혼동하고 있다"는 이유로 비판한다면 어불성설이 된다. 다시 말해, 어떤 두 항목을 서로 다른 것으로 구분해야 할지 아니면 하나의 동일한 집합에 포함시킬지는 누가 어떤

구분을 왜 하는지에 따라 달라지는 것이다.

일상 언어, 일상적 소통과정에서, 의미는 구체적 상황에서 전달된다. "사과와 오렌지는 다른가?"라는 진술의 의미는 예컨대 어느 것을 먹겠는가? 라는 의미로 물었다면, 이 진술의 의미는 그렇게 사용되는 것이고 그렇게 전달되는 것이다. 이 진술의 의미가 상황이 달라진다고 해서 달라지는 것은 아니다. 동일한 표현을 다른 의미에서 사용했다면 그 때 역시 그 다른 의미가 소통되는 것이다.

비트겐슈타인이 말하는 "이상적 언어"는, 발화자가 청자에게 가장 정확하게 자신의 의도를 전달할 수 있는 최선의 표현이 있다는 것이다. 단지, 비트겐슈타인이 이상적 언어를 말하면서도 그것이 마치 언어 진리가 그 자체로 확정되는 것인 양 이해해서는 안 된다는 점을 지적하고 있다. 그런 논리에서, 그 언어는 일상 언어와 질적으로 다른 것이 아니다.

2) 보편성과 수행성의 이해에 대해서도 박동천과 나는 달리 설명한다. "사람을 먹어서는 안 된다"는 윤리규범은, 보편적이지 않다고 말할 수 있는가? 이 규범 언어는 역시 수행성의 역사적 맥락에서 이해되어야 하고, 그런 한에서, 보편성주장이다. 박동천은 앞에서 "사과와 오렌지는 다른가?"라는 문장의 이해에서는 수행성을 살려 이 문장은 진술로써 구체적 상황에서 그 의미가 소통된다고 말했는데, 여기에서는 이 문장을 절대적 명제로, 축자적으로 기계적으로 적용되어야 하는 것으로 이해하고, 그것을 반증할 수 있는 사례를 말하고 있다.

또한 원시인의 식인행위를 내가 예로 들었던 것을 두고 박동천은 논제의 회피라고 말한다.

논제의 회피란, 진리는 존재하지 않는다고 주장하는 입장에 대해 이 주장 자체가 진리가 존재하고 있음을 보여주는 예증이라고 맞받아 칠 때 사용하는 형식논리학적 수사법이다. 형식논리학 내에서의 수사법적 논박인데, 나는 형식논리학자는 아니다. 내가 비판대상의 삼는 것은, 주술적 사유이다. 왜 그것이 문제인가? 원시사회의 식인습속이 인류(Menschengattung)로서의 인간의 자기정체성을 합리적으로 정초하지 못했기에 자신의 종족 부족 이외의 다른 종족인간을 그들이 잡아먹었던 동물들과 동질적 차원에 있다고 잘못 판단했기 때문이다. 동물사냥에서 동물과 자신을 동일시하는 사유는 식인 습속의 논리를 설명해준다. 예를 들어 부시맨의 사냥과 의례를 보자. 사람과 동물은 이 사유에서 차이가 나지 않는다. 심지어는 동물에게 인간보다 뛰어난 능력이 있다고 상상한다. 신화학자 캠벨은 『신화의 힘』에서 이렇게 보고한다. "대초원 사냥꾼들이 짐승을 보는 시각은 하등하게 보는 오늘날의 우리 시각과 다릅니다. 오히려 이들에게 짐승은 적어도 동등한 존재, 때로는 상등한 존재이기도 합니다. 짐승에게는 사람에게는 없는 힘이 있지요. 가령 샤만은 자주 짐승의 영을 수호령으로 삼습니다. 이것은 샤만이 특정 짐승의 혼령을 자기 보호자, 혹은 스승으로 삼는다는 뜻입니다."

물론 식인행위는 이런 종류의 예만 있는 것은 아니다. 프로이트가 『토템과 타부』에서 논술하고 있는 예는, 아버지의 권능을 아들들이 육화하기 위해서 아버지를 살해하고 그 피와 살을 마시고 먹는 의례에 관한 것이다. 원시사회에서 식인습속은 하나로 일치되어 있지 않지만, 주술적 사고라는 범주 안에 있다.

주술적 사유의 범주적 실수를 보여주는 사례는 이외에도 많다. 한 예만 더 들면, 쌍둥이 살해 사례이다. 사람은 한 명만 출산하고 동물이 다수를 출산한다고 생각했고, 살해가 의례와 함께 일어났다. 동물은 다수를 출산하고 인간은 한 명만 출산하는 것이 정상이라고 그들은 사유했던 것이다. 이 예에서 우리는 왜 쌍둥이를 살해했는지를, 그 주술적 사유를 그들의 생활형식을 이해함으로써 이해할 수 있다. 그렇다고 해서 그들의 주술적 사유가 정당하다고 말해야 하는가? 오늘날 발전된 과학적인, 합리적인 사유는 쌍둥이, 나아가 다수 출산을 합리적으로 이해할 수 있도록 한다.

극단상황의 실례를 들어서 진리의 보편성을 부정하려는 시도야말로 논제의 회피가 될 수도 있다. 박동천이 들었던 극단상황 실례는, 보편성이 역사적 맥락 속에서 그 실체적 의미가 있다고 파악하는 것이 당연하다고 믿는다면. 나는 이미 나의 반론에서 탈역사철학적 역사성을 주장한다고 말하지 않았던가. 보편적 진리주장이 역사적 맥락들을 무시하는 것이 아니다.

그리고 박동천은 나의 사유에 대해 잘못 추론한다. 즉, 박동천은 "섹스, 음식섭취, 수면" 등의 예를 말하면서 내가 본능으로 보아 생활형식에서 핵심이 아니라고 아마도 치부할 것 같다고 추론하는데, 그렇지 않다. 식인습속의 예가 음식섭취의 한 예가 아닌가. 여기에서도 섹스, 음식섭취, 수면과 생활형식 사이의 관계로 이해해야 하지, '섹스라는 생활형식'은 바른 표현이 아니다.

3) 박동천은 "해명"논고에서, 두 범주를 교차하여 서로 다른 네 가지 유형을 그리고서는 나의 논리적 무지를 짚고, 가르치려 한다. "두 변수의 조합은 항상 네 가지 가능성을 낳는다"는 박동천의 주장은 형식논리상으로는 틀린 말이 아니지만 의미 있는 진술을 고려하는 구체적 역사적 경험맥락에서는 그렇지 않을 수 있다. 네 가지가 아닐 가능성이 있기 때문이다. 한 변수의 구별기준에 딱 맞아떨어지지 않는 경험사례가 있을 수 있고, 두 변수의 교차(조합)에서도 경험상으로 발견되지 않는 범주도 있는 것이다. 그리고 다음과 같이 답할 수 있다. 첫째, 사실상의(de facto) 실재와 환영적, 환상적, 허구적 실재 모두 나는 실재의 종류로 이해한다. 용이 사실상으로 실재하는 동물의 하나가 아니지만 환영적 실재라고 말할 수 있다. 둘째, 박동천이 들고 있는 4가지 유형에 공통된 것은 모두 개별적 낱말(단어)에 조응하는 개념과 실재(지시대상) 사이의 관련성 여부에 관한 논리적 분석이다. 셋째, 내가 말하려는 것

은 낱말과 실재 사이의 관계를 넘어서는 논술과 실재 이해에 관한 것이었다. (언어분석철학에서 논의되는 단칭 명사의 예를 논의해야 명명과 실재 사이의 관계조차 더 잘 조망되겠지만 더 이상 논의하지는 않겠다.)

4. 박동천이 제기한 한 이누이트 부족의 바다사자사냥과 그 분배에 대해 다시 생각해 보아야 한다.

첫째, 이누이트족이 사냥할 때에도 그 사회와 관련하여 파악되어야 할 일종의 분업체계가 있고, 그에 따라 잡은 고기를 배분할 때 누릴 수 있는 권리가 있다. 가장 위험한 사냥일을 성공적으로 수행한 자에게 그들이 보기에 가장 소중한 부위의 고기를 할당하는 등 사냥과 분배의 규칙이 있다. (이 규칙을 위반할 때 어떻게 했는지에 대해서도 섬세한 연구가 필요하다.) 이 규칙이 있는 한에서, 소유권이 없다고 말할 수는 없다. 물론 오늘날 사적소유권개념과 동일한 것은 아니지만 말이다.

둘째, 소유권을 이해할 때 사적소유권 이외에도 다양한 종류의 소유권이 있음을 알아야 한다. 국가소유, 공동체소유, 집단소유도 있지만, 다양한 종류의 점유권과 전유권도 있다. 이렇게 말하는 까닭은, 이누이트족이 바다사자사냥의 경우에는 그와 같이 사냥의 분업시스템과 사냥물 배분 규칙을 적용하지만, 다른 경우에도 항상 그렇게 했는지 물어볼 필요가 있다. 그 개별 사례에만 주목해서 주석해서는 안 된다. 곧, "소유권이라는 개념이 없는 사회에 대해 도둑질의 개념을 적용하는 것은 이 때문에 불가능하다"고 진술했을 때 박동천은, 소유권이나 도둑질 논의에서 그 주체를 개인으로 생각했던 것이 아닌가 싶다.

셋째, 절도행위를 논의하는 까닭은, 윤리적이거나 법적인 처벌 때문이다. 명시적인 법치국가형식을 갖추고 있는 현대적 생활형식에서 절도행위를 처벌하는 것과 완전히 동일하게 원시사회에서 처벌하지는 않지만 절도행위를 처벌하는 규범은 있다.

그리고, 개념이 없다는 말은, 해당하는 개별 낱말이 없다는 것과 동일하게 파악하면 그렇다는 말이다.

요컨대, 이누이트족의 원시사회에서 도둑질이 없었다면, 그것은 그들의 윤리의식이, 인륜성이 그곳에서 작동할 수 있었기 때문이 아닐까. 윤리의식은 그 사회의 총체성, 예컨대 물적 조건들과 무관하게 처음부터 있는 것은 아니다. 그 원시사회의 총체성과 관련하여 윤리의식을 이해해야 한다. 그리고, 오늘의 관점에서 보자면, 원시사회로 회귀할 것을 기대하는 것은 공상이다.

박동천이 "외생적 개념을 서술어로 사용하려면 해당 사회의 내면에 침투할 수 있어야 한다"라고 말했을 때, 이른바 문화상대주의자들이 주장해온 바와 같이 원시사회의 문화를 그 원시사회의 "내적 논리"(internal logic)(내재적 논리로 번역할 수도 있다)에 따라 이해할 것을 요청한 것에 다가서는 것 같다. 나는 원시사회의 주술적 사유를 이해해야 하며 이해할 수 있다고 주장하는데, 여기에서 나의 주장의 요지는 개별 낱말에 조응하는 개념에 묶여 있을 때는 원시적 사유를 이해할 수 없다는 것이다. 워프는 자신의 책 『언어, 사고 그리고 실재』에서 "언어학적 상대성" 명제 논쟁을 촉발시켰는데, 이전의 유럽인들과는 달리 워프가 호피 부족의 문법을 이해할 수 있었던 것은 그가 그들의 생활형식과 그들의 말의 사용 사이를 이해할 수 있었기 때문이었다. (이 쟁점에 대해서는 뒤에서 다시 얘기하겠다.)

5. 흥미롭게도, 박동천이 그가 사용해온 "보편적 이치"라는 표현을 두고 무엇을 염두에 두었던 것인지 가장 명백하게 밝히는 곳은, 마르크스의 포이에르바흐 제11번 명제에 대한 해석을 끌어들이는 맥락이다. 우선, 박동천의 말을 다시 들어보자.

"그러나 여전히 서규환과 나 사이, 또는 서규환과 윈치 사이에는 상당히 심각한 견해 차이가 있다고 생각된다. '생활 형식의 창안'을 위한 '이론적 헌정'에 윈치가 소홀하다는 서규환의 비판을 나는 기본적으로 마르크스의 유명한 명제, '지금까지 철학자들은 세계를 이런 저런 방식으로 해석만 했는데, 중요한 일은 바꾸는 것이다'와 같은 관점에서 나온 것으로 이해했다. 그리고 8월 19일의 내 답변은 바로 그와 같은 발상이 왜 잘못인지를 밝히려는 시도였다. 그랬는데, 경솔한 표현으로 말미암아, 서규환으로 하여금 오히려 내가 그에게 마르크스식 비판을 가하는 것처럼 느끼도록 만들고야 말았다. 따라서 그때보다 훨씬 신중한 방식으로 내가 생각하는 바를 다시 개진해본다.

포이에르바흐에 대한 마르크스의 11번 명제는 해석과 변경을 대비하는 바탕 위에 서 있다. 이 대비에서 해석이란 현장에서 한발 물러난 제3자적 관찰자의 입장에서 행하는 일이고, 변경이란 현장에 뛰어 들어가 사태의 타개에 도움을 주는 것이다. 구경꾼의 시각이 실존적 주체로부터 소외되어 있다는 중요한 진리에 관심을 환기한다는 점에서 이 대비 자체는 건강한 의의를 가진다. 극한 상황의 인간 행동에 대해 평시의 도덕률이 그대로 적용될 수 없다고 내가 위에 적은 말 역시, 실존적 선택의 상황과 제3자적 도덕 담론이 접촉점을 상실할 수 있음을 강조한 것이다.

실존과 담론 사이, 다시 말해 삶과 앎 사이, 다시 말해 정치와 철학 사이에서 발생하기 쉬운 소외를 어떻게 극복할 수 있을까? 마르크스뿐만 아니라, 그보다 훨씬 세심한 지성의 소유자였던 존 스튜어트 밀과 막스 베버조차도, 계몽주의라는 사조의 우산 아래서 인간 세계를 올바르게 해석하기 위해서는 자연과학의 이론에 버금가는 사회과학, 정치경제과학, 정신과학의 이론이 정립되어야 하고, 그 이론에 따라서 세계를 변경하는 것이 역사의 진보라고 믿었다. 윈치는 바로 이 지점에서부터 실존의 차원과 관찰의 차원이 혼동되고 있음을 지적한 것이다.

자연과학의 논리는 본질적으로 연구 대상의 내면성으로부터 초연한 제

3자적 시각 위주로 구성된다. 반면에 인간 사회를 이해하려면 외부적 범주만으로는 안 되고, 반드시 해당 사회의 구성원들이 무슨 생각을 하고 살아가는지를 동시에 고려해야 한다. 이 차이는 이미 『사회과학의 빈곤』에서 집요하게 발굴해 들어가는 주제고, 나도 이미 여러 번 반복한 사항이다."[646]

박동천은 마르크스의 11번 명제를 많은 학자들이 그렇듯이 오독했다. 그 오독 위에서 새로운 문제제기를 한 셈이다.

우선 원문을 읽어보자.

> "철학자들은 세계를 단지 다양하게 **해석**만해 왔다. 그런데 관건은 세계를 **변화**시키는 것이다." 독일어 원문은 다음과 같다: "Die Philosophen haben die Welt nur verschieden *interpretieren; es kömmt darauf an, sie zu verändern.*"

우선 유명한 이 명제적 표현에 대해서 잘 읽어보자. 해석과 "**해석**"(원문에서 이태릭체)은 그 의미가 근본적으로 다르다. 곧, 마르크스가 지금까지 "세계를 **해석**만 해왔다"고 진술했을 때, 존재론적으로 확정되어 있는 그 진리를 "해석하는" 데 지금까지의 철학이, 진리이론이, 머물러 있다고 확인하고, 그것을 비판했다. 이것은, 해석 일반을 부정하는 것이 아니라 플라톤 이래의 다양한 형태의 형이상학에 대한 총체적인 비판이었고, 진리이론에 대한, 철학에 대한 새로운 패러다임을 선언하는 것이다. 구체적으로는 포이에르바흐가 플라톤주의를 근본적으로 재생산하는 헤겔을 비판하고 있지만 여전히 헤겔의 사유 틀 내에서 벗어나고 있지 않다는 비판이었다. 마르크스는 "세계의 변화"를 말하면서 진리이론의 패러다임 전환을 주장했다. 그것은 새로운 해석론, 새로운

646) 박동천 해명.

변화론이었다.

이 오독을 일단 접어두고서, 박동천의 주장에 대해서 논의해 보자. 박동천이 "실존의 차원"과 "관찰의 차원"을 구분할 때, 이론적 헌정의 차원에서 관찰이 가능한가 아니면 참여, 박동천식으로 말해 실존의 차원에 있는가 하는 문제의식이 작동하고 있다고 말할 수 있겠다. 이것은 어디까지나 이론적 헌정의 차원이다.

실천적 차원에서 내가 정치적인 참여 (혹은 사회적 참여)를 어떻게 할 것인가 하는 물음은 이론적 헌정의 차원에서 일어나는 참여 논의와 다른 것이다. 박동천은 여기에서도 구별되어야 할 맥락들을 뒤섞고 있다.

인간이 인식할 때 모든 종류의 주관성(주체성)이 완전히 배제된 채 오직 객관적으로 그렇게 할 수 있는가 하는 물음에서 현상학에서는 그렇지 않다고 답했던 것이다. 현상학에서 배웠던 하이데거의 실존철학이 말하는 실존이라는 말은 인간의 인식이 박동천이 말하는 실존, 인간의 주관성(주체성)이 함께 참여하는 것임을 정초했다. 이제 존재 자체는 순수하지 않고 "세계 내 존재"(Sein in der Welt)이다.

나는 윈치가 이러한 입장과 강한 친화성을 가진다고 읽었고 나의 "서평"논고에서 이렇게 말했다.

> "윈치는 피터 라즐렛을 비판하면서 과학철학 등과 인식론 및 형이상학 사이의 관계에 주목할 것을 요청한다. 바른 방법을 세우고 그 다음 그 방법을 가지고 분석할 수 있는 개별 대상들이 있는 양 사유하는 태도를 그는 비판한다. 이 비판은 그가 사회과학과 철학 사이의 관계를 파악하는 데에도 해당한다. 사회과학과 철학이 각기 완전 분리된 채 별도로 있고, 그런 분리 상태에서, 사회과학이 철학과 어떻게 관계를 맺어야 하는지를 논의하는 것이 아니라, 사회과학과 철학의 본질에 대해서 (그 당시) 새로운 의문을 던졌던 셈이다. 양자는 분리되지 않고 처음부터 결합되고 뒤섞인 채

발전한다."[647]

그리고, 자연과학조차도 온전히 순수하게 "관찰의 차원"에서만 움직인다고 주장할 수 없다. 이에 대해서도 후설은 예컨대 〈기하학의 기원〉이라는 논고에서 주장한 바 있다. 또한 영국의 사회이론가 기든스가 "이중의 해석학"이라고 말했을 때 자연과학의 "참여"차원을 파악할 수 있다.

6.

1) 역사를 파악할 때 오늘의 관점에서 역사를 파악해야 한다. 앞에서 얘기했던 식으로 말하면 오늘의 관점에 "참여"의 맥락이 미리 작용하고 있고, 우리는 미래에 대한 규범적 기대를 하면서 과거의 경험들을 (재)서술해 나간다. 이러한 역사서술은 가치판단이 내재하고, 그런 한에서 규범적이다.

생활형식들 사이의 질적 차이, 혹은 평가를 내가 주장하는 데에 대해서 박동천은 다음과 같이 반론한다.

> "내가 생각하기에, 질적 우열이라는 개념의 일차적인 의미는 생활 형식 사이에서가 아니라 특정 생활 형식 내부에서 형성되는 것으로 보인다. 가령 원예라는 생활 형식 또는 스포츠라는 생활 형식 안에서 더 나은 기술이나 성과를 운위할 수 있는 여러 가지 질적 구분의 척도가 있는 것은 자연스럽지만, 원예와 스포츠 사이에서 질적 우열을 가리겠다고 하면 이상해진다는 말이다. 스포츠라는 생활 형식 안에서도 가령 야구 선수들의 기량을 비교하는 것이 야구 선수와 수영 선수의 기량을 비교하는 것보다 말이 되며, 야구 선수 가운데서도 투수의 기량을 비교하는 것이 투수와 타자를 비교하는 것보다 말이 되며, 투수의 기량을 비교할 때에도 가령 평

647) 서규환 서평.

균 자책점이라든지 승수 등의 개별적 차원에서 비교하는 편이 평균 자책점보다 승수가 더 우월한 기준이라는 식으로 비교하는 것보다 말이 더 잘 된다."[648]

박동천은 위 문단에서 매우 의미 있는 판단을 제시하고 있다. 곧 생활형식들 사이가 아니라 특정 생활형식 내부에서 질적 우열을 판단할 수 있다는 주장이다. 이 주장, 이 판단에 대해 나의 입장을 분명하게 밝히는 것이 좋겠다. 나의 비판적 현대성 이론에 의하면, 현대적 인간은 유적존재(Menschengattung)로 파악된다. 다시 말해, "현대성"속에서 인간과 비인간의 차이를 분명하게 통찰할 수 있게 되었던 것은 모든 독단을 비판하는 비판적 현대성의 사유 때문이다. 민주주의적 법치국가에서는 인간의 기본권들을 규정하고 있다. 성, 종교, 계급, 사상, 종족 등등에서 발견되는 차이가 있다고 해서 그것 때문에 차별을 받지 않아야 한다는 것이다. 나는 특정한 종족이 원래부터 우월하다거나 반대로 특정한 종족이 인종적으로 열등하다고 주장하는 것이 결코 아니다. 종족중심주의를 넘어서는 인간의 보편성을 주장한다.

나는 인류 전체라는 범주에서 생활형식론을 주장한다. 그런데 오해를 피하기 위해 미리 말해 두지만, 어느 하나의 특정 생활형식이 다른 그것들에 비해 원래부터 우월하다고 주장하려는 것이 결코 아니다.

나는 문화상대주의(cultural relativism)명제가 어떠한 실천적이고 이론적인 맥락에서 주장되었는지 잘 알고 있다. 또 그런 학문사적 배경을 시사한 바 있는데, 여기에서 독자들의 이해를 돕기 위해 그 배경을 잠시 회고해 보아도 좋을 것 같다. 그것은 다름 아니라 이른바 종족중심주의(enthnocentrism)를 비판하는 문화상대주의명제를 말한다.

문화인류학자들 가운데 문화상대주의를 주장하는 학자가 많았던 근

---

648) 박동천 해명.

거가 있었다. 종족중심주의의 편견에 그들은 주목했던 것이다. 종족중심주의는 자신의 사회의 문화적인 관습과 가정이 '표준적'이며, 나아가 가장 훌륭하다고 판단하는 믿음이다. 물론 이 믿음에는 자신의 문화적 관습이나 가정에 대한 비판적 성찰을 철저하게 가하지 않았던 오류가 있었다. 이 종족중심주의는 다른 문화들의 관행들과 믿음 형태들을 일탈적이며 비인간적인 것으로 판단하고서 '야만적인 것'이라는 이름을 붙이기도 했다. 제국주의시대에 접어들면서 이 종족중심주의는 자신과 다른 문화들을 부정하고, 다른 문화들이 그들 자신의 고유의 믿음과 관행 형태를 받아들이도록 강요하는 제국주의적 권력으로 나타나기도 했다. 이 권력과 지배의 행사는 식민지 지배를 정당화하는 이데올로기였다. 포스트식민주의 시대에서도 종족중심주의의 편견이 완전히 사라진 것은 아니다. 지배적인 종족적인 또는 종교적인 문화권력이 소수 민족 문화들을 전향시키려는 의식적 무의식적 시도가 일어나고 있다. "문명화"의 이름으로 말이다.

문화상대주의 명제는, 이러한 종족중심주의에 대항하여, 어떠한 문화나 사회조직도 다른 문화나 사회조직보다 우월하지 않다는 주장을 피력했다. 이 문화상대주의 명제는 각각의 문화를 내부에서 이해하려는 겸손한 이해의 태도를 가지고 있다. 특정 사회들과 그 사회들의 문화적인 사유를 이해할 때 이른바 내부적 논리(internal logic), 그 사회에 내재하는 논리를 부각시킨다. (이 문화상대주의명제에 대해서 그동안 다양한 비판들이 있었다. 그리하여 문화상대주의자 내에서도 강한 문화상대주의에서 약한 문화상대주의로 이동하는 모습도 보였다.)

나는 "서평"논고에서 윈치가 문화를 파악할 때 권력과 지배의 관계를 이론화하지 못하여 문제가 있다고 비판했다. 문화의 가치와 믿음은 온전히 자율적인 것이 아니다. 그것은 매우 역사적, 사회적, 정치적 구조와 관련되어 그것들을 정당화한다. 그것은 진화과정과 때로는 혁신과정을 거친다. 문화변동은 경제적, 정치적 변화와 상호 영향을 주고 받는다.

그리고 박동천의 반론에 대해 반론하는 논고에서 외국어를 배울 수 있으며 번역할 수 있다고 말했다. 그것은 나의 책 『열린총체성의 해석과 정치』(다인아트, 2009)에서 논술했듯이 언어의 보편성을 다르게 표현한 것에 다름 아니다.

내가 "열린총체성"이라 부르고 그 이론화를 시도해온 것은, 생활형식들 사이의 공존을 이론화하려는 기획인데, 그 공존은 있는 그대로의 생활형식들 그 자체로 정당하다고 소박하게 믿는 태도와는 거리가 매우 멀다. 내가 비판적 합리성을 강조하는 이론적 실천적 맥락도 이와 무관하지 않다.

그리고 다시 말하지만, 비트겐슈타인의 생활형식론은 일차적으로 언어의 "문법", 언어본질의 근본적 이해와 관련되어 철학적으로 논의되었다.

문화상대주의명제는 한 문화권 내에서 문화변동도 설득력 있게 설명하지 못한다. 한국의 경우, 기독교 문화가 수용되기 이전으로 이를테면 샤머니즘으로 회귀해야 한다는 주장을 피력하려는 것인가, 아니면 여전히 현대 한국사회에 남아 있는 샤머니즘은 한국문화의 원형으로써 앞으로도 지켜가야 한다고 논술하려는 것인가? 그리고, 문화는 고립된 채 있는 것이 아니라 총체성과 관련하여 역사적으로 변동한다.

이 맥락에서 박동천이 예로 설명하고 있는 "원예라는 생활형식", "스포츠라는 생활형식"이라는 표현에 대해서도 언급하고 넘어가야 할 것 같다. 정당하게 표현하자면, 원예와 생활형식, 스포츠와 생활형식 등으로 수정되어야 한다. 박동천이 바르게 주장하고 있듯이 동일 범주 아래에 있는 것들을 비교, 평가할 수 있다. (비교, 평가는 가치판단에 속한다. 주술적 사유에 비해서 비판적 현대성의 사유가 더 합리적이라고 말할 때 가치판단이 있는 것이다.) 그렇다고 원예와 스포츠가 사회의 총체성과 절대적으로 분리시켜 놓고서는 서로 다른 범주의 것이라고 단정할 수는 없다. 예컨대, 사람들이 사용할 수 있는 한정된 시간을 원예, 스포츠 가운데 어디에 사용할 것인가 하는 문제틀을 도외시할 수 없기 때문이다. 더구나 그 사람들이 어떠한 물적 조건 아래 있는가에 따라 원예, 스포츠 가운데 선택 가능한 판단을 할 수 있다. 오늘날 생활형식을 국가적으로, 범지구적으로 어떻게 결정하는가에 따라 사람들이 이를테면 원예, 스포츠를 선택하는 판단이 달라질 수 있다. 이런 맥락에서 원예와 스포츠가 완전히 별도의 것이라 판단할 수는 없다.

2)

(1) 박동천은 원시적 삶의 형태와 현대적 삶의 형태를 총체적으로 비교할 때 질적 차이를 말할 수 없다고 주장하면서 그 예증으로 제2차세계대전을 들었다. 더 정확하게 말하면, 박동천은 제2차세계대전에서 살해된 자의 숫자가 원시적 고대의 어느 원시부족사회에서 살해된 그것에 비해서 단순 계산하여 더 많았다는 논거를 제시한다. 나는 이와 달리 생각한다. 물론, 이 사실을 논거로 하여 현대성이 원시성과 비교해서 질적으로 더 저급하다고 판단해서는 안 된다. 첫째, 그 원시적 삶의 공간이 현대적 삶의 공간에 비해 비교할 수 없을 정도로 좁은 조건하에서, 그들은 타민족(들)을 살해했던 것이다. 둘째, 원시적 부족은 현대인들과 비교해서, 그 직접적인 간접적인 경험이 매우 적었다는 점에서, 성찰의 기회가 적었다. 생활영역이 상대적으로 좁았다. 셋째, 나는 사유에 대해서 말하는데, 박동천은 역사적 사건에 대해서 말한다. 제2차세계대전의 사회사에 대해서 그동안 많은 연구들이 있었다. 히틀러의 전체주의가 그 발발 원인이었다. 경제사적 연구의 논거를 부정하려는 것이 아니다. 사유를 얘기하는 맥락이어서 파시즘의 전체주의를 가능케 하는 사유를 거론하고자 할 뿐이다.

(2) 우리는 주술적 사유와 현대적 사유를 비교, 평가하는 여기에서

사상의 맥락에서 전체주의 문제를 다시 거론하지 않을 수 없다.

원시적 사회의 서사가 전체주의적임을 지적할 수 있다. 원시적 사회에서 서사는 너무도 정합적으로 조직되어 있으며 이 정합성은 서사가 전달되는 방식에 따라 더욱 강화되어서 그 서사구조에서 벗어나는 새로운 얘기는 거의 차단된다. 원시적 사회는 닫힌 총체성의 문화 속에 있다. 닫힌 동일화는 절대적이며 정체성은 닫힌 구조 안에서만 확인된다. 닫힌 서사 구조 밖으로 벗어나는, 해방되는 길은 없다. 프랑스 탈현대주의자 리오타르는 원시인인 카시나와인들은, 어떤 이야기(신화, 동화, 전설, 혹은 전통적 이야기)를 할 때 항상 도식적 형식으로 시작하여, 변함없이 정해진 도식에 따라 끝난다고 지적한 바 있다. 리오타르가 정확하게 짚었듯이 원시적 사회의 서사구조, 서사배열장치와 리오타르가 해체의 대상으로 삼고 있는 계몽주의적 현대성이 차이가 없지는 않다. 지배를 정당화하는 거대서사라는 점에서는 동일하지만, 후자는 칸트적 의미에서 세계주의적인 것이다. 이 현대성에서 거대이야기는 개별적 문화 동일성에서 보편적 시민 동일성으로 '넘어가는' 것에 관심을 갖고 있지만, 이런 넘어감이 어떻게 가능한지에 대한 문제는 불투명하게 남아 있다.

한편, 원시사회 속에는 자신의 원시사회를 "시민사회"로 지양시킬 수 있는 그 어떤 대안적인 것의, 이질적인 것의 허용도 있지 않다. 리오타르가 『지식인의 종언』에서 지적하듯이, 계몽주의적 "현대성"의 거대담화는 원시적인 닫힌 문화를 세계주의적으로 재생산할 뿐이다. 구조적 문화인류학에서 후기구조주의로 넘어가는 학문사에 정통한 자라면 그가 무엇을 겨냥하는지 벌써 간파했을 것이다. 원시적 사회를 분석했던 레비-스트로스이다. 리오타르는 레비-스트로스를 해체하면서 이렇게 적었다. "인류학자는 원시인들의 서사와 그 규칙들을 묘사한다. 이때 그 자신은 원시인들의 서사규칙과 이에 고유한 담론양식 간에 연속성을 상정함이 없이 인지적 장르의 규칙들에 따라 묘사한다. 그러나 레비-스트로스적인 설명에서는 인류학자는 신화와 이것의 해명 사이에 기능적인 다시 말해 구조적인 동일성을 상정할 수 있지만, 그 대가로 이들 중의 하나에서 다른 하나로의 지적 이행을 발견하려는 시도는 좌절되고 만다. 동일성만 있을 뿐, 역사는 존재하지 않는다." 혹시 내가 리오타르를 이론적으로 추종하는 것으로 오해할지 모르겠다. 오해를 미리 피하기 위해 밝히자면, 나는 보편사, 일반사를 부정하는 리오타르를 비판해 왔다. 다양한 보편사들이 가능하다. 문제는 그것들 사이에 확정적인 모순은 없어야 한다는 것이다.

원시적 사회는 범시간성(초시간성)을 보장하고 공간은 유한하다고 보장한다. 그것은 왜 역사적 변동이 일어나기 어려웠는지를 설명해 준다. 이 범시간성을 보장해 주는 작용은 다음 두 가지이다. 그 하나는, 그 수가 한정되어 있고, 시간에 의존하지 않는 체계에 따라 개인들에게 분배되어 있는 이름들의 불변성이다. 다른 하나는 이야기 방식에서 세 가지 서사적 심급들, 즉 이야기하는 사람, 이야기를 듣는 사람 그리고 주인공 내에서 이름이 붙여진 개인들이 자리를 바꿀 수 있는 것이다. 리오타르는 이런 언어적 장치는 우리의 첫 번째 통치형식, 즉 칸트가 전제적이라고 부른 체제에 대한 그리고 이에 상응하는 규범적 기능의 정당화에 대한 예증적인 성격을 지니고 있다고 해석했다. 리오타르를 더 들어볼 가치가 있다. "명사들, 혹은 크립케(Kripke)가 말하듯이 '엄격한 지시자들' (désignateurs rigides)은 문화적 세계와 다름 아닌 이름세계(monde de noms)를 규정한다. 이 세계는 유한하다. 여기서 사용가능한 명사의 수는 유한하기 때문이다. 이 세계는 옛날부터 항상 그런 세계였다. 인간 각자는 다른 이름들과의 관계를 규정하는 어떤 이름을 갖고 이 세계 속에 자리하고 있다."

카시나와인은 스스로 자신을 '참된 인간'이라고 부르는 한편, 자연의 사건이든 인간의 사건이든, 자신의 전통에 벗어나는 것이면 모두 참된 것이 아니라고 판단한다. 그런 것들은 허가된 것이 아니기 때문이다.

다시 말해, "참된" 것이 아니라고 판단하기 때문이다. 카시나와 종족은 자신의 서사를 전달함으로써 법을 제정하며, 서사를 행함으로써(명사들이 모든 종류의 의무를 야기하기 때문에) 집행권을 행사한다. 이런 서사적 실천은 다름 아니라 정치를 목표로 하고 있다고 말할 수 있다. 그런데 그 정치는 서사에 의해 확립된 삶의 총체성 속에 갇혀 있다. 그런 한에서 그것은 일종의 전체주의적 정치이다.

3) 우리는 원시적 사회의 원시적 사유, 주술적 사유를 비판해야 한다. 주술적 사유는 오늘날에도 사라지지 않았다. 공적 공간에서 공적 이성의 공간보다는 사적 공간에서 여전히 주술적 사유가 완전히 사라지지 않았다.

7. 박동천은 내가 규범은 인간의 행위를 가능하게 하는 제약적 조건이라고 진술하자, 도저히 이해할 수 없다고 말한다. 윈치를 읽었던 그가 왜 이렇게 말할까, 한참 생각했다.

규범은 인간들 사이의 행위이론적 조건으로, 인간의 자유의 조건이다. 이해를 돕기 위해서 구조론자와 행위론자 사이의 논쟁을 말하자. 이 논쟁에서 기든스는 구조는 인간의 행위를 가능케 하는 조건이라고 논술했다. 요점은 여기에서 규범의 차원에서는, 구조는 확정되어 있는 것이 아니라 구조화 과정이 있다는 것이다.

그런데 규범의 인식론적 의의는 윈치가 1990년 제2판 서문에서 자기비판을 개진했을 때 어느 정도 시사되어 있는 것 같다. 다시 말해서, 비트겐슈타인은 『철학적 탐구들』(Philosophische Untersuchungen), 제81문단과 제82문단에서 논리학이 일종의 규범적 학문(eine normative Wissenschaft)이라는 램지(F.P.Ramsey)의 말을 회고하고서 언어와 놀이 사이의 비유(Analogie)를 진술했는데, 이 진술에 대하여 윈치는 뒤늦게 1990년의 그 자기비판적 서문에서 다시 주목하고 있다. 윈치의 말을 들어보자.

"#81. 램지는 언젠가 나와의 대화에서, 논리학은 일종의 '규범적 학문'이라고 강조했다. 그 때 그에게 어떤 생각이 그렇게 말하도록 했는지 정확하게는 나는 알지 못한다. 그러나 그것은 나에게 나중에서야 비로소 떠오른 생각, 즉 철학에서 종종 우리는 낱말들의 사용을 확정적 규칙들에 따르는 놀이들, 계산들과 **비교**하지만, 언어를 사용하는 사람이 그러한 놀이를 놀고 있음에 **틀림없다고** 말할 수는 없다는 생각과 의심할 바 없이 밀접하게 연관되어 있었다. – 그러나 이제 만일 우리가, 우리의 언어적 표현은 그러한 계산들에 **단지 근접**해 갈 뿐이라고 말한다면, 이로써 우리는 곧 어떤 오해 직전에 있다. 왜냐하면 마치 우리는 논리학에서 어떤 하나의 이상적 언어에 관해 이야기하고 있는 듯이 보일 수 있기 때문이다. 마치 우리의 논리학은 말하자면 진공을 위한 논리학인 듯이. – 하지만 논리학은 자연과학이 자연현상을 다루는 것과 같은 뜻에서 언어 – 및 사유 – 를 다루지는 않으며, 우리가 말할 수 있는 것은 기껏해야, 우리는 이상적 언어들을 **구성**한다는 것이다. 그러나 여기서 '이상적'이라는 낱말은 오해를 초래할 우려가 있다. 왜냐하면 그것은 마치 이러한 언어들이 우리의 일상 언어보다 더 낫고 더 완전하다는 듯한 소리로 들리며, 또 마치 올바른 문장이란 어떻게 보이는 것인지를 사람들에게 최종적으로 보여주기 위해서는 논리학자가 필요하다는 듯한 소리로 들리기 때문이다. 그러나 이 모든 것은 우리가, 이해한다, 뜻한다, 생각한다 라는 개념들에 관해서 더 큰 명료성을 획득했을 때에야 비로소 올바른 빛 속에서 드러날 수 있다. 왜냐하면 그때는 또한, 어떤 하나의 문장을 발언하고 그것을 뜻하거나 이해하는 사람은 정해진 규칙들에 따라서 어떤 하나의 계산을 행하고 있다고 생각하도록 우리를 미혹할 수 있는 (그리고 나를 미혹한 바 있는) 것이 무엇인가도 분명해질 것이기 때문이다."[649]

649) Wittgenstein, *Philosophische Untersuchungen*, Sukrkamp, #81, #82, 그리고 영어판,

윈치가 이렇게 이 문단들에 주목했어야 했다고 1990년 제2판 서문에서 자기비판을 고백한 이론적 맥락에 주목해야 한다. 그 내용은 다음과 같다.

첫째, "인간 생활에 있어서 사고가 적용될 수 있는 여러 양상들이 모두 동일한 평면 위에 자리 잡고 있다고 보는 것이 잘못 되었다"는 것이다.

둘째, "과학과 도덕을 마치 서로 대등한" 활동의 형식으로 말하는 것은 잘못되었다. 과학과 종교에 관해서도 비슷한 점이 지적될 수 있다는 것이다. 동일한 방식은 아니지만.

셋째, "서로 다른 사회생활의 양식 사이에 각 특성들이 중첩"될 수 있다고 말했지만 "그것으로는 사회생활의 여러 양식들이 각기 나름대로 자율적이라는 시사에 맞서 균형을 이루기에는 불충분하다. 사회생활의 여러 양상들이 단순히 '중첩'되는 것만은 아니다. 그것들은 상호 간에 내면적으로 연관되어 있어서 그 중 하나가 나머지와 분리되어 존재하는 것으로는 생각할 수조차 없는 경우가 자주 있다." 윈치의 이 자기비판은 충분하게 개진되어 있지 않다. 하지만 종교에 대한 인간의 사유와 과학에 대한 인간의 사유는 분리되지 않는다는 통찰에 이른 것이 아닌가 싶다.

박동천은 윈치의 이 자기비판의 논지를 통찰하고 있지 못하고 있고, 자신이 이해하는 식의 "1958년"의 그 윈치 품안에 있으려 하는 것 같다.

8. 나는 생활형식의 합리성을 말할 때 고정된 하나의 (종족중심주의적) 표준을 확정짓고 있지는 않다. 내가 '열린총체성'이라 명명하고 그 이론을 주장하는 논거의 하나도 사실 어느 하나의 표준을 확정짓고서

Philosophical Investigations, Basil Blackwell Oxford, 1978 3rd edtition, translated by G.E.M.Anscombe,를 참조하여, 비트겐슈타인, 『철학적 탐구』, 이영철 역, 서광사, 1994. 번역을 수정했다.

이 표준으로 환원시키려는 사유를 비판하려는 것이다. 그리고 생활형식의 총체성을, 합리성을 헌정하는 어느 개별적인 요소나 측면(이를테면 객관적 세계의 객관성)을 기준으로 삼아 판단하면 분명 문제가 될 수 있다. 객관적 세계, 주관적 세계, 사회적 세계 사이 "기우뚱한 균형"(아도르노)의 조화로운 합주가 필요하다.

윈치(적어도 1990년 자기비판 이전의)는 일종의 문화주의적 편향에 갇혀 있다. 객관적 세계, 곧 인간이 대상을 인지하는 차원과 사회적 세계, 곧 인간들 사이의 관계의 차원이 상대적으로 제한되고, 오직 주관적 세계만이 강하게 재생산되는 원시적 사유를, 각 문화의 고유한 문화를 변동불가능한 것으로 이해하는 문화주의의 논리로 변론한다.

총체성들 사이의 비교, 평가를 해야 하며, 각 세계 내에서의 가치평가는 사회의 총체성 이해에 도움을 주지만 그 자체로 온전한 것이 아니다. 우리는 어떻게 해야 하는가? 첫째, 각 세계의 맥락에서 주술적 세계와 현대적 세계를 비교, 판단해야 한다는 것을 배제할 수는 없다. 이를테면 객관적 세계에서 인간의 인지적 활동은 두 세계에서 어떻게 되는 것인가 하는 물음을 제기할 수 있다. 둘째, 1990년 제2판 서문에서 윈치가 불확실하게 시사했듯이, 이들 각 세계가 중첩되고 있다는 점에 우리는 주목해야 한다. 원시적 사회에서 식인습속은 원시적 사회의 주술적 사유의 총체성과 무관하지 않다. 생산력의 발전, 민주주의적 법치국가, 문화적 다원성과 그 관용 등의 관점에서 비교, 판단할 수 있고, 그것들 사이와 그것의 종합과 관련한 총체성의 판단이 있어야 한다. 셋째, 인간 삶의 경험들에서 비판적 현대성의 사유가 원시적 삶에서 배울 지혜가 있다면 배울 수는 있는데, 여기에서 배운다는 것의 의미는 그것을 단순하게 모방한다는 것이 아니다. 학습 개념은 비트겐슈타인이 "규칙을 따르기"론에서 얘기했던 그것이다.

제9장
사유의 비판적 윤리
-나는 어떻게 사유하고 글을 쓰는가

I. 나는 어떻게 사유하고 글을 쓰는가

1. 대화의 자리

먼저 이렇게 좋은 대화의 자리에 초대해 주셔서 감사드립니다. 이곳 전북대에서, 몇 년 전에 〈왜 정치적 상상력인가?〉라는 제목으로 쿠르베의 그림 〈예술가의 아틀리에〉를 중심으로 얘기를 나누었던 기억이 아직도 생생합니다. 그러니까 이번이 두 번째입니다. 오늘 이 토론의 마당에 주제가 되는 것은 제 정치-사회비평집 『비판적 시대정신』인데, 아마도 너무도 많은 주제들이 얘기되고 있어서 토론이 좀 산만해지지는 않을까 하는 염려도 있긴 합니다만, 졸저에 대해서 토론할 기회를 부여해주신 주체 측에 다시 한 번 감사의 인사를 드립니다. 특별히 박동천교수님에게 좋은 인상을 가지고 있다는 점을 밝히고 싶습니다. 여러분들도 이미 잘 알고 있으시겠지만, 박사학위를 받고 교수가 되면 공부하지 않고 세속적 출세의 가게에 기웃거리거나 빈둥거리는 대부분의 한국 정치학자들과는 달리, 박교수님은, 꾸준하게 책을 내고 번역서를 내고 있는 모범적 학자입니다.

2. 당대 사상가들과의 비판적 대화들 사이에서

『비판적 시대정신』이라는 단행본은 저의 일곱 번째 책입니다.

1) 『현대성의 정치적 상상력』(1993), 『비판적 현대성의 정치적 이론』(2006), 『정치적 비판이론을 위하여』(2006), 이 세 권, 이 삼부작에서 저는 주로 우리 시대의 주요 사상가들(특히 정치이론과 사회이론)의 논술들에 대해서 개입하여 제 논술을 전개하는 방식으로 글쓰기를 했습니다. 독일에서 오페교수님과 코젤렉교수님의 지도 아래 박사학위논문을 쓰고 귀국한 다음에, 주로 청탁을 받고 글을 쓰는 길을 한동안 걷게 되었는데, 이 무렵부터 우리시대의 주요 사회·정치사상가들을 섭렵해 보자는 계획을 세우고 있었던 것으로 기억됩니다.

거칠게 열거해 보자면, 아도르노(Th. Adorno), 벤야민(Walter Benjamin), 마르쿠제(Herbert Marcuse), 하버마스(Jürgen Habermas), 오페(Claus Offe), 프라이어(Hans Freyer), 게엘렌(Arnold Gehlen), 셸스키(Helmut Schelsky), 알튀세르(Louis Althusser), 풀란차스(Nicos Poulanzas), 테르보른(Göran Therborn), 페쇠, 루만(Niklas Luhmann), 아그네스 헬러(Agnes Heller), 무페(Chantal Mouffe), 가다머(Hans Gadamer), 푸코(M.Foucault), 데리다(Jacques Derrida), 벨(Daniel Bell), 포스터(Mark Poster), 카스텔(Manuel Castells), 헤르만 헬러(Herman Heller), 리오타르(J. F. Lyotard), 장 보드리야르(Jean Baudriard), 울리히 벡(Ulrich Beck), 기든스(Anthony Giddens), 스코트 래쉬(Scott Lash), 스티븐 룩스(S. Lukes) 등등이 구체적 예에 속합니다.

그리고 홉스, 루소, 쉴레겔, 노발리스, 헤겔, 마르크스, 베버, 뒤르켐, 후설, 하이데거, 사르트르, 메를로퐁티, 리쾨르가 그 배후에 있었다고 말할 수 있겠습니다.

이 삼부작에 대해서 제가 듣고 있는 논평들은 한 마디로 어렵다는 것입니다. 벨을 읽은 사회학교수는 벨을 논의한 부분은 읽히는데 다른 부분들은 읽기 어렵다고 말합니다. 벨 논고가 이해되었던 까닭은, 그가 벨의 저술들을 읽었던 가운데 제 벨비평논고를 읽었기 때문입니다. 리오타르논고가 이해되지 않았던 까닭은, 제가 리오타르를 단순하게 소개하지 않고 제 자신의 비판 관점에서 독해했기 때문입니다. 말하자면 선(先)지식(Vorkenntnisse)이 너무도 부족했던 것이지요.

2) 『비판적 시대정신』은 이 삼부작과는 달리 주로 시사성이 상대적으로 강한 주제들에 대한 글들로 엮어진 책입니다. 이 책을 읽은 제 주변의 벗들은, "잘 읽었다"고 말하는가하면, "읽힌다"면서 "앞으로 이렇게 글을 써라"고 응답해 옵니다. 사실, 저는 이렇게 말하는 그들이 제 이 책을 어떻게 읽었는지, 궁금합니다.

좋은 글이란 쉽게 넘어가는 죽이 아니라 섬유질 가득한 밥이라고 적었던 적이 있습니다.

이번 학기에는 도시계획학과 대학원에서 세미나 강좌요청이 있어서 거절하지 못하고 발터 벤야민의 『Das Passagen-Werk』(영어로는 Arcade project) 중에서 H 항목인 수집가 항목[H der Sammler]을 한 학기동안 읽었습니다. 총 페이지는 pp.269-280, 그러니까 12페이지입니다. 문헌학적 엄격독해라고 말할 수 있는 학문연구의 기본 독해방식에 한국의 학자들이 매우 부족한 듯합니다.

예컨대, 타르코프스키, 카프카의 이해에서도 저는 팽배해 있는 애호분위기와 다르게 해석하고 판단을 내리고 있는 점에 주목해 주었으면 합니다.

3. 좌표적 글쓰기(사유의 위상론)

1) 유형론을 설정하고, 유형론설정에 적용되는 기준들의 의미를 밝히면, 그 다음에는 주로 제가 비판하려는 이론들의 주장들을 관찰하는 언어로 진술합니다. 그렇게 진술하게 되면, 제 이론적 위상과 타자들의 위상들이 다르게 나타나게 됨을 알 수 있게 되는 것이지요. 그 관찰의 언어는 궁극적으로는 내재적 비판의 언어, 참여적 언어에 다름 아닙니다. 이 같은 글쓰기, 사유를 좌표적 글쓰기, 사유라고 명명할 수 있겠습니다. 벤야

민의 글쓰기를 분석하면서 수잔 벅-모스는 자신의 책 『발터 벤야민과 아케이드 프로젝트』(문학동네, 2004)에서 벤야민의 위상론적 사유를 잘 짚어내고 있습니다만, 벤야민의 언어가 쉽게 읽혀지지 않는 까닭은 부분적으로는 이 같은 글쓰기양식과 관련되어 있기도 한 것 같습니다.

2) 그런데 『비판적 시대정신』에 포함되어 있는 다수의 단평들은, 일단은, 좌표적 사유의 본격화는 아니라고 말해야겠습니다. 그렇게 할 수 없는 형식이 요구되고 있기 때문입니다. 신문의 경우, 대개의 경우, 단 하나의 단평으로 처음부터 끝까지 완결되어야 할 것을 요청받고 있다고 말할 수 있겠습니다.

3) 시대정신을 말하는 한에서 총체성을 말하지 않을 수 없습니다. 헤겔에서 정신(Geist)이라는 개념은, 총체성개념과 연관되어 있기 때문입니다. 시대정신개념에 대해서는 『비판적 시대정신』 "서문"에서 밝혔으므로, 여기에서 다시 그대로 반복하지는 않겠습니다.

헤겔은 그냥 형식적인, 오직 이익들의 일반화에만 근거하는 "도덕적 관점"의 추상성이 삶을 온전히 파악하지 못한다고 판단하여 그러한 도덕적 관점을 비판하면서, 자신의 강한 제도주의를 정초합니다. 칸트는 정언명법(Kategorischer Imperativ)에서 도덕적 관점을 표현해내는데, 헤겔은 이와 같은 보편주의적 의무윤리론(Pflichtethik)이 공허하다는 지적이지요. 칸트의 의무윤리론의 추상과정을 검토하면서, 헤겔은 칸트의 윤리론의 한계를 다음과 같이 압축했습니다.[650]

첫째, 도덕적으로 행위하는 인물들의 사실적인 동기들(Motiven)이나 취향(Neigungen)을 간과하고 있다는 점, 인륜적 제안들이 선호들(Pfräferenzen)과도, 또한 사회화과정에서 형성된 욕구상황들(Bedürfnisdispositionen)과 가치정향들과도 관련을 맺지 못한다는 점입니다.

650) J.Habermas, *Zeit der Übergänge*, Frankfurt am Main: Suhrkamp, 2001, pp.67f.

둘째, 칸트의 윤리론은, 행위자들에게 경우에 따라서는 귀속되는 보상적 행위귀결들을 예측하는 것의 문제에 대해서 철저하게 고려하지 못하고 있다는 점입니다. 상황을 개관할 수 없는 의도는 좋을지라도 나쁜 귀결로 이어지는 경우가 종종 있는 것입니다. 칸트는 각 개인들[개별자]의 동기(Motivation)를 너무 과잉 요청했을 뿐만 아니라 각 개인들의 인지적 능력을 또한 과잉 요청하고 있는 것입니다.

그리고, 셋째로, 일반적 규범들을 구체적 사례들에 적용하는 문제를 철저하게 고려하지 못한다는 것입니다. 그런 문제는 다양한 규범들이 동일한 비중을 가지고 적합해 보이면서, 서로 충돌·위반(kollidiern)할 때 첨예화한다는 점입니다.

헤겔은 칸트의 윤리론에서 각 개인들의, 개별적 차원에서 요청하는 추상적 도덕이 동기부여와 인지를 지나치게 높게 요청하고 있다고 비판했습니다. 헤겔의 대안은 제도적 차원에서 각 개별자에게 지워져 있는 도덕의 과잉부담을 덜어 내려는 것이며, 주관적 정신이 해낼 수 없는 한계를 인정하고 그것을 객관적 정신을 통해서 보상하려는 것이었습니다. 헤겔에서 객관적 정신은 지성적 법칙과 제도로 구체화되고, 이런 구체화 속에서 인륜적인 것이 확고한 내용을 가지게 된다는 주장이지요. 국가와 사회의 제도화에서 헤겔은 주관적 정신의 지평 한계를 넘어서는 이성의 구체성을 읽어내려는 시도를 단행했던 것입니다.

첫째, 헤겔은 제도화를 "인민의 정신"(Geist des Volkes)의 객관화로 이해합니다. (이와 비슷한 이해는 Gehlen에게서도 읽을 수 있습니다.)

둘째, 제도화는 일반적 이익의 구체화로서 공적 대표(Repräsentanz)에 근거하는 것이라 헤겔은 이해합니다. 헤겔의 대표[재현]개념은 인민의 대리(Volksvertretung)로서 뿐만 아니라, 본질(Wesen)이 현상속에서 상징적으로 현재화하는 것의 관계로 이해되고 있습니다.[651]

---

651) G.W.F.Hegel, *Grundlinien der Philosophie des Rechts*, Frankfurt am Main, Suhrkamp, 1970, p.480, §311를 참조하라.

그리고, 셋째, 제도의 본체적 인륜성은 각 개인의, 개별적인, 도덕적 인물의 소박한 의도들에 대해서 우월한 권위를 요청합니다.

헤겔은 이미 이른바 예나시절에 주관과 객관을 넘어서는 제3의 범주를 도입하고 있었습니다. 이 범주는 객관적 정신이 내적인 것과 외적인 것으로 나뉘어지기 이전에 오는 것이라 이해했습니다. **언어**라는 기호 속에서 비물적인 의미들이 표현되고, **몸**(Leib)의 표현적 몸짓 속에서 정신적 미동(die psychische Regung)이, 노동하는 육체의 움직임 속에서 **행위하는 자**(des Handelnde)의 지적인 의도가, 행위자들 사이의 상호인물적(interpersonal) 관계 속에서 인물의 자기의식이, 행동방식, 제도, Sitten 속에서는 **인민의 정신**이 표현된다는 것입니다: "인민의 정신은 영구히 작품이 되어야 한다."[652]고 헤겔은 말합니다.

헤겔의 인륜성론은 소박한, 주관적인 것일 수 없는 인간적 정신의 구성적이면서도 동시에 사회적인 특성에 대한 통찰에서 나온 것입니다. 왜냐하면 인간적 정신은 제2의 자연(der zweite Natur)의 상징적으로 성립하는 객체화속에서만 성립할 수 있기 때문이지요. 이런 맥락에서 (보면) 헤겔은 데카르트주의에서 벗어나고 있습니다. 인간적 정신은 오직 간접적으로만, 곧 세계와 맺는 관계는 오직 상징적으로 매개되는 과정을 거쳐서 자기 자신을 만난다는 것입니다; 인간적 정신은 "머리 속에" (Im Kopf) 현존하는 것이 아니고, 공적으로 소통되는, 상호주관적으로 양해되는 상징적 진술과 실행의 앙상블 속에서 현존합니다.

1920년대와 1930년대에 철학적 인간학은 이러한 맥락에서 헤겔에 빚지고 있습니다. 그렇지만 에른스트 카시러(Ernst Cassirer), 헬무트 플레스너(Helmut Plessner) 그리고 아놀드 겔렌(Arnold Gehlen)은 각기 독특한 방식으로 헤겔의 관념론을 넘어서려는 방식에서 헤겔의 정신적 계승자였는데, 저는 특별히 카시러의 상징철학에 관심을 가지고 있습

652) G.W.F.Hegel, *Jenaer Systementwürfe I*, Frgm. 22, Hamburg, 1986, p.224; Habermas 2001: 70에서 재인용.

니다.[653] 하버마스는 이렇게 말합니다.

> "객관적 정신의, 인륜성의, 제도의 개념주조들이 헤겔의 시스템을 형성하고 있다. 이성의 통합하는 결속이 허물어진 다음에, 인륜성의 파악은, 헤겔이 이 인륜성 파악을 구축했을 때의 저 구성요소들, 즉 언어, 노동, 상호작용이라는 세 구성요소들은 분할되었다."[654]

한마디로 말하여, 제 시대정신개념은 여기에서 헤겔의 의미에서 절대정신이 아니라 다양하고 이질적인 상징적 세계들이 소통하는 그 과정을 포용하는 의미로 사용하고 있습니다.

시대정신의 개념사적 구조변동을 말하지 않을 수 없습니다. 그 까닭은, 현대성의 특성, 곧 과거가 모델이 될 수 없기 때문이지요. 우리시대, 적어도 보들레르 이후 현대성은 과거와 지속적으로 단절하려 하며, 현재는 미래에 대한 기대를 품고, 과거를 넘어서려 하는 맥락에서 이해됩니다. 이런 맥락에서 우리시대에서 현재의 의미에 대해 이렇게 표현할 수 있겠지요.

절대적 이념이 탈역사적으로 미리 있다고 믿는 형이상학의 시대가 저물고 난 뒤에 현재의 우리가 준거할 수 있는 것은 과거의 전통이라고 믿는 사유가 여전히 살아 있습니다. 해석학적 전통이 그러한 구체적인 예이며, 해석학에 의지하지 않고서도 전통이라는 이름아래 기대는 보수주의적 사유가 여전히 목소리를 내고 있습니다. 그렇지만, 우리의 현재는 자신의 방향을 준거할 수 있는 모델로서의 과거가 타당성을 얻고 있지 못합니다. 더구나 이른바 후후발국가인 한국의 경우, 그 어느 국가나 문화권에서 과거의 전범들로부터 오늘의 방향설정을 위한 척도를 빌려올 수 없습니다. 한국은 스스로 자신의 발전모델을 창의적으로 구

653) Habermas 2001: 70-71.

654) Habermas 2001: 70.

축하고 자신의 규범성을 스스로 장안해 내면서 나아가야 하는 과제를 가지고 있습니다. 계승해야 할 전통은 과거에 있는 것이 아니라 미래에 있고 그것이 개혁의 과제 속에 포함되어 있다고 말해야겠습니다. – 하버마스는 유럽 맥락에서 다음과 같이 피력한 바 있습니다: "현재가 자신이 나아갈 방향을 주저 없이 맞출 수 있었던 본보기적 과거는 이제 빛이 바래 창백할 뿐이다. 현대는 이제 더 이상 다른 시대의 전범들로부터 방향설정을 위한 척도를 차용할 수 없다. 현대는 오로지 자신의 힘으로 서야 한다는 사실을 깨닫는다. 그것은 자신의 규범성을 스스로 창조해야만 한다. 진정한 현대는 이제부터 전통의 계승과 개혁이 서로 맞물려 있는 장소가 된다."[655]

과거에 본보기로 생각했던 그 과거, 전통으로 생각했던 그 과거는 현재의 지배권력이 비판적 성찰이 침묵하고 있는 가운데 자신의 현재적 지배를 정당화하는 수단이었고, 과거에도 과거는 하나가 아니었습니다. 지배적인 전통이 있고 허약한 다른 과거들이 있었다고 말할 수는 있겠습니다.

참다운 시대정신은 비판적 시대정신일 수밖에 없는데 시대정신은 이미 존재하는 어떤 무엇, 나아가 전통에도 기댈 수가 없기 때문입니다. 이런 한에서, 비판적 시대정신은 매개로 파악되며, 이 매개화 과정에서 정치적 사유가 작동하는 것입니다. 비판적 시대정신은 역사적 사유와 유토피아적 사유의 긴장 속에서 운동합니다. 역사적 사유는 유토피아적 사유 없이는 자신의 세계가 설정되지 않으며, 유토피아적 사유는 역사적 사유와 더불어 나타나게 됩니다. 그것은 세계를 가능하게 해주는 지평인 것이지요.[656]

역사적 사유와 유토피아적 사유가 프랑스혁명 이래 각 국가들의 시

655) 하버마스, 『새로운 불투명성』, 이진우 · 박미애 역, 문예출판사, 1995, p.162.

656) 하버마스 1995: 162 참조.

대정신 형성에 합류하게 되는데, 이것은 양자가 논리적으로 하나로 통일될 수 있기 때문이 아니라 정치적 사유에서 서로 배타적이지 않게 되었기 때문입니다.

헤겔의 역사주의는 이런 면에서 근본적으로 정치적 사유를 감추고 있는 정치적 사유인 셈입니다. 헤겔은 이 양자를 역사에 내재하는 것으로 파악·설정하면서 이성의 진리를 주장하려 했었던 것이지요. 달마이어는 이 맥락에서 다음과 같이 서술합니다:

> "헤겔이 『법 철학』에서 밝혔듯이, 인륜성은, 객관적으로 주어져 있는 법의 매개와 해석하는 대행자나 시민의 주관적 자율성을 명시하고 있다. '주관적 선(good)과 객관적인 절대적인 선의 통일성이 인륜성 혹은 윤리적 삶이다'고 그는 썼다. 곧 이 속에서, 우리는 인륜성 혹은 윤리적 삶은 유화(reconcilliation)를 (선의) 개념과의 일치로 이해한다. 그리고 헤겔은 다음과 같이 덧붙인다: '법과 (주관적) 도덕성은 서로 독립적으로 존재할 수 없고, 윤리적인 것(인륜적인 것)을 법과 (주관적) 도덕성의 지지근거와 유지근거로 가져야만 한다.'"[657)]

이론적 숙고는 이 정도에서 일단 만족해야 할 것 같습니다.

현실적으로 진정 무엇이 문제인지요? 공적 삶에서는 자본주의의 상

---

657) "As Hegel remarked in the *Philosophy of Right*, public *Sittlichkeit* manifests the mediation of the objectively given law and the subjective autonomy of the interpreting agent or citizen. 'The unity of the subjective with the objective and absolute good,' he wrote, 'is *Sittlichkeit* or ethical life; in it we find reconciliation as it accords with the concept (of goodness).' And he added: 'Law and (subjective) morality cannot exist independently, but must have the ethical (*Sittliche*) as their support and sustaining ground.'[Hegel, *Philosophy of Right* 259(T.Knox trans. 1967)(translation slightly altered)]" Fred Dallmayr, "Hermeneutics and the Rule of Law", in: D.Cornell et. al (eds.), *Deconstruction and the Possibility of Justice*, Routledge, New York, London, p.302.

품물신주의에 스스로 굴복해 들어가면서도 사적인 삶에서는 이 같은 자본주의의 상품물신주의와 상반되는 듯한 문화적 정서(여기에 미학주의가 포함되어 있다)를 애호한다는, 일종의 균열같은 것(정신분열)이 문제입니다.

사적인 삶에서 (a) 가족주의(가족 내에서는 부르주아지 질서를 움직이는 자본축적논리가 곧게 지켜지지는 않습니다; 자녀에 대한 부모의 희생적 헌신이 – 그 심층의식이 자식을 통한 자신이 실현하려는 이기적 욕구의 결과라 할지라도 – 그래도 보입니다; 이타적 삶이 온전히 상실되지 않고 살아 있다고 말하고 싶습니다.) (b) 종교적 생활, (c) 문화, 예술 세계의 미학주의.

이 균열은 그 어느 누구보다도 프랑크푸르트학파의 발터 벤야민이 표현했던 위기의 실체였습니다. 오늘날 한국사회를 지배하는 것은 바로 이처럼 균열 같은 것이지요.

오늘날 미학주의(혹은 심미주의)는 미학적인 것의 절대적 자율성을 주장하고서는 추미학주의를 애호하는 경향이 강화되고 있습니다. 특히 영화 등 대중문화.

이러한 모든 현실적 문제들은, 오늘 현대인들은, 경계를 넘어서지 않고 경계 안에서 안주하면서 미시적으로 해결하려는, 실현 불가능한 시도에 머물고 있다는 데에 있는 것 같습니다.

II. 사유의 비판적 윤리

저는 제가 사유 혹은 "사고의 비판적 윤리"(『비판적 시대정신』, p.54)라 부르는 주장을 개진해왔습니다. 그것은 지식인과 구별되는 지성인의 조건이라 제가 주장하는 논거와도 연결됩니다. 『비판적 시대정신』에서 이렇게 말했습니다:

> "지성인이란 직업의 테두리를 넘어섬으로써 지성의 본래적 역할을 수행한다. 자신의 직업테두리를 넘어선다는 것은 무슨 뜻인가? 사고에 대하여, 사고의 조건들에 대하여, 비판적 성찰을 단행함을 의미한다. 그렇게 하려면, 자신의 직업테두리에 대해서도, 마땅히 비판적 성찰을 거쳐야 한다. 이를 나는 사고의 비판적 윤리라 부른다. 복합적 사회는 이것을 더 강하게 요청하고 있다."[658]

이러한 맥락에서 제가 생각하는 모든 것들을 여기에서 얘기할 수는 없겠습니다. 그 가운데 몇 가지만을 발제하고 싶습니다.

1. 진선미 삼위일체론의 위기 이후: 악마주의와 미학주의 예찬

진(眞)-선(善)-미(美)-성(聖)의 일체론이 타당성을 상실한 다음에 각 영역의 절대적 자율성 같은 것을 주장하는 사유, 이론이 전개되고 있는데 이것이 문제입니다. - 진리와 허위를 논하는 인식론, 선한 것과 악한 것을 논하는 윤리론, 미적인 것과 추한 것을 논하는 미학, 성적인 것(성스러운 것)과 세속적인 것을 논하는 종교론이 각기 분리된 채, 총체성을 부정하거나 총체성에 대해서는 간과하는 사유가 확산되고 있는 인상을 받습니다.

2. 총체성 위기와 파편성 전략의 확산

총체성의 파악에 책임을 지고 있었던 철학의 위기 혹은 타당성 상실 이후, 학문의 분화 역시 더욱 가속화되고 있습니다. "통섭"이나 "융합"이라는 말들 역시 총체성 그 자체에 관한 숙고이기보다는 매우 세밀한

---

658) 서규환, 『비판적 시대정신』, 다인아트, 2011, p.54.

주제를 기술적 차원에서 여러 분야로 분화되어 있는 상대의 전공자들이 한 자리에 모여 있을 뿐이고, 또, "학제 간 연구" 역시 각 연구자가 학제 간에 사유를 하고 있는 것이 아니라 완전분화된(ausdifferenziert) 사유들이 한 자리에 모여 있는 모습에 지나지 않는 것으로 보입니다. 총체성을 파악하기 위해서는 각자가 직업경계를 넘어서 총체적으로 듣고 알고자 하는 어려운 노력을 경주해야 하는데 현실은 그렇지 못해 보입니다.

3. 정치적 이론: 정치적인 것(정치성)의 이론화

저는 비판이론의 정치화, 정치적 이론(political theory)을 주장해 왔습니다. 정치적 이론으로서의 정치이론, 이것은 아도르노의 "미학적 이론"(Ästhetische Theorie)에 대한 비판적 수용이라고 논평할 수 있겠습니다. – 이런 면에서 기존의 political science와 대비하여 politology(Politologie)라 표현하기를 주장해왔습니다. 19세기 영국 자유주의 강령이 어떻게 대학의 학제를 틀지었는지에 대해서는 여기에서 반복하지 않겠습니다. 또 이곳이 제 정치적 이론에 대해서 이론적으로 길게 설명하는 자리는 아닌 것 같습니다.

① "철학의 위기"를 진단하고 대안으로 제시되는 사유들에서 제가 비판해온 것은 주로 a. 전통(해석학적 사유), b. 종합 없는 전략주의(신보수주의), c. 미학주의(탈현대주의, 해체주의) 등입니다. 지금까지의 제 저술들을 통하여 이들 입장에 대해서 비판해왔는데 역시 여기에서는 다시 반복할 수는 없겠습니다.

② 정치적 사유·이론이란 무엇인가? 제 정치적 비판이론이 무엇인지를 설명하려면 길게 얘기해야 할 것이고, 정치적인 것의 이론 혹은 문제틀에 정통한 학자라면 곧바로 칼 슈미트(Carl Schmitt), 발터 벤야민(Walter Benjamin), 조르지오 아감벤(Giogio Agamben) 등의 이론들과

어떻게 차이가 나는지 질문하리라 예상합니다만, 시간이 한정되어 있는 이런 자리에서는 시사적 예시들에 대해 그것도 간략하게 언급하는 수준을 넘지는 못할 것 같습니다.

예컨대, 부르카 착용을 금지하는 (프랑스의) 법에 대해서 어떻게 판단해야 하는가? 이슬람의 문화정체성(이슬람 여성들 가운데 스스로는 강압이 아니라 자의에 의하여 부르카를 착용한다고 말하는 여성들이 있습니다.) 혹은 종교정체성 논거와 여성의 인권을 탄압한다는 논거나 교복을 착용해야 한다는 학칙의 논거가 대립하고 있는데, 근본적으로는 서로 다른 범주들이 논전하고 있을 때 우리가 내리는 판단은 어떠한 성격의 것일까요? 제가 보기에는 그것은 본질적으로는 정치적인 판단입니다.

졸저 『비판적 시대정신』에 있는 한 구절을 읽어 보겠습니다:

> "우리는 이 비판적 사유의 길 위에서 이성, 합리성, 혹은 과학의 민주화를 주장한다. 이 주장은 진리의 확정성 원리가 설득력을 잃어버린 우리 시대에 진리의 보편성을 다르게 세워보려는 의도에서 비롯되었다. 그것은 진리의 척도가 궁극적으로 이성, 합리성, 혹은 과학과는 다른 것으로 상상하는 입장들과도 다르지만, 진리의 확정성을 굳게 믿는 입장을 다시 복구하려는 입장과도 다르다. 그것은, 진리란 궁극적으로 실천지라 통찰하고, 구성될 그 진리의 실천과 관련된 모든 가능한 주체들의 합의를 진리의 구성에 필수적인 것이라 전제한다. 과학의 민주화, 진리의 민주화 입장은, 이미 존재하는 확고한 진리를 곧게 실천에 옮기는 것이 아니라, 과정으로서의 진리를 실천하므로 철저하게 참여민주주의를 지향한다."[659]

---

659) 서규환 2011: 43-44.

4. 비판이론의 비판적 재구성 – 사형제 논의에 대하여

비판이론의 전통은, 이성의 한계를 지적하는 것에 근본적 특징이 있는 것이 아니라 이성의 한계를 지적하면서도 반(反)합리주의에 빠져들지 않는 데에 그 사상사적 특장이 있습니다. 그리하여 이 비판이론전통에서는 '이성'보다는 '합리성'이라는 말을 더 선호하고 있으며, 합리성 그 자체보다는 앞에 수식어를 붙여서 합리성(이성)개념의 확장을 시도하고 있다고 말할 수 있겠지요. a. 미학적 합리성(이성), b. 소통적 합리성(이성), c. 정치적 합리성(이성): 미학적 합리성의 경우, 진–선–미의 삼위일체설이 타당성을 상실하고 난 뒤에, 미학적인 것의 판단척도가 방치되어 있는 것 같습니다. 아도르노의 경우 부정주의 경향이 강하게 나타났던 까닭도 이를 반영하는 것이지요. 합리성을 소통행위이론적으로 정초짓고자 하는 하버마스의 소통적 합리성은 진리가 합의라고 하는 것에 문제가 있는 것이 아니라 진리합의에 작용하는 (장대한) "게발트"(Gewalt: 권력, 폭력, 힘 등으로 번역되는 복합적 독일어)의 문제틀을 간과하고 있는 데 문제가 있습니다.

그렇다면 정치적 합리성(이성)은 어떻게 정초되는가? 이는 제가 읽은 루소의 사회기원론 논의에서 정초한 바 있습니다만, 졸저 『열린총체성의 해석과 정치』(다인아트, 2009)에서 밝히고 있듯이, 사회계약의 목적[목표]인 (미래의) 사회와 모든 각 개인은 계약을 하는 논리인데, 그것은 일종의 아포리아이며, 그곳에는 게발트(Gewalt)의 장대한 전형이 있다고 말해야겠습니다.

『비판적 시대정신』에 대해서 벗들이 지적하는 것의 하나는 시대를 진단하는 포괄적인 인상으로는 사형제 폐지에 찬성할 것 같은데 그렇지 않다는 인상비평적 언급입니다. 생명은 신이 준 것이라는 논거나 국가는 순수한 이성의 결과물이라는 논거 모두 설득력이 없으며, 사회와 국가의 성립에는 게발트(Gewalt)가 있다는 것을 전제로 하는 제 판단이 사형제 폐지 반대에 대한 제 견해에 반영되어 있습니다.

사형제의 효과가 없다는 논거가 있음을 알고 있습니다. 효과가 없다면, 효과를 높이는 정책적 고려가 필요한 것이지 그것이 사형제 자체를 폐기해야한다는 논거로 이어질 수는 없습니다. "인권"을 구실로 사형집행의 과정이 신문이나 방송에 단순 보도하는 정도에 그치고 있는데 개선할 여지가 있습니다.

5. 이성과 감수성

이성의 한계를 지적하는 것을 넘어, 우리는 이성과 감수성 사이의 관계에 주목해야 합니다. 시각중심주의에 대한 비판이 새로운 것은 아닙니다. 그 비판은 시각의 인지론적 한계를 지적하고 대개는 오히려 감각, 감수성을 넘어서는 이성의 정초로 나아갔습니다. 시각 이외에도 후각, 미각, 청각, 촉각 등등의 감각들이 이성과 어떠한 관련을 맺고 있는지 주목하고 각 감각의 고유한 능력을 발전시키려는 이론적 실천적 노력이 중요합니다.

6. 현대성과 죽음

죽음마저 보려는 인간의 욕망에 대해서는 오르페우스와 에우리디케의 신화 서사를 이해하는 태도에서 잘 식별할 수 있습니다.

"따라오는 에우리디케를 보지 말하는 명령을 어기고 되돌아 본 오르페우스. 에우리디케를 보았을 때 어떠했을까. 모리스 블랑쇼는 이 오르페우스를 비난하는 세계를 잘 알고 있다. 그는 세계가 에우리디케를 보기 위해 되돌아보는 오르페우스의 참지 못하는 몸짓을 '변명의 여지가 없는 광기 혹은 무절제'로 확인하고, 이 세계를 넘어서려 한다. '오르페우스의 시선' – 그를 뒤따라오는 에우리디케를 보려는 – 은 금기의 마지막 정점으로서의 죽음마저 보려는 눈이었다는 것이다. 오르페우스는 죽음의 세계에 있는 에우리디케를 보려했다. 블랑쇼는 이를 오르페우스의 시선이라 부른다."[660]

"오르페우스의 시선"을 긍정하려는 사유가 블랑쇼, 바타이유(Bataille)를 거쳐서 강화되고 있는 인상을 받습니다. 죽음의 얼굴 저편 세계의 에우리디케를 보고 알려해야 하는 것이 아니라 어쩌면 귀를 열고 에우리디케의 동행하는 소리를 들어야 하는 것이 아닐까요. 절대적 타자인 죽음을 인식하려고 해야 하는 것이 아니라 그것에 귀를 열어야 하지 않을까요. (레비나스의 윤리론 그 자체를 온전히 그대로 받아들인다는 것은 아닙니다.)

죽음에 대한 판단과 윤리적 삶(Sittlichkeit, 인륜성)은 서로 연관되어 있습니다.

골드만도 지적한 바 있지만, 카프카, 무질, 하이데거, 야스퍼스가 사유의 주제로 삼았던 것은 19세기 이후 삶의 무의미성과 인간적 가치의 부재였는데, 이것은 우리시대의 위기를 진단하는 판단으로 읽어도 무방합니다.

> "서양세계는 이제 근본적으로 세속적이고 비신성화된 산업사회를 건설하는 데 노력하고 있다. 그것이 이루어진다면 모든 사람이 안락하게 살게 될 그런 사회가 될 것이다. 아마 그 사회에는 많은 형식적 자유와 종교적 철학적 관용도 있게 될 것이다. **그러나 그 사회는 인간의 삶에서 모든 정신적 내용을 박탈할지도 모르며, 자유의 증진이 많은 사람이 마음의 공허함 때문에 자유를 누리려는 욕망조차 빼앗기는 현상을 수반하는 사회나, 정신의 허약이 종교적 철학적 행위를 계속적으로 보다 희귀하게 만드는 것과 같이 종교적 철학적 관용이 모든 것을 이루기 쉽게 만드는 사회가**

660) 서규환 2011: 83.

될 것이다."[661)]

한국사회는 이중의 과제 앞에 있는 듯합니다. 골드만이 지적하는 이와 같은 가치의 위기와, 형식적 자유와 종교적 관용이 발전하지 못하고 때로는 후퇴하는 경향의 위기가 중첩되고 있다는 것이지요. 이 이중의 위기를 양산시키는 반동적 시대정신은, 그 실체가 경제주의와 그 아류들인데, 때로는 그렇지 않다는 듯 가면을 쓰고 나타납니다.

세속화는 종교 내에서의 과정과 종교 밖의 과정 양자에서 일어나고 있습니다. 전자에서, 신앙은 자신의 "경제"[구복]를 증진시키는 심리적 기제로 나타나고, 후자에서는, 경제주의, 돈, 물신주의로 나타납니다.

궁극적으로는, 사후세계에 대한 삶의 태도가 현세적 삶의 윤리적 삶을 조건짓는다고 저는 보고 있습니다.

예컨대, 세속화 모델에서 독신화 사유로 사유가 급진화되는 것에 우리는 주목해야합니다: 독신화 사유에서야 각 종교의 도그마들의 역사성(도그마들 자체가 역사적으로 형성되는 과정이 있음을 인식하고 그것을 "계몽"할 계기가 철저하게 생겨나게 됩니다)을 인식할 수 있기 때문입니다.

그리고, 관용 문제가 있습니다: 종교적 차이에 대해서 서로 관용해야 한다는 주장은 새로운 것이 아니지요. 우리가 관용론에서 좀 더 진전된 논의를 하려고 한다면, 관용할 수 없는/관용할 수 있는 한계에 대한 것이 아닐까 싶습니다.

성스러운 것[신성성] 혹은 숭고성은 사멸되지 않는다고 저는 판단하고 있습니다. - 현대인들은 단지 죽음의 문제를 외면하려 할 뿐이지, 그것은 결코 사라지지는 않습니다. 그렇다면 신성성은 어떻게 듣게 되는 것일까요? 타자의 고통, 짐을 함께 하려는 고통공감적 윤리(Mitleidende Ethik)에서 오늘날의 신성성 혹은 숭고성이 있습니다. 법정

661) 루시앙 골드만, 『계몽주의의 철학』, 문학과사회연구소 역, 청하, 1983, p.135. 강조는 인용자.

스님, 김수환추기경, 이태석신부 등의 삶에서 이런 윤리의 숭고성을 저는 듣습니다.

오늘날 지구촌적 사회는 다종교적 사회(무신론을 포함하여)인 까닭에, 한국사회는 다종교적 사회인 까닭에, 종교문제는 매우 중요한 과제의 하나입니다.

여기에서도 정치적인 것의 범주가 일차적이고, 그것은 민주주의의 가치에 의해 결정되어야 합니다.

Ⅲ. 정치의 목적은 행복

『비판적 시대정신』 "서문"에서 서술했듯이, 악순환에 빠져 있는 군비경쟁, 핵무기의 통제 불가능한 확산, 저발전국가들의 총체적 참혹, 해결하지 못하는 선진국형 구조적 실업과 증대하는 사회적 불평등, 대재앙을 몰고 올지도 모르는 거대 기술공학의 급속하고도 절제 없는 발전 등이 인류에게 그 어느 때보다도 공포의 위협을 가하고 있지만, 이 "공포의 파노라마"[662]보다 더 충격적인 것은 인성의 타락인 듯합니다. 윤리 상실은 공포를 발생시키는 구조들을 혁신할 의지를 마비시키기 때문이지요.

제 비판은 비관적 인상을 보이기도 하지만, 그것은 어디까지나 치유되어야 할 내용을 밝히는 과정에서 파생하는 것에 다름 아니고, 냉정한 진단을 통해서 건강한 사회를 만들고자 하는 희망이 내재되어 있습니다. 가장 희망이 없는 자에게 가장 필요한 것은 희망이라고 말했던 사상가는 블로흐, 벤야민, 아도르노 등이었습니다.

우리는 여기에서 다시금 유토피아적 사유에 대해 언급해야겠습니다.

---

662) 하버마스 1995: 164.

20세기에 들어서면서 에른스트 블로흐와 칼 만하임이라는 탁월한 사상가의 사유와 함께, 유토피아적 사유는 "유토피아주의의 뒷맛을 제거하고", "역사적 과정 자체 속에 이미 내재하는 대안적 삶의 가능성을 기획하기 위한 확실한 매체"로 이해하게 되었습니다. 유토피아적 관점은 행복한 삶을 기획하려는 정치적 사유, 이론 속에 있어야 한다고 말해야겠습니다.[663)]

물론, 역사적 사유와 유토피아적 에너지가 고갈되었는가? 하는 물음에 대한 답은 다양한 듯합니다.

(a) 역사적 사유 그 자체가 무의미하다거나 종언에 이르렀다고 선언하는 경우 (탈현대주의, 해체주의),
(b) 역사적 사유의 타당성을 믿되, 유토피아적 사유의 타당성을 불신하고 부정하는 경우 (보수적 역사학자),
(c) 양자 모두를 부정하는 경우도 있으며(시스템이론),
(d) 양자 모두를 인정하는 경우도 있습니다: 하버마스, 리쾨르. 여기에서는 하버마스에 대해서만 살펴보고 싶습니다.

하버마스가 유토피아의 의의에서 짚었던 그 진술은 여전히 타당합니다:

> "그러나 나는 탈현대의 출현 명제가 근거 없다고 생각한다. 시대정신의 구조나 앞으로의 삶의 가능성에 대한 논쟁 양식이 변한 것은 아니다. 또 유토피아적 에너지 자체가 역사의식에서 사라진 것은 아니다. 종말에 이른 것은 오히려 하나의 특정한 유토피아, 즉 과거에 노동사회의 잠재력을 중심으로 결정화되었던 유토피아이다."[664)]

그렇다면 유토피아는 어디에 어떻게 있는 것일까요? 그것은 대화하

663) 하버마스 1995: 164 참조.
664) 하버마스 1995: 166.

는 인간들 사이의 소통적 사회 모델에서 실현될 수 있는데, 그 소통하는 인간들 사이에서 죽음에 대한 겸허 같은 것을 배제하고서는 이루어지기 어렵다고 생각합니다.

하버마스는 소통사회의 유토피아적 내용은 온전한 상호주관성의 형식적 측면으로 축소된다고 주장하는데, 하버마스는 너무도 합리주의적이며 현세주의적이어서 소통적 합의 속에 있는 Gewalt의 역사적 전형 같은 것을 간과하고 있습니다.[665] 저는 루소의 사회계약적 시원론에 다시 주목해야 한다고 주장해왔는데, 하버마스를 넘어서려는 의도였습니다. 제 학위논문(1988년)의 핵심 테제 중 하나였습니다.

그런데, 하버마스가 유토피아와 총체성의 연관에 대해서 시사하는 점에 주목해야 할 가치가 여전히 있습니다.

> "유토피아는 보통 생생하게 묘사된 생활형식입니다. 다시 말하면 그것은 **총체성에 대한 기획입니다**. 우리는 그것을 이론적으로는 얻어낼 수 없습니다. 이론적으로 근거지어진 유토피아는 없다고 저는 믿습니다. 총체성, 전체적 생활양식, 전체의 생활사, 전체의 생활영역들을 구체적으로 고안하여 그것들이 직접 정치적으로 실현될 수 있을 것이라 암시하는 곳에서는 아주 쉽게 그 결과들, 즉 우리의 신보수주의 동료들이 지적하고 있는 그 결과들이 나타날 것입니다. 구체적 생활양식을 서술할 때 사회주의가 절제된 태도를 보여야 하는 이유 중의 하나가 바로 여기 있습니다. 해방된 생활양식들이 – 그것들이 무엇이든지 간에 – 구현되기 위해 먼저 실현되어야만 하는 필수 조건들을 그때그때 역사적 상황에서 제시하려 한다는 의미에서만 사회주의를 말해야 합니다. 총체성들(Ganzheiten)은 단지 복수로만 등장하여 우리는 이 다원주의를 이론상으로 선취할 수 없습니다."[666]

665) 하버마스 1995: 185.

666) 하버마스 1995: 87. 번역을 수정했다.

하버마스가 말하는 총체성들(Ganzheiten)은 나의 이론적 성찰의 맥락에서 번역해도 된다면, 종교들 사이의 대화의 문제틀로 나타납니다. 한국사회 내부에서나 범지구적 차원에서나 이 문제틀이 이제 심각한 문제로 제기되었지만, 겨우 관용을 주문하는 정도에 그치고 있습니다. 물론 제가 여기에서 그에 대한 만족할만한 해답을 제시할 수준에 있지도 못합니다. 다만, 각 종교가 자신의 도그마들만을 고집할 것이 아니라 종교들 사이의 합리적 대화가 가능할 수 있도록 종교적 도그마들에 대한 철저한 계몽이 있어야 한다고만 지적하고 싶습니다.[667)]

667) 이 논고는 전북대목요포럼강연(2011년 6월 9일 오후 5시- , 전북대) 원고이다.

참고문헌

[단행본]

강동진. 1980.『일본의 한국침략정책사』. 한길사.

강상운. 1961.『신고정치학개론 개정판』. 호암출판사.

경인일보 특별취재팀 지음. 2009.『인천인물100人』. 다인아트.

골드만, 루시앙. 1983.『 계몽주의의 철학』. 문학과사회연구소 역. 청하.

괴테, 요한 볼프강 폰. 1999.『파우스트』. 정서웅 역. 민음사.

구대열. 1983.「한국의 대서양 개국 문제의 재검토 – 한미 한영 수교조약 당시 극동의 국제관계를 중심으로」.『사회과학논집』vol.3. 이화여대 법정대학.

굴업도 핵폐기장 철회를 위한 인천시민운동백서 발간위원회. 2002.『굴업도 핵폐기장 철회를 위한 인천시민운동』.

권영민. 1983.『한국근대문학과 시대정신』. 문예출판사.

권오훈 외. 1990.『한국사회의 구조와 변동』. 한나래.

김계수. 1987.『한국과 정치학』. 일조각.

김도형. 1994.『대한제국기의 정치사상연구』. 지식산업사.

김동권. 1998.「미 군정기 연극의 대본검열 문제연구」. 한국연극사학회편.『한국연극연구』. 국학자료원.

김만수. 2003.『함세덕』. 건국대학교출판부.

김영국. 1981.「제1편」. 서울대학교 정치학과 편.『신정치학개론』(개정4판). 서울대학교 출판부.

김창문. 2006. “만국공원이 인천시민에게 다가온다”.〈격월간 소금밭〉. 2006년 5-6월호 제10호.

김태웅. 2002.「1915년 경성부 물산공진회와 일제의 정치선전」.『서울학연구』제18호.

김학준. 2004.『한말의 서양정치학 수용 연구 –유길준·안국선·이승만을 중심으로–』. 서울대학교출판부.

김형태. 2004.「번역작품해설」.『금수회의록 (외)』. 범우사.
김호진. 1987.「종속이론의 유용성과 한계」. 정희채 외 편.『국가발전의 사회과학』. 박영사.
김홍우. 1977.「정치행태론 비판」. 한국사회과학연구소 편.『현대사회과학방법론』. 민음사.
김홍희. 1992.『백남준과 그의 예술』. 디자인하우스.
김효전. 1986. "해설".『국가학』. 석능 나진·수송 김상연 역. 민족문화.
_____. 1996.『서양헌법이론의 초기수용』. 철학과현실사.
_____. 1998.「한국 개화기의 국가학 교육」.『김철수교수정년기념논문집』.
노제운 엮음. 1996.『함세덕문학전집1』. 지식산업사.
_____. 1996.『함세덕문학전집2』. 지식산업사.
래쉬, 스코트. 어리, 존. 1998.『기호와 공간의 경제』. 박형준 · 권기돈 역. 현대미학사.
로웬덜, 데이비드. 2006.『과거는 낯선 나라다』. 김종원·한명숙 역. 개마고원.
로티, 리처드. 1998.『철학 그리고 자연의 거울』. 박지수 역. 까치.
루시앙 골드만. 1983.『계몽주의의 철학』. 문학과사회연구소 역. 청하.
매킨타이어. 1997.『덕의 상실After Virtue』. 이진우 역. 문예출판사.
묄렌도르프. 1999.『묄렌도르프 자전 외-한말 외국인 기록 9』. 신복룡·김운경 역주. 집문당.
문승익. 1970.『주체이론』. 아인각.
_____. 1976.「한국근대정치사상의 논리적 성격: 자주사상의 구조」.『한국정치학회보』제10집.
_____. 1979.「한국정치학의 정립문제」.『한국정치학회보』제13집.
_____. 1981.「해방 직후 우리나라의 자주사상 구조: 1945-1948」.『한국정치학회보』제15집.
_____. 1987.「정치발전과 자주성의 문제」. 정희채 외 편.『국가발전의 사회과학』. 박영사.
_____. 1999.『자아준거적 정치학의 모색』. 오름.
박명림. 2002.『한국 1950: 전쟁과 평화』. 나남.
박영정. 1995.「함세덕의 〈에밀레종〉에 관한 일 고찰」.『한국극예술연구』제2

집. 한국극예술학회.

박은경. 1999. 『일제하 조선인관료 연구』. 학민사.

박찬승. 1992. 『한국근대정치사상사연구 -민족주의 우파의 실력양성운동론』. 역사비평사.

백광일. 2004. 「초기 한미관계의 연구」. 『미국외교정책과 한반도』. 인하대출판부.

비트겐슈타인. 1994. 『철학적 탐구』. 이영철 역. 서광사.

서규환. 1993. 『현대성의 정치적 상상력』. 민음사.

______. 2000. 「인천 르네상스 운동을 위하여」. 『황해문화』. 2007년 여름호.

______. 2003. 〈"믿음과 사랑"에 대한 해석과 판단에 대하여〉. 2003년 한국정치학회연례학술대회발표문. 외교안보연구원.

______. 2006. 「리하르트 코젤렉의 역사이론에 대하여」. 『서양사론』 제91호.

______. 2006. 「한국사회과학사연구서론 - 한국사회과학사연구의 과제」. 서규환 편. 『한국사회과학사연구I』. 인하대학교출판부.

______. 2006. 『비판적 현대성의 정치적 이론』. 다인아트.

______. 2006. 『정치적 비판이론을 위하여』. 다인아트.

______. 2006.「제7장 제3의 비판권력론-권력의 변증법」, 『비판적 현대성의 정치적 이론』. 다인아트.

______. 2009. 『열린총체성의 해석과 정치』. 다인아트.

______. 2010. 『더 많은 민주주의와 비판시민사회』. 다인아트.

______. 2011. 『비판적 시대정신』. 다인아트.

성현자. 1982. 「양계초와 안국선의 관련양상-〈동물담〉과 〈금수회의록〉을 중심으로-」. 『인문과학』 vol.48. 연세대학교 인문과학연구소.

승효상. 2004. 『건축, 사유의 기호』. 돌베개.

______. 2005. "영조". 승효상 외. 『건축이란 무엇인가. 우리시대 건축가 열한 명의 성찰과 사유』. 열화당.

市島謙吉. 1889. 『政治原論』. 富山房書店.

신복룡 역. 1979. 『대한제국사 서설』. 탐구당.

아렌트, 한나. 1996. 『인간의 조건』. 이진우 역. 한길사.

안국선. 2004. 『금수회의록(외)』. 김영민 편. 범우.

양승국. 1988. “작품해제”. 양승국 편. 『월북작가 대표희곡선』. 예문.
오가와 유조. 2006. 『인천 1903』. 편저/김창수-전경숙 역주/김석희 감수. 역주 인천번창기. 인천학연구원.
오애리. 1991. 「새 자료로 본 함세덕」. 『한국극예술연구』 제1집. 태학사.
윈치, 피터. 2011. 『사회과학의 빈곤』. 박동천 역. 모티브북.
유민영. 1979. 「저항과 순응의 궤적- 유치진과 함세덕의 경우」. 『극영화연구』 제4집. 중앙대연극영화학회.
______. 1982. 『한국현대희곡사』. 홍성사.
______. 2001. 『한국연극운동사』. 태학사.
유세희. 1977. 「비교정치연구의 현황과 문제점」. 한국사회과학연구소 편. 『현대사회과학방법론』. 민음사.
윤근식. 1981. 「사회비판적인 정치분석과 한국정치학」. 『제3세계의 이데올로기와 정치』. 중앙출판.
윤신향. 2005. 『윤이상. 경계선상의 음악』. 한길사.
윤천주. 1962. 『증보 한국정치체계서설』.
______. 1961. 『한국정치체계서설』. 서울대학교출판부.
______. 1963. 『한국정치체계 – 정치상황과 정치참여 –』. 고려대학교출판부.
윤해동. 2000. 「식민지 인식의 회색지대. 일제하 ‘공공성’과 규율권력」. 『당대비평』. 2000년 겨울호.
이광린. 1985. 『육영공원의 설치와 그 변천, 한국개화사연구(개정판)』. 일조각.
이기상. 2009. 『콘텐츠와 문화철학. 문화의 발전단계와 콘텐츠』. 북코리아.
______. 2010. 〈한국문화의 지구화를 통한 문화국가의 꿈 구현〉. 한국정치학회 경술국치100년기념학술회의발표문.
이기홍. 1991. 「신식민지적 지배체제와 사회과학연구」. 한국산업사회연구회 편. 『한국사회와 지배이데올로기』. 녹두.
이두현. 1966. 『한국신극사연구』. 서울대출판부.
이배용. 1984. 「구한말 독일의 광산이권과 당현금광」. 『이화사학연구』 제11/12합본.
이현종. 1993. 「기호흥학회의 조직과 활동」. 『1900년대의 애국계몽운동연구』. 조항래 편저. 아세아문화사.

______. 1993. 「대한협회의 조직과 활동에 관한 성격」. 조항래 편저. 『1900년대의 애국계몽운동연구』. 아세아문화사.

이희환. 1994. 「닫힌 시대. 무대의 열림을 향하여-작가의식을 통해 본 咸世德의 희곡세계」. 『황해문화』.

______. 1999. 「새 자료로 본 함세덕의 가계와 문학-발굴희곡 「벽공」과 해방기 공연자료를 중심으로」. 『황해문화』.

임종국. 1991. 『실록 친일파』. 돌베개.

임희섭. 1999. 『집합행동과 사회운동의 이론』. 고려대학교출판부.

잉글하트, 로날드. 1983. 『조용한 혁명』. 종로서적.

장혜전. 1983. 「함세덕의 희곡연구」. 『이화어문논집』

______. 1989. 「咸世德의 戱曲에 나타난 외국작품의 영향문제」. 『수원대학교논문집』 제7집.

전진삼. 2007. 「도시 생태학의 경계 - 일본풍. 중국풍 그리고 인천풍 반(反)건축」. 『황해문화』. 2007년 여름호.

정준영. 2003. 「구한말 체육사상의 변화」. 김경일·박명규 외. 『한국사회사상사연구』. 나남.

조신권. 1997. 「안국선 문학에 미친 기독교의 영향」. 『현상과 인식』 제1권 제3호.

조흥윤. 1985. 「세창양행. 마이어. 함부르크 민족학박물관」. 『동방학지』 46-48집 합본.

지용택. 1998. 『장강을 넘어 역사를 넘어』. 형성사.

최성연. 1959. 『개항과 양관 역정』. 경기문화사.

______. 2002. 『읽기쉬운 개항과 양관 역정』. 해반문화사랑회.

최원식. 1986. 『한국근대소설사론』. 창비사.

______. 1994. 「한국문학의 근대성을 다시 생각한다」. 『창작과비평』 1994년 겨울호(통권 86호).

______. 1995. 「맥아더가 점령한 인천자유공원」. 나라정책연구회 서규환 외 25인 편저. 『옷을 갈아입는 아파트』. 열린세상.

______. 1997. 『생산적 대화를 위하여』. 창작과비평사.

최종고. 1983. 『한독교섭사』. 홍성사.

코젤렉, 라인하르트. 1996. 『지나간 미래』. 한철 역. 문학동네.

푸코, 미셸. 2012. 『말과 사물』. 이규현 역. 민음사.

프랑크, 만프레드. 1998. 『신구조주의란 무엇인가?(1)』. 김윤상 역. 인간사랑.

______________. 1996. “제3장 역사분석의 기본요소: 불연속성. 푸코의 〈고고학〉에서 1775년의 시대전환”, 『말할 수 있는 것과 말할 수 없는 것』, 장혜경 역. 문학동네.

______________. 1999. 『신구조주의란 무엇인가?(2)』. 김윤상 역. 인간사랑.

하버마스, 위르겐. 1995a. 『새로운 불투명성』. 이진우 · 박미애 역. 문예출판사.

______________. 1995b. 『소통행위이론 I』. 서규환 외 역. 의암출판.

하이데거, 마르틴. 2006. 『존재와 시간』. 이기상 역. 살림.

한국사회과학연구소 편. 1977. 『현대사회과학방법론』. 민음사.

한국산업사회연구회 편. 1991. 『한국사회와 지배이데올로기』. 녹두.

한배호. 1965. 『이론정치학』. 일조각.

한우근. 2001. 『한국개항기의 상업연구』(한우근전집11). 학술정보.

한태수. 1959. 「서양정치사상의 발전방향」. 『학술지』 vol 2. no.1.

______. 1961. 『한국정당사』. 신태양사.

______. 1968. 『현대한국정치론-한국의 정치발전방향에 관한 연구』. 휘문출판사.

______. 1971a. 「사회과학연구의 변증법적 방법」. 한양대학교. 『논문집』 제5집.

______. 1971b. 「실재의 변증법적 발전형태 - 정치철학구상의 서설 -」. 한양대학교. 『논문집』 vol 4. no.1.

______. 1972a. 「변증법적 입장에서 본 정치학 - 한국의 정치학을 중심으로 -」. 한양대학교. 『논문집』 vol. 6. no.1.

______. 1972b. 『한국정치평론10년. 1958-1968』. 금천 한태수 박사 회갑기념 사업위원회.

______. 1974. 『국민윤리(보증판)』. 청파문화사.

현대일본연구회(편). 1982. 『국권론과 민권론』. 한길사.

황성모. 1977. 「사회과학의 토착화에 대하여」. 한국사회과학연구소 편. 『현대사회과학방법론』. 민음사.

______. 1983. 「한국사회과학의 기본과제와 방향」. 성균관대학교사회과학연구소 편저. 『한국사회과학론』. 성균관대학교출판부.

Arendt, Hannah. 1958. "Theory became hypothesis, and the success of the hypothesis became truth." H. Adrendt. *The Human Condition*, Chicago: University of Chicago Press.

Berman, Marshall. 2006. *On the town*. NY.

Brient, Elizabeth. 2002. *The Immanence of the Infinite. Hans Blumenberg and the Threshold to Modernity*. Washington, D.C.: The Catholic University of American Press.

Bryan, R.Wilson(ed.). 1987. *Rationality*. Blackwell.

Dallmayr, Fred. 1992. "Hermeneutics and the Rule of Law", in: D.Cornell et. al(eds.), *Deconstruction and the Possibility of Justice*, Routledge, NewYork, London.

Dauenhauer, Bernard P.. 1986. *The Politics of Hope*. New York and London: Rourledge & Kegan Paul.

__________. 1991. *Elements of Responsible Politics*, Dorrecht/Boston/London: Kluwer Academic Publishers.

Frank, Manfred. 1983. *Was ist Neostrukturalismus?*. Frankfurt am Main: Suhrkamp.

Gadamer, Hans-Georg. 2000. "Historik und Sprache. Eine Antwort von Hans-Georg Gadamer." Reinhart Koselleck. *Zeitschichten. Studien zur Historik*. Frankfurt am Main: Suhrkamp.

Gamson, William A. 1990. *The Strategy of Social Protest*. Wadsworth.

Guggenberger, Bern. Offe, Claus(Hrsg.). 1984. "An den Grenzen der Mehrheits demokratie". *Politik und Sozioloogie der Mehrheitsregel*. Oplalden: Westdetscher Verlag.

Habermas, Jürgen. 1981. *Theorie des kommunikativen Handelns*. 2Bde. Frankfurt am Main: Suhrkamp.

__________. 2001. *Zeit der Übergänge*, Frankfurt am Main: Suhrkamp.

Hegel, Georg Wilhelm Friedrich. 1986. *Phäomenologie des Geistes*. Frankfurt am Main: Suhrkamp.

Henrich, Dieter. 1966. "Kunst und Kunstphilosophie der Gegenwart. Übelegungen mit Rücksicht auf Hegel," in: *Immanente Ästhetik, ästhetische Reflexion*, München: Fink.

Inglehart, Ronald. 1977. *The Silent Revolution: Chan-ging Values and Political Styles Among Western Publics*. Princeton University Press.

Koselleck, Reinhart. 1979. *Vergangene Zukunft*. Frankfurt am Main: Suhrkamp.

______________. 1982. Lutz, Heinrich und Rüsen, Jörn(ed.). *Formen der Geschichtsschreibung*. München: dtv.

______________. 2000. *Zeitschichten. Studien zur Historik*. Frankfurt am Main: Suhrkamp.

______________. 2000. "Über die Theoriebedürftigheit der Geschichtswissenschaft". *Zeitschichten. Studien zur Historik*. Frankfurt am Main: Suhrkamp.

LaCapra, Dominick. 1985. *History & Criticism*. Cornell University Press.

Loewenstein, Karl. 1957. *Political Power and the Governmental Process*. University of Chicago.

Lowenthal, David. 1985. *The Past is a Foreign Country author*. Cambridge University Press.

M. Roth. 1992. "The time of nostalgia: medicine. history and normality in 19th-century France". *Time and Society*.

Melucci, Alberto. 1989. *Nomads of the Protest: Social Movements and Individual Needs in Contemporary Society*. Philadelphia. Temple University Press.

Morel, Julius. 1975. "Werteals soziokulturelle Produkte". Theodor Hanf. Manfred Hätich. Wolf-gang Hilligen. Rolf E. Vente. Hans Zwiefelhofer(Hg.). *Sozial Wandel*. Frankfurt am Main: Fischer.

Ricouer, Paul. 1992. *Oneself as Another*. Chicago and London. The University of Chicago Press.

Sartre, Jean-Paul. 1943. *L'être et le néant. Paris*. Gallimard.

Winch, Peter. 1958. *The Idea of A Social Science and Its Relation to Philosophy*. Routledge & Kegan Paul.

__________. 1964. "Understanding a Primitive Society". *American Philosophical Quarterly* Vol. 1. No. 4.

Wittgenstein, Ludwig. 1953. *Philosophische Untersuchungen*. Suhrkamp.

______________. 1978. *Philosophical Investigations*. Basil Blackwell Oxford. 3rd edition, translated by G.E.M.Anscombe.

[신문기사 및 잡지]

"김윤식의 풍물기행-⑥ 덕상세창양행고백(德商世昌洋行告白)". 〈인천일보〉. 2004.08.27.
"[인천人 인터뷰] 물살의 바닥을 메우 듯 문화운동은 바로 그런 것". 〈인천신문〉. 2009.01.19.
"좌담: 건축과 도시, 그리고 지역성". 〈건축사〉 1997년 10월호 vol. 342.
지용택. 해관칼럼 "당태종과 사람". 〈인천일보〉. 2008. 10. 23.
박동천. "마이클 샌델이 대통령? 그럼, 한국 정치가 나아질까?". 〈프레시안〉. 2011.08.19.
______. "식인풍습의 원시사회는 정말로 열등한가?". 〈프레시안〉. 2011.09.09.

[기타자료]

「서규환의 지용택 인터뷰 1」. 2011.
새얼문화재단 작성. 2011.「인천·대한민국과 함께 한 새얼문화재단 연표」.
새얼문화재단 작성. 2011.「새얼아침대화 300회의 발자취」.
지용택. 인천문화재단 초청강연.
______. 해관칼럼 "도시공동체를 되묻다". 인천발전연구원. 〈인천 도시브랜드 포럼(2010. 11. 4) 기조강연〉. 새얼문화재단 홈페이지(www.saeul.org).
______. 해관칼럼 "평양일기". 새얼문화재단 홈페이지(www.saeul.org).
〈한독수교100주년기념사업종합보고서〉. 1986.

한국사회의 정체성 탐색

초판1쇄 인쇄 / 2016년 3월 17일 ● 초판1쇄 발행 / 2016년 3월 20일 ● 지은이 / 서규환
펴낸곳 / 도서출판 다인아트 등록 1996년 3월 8일 제87호 인천광역시 중구 개항로 14 2층
tel. 032+431+0268 / fax. +0269 / e-mail. dainartbook@naver.com ● 인쇄 / 장원인쇄 ● 제본 / 마감사

ISBN 978-89-6750-032-0 (93300)
값 / 17,000원